Der erweiterte Maskengenerator eines Software-Entwicklungs-Systems

Wirtschaftswissenschaftliche Beiträge

Band 1: Christof Aignesberger
Die Innovationsbörse als Instrument zur Risikokapitalversorgung innovativer mittelständischer Unternehmen
1987. 326 Seiten. Brosch. DM 69,-
ISBN 3-7908-0384-7

Band 2: Ulrike Neuerburg
Werbung im Privatfernsehen
1988. 302 Seiten. Brosch. DM 69,-
ISBN 3-7908-0391-X

Band 3: Joachim Peters
Entwicklungsländerorientierte Internationalisierung von Industrieunternehmen
1988. 165 Seiten. Brosch. DM 49,-
ISBN 3-7908-0397-9

Band 4: Günther Chaloupek
Joachim Lamel und Josef Richter (Hrsg.)
Bevölkerungsrückgang und Wirtschaft
1988. 478 Seiten. Brosch. DM 98,-
ISBN 3-7908-0400-2

Band 5: Paul J. J. Welfens und Leszek Balcerowicz (Hrsg.)
Innovationsdynamik im Systemvergleich
1988. 466 Seiten. Brosch. DM 90,-
ISBN 3-7908-0402-9

Band 6: Klaus Fischer
Oligopolistische Marktprozesse
1988. 169 Seiten. Brosch. DM 55,-
ISBN 3-7908-0403-7

Band 7: Michael Laker
Das Mehrproduktunternehmen in einer sich ändernden unsicheren Umwelt
1988. 209 Seiten. Brosch. DM 58,-
ISBN 3-7908-0413-4

Band 8: Irmela von Bülow
Systemgrenzen im Management von Institutionen
1989. 278 Seiten. Brosch. DM 69,-
ISBN 3-7908-0416-9

Band 9: Heinz Neubauer
Lebenswegorientierte Planung technischer Systeme
1989. 183 Seiten. Brosch. DM 55,-
ISBN 3-7908-0422-3

Band 10: Peter Michael Sälter
Externe Effekte: „Marktversagen" oder Systemmerkmal?
1989. 196 Seiten. Brosch. DM 59,-
ISBN 3-7908-0423-1

Band 11: Peter Ockenfels
Informationsbeschaffung auf homogenen Oligopolmärkten
1989. 163 Seiten. Brosch. DM 58,-
ISBN 3-7908-0424-X

Band 12: Olaf Jacob
Aufgabenintegrierte Büroinformationssysteme
1989. 177 Seiten. Brosch. DM 55,-
ISBN 3-7908-0430-4

Band 13: Johann Walter
Innovationsorientierte Umweltpolitik bei komplexen Umweltproblemen
1989. 208 Seiten. Brosch. DM 59,-
ISBN 3-7908-0433-9

Band 14: Detlev Bonneval
Kostenoptimale Verfahren in der statistischen Prozeßkontrolle
1989. 180 Seiten. Brosch. DM 55,-
ISBN 3-7908-0440-1

Band 15: Thomas Rüdel
Kointegration und Fehlerkorrekturmodelle
1989. 138 Seiten. Brosch. DM 49,-
ISBN 3-7908-0441-X

Band 16: Konrad Rentrup
Heinrich von Storch, das „Handbuch der Nationalwirthschaftslehre" und die Konzeption der „inneren Güter"
1989. 146 Seiten. Brosch. DM 55,-
ISBN 3-7908-0445-2

Band 17: Manfred A. Schöner
Überbetriebliche Vermögensbeteiligung
1989. 417 Seiten. DM 98,-
ISBN 3-7908-0446-0

Band 18: Paulo Haufs
DV-Controlling
1989. 166 Seiten. DM 55,-
ISBN 3-7908-0447-9

Band 19: Rainer Völker
Innovationsentscheidungen und Marktstruktur
1989. 221 Seiten. Brosch. DM 65,-
ISBN 3-7908-0452-5

Band 20: Petra Bollmann
Technischer Fortschritt und wirtschaftlicher Wandel
1989. 184 Seiten. Brosch. DM 59,-
ISBN 3-7908-0453-3

Band 21: Franz Hörmann
Das Automatisierte, Integrierte Rechnungswesen
1989. 408 Seiten. Brosch. DM 89,-
ISBN 3-7908-0454-1

Band 22: Winfried Böing
Interne Budgetierung im Krankenhaus
1990. 274 Seiten. Brosch. DM 69,-
ISBN 3-7908-0456-8

Band 23: Gholamreza Nakhaeizadeh und Karl-Heinz Vollmer (Hrsg.)
Neuere Entwicklungen in der Angewandten Ökonometrie
1990. 248 Seiten. Brosch. DM 68,-
ISBN 3-7908-0457-6

Band 24: Thomas Braun
Hedging mit fixen Termingeschäften und Optionen
1990. 167 Seiten. Brosch. DM 55,-
ISBN 3-7908-0459-2

Band 25: Georg Inderst,
Peter Mooslechner
und Brigitte Unger (Hrsg.)
Das System einer Sparförderung in Österreich
1990. 126 Seiten. Brosch. DM 55,-
ISBN 3-7908-0461-4

Band 26: Thomas Apolte und Martin Kessler (Hrsg.)
Regulierung und Deregulierung im Systemvergleich
1990. 313 Seiten. Brosch. DM 79,-
ISBN 3-7908-0462-2

Band 27: Joachim Lamel/Michael Mesch/Jiři Skolka (Hrsg.)
Österreichs Außenhandel mit Dienstleistungen
1990. 335 Seiten. Brosch. DM 79,-
ISBN 3-7908-0467-3

Fortsetzung auf Seite 276

Wolfgang Rosenthal

Der erweiterte Maskengenerator eines Software-Entwicklungs-Systems

Mensch-Maschine-Schnittstelle
und Funktionalität eines integrierten Systems
zur Software-Erstellung

Mit 69 Abbildungen

Springer-Verlag Berlin Heidelberg GmbH

Reihenherausgeber
Werner A. Müller
Autor
Dr. Wolfgang Rosenthal
Auf der Lieth 4
D-3400 Göttingen

Gedruckt mit Hilfe von Forschungsmitteln des Landes Niedersachsen

ISBN 978-3-7908-0492-8 Physica-Verlag Heidelberg

CIP-Titelaufnahme der Deutschen Bibliothek

Rosenthal, Wolfgang:
Der erweiterte Maskengenerator eines Software-Entwicklungs-
Systems: Mensch-Maschine-Schnittstelle und Funktionalität
eines integrierten Systems zur Software-Erstellung / Wolfgang
Rosenthal. – Heidelberg: Physica-Verl., 1990
(Wirtschaftswissenschaftliche Beiträge; Bd. 34)
ISBN 978-3-7908-0492-8   ISBN 978-3-662-01586-5 (eBook)
DOI 10.1007/978-3-662-01586-5
NE: GT

Druck: Weihert-Druck GmbH, Darmstadt
Bindearbeiten: J. Schäffer GmbH u. Co. KG., Grünstadt
7120/7130-543210

Geleitwort

Methoden der Programm-Entwicklung kennt man seitdem es Computer gibt. Aufgrund der Veränderung der Leistungen, die auf dem Computer bewältigt werden können, verschieben sich ebenfalls seit dieser Zeit die Ziele der Programmierung. Während es in der Anfangsphase mehr darauf ankam, möglichst viele Maschinenbefehle auf dem verfügbaren kleinen Speicherplatz darzustellen, ging es in den 50er und 60er Jahren primär darum, möglichst schnelle und effektive Programme zu entwickeln, wobei der Schwerpunkt sowohl auf der Geschwindigkeit als auch auf der Speicherknappheit lag. Heute dürften die wesentlichen Ziele darin bestehen, Programme so zu entwickeln, daß sie möglichst computerunabhängig und änderungsfreundlich sind.

Diesem Wandel ist auch die Bezeichnung der Programm-Entwicklung gefolgt. Heute wird kaum noch von Programmierung oder Software-Entwicklung gesprochen, sondern es wird nur noch Software-Engineering betrieben, um zu verdeutlichen, daß zur Entwicklung von Programmen eine gewisse Methodik und Systematik vorliegen muß, da Erfahrungen gezeigt haben, daß man bei Anwendung dieser Methodik auch bei individuellen Fragestellungen robuste und kostengünstige Programme erhält.

Dieser Zielsetzung ist auch die Göttinger Forschungsgruppe bei der Entwicklung von Methoden und Werkzeugen zur Erstellung individueller Software für kleine und mittlere Unternehmen zu akzeptablen Kosten gefolgt. Als Basis dafür diente der Göttinger Schnittstellen-Management-Ansatz, der eigens für die Generierung des zugehörigen Software-Entwicklungs-Systems geschaffen wurde. Auf der Basis dieses Ansatzes wurde also versucht, ein Software-Entwicklungs-System zu entwickeln. Mit dem in diesem Projekt entwickelten Werkzeug kann die Erstellung von Programmen direkt im Dialog am Bildschirm erfolgen, so wie es bisher mit einigen Bildschirmgeneratoren möglich war. Im Gegensatz zu diesen wird hier jedoch als Ergebnis dieser Entwicklung ein Cobol Source-Code entwickelt, der anschließend auf fast allen Anlagen lauffähig ist, da es sich hier um ein weithin normiertes Cobol handelt.

Im Rahmen des Gesamtprojekts löst Herr Dr. Rosenthal das Problem der Mensch-Maschine-Schnittstelle. Hierfür entwirft er einen erweiterten Maskengenerator, nach dessen Anwendung Cobol-Programme erstellt werden, die für sich allein ablauffähig sind. Dabei geht er vom gewünschten Output aus und zeigt wie dieser über einen gezielten Input erstellt werden kann. Der dafür erforderliche Prozeß

wird automatisch in Cobol-Statements abgebildet. Compiliert man diese State-
ments, so erhält man ein weitgehend maschinenunabhängiges Programm, bei dem
über die vorher definierten Masken der Input in den gewünschten Output transformiert wird. Durch Entwicklungen wie die des erweiterten Maskengenerators
werden die Entwicklung von maßschneiderbaren Programmen sowie erforderliche
Änderungen wirtschaftlich vertretbar.

Zusammenfassend kann hervorgehoben werden, daß Herr Dr. Rosenthal mit dieser
Arbeit nicht nur eine systematische Problemlösung eines sehr komplexen Problem-
bereichs zeigt, sondern auch einen neuartigen Weg der Programmierung entwickelt
hat.

Es ist zu hoffen, daß dieser Ansatz von Softwarehäusern aufgegriffen wird, um so
den kleinen und mittleren Betrieben die Möglichkeit der Maßschneiderung ihrer
Problemlösungen zu ermöglichen.

Göttingen, im März 1990

Jörg Biethahn

Abkürzungsverzeichnis

a.a.O.	- am angegebenen Orte
ACM	- Association for Computing Machinery
AG	- Aktiengesellschaft
Alt	- Alternate (Taste)
ANSI	- American National Standards Institute
ASCII	- American Standard Code of Information Interchange
AZ	- Arbeitszufriedenheit
BASIC	- Beginners All Purpose Symbolic Instruction Code
BCD	- Binary Coded Decimal (Code)
BIOS	- Basic Input/Output System
bzw.	- beziehungsweise
CA	- California
CAD	- Computer Aided Design
CAM	- Computer Aided Manufactoring
CAS	- Computer Aided Softwareengineering
CHI	- Computer-Human Interaction
COBOL	- Common Buisiness Oriented Language
COMP	- Computational
Ctrl	- Control (Taste)
CW	- Computerwoche
DBMS	- Database Management System
DIN	- Deutsches Institut für Normung e.V.
DOS	- Disk Operation System
DPF	- Data Entry and Print Form Package
DS	- Daten-Schnittstelle
DV	- Datenverarbeitung
e.V.	- eingetragener Verein
E/A	- Ein-/Ausgabe
EBCDIC	- Extended Binary Coded Decimal Interchange Code
EDV	- Elektronische Datenverarbeitung
ESC	- Escape (Taste)
et.al.	- und andere
ETIT	- External Task, Internal Task (Modell)
f.	- folgende
ff.	- fortfolgende
GKS	- Graphisches Kernsystem
GmbH	- Gesellschaft mit beschränkter Haftung
GMD	- Gesellschaft für Mathematik und Datenverarbeitung
GOMS	- Goals, Operations, Methods, Selection rules
HGB	- Handelsgesetzbuch
HIPO	- Hierarchy Plus Input Process Output
hrsg.	- herausgegeben
Hrsg.	- Herausgeber
HUFIT	- Human Factors Laboratories in Information Technologies
IBM	- International Buisiness Machines Corporation
IEEE	- Institute of Electrical and Electronic Engineers
IFIP	- International Federation of Information Processing
Inc.	- Incorporation
ISO	- International Organisation for Standardisation
Jg.	- Jahrgang
JSP	- Jackson Structured Programming
KEE	- Knowledge Engineering Environment
Makro	- Makrofunktion

MB	- Megabyte
mbp	- Mathematischer Beratungs- und Programmierdienst
MDT	- Mittlere Datentechnik
MMK	- Mensch-Maschine Kommunikation
MMS	- Mensch-Maschine-Schnittstelle
MS	- Microsoft Corporation
Nr.	- Nummer
ÖVD	- Öffentliche Verwaltung und Datenverarbeitung
PAS	- Programm-Ablaufsteuerungs-Schnittstelle
PC	- Personalcomputer
PES	- Programm-Entwicklungs-Schnittstelle
PIC	- Picture
PVS	- Programm-Verarbeitungs-Schnittstelle
RWTH	- Rheinisch-Westfälische Technische Hochschule
S.	- Seite
SAA	- System Anwendungs-Architektur
SADT	- Structured Analysis and Design Technique
SES	- Software Engineering Service Gesellschaft
SMS	- Schnittstellen-Management-System
SPI	- Software Products International Corporation
TOTE	- Test-Operation-Test-Exit (Modell)
TP	- Transaction Processing (Monitor)
TS	- Terminal-Schnittstelle
VDT	- Visual Data Terminal
vgl.	- vergleiche
WSI	- Workstation Interface
z.B.	- zum Beispiel

1 Problemstellung und Aufbau der Arbeit

Industriebetriebe aller Branchen und Größenordnungen sind heute zur Erhaltung ihrer Wettbewerbsfähigkeit und Existenz auf eine Vielzahl von Informationen und deren aussagekräftige Aufbereitung angewiesen. In besonderem Maße trifft diese Aussage auf den Informationsbedarf kleiner und mittlerer Unternehmen zu.[1] Die Stärke dieser Betriebe liegt in ihrer Anpassungsfähigkeit und Flexibilität gegenüber veränderten Markterfordernissen. Eine mit der Einführung eines Datenverarbeitungs-Systems einhergehende strenge Organisation darf die erwähnten Vorteile jedoch nicht aufheben.[2] Hieraus ergeben sich hohe Anforderungen an die einzusetzende Software: Sie muß flexibel an geänderte Anforderungen anpaßbar sein und zudem möglichst vollständig in vorhandene betriebliche Abläufe integriert werden können.

Für den Einsatz in kleinen und mittleren Unternehmen stehen derzeit jedoch nur folgende zwei Arten von Software zur Verfügung:[3]

- Maßgeschneiderte Software ist speziell an die betrieblichen Belange angepaßt; sie ist teuer und bereits nach der ersten betrieblichen Änderung werden Anpassungen erforderlich.
- Standard-Software erfordert entweder unangemessen hohe organisatorische Anpassungen und Fixierungen im Unternehmen oder sie ist so generalisiert, daß ihr Einsatz mit zu hohen Kosten verbunden ist.

Aus der geschilderten Problematik ergibt sich die Notwendigkeit der Entwicklung maßschneiderbarer und portabler betriebswirtschaftlicher Anwendungssoftware. Daher wurde ein Software-Entwicklungs-System konzipiert, mit dessen Hilfe kleinen und mittleren Unternehmen leicht maßschneiderbare Standardsoftware zur Verfügung gestellt wird, die durch die Mitarbeiter der Betriebe an die unternehmensspezifischen Anforderungen angepaßt werden kann.

---

[1] Vgl. BIETHAHN, Jörg: Datenverarbeitung für kleine und mittlere Unternehmen. Vortrag, Göttingen 1985. (Unveröffentlichtes Manuskript).

[2] Vgl. SCHULZE, Hans H.: Datenverarbeitung in kleinen und mittleren Unternehmen. Planung, Einführung und Einsatz von DV-Systemen. München/Wien 1983, S. 30 ff.

[3] Vgl. BIETHAHN, Jörg: Gestaltung einer Innovationsverarbeitung als Basis für eine systematische Innovationspolitik. In: Technischer Fortschritt, Beschäftigung und wirtschaftliches Gleichgewicht. Hrsg. von GABISCH, Günter; Berlin 1988, S. 333 f.
Vgl. ebenso BIETHAHN, Jörg: Entwicklung der Datenverarbeitung - Perspektiven der Datenverarbeitung. In: Datenverarbeitung in praktischer Bewährung. Hrsg. von BIETHAHN, Jörg; STAUDT, Erich; München/Wien 1984, S. 9.

Die Mitarbeiter der Fachabteilungen eines Betriebs sind EDV-Laien, welche die betriebliche Datenverarbeitung zur Unterstützung bei der Bearbeitung ihrer täglichen Aufgaben verwenden. Sie benutzen zu diesem Zweck Anwendungsprogramme, die Ausgaben auf einem Bildschirm anzeigen und Eingaben über eine Tastatur benötigen. Bildschirm und Tastatur dienen dem Anwender also als Kommunikationsmedien bei der Bearbeitung seiner Aufgaben mit Hilfe einer Datenverarbeitungsanlage.

Das primäre Ziel der Sachbearbeiter ist es, ihre Arbeitsaufgaben möglichst effizient zu bearbeiten. Hieraus ergibt sich ein Forderungsrahmen an die Gestaltung der Mensch-Maschine-Schnittstelle der im Betrieb eingesetzten Anwendungssoftware.

Einen wesentlichen Faktor für die Akzeptanz der im Betrieb eingesetzten Software bildet also eine benutzerfreundliche Mensch-Maschine-Schnittstelle, die dem Anwender erlaubt, seine betrieblichen Aufgaben vollständig und effektiv zu bearbeiten. Zudem wird dieselbe Schnittstelle sowohl bei der Anpassung der Software durch den Benutzer als auch innerhalb der mit Hilfe des Software-Entwicklungs-Systems erzeugten Anwendungsprogramme implementiert. Aus diesen Gründen müssen an die Ausgestaltung der Mensch-Maschine-Schnittstelle besonders hohe Anforderungen gestellt werden.

Die Mensch-Maschine-Schnittstelle eines Programmsystems muß einen leicht erlernbaren Dialog, der für einen großen Benutzerkreis verständlich ist, gewährleisten. Dagegen erfordert die wachsende Vertrautheit der Anwender mit ihrem Programmsystem eine Dialogumgebung, die nicht ermüdend wirkt, oder durch ihren Zuschnitt auf ungeübte Benutzer umständlich zu bedienen ist.

In die Anforderungen an eine ergonomisch gestaltete Mensch-Maschine-Schnittstelle wirken Forschungsergebnisse aus den verschiedensten Disziplinen, wie Psychologie, Pädagogik, Arbeitswissenschaften und Informatik mit hinein. Zudem hat das Deutsche Institut für Normung in der Norm DIN 66234 und dem Normentwurf DIN 66290 Richtlinien für die Gestaltung von Bildschirmarbeitsplätzen und Bildschirmmasken erstellt. Aus dieser Vielzahl der erwähnten Gestaltungsanforderungen erkennt man, daß man eine Mensch-Maschine-Schnittstelle als eine Metaebene betrachten sollte. In sie müssen Werkzeuge zur Software-Erstellung, wie User-Interface-Management-Systeme, Daten- und Methodenbanken integriert sein. Außerdem muß sie die Einbeziehung der Benutzer bei der Software-Erstellung gewährleisten.[4]

Die Entwicklung einer Mensch-Maschine-Schnittstelle läßt sich in vier Verfeinerungsphasen einteilen:[5]

1. Die Konzeptionsphase behandelt die Vorgaben und Ziele der Entwicklung.
2. In der Strukturphase werden mögliche Dialogformen auf ihre Eignung für den Einsatz in der Mensch-Maschine-Schnittstelle hin untersucht.
3. Inhalt der Konkretisierungsphase ist die Festlegung der Bedienung und der Funktionalität der Schnittstelle.
4. Die Realisierungsphase betrachtet die technische Realisierung der Mensch-Maschine-Schnittstelle.

Dieser Einteilung folgend, wird in Kapitel 2 die Konzeptionsphase beschrieben. Dabei erfolgt zunächst die Begründung für die Entwicklung einer Mensch-Maschine-Schnittstelle sowie eine Erläuterung der Zielsetzung der Mensch-Maschine-Schnittstelle. Im Anschluß daran werden die Voraussetzungen der Mensch-Maschine-Schnittstelle, dazu zählen Zielgruppe, Zielrechner und Programmiersprache, dargestellt. Die Beschreibung einer Mensch-Maschine-Schnittstelle als Bestandteil eines erweiterten Maskengenerators innerhalb eines Software-Entwicklungs-Systems schließt das Kapitel ab.

Auf dieser Grundlage behandelt Kapitel 3 die Strukturphase der Entwicklung einer Mensch-Maschine-Schnittstelle. Die Terminal-Schnittstelle als Verbindung zu angeschlossenen Bildschirmgeräten bildet die Voraussetzung für die Mensch-Maschine-Schnittstelle. Aus psychologischen und arbeitswissenschaftlichen Forschungsergebnissen abgeleitete Gestaltungsziele bilden die Basis der Formulierung von Kriterien für die Entwicklung einer Mensch-Maschine-Schnittstelle. Sie

---

[4] Vgl. BULLINGER, Hans-Jörg; FÄHNRICH, Klaus-Peter; ZIEGLER, Jürgen: Software-Ergonomie: Stand und Entwicklungstendenzen. In: Software-Ergonomie '87. Hrsg. von SCHÖNPFLUG, Wolfgang; WITTSTOCK, Marion; Stuttgart 1987, S. 19.

[5] Vgl. hierzu u.a. GORNY, Peter; VIERECK, Axel: Eine Vorgehensweise zur Entwicklung interaktiver Programme. In: Software-Ergonomie. Hrsg. von FÄHNRICH, Klaus-Peter; München/Wien 1987, S. 95 ff.
Die Methode stellt eine Weiterentwicklung der von Dehning, Essig und Maaß definierten Betrachtungsebenen des Dialogs dar.
Vgl. DEHNING, Waltraud; ESSIG, Heidrun; MAASS, Susanne: Zur Anpassung virtueller Mensch-Rechner-Schnittstellen an Benutzererfordernisse im Dialog - Dargestellt am Beispiel von Datenbanksystemen. Bericht Nr. 50 des Fachbereichs Informatik der Universität Hamburg. Hamburg, Juli 1978, S. 116 f. und S. 142 ff.

werden am Schluß des Kapitels anhand der durch das Deutsche Institut für Normung aufgestellten Ziele evaluiert.

Die Beschreibung der Konkretisierungsphase enthält die Darstellung der verwendeten Mittel der Dialoggestaltung. Kapitel 4 befaßt sich außerdem mit der Stellung der Mensch-Maschine-Schnittstelle innerhalb des erweiterten Maskengenerators und erläutert dessen Aufbau. Den Abschluß dieses Kapitels bildet die Erörterung der Möglichkeiten der Benutzerbeteiligung bei der Erstellung eines Anwendungssystems.

Die Realisierung der Terminal-Schnittstelle und der Mensch-Maschine-Schnittstelle sowie ihre Implementierung in einem erweiterten Maskengenerator werden in Kapitel 5 beschrieben.

Kapitel 6 vervollständigt die Beschreibung der Realisierungsphase durch die Erläuterung der Integration des erweiterten Maskengenerators in ein Software-Entwicklungs-System.
Das letzte Kapitel enthält eine Zusammenfassung der Arbeit sowie einen Ausblick mit der Darstellung weiterer Forschungsansätze.

Die vorliegende Arbeit entstand während meiner Tätigkeit als wissenschaftlicher Mitarbeiter an der Abteilung Wirtschaftsinformatik der Universität Göttingen.
Es ist mit ein besonderes Anliegen, mich bei Prof. Dr. Jörg Biethahn, dem Leiter der Abteilung für die vielfältigen Anregungen und die Unterstützung während der Erstellung der Arbeit zu bedanken.
Danken möchte ich weiterhin meinem Zweitgutachter Prof. Dr. Dieter Wall (Gesellschaft für wissenschaftliche Datenverarbeitung Göttingen) sowie Dr. Harry Mucksch und Dr. Walter Ruf, die jederzeit für einen Gedankenaustausch zur Verfügung standen. Auch die fleißigen Helfer Carola Bartelsen, Martina Beißer, Fiederike Wall, Michael Dreiling und Daniel Mooney dürfen an dieser Stelle nicht vergessen werden.
Herzlicher Dank gebührt nicht zuletzt meiner Frau Doris und meiner Tochter Anne, die mich zwar oft entbehren mußten, jedoch immer einen großen Rückhalt für mich darstellten.

2 Konzeptionsphase der Entwicklung einer Mensch-Maschine-Schnittstelle

Im ersten Teil der Arbeit wird das Konzept einer benutzerfreundlichen[1] Mensch-Maschine-Schnittstelle[2] auf der Basis aktueller Forschungsergebnisse aus dem Gebiet der Software-Ergonomie entwickelt. Das Konzept hat in dem Prototyp eines Maskengenerators[3] innerhalb eines Software-Entwicklungs-Systems[4] für Klein- und Mittelbetriebe eine erste Anwendung gefunden.

Abschnitt 2.1 behandelt, aufbauend auf der historischen Entwicklung der Software-Ergonomie, die in der Literatur formulierten Ziele für die Entwicklung einer Mensch-Maschine-Schnittstelle und die Ziele der Eigenentwicklung dieser Schnittstelle.

Abschnitt 2.2 befaßt sich mit der Situation der Datenverarbeitung in kleinen und mittleren Unternehmen. Dazu wird für die Zielgruppe der hier konzipierten Mensch-Maschine-Schnittstelle, kleine und mittlere Unternehmen, eine Abgrenzung vorgenommen und die Situation innerhalb ihrer Datenverarbeitung erörtert.

In Abschnitt 2.3 werden die Rahmenbedingungen der Konzeption der Mensch-Maschine-Schnittstelle sowie die Konzeptionen des Software-Entwicklungs-Systems und des erweiterten Maskengenerators dargestellt.

Die Konzeption der Mensch-Maschine-Schnittstelle sowie ihre Integration in den erweiterten Maskengenerator innerhalb des Software-Entwicklungs-Systems bilden den Inhalt des Abschnittes 2.4.

---

[1] Untersuchungen auf dem Gebiet der Benutzerfreundlichkeit behandeln die Frage, wie Informationstechnologien an die Fähigkeiten der Benutzer anzupassen sind. Vgl. ESSIG, Heidrun: Benutzerfreundlichkeit/Benutzerakzeptanz: Zur Situation eines interdisziplinären Forschungsgebietes. Hamburg 1979, S. 7.
Ein benutzerfreundliches System erfüllt die globalen Qualitäten, leicht, sicher und komfortabel benutzbar zu sein.
Vgl. MAYER, Renate; HOEPELMANN, Jaap: Final Version of the Glossar. ESPRIT Project 385 - HUFIT. HUFIT Deliverable C 6.8. Stuttgart 1987, S. 68.

[2] Unter Schnittstellen versteht man allgemein eine Stelle oder Fläche, die Teilsysteme trennt oder verbindet. Hierbei muß man unterscheiden zwischen internen Schnittstellen, welche die Verbindung zwischen den einzelnen Teilsystemen herstellen und externen Schnittstellen zur Hardware, zum Betriebssystem, zu Compilern und anderen Programmsystemen.
Vgl. VOSS, Klaus: Schnittstellen. In: Jahresbericht der Gesellschaft für Mathematik und Datenverarbeitung (GMD), St. Augustin 1982, S. 74.

[3] Ein Maskengenerator erzeugt Bildschirmformulare für Anwendungsprogramme, welche die Kommunikation des Anwenders mit seinem Programm unterstützen.

[4] Ein Software-Entwicklungs-System ist ein Programmsystem, das eine umfassende Unterstützung bei der Entwicklung von (Anwendungs-) Programmen bietet.

2.1 Konzeption und Ziele der Entwicklung einer Mensch-Maschine-Schnittstelle

Der Begriff Mensch-Maschine-Schnittstelle bezeichnet "ein Medium, das die Interaktion eines Benutzers mit einer Maschine erlaubt."[5] Dabei umfaßt der Begriff sowohl die Hardware, mit deren Hilfe der Benutzer des Systems agiert als auch die Art und Weise, wie sich die Software dem Benutzer gegenüber darstellt. Der zweite durch den Begriff der Mensch-Maschine-Schnittstelle abgedeckte Bereich bildet den Untersuchungsgegenstand dieser Arbeit.

Synonym werden in der Literatur u.a. die Begriffe Benutzeroberfläche[6], Benutzerschnittstelle[7], Mensch-Computer-Schnittstelle[8], Dialogschnittstelle[9], Human-Computer Interface[10] und User Interface[11] verwendet. Die Wechselbeziehungen zwischen dem einen Computer bedienenden Menschen und dem Computer über die Mensch-Maschine-Schnittstelle wird u.a. als Mensch-Maschine Kommunikation[12], Mensch-Computer-Kommunikation[13] (Human-Computer Communication[14]) oder

---

[5] MAYER, Renate; HOEPELMANN, Jaap: Final Version of the Glossar, a.a.O., S. 72.

[6] Vgl. FRESE, Michael; SCHULTE-GÖCKING, Heike; ALTMANN, Alexandra: Lernprozesse in Abhängigkeit von der Trainingsmethode, von Personenmerkmalen und von der Benutzeroberfläche (direkte Manipulation vs. konventionelle Interaktion). In: Software-Ergonomie '87. Hrsg. von SCHÖNPFLUG, Wolfgang; WITTSTOCK, Marion; Stuttgart 1987, S. 377 ff.

[7] Vgl. HERCZEG, Michael: Modulare anwendungsneutrale Benutzerschnittstellen. In: Methoden und Werkzeuge zur Gestaltung benutzergerechter Computersysteme. Hrsg. von FISCHER, Gerhard; GUNZENHÄUSER, Rul; Berlin/New York 1986, S. 73.

[8] FÄHNRICH, Klaus-Peter; KÄRCHER, Michael: Software Architekturen für Mensch-Computer-Schnittstellen - dargestellt am Beispiel eines multilingualen Textsystems. In: Software-Ergonomie '85 - Mensch-Computer-Interaktion. Hrsg. von BULLINGER, Hans-Jörg; Stuttgart 1985, S. 445 ff.

[9] Vgl. NULLMEIER, Erhard; RÖDIGER, Karl-Heinz: Psychologische Kriterien für die Gestaltung von Dialogschnittstellen. "Office Management", Sonderheft 1983, S. 32 f.

[10] Vgl. CLARKE, A. A.: A Three-Level Human-Computer Interface Model. "International Journal on Man-Machine Studies", Nr. 24, 1986, S. 503 ff.

[11] Vgl. SHNEIDERMAN, Ben: Designing the User Interface: Strategies for Effective Human-Computer Interaction. Reading, Massachusetts u.a. 1987, S. 1 ff.

[12] Vgl. PAETAU, Michael: Evaluation der Mensch-Maschine Kommunikation mit Hilfe des EVADIS-Verfahrens. In: Software-Ergonomie. Hrsg. von FÄHNRICH, Klaus-Peter; München/Wien 1987, S. 191 ff.

[13] Vgl. KLOCKE, Heiner; RAU, Günter: Mensch-Computer-Kommunikation in der Intensivmedizin. In: Software-Ergonomie. Hrsg. von FÄHNRICH, Klaus-Peter; München/Wien 1987, S. 159 ff.

[14] Vgl. SMITH, Hugh: Human-Computer Communication. In: Human Interaction with Computers. Hrsg. von SMITH, Hugh T.; GREEN, Thomas R.G.; London 1980, S. 5 ff.

Mensch-Computer-Interaktion[15] (Human-Computer Interaction[16]) bezeichnet. Die Forschungsrichtung, die sich mit der menschengerechten Gestaltung der Mensch-Maschine-Schnittstelle und Mensch-Maschine Kommunikation befaßt, bezeichnet man mit Software-Ergonomie.[17]

2.1.1 Historische Entwicklung der Software-Ergonomie

Die Forschungsbestrebungen im Bereich der Mensch-Maschine-Schnittstelle werden dem Gebiet der Software-Ergonomie zugeordnet. Die historische Entwicklung des Gebietes kann man nur im Zusammenhang mit der Entwicklung der Computertechnik und den organisatorischen Veränderungen im Bereich der Datenverarbeitung sehen.

In den ersten Jahren der Entwicklung von 1940 bis ca. 1955 waren die Konstrukteure der Datenverarbeitungsanlagen und elektronikerfahrene Ingenieure auch ihre Benutzer. Zu dieser Zeit stand die Weiterentwicklung der technischen Möglichkeiten der DV-Anlagen im Vordergrund, hinter der die Entwicklung der Ergonomie zurückblieb. Jedoch stellte bereits 1947 Mauchly die Forderung auf: "Any machine-coding-system should be judged quiet largely from the point of view of how easy it is for the operator to obtain results."[18] Vor dem Hintergrund dieser

---

[15] Vgl. FÄHNRICH, Klaus-Peter; ZIEGLER, Jürgen: Mensch-Computer-Interaktion - Die Software-Ergonomie hat sich weltweit etabliert. In: Jahrbuch der Bürokommunikation, Baden-Baden 1985, S. 82 ff.

[16] Vgl. SALVENDY, Gavriel (Hrsg.): Human-Computer Interaction. Amsterdam 1984.

[17] Vgl. MAYER, Renate; HOEPELMANN, Jaap: Final Version of the Glossar ..., a.a.O., S. 389.
Fontana und Kiesmüller definieren Ergonomie als "die Anpassung der Arbeit und Arbeitsmittel an den Menschen". Software-Ergonomie ist daher die Anpassung der Programme (Arbeitsmittel) und der Arbeit mit den Programmen an die geistigen Fähigkeiten der Anwender des Software-Systems und ihre menschlichen Verhaltensweisen.
Vgl. FONTANA, Günter; KIESMÜLLER, Thomas: Software-Ergonomie aus der Sicht des Anwenders. In: Jahrbuch der Bürokommunikation, Baden-Baden 1985, S. 93.

[18] MAUCHLY, J. W.: Preparation of Problems for EDVAC-Type Machines. In: The Origins of Digital Computers: Selected Papers. Hrsg. von RANDELL, B.; Berlin 1973, S. 365 ff. Zitiert nach GAINES, Brian R.; SHAW, Mildred L. G.: From Timesharing to the Sixth Generation: The Developement of Human-Computer Interaction. Part I. "International Journal of Man-Machine Studies", Vol. 24, Nr. 1, 1986, S. 13.

Forderung entstanden zu dieser Zeit auch erste Konzepte für höhere Programmiersprachen.[19]

Die Zeit bis 1963 ist gekennzeichnet durch den ersten Einsatz höherer Programmiersprachen wie FORTRAN, ALGOL und COBOL verbunden mit einem gleichzeitigen Closed Shop-Betrieb[20]. Im Bereich der Ergonomie betrieb man in diesem Zeitraum vorwiegend Forschung und Entwicklung auf dem Gebiet der Hardware-Ergonomie.[21] Man entwickelte z.B. benutzerfreundliche Konsolen für die Operator. Zur Bedienung der DV-Anlagen entstanden Kontrollsprachen (job control languages), wobei man allerdings noch wenig Wert auf Benutzerfreundlichkeit legte.

"Es bedurfte der Entwicklung interaktiver Timesharing-Systeme in den frühen sechziger Jahren (...), um langsam die Aufmerksamkeit auch auf andere Benutzergruppen als den spezialisierten Programmierer zu richten."[22] Die Jahre 1964 bis 1971 gelten daher als die Zeit der Anfänge in der Mensch-Maschine-Forschung.[23] Es dauerte jedoch bis zum Beginn der siebziger Jahre, bis die Forschung auf dem Gebiet der Software-Ergonomie durch Buchveröffentlichungen vorangetrieben wurde.[24]

Mitte der siebziger Jahre hielten Dialogsysteme für den kommerziellen Bereich verstärkt in den Firmen Einzug. Daraus resultierte, daß nicht mehr der Operator

---

[19] Ein Konzept einer algorithmischen Sprache ist z.B. der 1945 von Konrad Zuse entwickelte Plankalkül.
Vgl. ZUSE, Konrad: Beschreibung des Plankalküls. Berichte der Gesellschaft für Mathematik und Datenverarbeitung Nr. 112. München/Wien 1977, S. 5 ff.
Vgl. ebenso ZUSE, Konrad: Der Plankalkül. Berichte der Gesellschaft für Mathematik und Datenverarbeitung Nr. 63. St. Augustin 1972, S. 5 ff.

[20] Im Closed Shop-Betrieb hatte der Anwender keinen direkten Zugang zu der DV-Anlage. Aufträge wurden im Rechenzentrum abgegeben und dort vom DV-Fachpersonal bearbeitet.

[21] Vgl. BALZERT, Helmut: Einführung. In: Software-Ergonomie '83. Hrsg. von BALZERT, Helmut; Stuttgart 1983, S. 13.

[22] BULLINGER, Hans-Jörg; FÄHNRICH, Klaus-Peter; ZIEGLER, Jürgen: Software-Ergonomie: Stand und Entwicklungstendenzen, a.a.O., S. 17.

[23] In diesen Zeitraum fällt 1965 auch die erste internationale Konferenz über Mensch-Maschine-Kommunikation, das "IBM Scientific Computing Symposium on Man-Machine Communication" in Yorktown Heights.
Vgl. GAINES, Brian R.; SHAW, Mildred L. G.: From Timesharing to the Sixth Generation ..., a.a.O., S. 14.

[24] Vgl. z.B. MARTIN, James: Design of Man-Computer Dialogues. Englewood Cliffs, New Jersey 1973.
vgl. ebenso WEINBERG, Gerald M.: The Psychology of Computer Programming. New York 1971.
vgl. ebenso SACKMAN, Harold: Man-Computer Problem Solving. Princeton, Auerbach 1970.

der DV-Anlage die Programme allein bediente, sondern die Nutzung der Anwendungsprogramme verlagerte sich in die Fachabteilungen. Die Entwicklung, die Ein-/Ausgabegeräte aus den Rechenzentren an die Arbeitsplätze der Benutzer zu verlagern, hält bis heute an. Man legte zunehmend Wert auf sichere und fehlerfreie Programme und verwirklichte erste Ansätze einer benutzerfreundlichen Programmoberfläche.

Ende der siebziger Jahre brachte Apple die ersten Personal-Computer (PC) auf den Markt. Dies führte zu einer noch größeren Verbreitung der DV-Anwendungen. Personal-Computer standen fast ausschließlich in den Fachabteilungen auch von kleinen und mittleren Unternehmen. Die Benutzergruppe der PC's setzte sich hauptsächlich aus EDV-Laien zusammen, was den Trend zu benutzerfreundlicher und fehlerunanfälliger Software verstärkte.

Der Eintritt der IBM[25] in den PC-Bereich Anfang der achtziger Jahre brachte eine explosionsartige Verbreitung der Datenverarbeitung in kleinen und mittleren Unternehmen. Durch die Marktmacht dieses Unternehmens setzte sich die Konzeption des IBM-PC in den Folgejahren als eine Art Standard im Personalcomputer-Bereich durch.[26] Die Software-Entwickler unternahmen große Anstrengungen, PC-Anwendungsprogramme benutzerfreundlich zu gestalten, wobei jedoch jedes Unternehmen andere Maßstäbe für benutzerfreundliche Software definierte. Die erheblichen Aufwendungen der Software-Entwicklungs-Firmen für benutzerfreundliche Programme wurden durch die hohen Verkaufserwartungen für Standard-Anwendungspakete auf dem PC-Markt ermöglicht.
Ebenfalls zu beginn der achtziger Jahre brachten Xerox mit dem 8010 Star[27] und Apple mit den Systemen Lisa und Macintosh[28] die ersten Personal-Computer mit graphischer Mensch-Maschine-Schnittstelle auf den Markt.

Parallel zu den Anstrengungen der Praktiker zur Erstellung benutzerfreundlicher Software-Produkte durch das veränderte Benutzerspektrum der DV-Anlagen intensivierte man die Forschung auf dem Gebiet der Software-Ergonomie. Vor allem wurden die Gestaltung der Mensch-Maschine-Schnittstelle und der Mensch-

---

[25] IBM ist die Abkürzung für International Business Machines Corporation.
[26] Auch die Nachfolgeprodukte wie der PC-AT und Rechner mit dem Intel 80386 sind abwärts kompatibel zum IBM-PC.
[27] Vgl. SMITH, David Canfield; IRBY, Charles; KIMBALL, Ralph; VERPLANK, Bill: Designing the Star User Interface. "Byte", Nr. 4, 1982, S. 242 ff.
[28] Vgl. WILLIAMS, Greg: The Lisa Computer System. "Byte", Nr. 2, 1983, S. 33 ff.

Computer-Kommunikation diskutiert. Die intensive Forschung drückt sich in einer Vielzahl von Veröffentlichungen in den letzten Jahren aus.[29]

Den heutigen Stand der Forschung kennzeichnen interdisziplinäre Ansätze im Bereich der Theorieforschung. Weiterhin existieren zum gegenwärtigen Zeitpunkt auf internationaler und auf nationaler Ebene Normen für die Gestaltung von Mensch-Maschine-Schnittstellen.[30]

Die Entwicklung der letzten Jahre spiegelt sich u.a. in den Tagungsbeiträgen der Konferenzen zum Thema Mensch-Maschine-Kommunikation wider, die in Kapitel 3 dieser Arbeit zur Darstellung der Konzeption einer Mensch-Maschine-Schnittstelle herangezogen werden. Seit 1981 wird in den USA die CHI (Computer-Human Interaction) als offizielle Konferenz der ACM[31] abgehalten.[32] In Deutschland findet seit 1983 in einem zweijährigen Rhythmus die Tagung Software-Ergonomie des German Chapter of the ACM statt.

Ein gegenwärtig aktueller Forschungsschwerpunkt liegt in dem Umsetzen der Theorien der Software-Ergonomie in die praktische Programmierung.[33] Seit 1984 existiert das ESPRIT-Projekt HUFIT (Human Factors in Information Technology), an dem sich elf Institutionen in acht europäischen Ländern beteiligen und in dem Analysen der bisherigen Forschung auf dem Gebiet der Software-Ergonomie vor-

---

[29] Eine Zusammenstellung wichtiger Veröffentlichungen der letzten Jahre auf dem Gebiet der Software-Ergonomie findet sich bei Bösser.
Vgl. BÖSSER, Tom: Learning in Man-Computer Interaction - A Review of the Literature. Research Reports ESPRIT, Projekt 385, HUFIT, Vol. 1, Berlin 1987.

[30] In den USA ist die Gestaltung von Mensch-Maschine-Schnittstellen in der ISO (International Organization for Standardization) Norm PC 159/SC4/WG5 festgelegt worden.
In der Bundesrepublik Deutschland regelt die DIN-Norm 66234 die Gestaltung von Bildschirmarbeitsplätzen, wobei Teil 3 mit der Gruppierung von Daten, Teil 5 mit der Kodierung von Information und Teil 8 mit den Grundsätzen der Dialoggestaltung schwerpunktmäßig den Bereich der Software-Ergonomie ansprechen.

[31] Die ACM steht für Association for Computing Machinery.

[32] Vgl. BULLINGER, Hans-Jörg; FÄHNRICH, Klaus-Peter; ZIEGLER, Jürgen: Software-Ergonomie: Stand und Entwicklungstendenzen, a.a.O., S. 18.

[33] Vgl. BULLINGER, Hans-Jörg; FÄHNRICH, Klaus-Peter; ZIEGLER, Jürgen: Software-Ergonomics: History, State-of-the-Art and Important trends. In: Cognitive Engineering in the Design of Human-Computer Interaction and Expert Systems. Proceedings of the Second International Conference on Human-Computer Interaction, Honolulu, Hawaii, August 10-14, 1987, Volume II. Hrsg. von Salvendy, Gavriel; Amsterdam/Oxford/New York 1987, S. 309 f.

genommen und Entwicklungsmethoden für benutzerfreundliche Systeme untersucht werden.[34]

Eine geeignete Zusammenfassung der Entwicklung der Software-Ergonomie und des heutigen Forschungsstandes bietet die Abbildung 1.

	1940	1948	1956	1964	1972	1980	1988	1996	2004
1. Socially Organized Systems								B	R
2. Autonomous Activity Systems							B	R	E
3. Inductive Inference Systems						B	R	E	T
4. Knowledge-Based Systems					B	R	E	T	A
5. Human-Computer Interaction				B	R	E	T	A	M
6. Problem-Orientated Languages			B	R	E	T	A	M	
7. Virtual Machine Architecture		B	R	E	T	A	M		
8. Electronic Device Technology	B	R	E	T	A	M			

B - Breakthrough: Durchbruch und erste kreative Fortschritte

R - Replication period: Wachsende Erfahrung durch das Nachahmen des Durchbruchs

E - Empirical period: Gestaltungsregeln werden aus Erfahrung formuliert

T - Theoretical period: Grundlegende Theorien werden formuliert und getestet

A - Automation period: Aufgrund von Theorien werden Erfahrungen vorausgesagt und Regeln generiert

M - Maturity: Theorien werden aufgenommen, integriert und routinemäßig verwendet

Abbildung 1: Die Infrastruktur der sieben Generationen der Datenverarbeitung basierend auf den Lernkurven der zugrundeliegenden Technologien[35]

Wie die Abbildung zeigt, läßt sich die Entwicklung der Datenverarbeitung auf Intervalle mit einer Länge von ca. 8 Jahren abbilden. Aufgrund der einheitlichen Länge der Intervalle und der regelmäßigen Entwicklung der verschiedenen

---

[34] Vgl. FÄHNRICH, Klaus-Peter; ZIEGLER, Jürgen: HUFIT - Human Factors in Information Technology. In: Software-Ergonomie '87. Hrsg. von SCHÖNPFLUG, Wolfgang; WITTSTOCK, Marion; Stuttgart 1987, S. 220.

[35] Verändert übernommen aus GAINES, Brian R.; SHAW, Mildred L. G.: From Timesharing to the Sixth Generation ..., a.a.O., S. 7.

Technologien lassen sich Vorhersagen für die Entwicklung der nächsten Jahre erstellen.

Zeile 5 der Abbildung 1 stellt die Entwicklung der Human-Computer Interaction dar, die im folgenden noch einmal kurz zusammengefaßt wird:

Der Durchbruch (Breakthrough) auf diesem Forschungsgebiet und erste kreative Fortschritte sind etwa ab 1956 zu vermerken. Etwa in dem Zeitraum 1964-1972 war man bestrebt, Erfahrungen durch das Nachahmen des Durchbruchs auf diesem Forschungsgebiet zu gewinnen (Replication period). Ungefähr bis 1980 wurden aufgrund von Erfahrungen Gestaltungsregeln formuliert (Empirical period). Bis zum heutigen Stand 1988 wurden während der "Theoretical period" grundlegende Theorien formuliert und getestet. Man befindet sich nunmehr am Beginn einer Phase, in der man aufgrund der Theorien Erfahrungen voraussagen und Regeln ableiten kann (Automation period). Etwa ab 1996 wird im Bereich der Mensch-Computer Interaktion voraussichtlich ein Zustand der Reife (Maturity) eintreten, in dem die Theorien für die Gestaltung einer Mensch-Maschine-Schnittstelle aufgenommen, in die Praxis integriert und routinemäßig angewendet werden.[36]

2.1.2 Allgemeine Ziele für die Entwicklung einer Mensch-Maschine-Schnittstelle

Der Stand der Forschung auf dem Gebiet der Mensch-Maschine-Schnittstellen versetzt uns in die Lage, Erfahrungen vorauszusagen, die man mit Programmsystemen machen wird, welche aufgrund der vorhandenen Theorien entwickelt wurden.[37]

Diese Aussage umreißt das globale Ziel der Arbeit:
Aufgrund des Forschungsstandes auf dem Gebiet der Software-Ergonomie wird das Konzept einer benutzerfreundlichen Mensch-Maschine-Schnittstelle entwickelt und strukturiert und am Beispiel eines erweiterten Maskengenerators konkretisiert und realisiert.

Die Forschung verfolgt verschiedene Ansätze zur Definition von Zielen für die Entwicklung einer Mensch-Maschine-Schnittstelle. Drei Ansätze werden in den folgenden Abschnitten vorgestellt. Sie erläutern die Zielsetzung der Arbeit aus verschiedenen Blickwinkeln.

---

[36] Vgl. GAINES, Brian R.; SHAW, Mildred L. G.: From Timesharing to the Sixth Generation ..., a.a.O., S. 7.

[37] Vgl. ebenda, S. 7 f.

Der Ansatz von Fontana und Kiesmüller enthält allgemein formulierte Ziele für die Gestaltung einer Mensch-Maschine-Schnittstelle (Abschnitt 2.1.2.1).

Er führt hin zu den durch das Deutsche Institut für Normung in der DIN-Norm 66234, Teil 8 formulierten Gestaltungszielen, die allgemein als Grundlage der Entwicklung von Mensch-Maschine-Schnittstellen verwendet werden. Da sie nicht das gesamte Anforderungsspektrum der Gestaltung von Dialogen abdecken, wurden sie von der Arbeitsgruppe EVADIS der GMD erweitert. Diese DIN-Norm mit den Erweiterungen durch die GMD stellt eine breite Basis an allgemein formulierten Zielen zur Verfügung. Sie wird in Abschnitt 2.1.2.2 behandelt.

Die Vielfältigkeit der Anforderungen, die allein aus den Forschungsgebieten der Psychologie und Arbeitswissenschaft an die Gestaltung einer Mensch-Maschine-Schnittstelle gestellt werden, spiegelt der in Abschnitt 2.1.2.3 dargestellte Ansatz von Balzert wider.

2.1.2.1 Ziele einer Mensch-Maschine-Schnittstelle nach Fontana und Kiesmüller

Die von Fontana und Kiesmüller formulierten Ziele lassen sich in den folgenden beiden allgemeinen Anforderungen zusammenfassen:[38]

    a) Erhöhung der Akzeptanz des Programmsystems
    b) Erhöhung der Wirtschaftlichkeit des Informationssystems

a) Erhöhung der Akzeptanz des Programmsystems

Akzeptanz läßt sich beschreiben als die Bereitwilligkeit, mit welcher der Benutzer mit einem Programmsystem arbeitet. Sie stellt ein Beispiel für die Interdisziplinarität der Forschung im Bereich der Mensch-Maschine-Schnittstellen dar. Die Akzeptanz ist Ergebnis der Bedienbarkeit und des Erscheinungsbildes der Programme. Zur Verbesserung der Akzeptanz tragen weiterhin die Mitwirkung des Anwenders bei der Erstellung der Anwendungsprogramme, die Erhöhung der Arbeitskompetenz und -motivation sowie die Reduzierung von Belastungsmomenten aufgrund psychologischer Forschungsergebnisse bei.

---

[38] Vgl. FONTANA, Günter; KIESMÜLLER, Thomas: Software-Ergonomie aus der Sicht des Anwenders, a.a.O., S. 94.
Vgl. ebenso BIETHAHN, Jörg: Bewältigung der Qualitätsansprüche im Bereich der EDV. In: Der Betrieb im Qualitätswettbewerb. Hrsg. von BIETHAHN, Jörg; STAUDT, Erich. Berlin 1982, S. 112 f.

b) Erhöhung der Wirtschaftlichkeit des Informationssystems

Zur Erhöhung der Wirtschaftlichkeit eines EDV-Systems gehört, neben der Erweiterung des Nutzens des Systems für den Anwender durch funktionale Programmgestaltung, eine Reduzierung des Aufwandes für Software-Entwicklung und Software-Wartung. Auf die Mensch-Maschine-Schnittstelle bezogen lassen sich die Ziele zur Erhöhung der Wirtschaftlichkeit wie folgt konkretisieren:

- Die Mensch-Maschine-Schnittstelle besitzt dem Benutzer gegenüber ein einheitliches Erscheinungsbild,
- sie läßt sich flexibel an verschiedene Aufgabenstellungen anpassen,
- sie besteht aus einheitlichen, standardisierten Modulen, die sich bei der Software-Erstellung kombinieren und später einfacher warten lassen.

Software wird heute hauptsächlich von DV-unerfahrenen Anwendern zur Erfüllung ihrer eigentlichen Aufgabe genutzt. Daher sind die Forderungen nach hohem Benutzungskomfort, geringem Lernaufwand und Vermeidung von Fehlbedienungen als wesentlich für die Ergonomie von DV-Systemen anzusehen.[39]

2.1.2.2 Ziele nach DIN 66234 mit Erweiterungen durch die Projektgruppe EVADIS der GMD

Nach dem Vorgehen des Deutschen Instituts für Normung e.V. werden die Ziele für die Gestaltung einer Mensch-Maschine-Schnittstelle differenzierter formuliert und in folgenden Kriterien zusammengefaßt:[40]

    a) Aufgabenangemessenheit
    b) Selbsterklärungsfähigkeit
    c) Steuerbarkeit
    d) Verläßlichkeit
    e) Fehlerrobustheit

---

[39] Vgl. STIEGER, Fred; RICHTER, Horst; SCHWAN, Hubert: Benutzer ist das Maß der Dinge - Mensch-Maschine-Interaktion auf dem Prüfstand. "FOCUS 1", Beilage zur "Computerwoche", Nr. 17 vom 22.4.1988, S. 28.
[40] Vgl. DEUTSCHES INSTITUT FÜR NORMUNG e.V., DIN 66234, Teil 8. Bildschirmarbeitsplätze - Grundsätze der Dialoggestaltung. Berlin 1984, S. 2 ff.

Die GMD-Projektgruppe EVADIS der Forschungsgruppe Mensch-Maschine-Kommunikation hat die DIN-Norm operationalisiert und durch folgende Anforderungen erweitert:[41]

f) Erlernbarkeit

g) Übersichtlichkeit

h) Flexibilität

Eine von Barbara Lauter 1983 erstellte Einteilung der Ziele an eine benutzerfreundliche Mensch-Maschine-Schnittstelle in Dialogsystemen stimmt im wesentlichen mit den DIN-Kriterien und den GMD-Erweiterungen überein.[42]

Die oben aufgeführten Ziele nach DIN 66234 und die GMD-Erweiterungen werden im folgenden erläutert:

a) Aufgabenangemessenheit

"Ein Dialog ist angemessen, wenn er die Erledigung der eigentlichen Arbeitsaufgabe des Benutzers unterstützt, ohne ihn durch Eigenschaften des Systems zusätzlich zu belasten."[43]

b) Selbsterklärungsfähigkeit

"Der Dialog soll entweder unmittelbar verständlich sein oder aber, wenn dies nicht der Fall ist, soll das System dem Benutzer auf Verlangen den Einsatzzweck sowie

---

[41] Vgl. MURCHNER, Bernd; OPPERMANN, Reinhard; PAETAU, Michael; PIEPER, Michael; SIMM, Helmut; STELLMACHER, Imant: EVADIS - Ein Leitfaden zur softwareergonomischen Evaluation von Dialogschnittstellen. In: Software-Ergonomie '87, Hrsg. von SCHÖNPFLUG, Wolfgang; WITTSTOCK, Marion; Stuttgart 1987, S. 313.

[42] Lauters Kriterienkatalog umfaßt einfache Anwendbarkeit (mit den Einzelzielen leichte Erlernbarkeit, Förderung der Motivation, Abbau von Angst und Befürchtungen, Förderung von Vertrauen und Sicherheit), Dialogflexibilität, Rückkopplungsfähigkeit, Selbsterklärungsfähigkeit, Verläßlichkeit, Berücksichtigung des Zeitfaktors (in der DIN-Norm unter dem Ziel Verläßlichkeit erwähnt) und benutzerfreundliche Fehlerbehandlung.
Vgl. LAUTER, Barbara: Menschen, Maschinen und ihre Grenzen. "Computerwoche", Nr. 31 vom 29.7.1983, S. 6, Nr. 32 vom 5.8.1983, S. 6 f., Nr. 33 vom 12.8.1983, S. 6, Nr. 34 vom 19.8.1983, S. 6 f.

[43] DEUTSCHES INSTITUT FÜR NORMUNG e.V.: DIN 66234, Teil 8. Bildschirmarbeitsplätze ..., a.a.O., S. 3.
Vgl. ebenso MURCHNER, Bernd; OPPERMANN, Reinhard; PAETAU, Michael; PIEPER, Michael; SIMM, Helmut; STELLMACHER, Imant: EVADIS ..., a.a.O., S. 312.

die Einsatzweise des Dialogs erläutern können."[44] Der Benutzer soll sich eine zweckmäßige Vorstellung von den Systemzusammenhängen in Hinblick auf die Erledigung seiner Aufgaben machen können.

c) Steuerbarkeit

Steuerbarkeit umfaßt "die Möglichkeit, den zeitlichen Ablauf des Dialogs, seine Geschwindigkeit - inklusive Unterbrechungen - und die Reihenfolge der einzelnen Dialogschritte"[45] zu bestimmen. Dieses Ziel enthält auch die Bestimmung eines Wiederanlaufpunktes für den Dialog, z.B. nach einem Ausfall des Rechners, und die Möglichkeit, durchgeführte Aktionen rückgängig zu machen.[46]

d) Verläßlichkeit

Der Mensch-Computer Dialog soll den Erwartungen des Benutzers aus seiner Erfahrung im Umgang mit dem System und aus seinem Erfahrungsschatz in der Verrichtung derselben Arbeitsvorgänge ohne den Computer entsprechen.[47]
Die Mensch-Maschine-Schnittstelle muß sich in identischen Situationen gleich verhalten, und dem Benutzer weiterhin zur Bewältigung verschiedener Aufgaben dieselbe Arbeitsumgebung zur Verfügung stellen: "Die Automatisierung von einfachen Arbeitshandlungen erfordert die möglichst uniforme Gestaltung der Benutzerschnittstelle auf der Ebene der Interaktion."[48]

---

[44] MURCHNER, Bernd; OPPERMANN, Reinhard; PAETAU, Michael; PIEPER, Michael; SIMM, Helmut; STELLMACHER, Imant: EVADIS ..., a.a.O., S. 312. Vgl. ebenso DEUTSCHES INSTITUT FÜR NORMUNG e.V.: DIN 66234, Teil 8. Bildschirmarbeitsplätze ..., a.a.O., S. 5 f.

[45] MURCHNER, Bernd; OPPERMANN, Reinhard; PAETAU, Michael; PIEPER, Michael; SIMM, Helmut; STELLMACHER, Imant: EVADIS ..., a.a.O., S. 312.

[46] Vgl. ebenda. Vgl. ebenso DEUTSCHES INSTITUT FÜR NORMUNG e.V.: DIN 66234, Teil 8. Bildschirmarbeitsplätze ..., a.a.O., S. 6 ff.

[47] Vgl. MURCHNER, Bernd; OPPERMANN, Reinhard; PAETAU, Michael; PIEPER, Michael; SIMM, Helmut; STELLMACHER, Imant: EVADIS ..., a.a.O., S. 312. Vgl. ebenso DEUTSCHES INSTITUT FÜR NORMUNG e.V.: DIN 66234, Teil 8. Bildschirmarbeitsplätze ..., a.a.O., S. 8 ff.

[48] FISCHER, Gerhard: Entwurfsrichtlinien für die Software-Ergonomie aus der Sicht der Mensch-Maschine Kommunikation (MMK). In: Software-Ergonomie '83. Hrsg. von BALZERT, Helmut; Stuttgart 1983, S. 44.

e) Fehlerrobustheit

"Ein Dialog ist fehlertolerant, wenn trotz fehlerhafter Eingabedaten das beabsichtigte Arbeitsergebnis erreicht wird. Ein Dialog ist fehlertransparent, wenn dem Benutzer der Fehler zum Zwecke der Behebung verständlich gemacht wird."[49] Murchner et.al. erweitern das Ziel Fehlertransparenz auf die Transparenz des Gesamtsystems.[50] Diesem Ansatz folgt die vorliegende Arbeit nicht, da das Ziel der Selbsterklärungsfähigkeit auch die Transparenz des Systems umfaßt.

f) Erlernbarkeit

Die Forderung nach möglichst leicht erlernbaren Systemen enthält die Einschränkung, daß sie den Benutzer aber auch nicht geistig unterfordern dürfen.[51]

g) Übersichtlichkeit

Die Übersichtlichkeit einer Mensch-Maschine-Schnittstelle bezieht sich sowohl auf die Gruppierung und Formatierung von Daten[52] als auch auf die Codierung von Information[53] auf dem Bildschirm.[54]
Das gesamte Anwendungssystem darf nicht so komplex werden, daß es für den Anwender nicht mehr übersichtlich erscheint. "Der Benutzer sollte in der Lage sein, sich ein adäquates Modell über die Leistungsfähigkeit der ihm zur Verfügung stehenden Systeme zu schaffen."[55]

---

[49] DEUTSCHES INSTITUT FÜR NORMUNG e.V.: DIN 66234, Teil 8. Bildschirmarbeitsplätze ..., a.a.O., S. 10.
Vgl. ebenso MURCHNER, Bernd; OPPERMANN, Reinhard; PAETAU, Michael; PIEPER, Michael; SIMM, Helmut; STELLMACHER, Imant: EVADIS ..., a.a.O., S. 312.

[50] Vgl. ebenda, S. 312 f.

[51] Ebenda, S. 313.

[52] Vgl. DEUTSCHES INSTITUT FÜR NORMUNG e.V., DIN 66234, Teil 3. Bildschirmarbeitsplätze - Gruppierung und Formatierung von Daten. Berlin 1981.

[53] Vgl. DEUTSCHES INSTITUT FÜR NORMUNG e.V., DIN 66234, Teil 5. Bildschirmarbeitsplätze - Codierung von Information. Berlin 1981.

[54] Vgl. MURCHNER, Bernd; OPPERMANN, Reinhard; PAETAU, Michael; PIEPER, Michael; SIMM, Helmut; STELLMACHER, Imant: EVADIS ..., a.a.O., S. 313.
Vgl. ebenso DEUTSCHES INSTITUT FÜR NORMUNG e.V.: Entwurf DIN 66290, Teil 1. Gestaltung von maskenorientierten Dialogsystemen - Gestaltung von Masken. Berlin 1986, S. 3 ff.

[55] FISCHER, Gerhard: Entwurfsrichtlinien für die Software-Ergonomie ..., a.a.O., S. 44.

h) Flexibilität

Die Mensch-Maschine-Schnittstelle soll sich der wachsenden Vertrautheit des Benutzers im Umgang mit dem Software-System anpassen können.[56] Die Anwender verfügen weiterhin über verschiedene Vorkenntnisse und unterschiedliche Vorgehensweisen in der Aufgabenbearbeitung. "Den Benutzer eines Computersystems gibt es nicht. Computersysteme müssen sich adaptiv gegenüber verschiedenen Benutzergruppen verhalten."[57]

2.1.2.3 Ziele nach Balzert

Die Forschung auf den Gebieten der Arbeitswissenschaft und der Psychologie hat sich in den letzten Jahren intensiv mit der Gestaltung von Mensch-Maschine-Schnittstellen beschäftigt. Balzert entwickelte aufgrund der Ergebnisse theoretischer Forschung einen neuen Ansatz für die Gestaltungsziele der Software-Ergonomie, den er auf der Tagung Software-Ergonomie '87 vorstellte.[58]

Er untergliedert sich in

> *a) Gestaltungsziele aufgrund arbeitswissenschaftlicher Forschungsergebnisse*
> *b) Gestaltungsziele aufgrund von Forschungsergebnissen aus der kognitiven Psychologie*

Für die Bereiche der psychologischen und arbeitswissenschaftlichen Anforderungen an eine Mensch-Maschine-Schnittstelle ist dieses Gestaltungszielmodell umfassender und vollständiger als die ersten in dieser Arbeit dargestellten Ansätze. Es wird daher auch als Grundlage der Srukturphase der Entwicklung einer Mensch-Maschine-Schnittstelle in Abschnitt 3.1.2 wieder aufgegriffen.

---

[56] Vgl. MURCHNER, Bernd; OPPERMANN, Reinhard; PAETAU, Michael; PIEPER, Michael; SIMM, Helmut; STELLMACHER, Imant: EVADIS ..., a.a.O., S. 313.

[57] FISCHER, Gerhard: Entwurfsrichtlinien für die Software-Ergonomie ..., a.a.O., S. 44.

[58] Vgl. BALZERT, Helmut: Gestaltungsziele der Software-Ergonomie - Versuch eines neuen, umfassenden Ansatzes. In: Software-Ergonomie '87, Hrsg. von SCHÖNPFLUG, Wolfgang; WITTSTOCK, Marion; Stuttgart 1987, S. 477 ff.

a) Gestaltungsziele aufgrund arbeitswissenschaftlicher Forschungsergebnisse

Die ersten aus der Arbeitswissenschaft abgeleiteten Gestaltungsziele betreffen die Persönlichkeitsförderlichkeit:[59]

aa)   Lern- und Entwicklungsmöglichkeiten

bb)   Möglichkeiten zur Entwicklung persönlicher Arbeitsstile

cc)   Möglichkeiten zur Entwicklung von Strategien / Taktiken

dd)   Möglichkeiten zur Veränderung von Verfahren

ee)   Autonomie

ff)   Ganzheitliche Bearbeitung einer Arbeitsaufgabe

gg)   Arbeitsökonomie

hh)   Möglichkeiten zu fachlicher Interaktion

ii)   Ausreichende Aktivitätsmöglichkeiten

jj)   Anpaßbarkeit an vorhandene Qualifikationen

Weiterhin werden aus der arbeitswissenschaftlichen Forschung drei Ziele zur Steigerung der Zumutbarkeit einer Mensch-Maschine-Schnittstelle abgeleitet:

kk)   Anforderungsvielfalt

ll)   Transparenz der Mensch-Maschine-Schnittstelle

mm)   Arbeitstempospielraum

Diese Gestaltungsziele einer Mensch-Maschine-Schnittstelle werden nachfolgend in Anlehnung an die Darstellung von Balzert kurz erläutert.[60]

aa) Lern- und Entwicklungsmöglichkeiten

Die Lern- und Entwicklungsmöglichkeiten erlauben dem Benutzer, innerhalb seiner Arbeit Neues zu lernen und damit seine Fähigkeiten weiter zu entwickeln.

bb) Möglichkeiten zur Entwicklung persönlicher Arbeitsstile

Der Benutzer erhält die Möglichkeit, seine Arbeitsumgebung individuell zu gestalten, um damit seinen persönlichen Arbeitsstil in das System einzubringen.

---

[59] Vgl. BALZERT, Helmut: Gestaltungsziele der Software-Ergonomie ..., a.a.O., S. 480.

[60] Eine vollständige Erläuterung der beiden Ansätze findet man in: BALZERT, Helmut: Software-Ergonomie und Software Engineering, Berlin/New York 1989.

cc) Möglichkeiten zur Entwicklung von Strategien / Taktiken

Die Möglichkeiten zur Entwicklung von Strategien und Taktiken besagen, daß der Benutzer das vom System vorgegebene Verfahren zur Bewältigung einer vorgegebenen Aufgabe neu- oder weiterentwickeln kann.

dd) Möglichkeiten zur Veränderung von Verfahren

Der Benutzer kann vom System vorgegebene Verfahren zur Bearbeitung einer Aufgabe abändern.

ee) Autonomie

Autonomie bedeutet, daß der Benutzer die Möglichkeit besitzt, seine Aufgaben innerhalb des von der Arbeitsorganisation vorgegebenen Rahmens in Eigenverantwortung zu bearbeiten. Die Mensch-Maschine-Schnittstelle seines Anwendungssystems darf ihm keine zusätzlichen Beschränkungen auferlegen.

ff) Ganzheitliche Bearbeitung einer Arbeitsaufgabe

Die Mensch-Maschine-Schnittstelle muß gewährleisten, daß der Benutzer die ihm gestellte Aufgabe, bestehend aus Planung, Realisierung und Überprüfung, als Einheit sehen kann.

gg) Arbeitsökonomie

Der Benutzer muß ein vorgegebenes Ziel innerhalb seines Arbeitsablaufes möglichst schnell und effektiv erreichen können.

hh) Möglichkeiten zu fachlicher Interaktion

Dieses Ziel beinhaltet die Anforderungen an eine Mensch-Maschine-Schnittstelle zur Kommunikation des Benutzers mit dem System auf einer fachspezifischen Ebene.

ii) Ausreichende Aktivitätsmöglichkeiten

Der Benutzer behält, wie bei der manuellen Arbeit, die Möglichkeit, eigene Aktivitäten und Initiativen zur Bewältigung einer bestimmten Aufgabe zu ergreifen.

jj) Anpaßbarkeit an vorhandene Qualifikationen

Der Funktionsumfang der Mensch-Maschine-Schnittstelle muß so umfassend angelegt sein, daß der Benutzer seine Qualifikation voll ausnutzen und die Mensch-Maschine-Schnittstelle an seine Anforderungen anpassen kann.

kk) Anforderungsvielfalt

Das Ziel der Anforderungsvielfalt besagt, daß das System dem Benutzer abwechselnd geistige und körperliche Aktionen abverlangt, um so einer Monotonie der Arbeit vorzubeugen.

ll) Transparenz der Mensch-Maschine-Schnittstelle

Dieses Ziel umfaßt zum einen die Möglichkeit der Einordnung der Bedienung der Mensch-Maschine-Schnittstelle in den Arbeitszusammenhang und zum anderen die Forderung, daß Aktionen des Benutzers immer zu sichtbaren Ergebnissen führen.

mm) Arbeitstempospielraum

Der Benutzer bestimmt innerhalb bestimmter Grenzen sein Arbeitstempo selbst. Er muß außerdem die Möglichkeit haben, seine Arbeit an beliebiger Stelle unterbrechen zu können.

b) Gestaltungsziele aufgrund von Forschungsergebnissen aus der kognitiven Psychologie

Die aus der kognitiven Psychologie abgeleiteten Gestaltungsziele werden unterteilt in Ziele zur Unterstützung der Mensch-Computer-Kommunikation:

aa) Verwendung vergleichbarer Kommunikationsfaktoren
bb) Berücksichtigung von Benutzer- / Anwender-Intentionen
cc) Berücksichtigung individueller Bedürfnisse und Fähigkeiten
dd) Berücksichtigung der Eigenschaften mentaler Modelle

und solche zur Unterstützung menschlicher Informationsverarbeitung:

ee)   Unterstützung verschiedener Wahrnehmungsperspektiven
ff)   Entlastung des Kurzzeitgedächtnisses
gg)   Sinneskanalvielfalt
hh)   Optimierung der Aufmerksamkeitserfordernisse
ii)   Unterstützung der Orientierung
jj)   Nutzung der menschlichen Sensibiltät für Bewegungswahrnehmung

aa) Verwendung vergleichbarer Kommunikationsfaktoren

Die Mensch-Maschine-Schnittstelle soll dem Benutzer ein Kommunikationsverhalten bieten, wie er es in einem zwischenmenschlichen Dialog vorfindet.

bb) Berücksichtigung von Benutzer-/Anwender-Intentionen

Dem System müssen die Absichten des Benutzers bekannt sein, um ihn bei der Erfüllung seiner Arbeitsaufgabe gezielt unterstützen und beraten zu können.

cc) Berücksichtigung individueller Bedürfnisse und Fähigkeiten

Die Mensch-Maschine-Schnittstelle muß die individuellen Bedürfnisse und Fähigkeiten des Benutzers berücksichtigen und unterstützen.

dd) Berücksichtigung der Eigenschaften mentaler Modelle

Um dem Benutzer das Erlernen und die Bedienung des Systems zu erleichtern, müssen Funktionsweise und Struktur der Mensch-Maschine-Schnittstelle mit dem Bild übereinstimmen, das der Anwender von dem System besitzt.

ee) Unterstützung verschiedener Wahrnehmungsperspektiven

Der Benutzer muß über die Möglichkeit verfügen, zwischen verschiedenen Arten der Präsentation von Informationen zu wählen.

ff) Entlastung des Kurzzeitgedächtnisses

Die Kapazität des Kurzzeitgedächtnisses des Menschen ist beschränkt. Daher muß die Mensch-Maschine-Schnittstelle gewährleisten, daß die Bedienung und auch das Erlernen des Systems das Kurzzeitgedächtnis möglichst wenig in Anspruch nimmt.

gg) Sinneskanalvielfalt

Die Unterstützung der Sinneskanalvielfalt des Menschen heißt, daß die Kommunikation zwischen Mensch und Maschine visuell, akustisch und teilweise auch durch Berührung erfolgt.

hh) Optimierung der Aufmerksamkeitserfordernisse

Der Benutzer muß die Möglichkeit erhalten, selbst zu bestimmen, in welchem Umfang der Kommunikationsaustausch mit der Maschine stattfinden soll. Dadurch werden psychische Sättigung, Monotonie und psychische Ermüdung vermieden.

ii) Unterstützung der Orientierung

Der Benutzer muß jederzeit wissen, an welcher Stelle des Systems er sich befindet. Informationen müssen nach inhaltlichen Kriterien schnell einzuordnen und weiter zu verarbeiten sein.

jj) Nutzung der menschlichen Sensibiltät für Bewegungswahrnehmung

Bewegungen werden von den menschlichen Sinnesorganen schnell wahrgenommen. Dadurch kann man das Erkennen wichtiger Meldungen unterstützen.

2.1.3 Ziele der Eigenentwicklung einer Mensch-Maschine-Schnittstelle

Um Mensch und Maschine einander anzupassen existieren zwei einander entgegengesetzte Strategien: "Die Maschine den Anforderungen des Menschen anzupassen oder den Menschen durch Training und Erziehung an die Erfordernisse der Maschine zu adaptieren."[61] Letzteres ist zeitaufwendig und teuer; das gilt im besonderen Maße für die Entwicklung von Programmen.

Die Anwender beurteilen Standardprogramme heute grundsätzlich auch aufgrund ihrer Mensch-Maschine-Schnittstelle und Bedienbarkeit.[62] Daher unternehmen Softwarehäuser große Anstrengungen, benutzerfreundliche Programme zu entwik-

---

[61] BÖSSER, Tom: Learning in Man-Computer Interaction ..., a.a.O., S. 2.
[62] In verschiedenen Zeitschriften gehört zu jeder Produktbeschreibung eine Beurteilung der Mensch-Maschine-Schnittstelle.
Vgl. z.B. BRODBECK, Felix; KUBOWITSCH, Karl; PFEIFFER, Till; PETERS, Helmut; MANNHAUPT, Hans-Rainer; HELMREICH, Reinhard: Software-Ergonomie - Schnittstelle Mensch-Computer: Software macht Technik für den Menschen nutzbar. "CHIP", Nr. 2, 1988, S. 36 ff.

keln. Diese Mensch-Maschine-Schnittstellen sind jedoch immer nur für ein bestimmtes Anwendungssystem hergestellt.

In die Neukonzipierung einer Mensch-Maschine-Schnittstelle sind Forschungs-ergebnisse aus den Bereichen der Informatik, Psychologie, Arbeitswissenschaften, Pädagogik, Soziologie und Sozialpädagogik einzubeziehen. Eine Abgrenzung dieser Forschungsbereiche hinsichtlich ihrer spezifischen Beiträge zur Entwicklung einer Mensch-Maschine-Schnittstelle erscheint nicht möglich, da sie sich an vielen Stellen überschneiden.

Von den in Abschnitt 2.1.2 formulierten Zielen eignen sich die Ansätze nach DIN 66234 mit der Erweiterungen durch die GMD und nach Balzert besonders als Grundlage für die Konzeption einer benutzerfreundlichen Mensch-Maschine-Schnittstelle. Diese Ansätze sind genauer als die Kriterien, welche Fontana und Kiesmüller aufgestellt haben.

Die DIN-Norm 66234, Teil 8, wurde für die Bewertung und Gestaltung einer Dialogschnittstelle entwickelt. "Fragen der Ein- oder Ausgaben-Gestaltung sowie Werkzeug- oder Organisationsgestaltung bleiben ausgeklammert ...".[63] Diese Gebiete decken die von Murchner et. al. im Rahmen des EVADIS-Projektes definierten Erweiterungen zum großen Teil ab.
Für die hier konzipierte Mensch-Maschine-Schnittstelle läßt sich aufgrund der dargestellten Ansätze aus der Literatur folgendes globale Zielgerüst erstellen:

- Die Mensch-Maschine-Schnittstelle muß die Forderung nach Aufgabenangemes-senheit erfüllen, d.h. mit dem System vertraute Benutzer müssen effektiv mit ihr arbeiten können.
- Die Selbsterklärungsfähigkeit der Mensch-Maschine-Schnittstelle heißt, daß die geringen Datenverarbeitungskenntnisse der Zielgruppe, des Personals in den Fachabteilungen von Unternehmen, berücksichtigt werden müssen.
- Das Ziel der Steuerbarkeit umfaßt vor allem die Eigenschaft einer Mensch-Maschine-Schnittstelle, Aktionen rückgängig zu machen (UNDO-Funktion) oder zumindest von einem bestimmten Punkt aus wiederholen zu können (REDO-Funktion).

---

[63] DZIDA, Wolfgang: Ergonomische Normen für die Dialoggestaltung - Wem nützen die Gestaltungsgrundsätze im Entwurf DIN 66234, Teil 8? In: Software-Ergono-mie '85 - Mensch-Computer-Interaktion. Hrsg. von BULLINGER, Hans-Jörg; Stuttgart 1985, S. 432.

- Eine verläßliche Mensch-Maschine-Schnittstelle bietet dem Benutzer eine einheitliche Arbeitsumgebung in allen ihm zur Verfügung stehenden Programmen.
- Die Mensch-Maschine-Schnittstelle muß für System-Neulinge leicht zu bedienen und zu erlernen sein.
- Sie muß sich durch Flexibilität auszeichnen, d.h. der System-Neuling soll durch Menüs und Hilfesysteme unterstützt werden. Dem System-Experten steht dagegen eine Umgebung zur Verfügung, mit welcher er effizient arbeiten kann.
- Die Mensch-Maschine-Schnittstelle muß portabel[64] auf die Anlagen mehrerer Hersteller gestaltet werden.
- Die aufgestellten Forderungen sind nur durch eine modular aufgebaute Mensch-Maschine-Schnittstelle zu realisieren, die sich als anpaßbar an unterschiedliche Hardware, Betriebssysteme, Compiler und Einsatzgebiete erweist.

Dieses Zielgerüst einer neuentwickelten Mensch-Maschine-Schnittstelle dient als Grundlage der Zielsetzungen des Software-Entwicklungs-Systems (Abschnitt 2.3.3) und des erweiterten Maskengenerators in Abschnitt 2.3.4. Für die Behandlung der Struktur-, Konkretisierungs- und Realisierungsphase der Mensch-Maschine-Schnittstelle ist eine detaillierte Untersuchung der einzelnen Zielaspekte notwendig. Bei der Erörterung dieser Themenbereiche wird daher auf die dargestellten Ansätze aus der Literatur zurückgegangen.

2.2 Datenverarbeitung in kleinen und mittleren Unternehmen

Im letzten Abschnitt wurde bereits erwähnt, daß die Mensch-Maschine-Schnittstelle für Mitarbeiter aus Fachabteilungen in Unternehmen konzipiert wird. Diese Aussage ist dahingehend zu erweitern, daß die Zielgruppe der Mensch-Maschine-Schnittstelle die Angestellten kleiner und mittlerer Unternehmen umfaßt. Besonderheiten in der Struktur, der Personalausstattung und der Datenverarbeitung dieser Betriebe werden im folgenden erörtert. Abschnitt 2.2.1 enthält eine Abgrenzung dieser Gruppe von Unternehmen. Die Abgrenzung der in den Unternehmen installierten Datenverarbeitungsanlagen erfolgt in Abschnitt 2.2.2. Die Untersuchung der Personalsituation kleiner und mittlerer Unternehmen stellt den Inhalt des Abschnittes 2.2.3 dar.

---

[64] Unter Portierung versteht man die Übertragung der Mensch-Maschine-Schnittstelle oder allgemein der erstellten Software auf andere DV-Systeme.

2.2.1 Abgrenzung kleiner und mittlerer Unternehmen

Eine erste mögliche Abgrenzung kleiner und mittlerer Unternehmen[65] bietet das Handelsgesetzbuch. Es bezieht Kapitalgesellschaften aller Branchen in die Definition ein und unterscheidet nach Bilanzsumme, Umsatzerlösen und Anzahl der Arbeitnehmer.[66]

	kleine Unternehmen	mittlere Unternehmen	große Unternehmen
Bilanzsumme Umsatzerlöse Arbeitnehmer	bis 3.9 Mio DM bis 8 Mio DM bis 50	bis 15 Mio DM bis 32 Mio DM bis 250	über 15 Mio DM über 32 Mio DM über 250

Abbildung 2: Unterteilung der Größenklassen nach § 267 HGB

Ein Unternehmen gehört nach § 267 HGB der jeweiligen Größenklasse an, wenn mindestens zwei der drei in der zugehörigen Spalte der obigen Abbildung angegebenen Merkmale auf das Unternehmen zutreffen.[67] Die Einteilung im Handelsgesetzbuch gilt als Grundlage für die Bestimmungen der Publizitätspflicht und anderer Rechtsfolgen.

Diese gesetzliche Einteilung genügt als Rechtsgrundlage. In der betriebswirtschaftlichen Literatur zieht man in Hinblick auf eine genauere Einteilung andere qualitative und quantitative Kriterien zur Abgrenzung der Betriebsgrößen heran.

---

[65] In der Literatur wird häufig der Begriff "Betrieb" als technisch-wirtschaftliche Einheit vom Begriff der "Unternehmung" als finanziell-rechtlicher Einheit unterschieden. Da die Abgrenzung lediglich auf unterschiedlichen Betrachtungsweisen basiert und sich die Einheiten für kleine und mittlere Unternehmen als deckungsgleich erweisen, werden die Begriffe "Betrieb", "Unternehmen" und "Unternehmung" synonym verwendet.
Vgl. KELLERWESSEL, Paul: Führungsinformationen in Klein- und Mittelbetrieben - Arten und Möglichkeiten ihrer Beschaffung. Frankfurt am Main 1984, S. 54.
Vgl. ebenso RÖSSLE, Karl: Allgemeine Betriebswirtschaftslehre. München 1956, S. 16.

[66] Vgl. HANDELSGESETZBUCH, § 267, Absatz 1-3.

[67] Vgl. ebenda.

Unter den qualitativen Merkmalen sind die Arbeitsintensität einer Produktion, die Marktstellung des Unternehmens oder die Bildungsstruktur des Personals leicht quantifizierbar.[68] Andere qualitative Kriterien kann man nur schwer quantifizieren.[69]

Die quantitativen Merkmale zur Messung der Betriebsgröße lassen sich in Anlehnung an den betrieblichen Leistungsprozeß folgendermaßen gliedern:[70]

"- Merkmale zur Messung der Einsatzmengen elementarer Produktionsfaktoren

z. B. Maschinenstunden, Werkstoffmengen, Arbeitsstunden

- Merkmale zur Messung der Einsatzwerte elementarer Produktionsfaktoren

z. B. Maschinenkosten, Materialkosten, Personalkosten

- Merkmale zur Messung des Kapitaleinsatzes

z. B. Gesamtkapital, Eigenkapital

- Merkmale zur Messung der Leistungsmengen

z. B. Produktionsmengen, Absatzmengen

- Merkmale zur Messung der Leistungswerte

z. B. Umsatz, Wertschöpfung"

Die Ausprägungen der angeführten Merkmale schwanken stark je nach dem untersuchten Wirtschaftsbereich, der Region etc. Daher sollte man für eine aus-

---

[68] Vgl. PFOHL, Hans-Christian; KELLERWESSEL, Paul: Abgrenzung der Klein- und Mittelbetriebe von Großbetrieben. In: Betreibswirtschaftslehre der Mittel- und Kleinbetriebe. Hrsg. von PFOHL, Hans-Christian; Berlin 1982, S. 13.

[69] Solche schwer quantifizierbaren qualitativen Merkmale nennt Steiner als Kennzeichen kleiner und mittlerer Unternehmen:
- Der Eigentümer der Unternehmung ist eine Person oder eine kleine Personengruppe.
- Der Eigentümer ist wesentlich an der Geschäftsführung beteiligt.
- Die Unternehmung ist als alleinige oder überwiegende Erwerbsquelle die dauernde wirtschaftliche Existenzbasis des Eigentümers.
- In Grenzfällen entscheidet die Selbsteinschätzung des Unternehmers.
Vgl. STEINER, Joachim: Die personelle Führungsstruktur in mittelständischen Betrieben. Schriften zur Mittelstandsforschung Nr. 82. Hrsg. vom Institut für Mittelstandsforschung, Forschungsgruppe Köln; Göttingen 1980, S. 5.

[70] PFOHL, Hans-Christian; KELLERWESSEL, Paul: Abgrenzung der Klein- und Mittelbetriebe ..., a.a.O., S. 12 f.
Vgl. ebenso BUSSE VON COLBE, Walther: Die Planung der Betriebsgröße, Wiesbaden 1964, S. 35 ff.

sagekräfige Betriebsgrößeneinteilung in jedem Fall den Wirtschaftsbereich berücksichtigen, dem das Unternehmen zugerechnet werden kann.[71] Eine solche Abgren
zung der Unternehmen bezogen auf Wirtschaftsbereiche mit den Maßgrößen der
Anzahl der Beschäftigten und des Umsatzes zeigt die Abbildung 3.

Wie man aus Abbildung 3 ersieht, besitzt eine Einteilung der Unternehmensgrößen
nach Wirtschaftsbereichen mehr Aussagekraft als die allgemeine im HGB vorgenommene Differenzierung. In der hier vorgenommenen Einteilung liegen die
Grenzen für kleine und mittlere Betriebe in der Umsatzgröße wesentlich unter
denen des HGB.[72]

Die vorgenommene Festlegung der Klassengrenzen nach Wirtschaftsbereichen
erscheint für die Einteilung der Zielgruppe dieser Untersuchung hinreichend
genau und dient daher als Grundlage der folgenden Ausführungen sowie zur
Eingrenzung des Rechnersystems und der Benutzergruppe.

Kleine und mittlere Unternehmen verfügen oft nur über eine geringe Eigenkapi-
talausstattung. Fehlende dingliche Sicherheiten erschweren und verteuern die
Aufnahmen von Fremdkapital.[73] Eine Investition in eine EDV-Anlage und die
zugehörigen Programme muß daher finanziell genau abgestimmt und in ihrem
Nutzen einzuschätzen sein.

---

[71] Pfohl und Kellerwessel schlagen außerdem vor, je nach untersuchtem Problem-
bereich, betrachteter Grundgesamtheit etc. verschiedene Größenmerkmale zu
verwenden.
Vgl. PFOHL, Hans-Christian; KELLERWESSEL, Paul: Abgrenzung der Klein-
und Mittelbetriebe ..., a.a.O., S. 14 ff.
Dieselben nehmen in ihrem Aufsatz auch eine differenzierte Abgrenzung der
Klein- und Mittelbetriebe von Großbetrieben nach Unternehmensführung,
Organisation, Absatz, Produktion, Forschung und Entwicklung, Beschaffung und
Materialwirtschaft, Finanzierung und Personal vor.
Vgl. ebenda, S. 29 ff.
Vgl. ebenso KELLERWESSEL, Paul: Führungsinformationen in Klein- und
Mittelbetrieben ..., a.a.O., S. 63 ff.
Eine differenzierte Abgrenzung u.a. nach Wirtschaftszweigen und geographi-
scher Verteilung findet sich bei Gruhler.
Vgl. GRUHLER, Wolfram: Wirtschaftsfaktor Mittelstand: Zu Wesen und Bedeu-
tung kleiner und mittlerer Unternehmen in der Bundesrepublik Deutschland.
Köln 1984, S. 18 ff.
[72] Zur Abgrenzung kleiner und mittlerer Unternehmen vgl. auch MUCKSCH,
Harry: Datenschutz und Datensicherung in Klein- und Mittelbetrieben.
Wiesbaden 1988, S. 6 ff.
[73] Vgl. GRUHLER, Wolfram: Wirtschaftsfaktor Mittelstand ..., a.a.O., S. 98.

Wirtschafts- und Größenbereich	Größenklasseneinteilung	
	nach Beschäftigten	nach Umsatz
Industrie klein mittel groß	bis 49 50 - 499 500 und mehr	bis 2 Mio DM 2 Mio - 25 Mio DM 25 Mio DM und mehr
Handwerk klein mittel groß	bis 2 3 - 49 50 und mehr	bis 100 000 DM 100 000 - 2 Mio DM 2 Mio DM und mehr
Großhandel klein mittel groß	bis 9 3 - 49 50 und mehr	bis 1 Mio DM 1 Mio - 50 Mio DM 50 Mio DM und mehr
Einzelhandel klein mittel groß	bis 2 3 - 99 100 und mehr	bis 500 000 DM 500 000 - 10 Mio DM 10 Mio DM und mehr
Verkehr und Nachrichtenübermittlung klein mittel groß	bis 2 3 - 49 50 und mehr	bis 100 000 DM 100 000 - 2 Mio DM 2 Mio DM und mehr
Dienstleistungen von Unternehmen und freien Berufen klein mittel groß	bis 2 3 - 49 50 und mehr	bis 100 000 DM 100 000 - 2 Mio DM 2 Mio DM und mehr

Abbildung 3: Beispiel einer Festlegung von Klassengrenzen nach Wirtschaftsbereichen bei den Größenmerkmalen "Anzahl der Beschäftigten" und "Umsatz"[74]

Die Gruppe kleiner und mittlerer Unternehmen ist außerdem gekennzeichnet durch ihre Fähigkeiten der Spezialisierung (das Ausnutzen von Marktnischen) und

---

[74] Quelle: THÜRBACH Ralf-Peter; MENZENWERTH, Heinz-Hermann: Die Entwicklung der Unternehmensgrößen in der Bundesrepublik Deutschland von 1962-1972. Mittelstandsstatistik. Beiträge zur Mittelstandsforschung Nr. 4. Göttingen 1975, S. 7.

der flexiblen Reaktion auf veränderte Anforderungen des Marktes.[75] Die im Betrieb installierte Datenverarbeitungs-Hard- und Software darf die Reaktionsfähigkeit der Unternehmen nicht behindern. Die Rechner müssen das Arbeiten mit vielfältigen Programmen unterstützen, die wiederum so gestaltet sein müssen, daß sie sich leicht auf veränderte betriebliche Anforderungen anpassen und erweitern lassen.

2.2.2 In kleinen und mittleren Unternehmen eingesetzte Rechnersysteme

Zur Klassifizierung der Rechner findet man in der Literatur verschiedene Ansätze, die sich durch die zur Abgrenzung herangezogenen Merkmale unterscheiden. Das Leistungsspektrum und der Preis stellen die gebräuchlichsten Kriterien zur Rechnerklassifizierung dar. Für beide Unterscheidungskriterien kommt es zu Überschneidungen an den Klassengrenzen.[76]

EDV-Anlagen werden in folgende Größenklassen eingeteilt:[77]

    a) Superrechner

    b) Großrechner

    c) Minirechner

    d) Mikrorechner

Superrechner und Großrechner befinden sich in der Regel in kleinen und mittleren Unternehmen nicht im Einsatz. Sie werden daher nur kurz behandelt.

---

[75] Vgl. THÜRBACH Ralf-Peter; MENZENWERTH, Heinz-Hermann: Die Entwicklung der Unternehmensgrößen ..., a.a.O., S. 177 f.

[76] Die angegebenen Preise der Rechner werden in Anlehnung an die Diebold-Statistik festgelegt.
Vgl. DIEBOLD-STATISTIK der installierten elektronischen Informationssysteme in der Bundesrepublik Deutschland nach dem Stand vom 1.1.1988. In: Diebold Management Report. Nr. 3, 1988, S. 10 ff.

[77] Vgl. HANSEN, Hans Robert: Wirtschaftsinformatik I - Einführung in die betriebliche Datenverarbeitung. 5. Aufl., Stuttgart 1986, S. 45.
Harris unterteilt die Rechner in fünf Kategorien, da er Heimcomputer (home computer) in seine Aufstellung einbezieht.
Vgl. HARRIS, Martin L.: Introduction to Data Processing - Mainframes, Minis, and Microcomputers. Dritte Auflage, New York/Chichester/Brisbane/Toronto/ Singapore 1986, S. 37 ff.

a) Superrechner

Als Superrechner bezeichnet man Hochleistungsrechner für umfangreiche wissenschaftliche Berechnungsprobleme, die tausende Operationen simultan ausführen und vielfach über 100 Millionen Instruktionen pro Sekunde durchführen können.[78] Sie sind weltweit weniger als 200 mal installiert und kosten im allgemeinen über 20.000.000,- DM.[79]

b) Großrechner

Großrechner finden vor allem in Großbetrieben als Zentralrechner in Rechenzentren Verwendung.[80] Die Preise für Großrechner liegen heute in einer Größenordnung von ca. 500.000,- bis 30.000.000,- DM.[81]

c) Minirechner

Minirechner[82] sind wie Groß- und Superrechner mehrplatzfähige DV-Anlagen, d.h. man kann an die Zentraleinheit mehrere Terminal-Arbeitsplätze anschließen. Ihr Konzept als Universalrechner erlaubt den Einsatz als zentrale DV-Anlage des Betriebs als auch ihre Verwendung als Abteilungsrechner in den Fachabteilungen und für technische Aufgaben, z.B. zur Prozeßsteuerung und -überwachung. Ein Kennzeichen der Anlagen zur Abgrenzung von Großrechnern stellt der geringe Bedienungsaufwand beim Betrieb der Anlage dar. Kleinere Minirechner können

---

[78] Vgl. MAYER, Renate; HOEPELMANN, Jaap: Final Version of the Glossar, a.a.O., S. 415.
Die Einsatzgebiete dieser Rechner erstrecken sich auf komplexe Rechenprobleme der Astronomie, Meteorologie und Kernphysik, sowie komplexe technische Simulationen in der Wirtschaft, der Raumfahrt und dem militärischen Bereich.
Vgl. ebenso HANSEN, Hans Robert: Wirtschaftsinformatik I ..., a.a.O., S. 61.

[79] Z.B. verfügt das neueste Modell der Firma Cray, die Cray Y-MP/832, über acht Zentraleinheiten und liegt im Preis über 20.000.000,- $.
Vgl. FLYNN, Mary Kathleen: Cray Unleashes Its Most Powerfull Supercomputer, "Datamation", Vol. 34, Nr. 6, 1988, S. 91.

[80] Vgl. HANSEN, Hans Robert: Wirtschaftsinformatik I ..., a.a.O., S. 57 ff.
Vgl. ebenso BIETHAHN, Jörg: Einführung in die EDV für Wirtschaftswissenschaftler. 6. Aufl., München/Wien 1989, S. 58.
Ausnahmen bilden spezialisierte mittlere Betriebe und Fachabteilungen, welche (z.B. für CAD-Anwendungen) eine große Rechnerleistung benötigen.

[81] Die Diebold-Statistik gibt für diese Rechnerklasse keine Obergrenze an.
Vgl. DIEBOLD-STATISTIK ..., a.a.O., S. 10.

[82] Statt Minirechner verwendet man oft auch der Begriff der "mittleren Datentechnik" (MDT).
Vgl. BIETHAHN, Jörg: Einführung in die EDV für Wirtschaftswissenschaftler, a.a.O., S. 58.

vielfach operatorlos betrieben werden. Größere Anlagen dieser Klasse erfordern jedoch die Anstellung eines oder mehrerer Operator.[83]

Die Zentraleinheiten der Minirechner kosten heute ab ca. 25.000 DM. Große Rechner der mittleren Datentechnik, sog. Superminis, an die man bis zu 600 Arbeitsstationen anschließen kann, liegen preislich im Millionenbereich und damit schon in den Preiskategorien der Großrechner.[84]

d) Mikrorechner[85]

Haupteinsatzgebiet der Mikrorechner ist der Arbeitsplatz im Betrieb. Ursprünglich handelte es sich um Einplatzanlagen, die im Einbenutzerbetrieb (Single-User Betrieb) eingesetzt werden.[86] Durch neue Betriebssysteme und die Erweiterung vorhandener Betriebssysteme kann man heute jedoch auf einem Mikrorechner mehrere Anwendungen parallel verarbeiten (Multi-Tasking) oder an einem Rechner von mehreren Bildschirmen aus gleichzeitig arbeiten (Multi-User Betrieb). Durch diese Funktionen wird ihre Abgrenzung zu Minirechnern verwischt.

Mikrocomputer, die kompatibel zum IBM-PC (dem sog. Industriestandard) sind, erhält man bereits zu einem Preis um 1500 DM.[87] Schnelle Mikrorechner für Spezialaufgaben (z.B. CAD oder Desktop Publishing) kosten dagegen bis zu 25.000 DM.

Die meisten EDV-Anlagen in Klein- und Mittelbetrieben gehören den beiden Klassen der Mini- und Mikrorechner an. Sie sind zum Teil in Rechnernetzen integriert

---

[83] Die Operator übernehmen das zentrale Operating (Bedienung des Systems wie z.B. Datensicherung, Papierwechsel am Drucker, Regenerierung von Datenbeständen) sowie die Programmpflege (kleine Änderungen und Erweiterungen der Standardprogramme).
Vgl. FUTH, Horst: Rationalisierung der Datenverarbeitung, Band X, EDV für Klein- und Mittelbetriebe - Einsatz von Computern der mittleren Datentechnik. München/Wien 1981, S. 94.

[84] Als Beispiel für einen Supermini sei hier die IBM AS 400 genannt, die man in ihrer größten Ausbaustufe mit 72 MB Hauptspeicher, 27 Gigabyte Plattenspeicher für 600 Arbeitsplätze auch noch als Supermini bezeichnen muß, obwohl sie von der Leistung her im höheren Bereich der Großrechner angesiedelt ist.
Vgl. VOLLMER, Raimund: Fischen im Silverlake, "ÖVD/Online", Nr. 3, 1988, S. 10.

[85] Mikrorechner bezeichnet man auch als vollprogrammierbare Kleinrechner oder Personal-Computer (PC).
Vgl. BIETHAHN, Jörg: Einführung in die EDV für Wirtschaftswissenschaftler. 5. Aufl., München/Wien 1987, S. 55.

[86] Vgl. HOFF, Harald: Personal Computer für Kleinbetriebe. Gesamtlösungen mit Checklisten für Auswahl, Einführung und Betrieb. Köln 1985, S. 9.

[87] Vgl. o.V.: PC für Rechner. Computer für Einsteiger. "CHIP", Nr. 11, 1988, S. 153 ff.
Vgl. ebenso DIEBOLD-STATISTIK ..., a.a.O., S. 10.

oder bieten für die Mikrocomputer zumindest einen Zugriff auf die Daten eines im Betrieb eingesetzten Minirechners.[88]

2.2.3 Personelle Situation in kleinen und mittleren Unternehmen

Die Personengruppen, die in kleinen und mittleren Unternehmen mit der DV-Anlage arbeiten, besitzen keine oder nur geringe EDV-Kenntnisse. Sie müssen in den eingesetzten Programmen geschult und in der Anfangsphase betreut werden. Die Auswahl der in den Fachabteilungen eingesetzten Programmsysteme obliegt in mittleren Unternehmen den EDV-Kontaktleuten der Abteilungen; in kleinen Betrieben übt diese Funktion in der Regel die Geschäftsleitung aus.[89] Die EDV-Kontaktleute müssen eine Schulung in den Grundlagen der Datenverarbeitung erhalten und in der Lage sein, die speziellen Wünsche ihrer Fachabteilungen gegenüber EDV-Fachkräften zu formulieren.[90]

Die EDV-Kontaktleute sind jedoch keine EDV-Fachkräfte in dem Sinn, daß sie Tätigkeiten wie Systemanalyse, Datenstruktur-Organisation und Datenbank-Administration oder Programmierung beherrschen. Die für diese Arbeiten geschulten EDV-Fachkräfte sind zum einen nicht ausreichend am Markt vorhanden[91], zum anderen bleibt die Personalnot nicht ohne Folgen auf ihre Gehaltsstruktur[92]. Sie sind außerdem mit den in einem einzelnen kleinen oder mittleren Unternehmen

---

[88] Auf eine detaillierte Darstellung der Vernetzung von DV-Anlagen wird in dieser Arbeit verzichtet, da die Rechnerverbindungen für die Konzeption und Realisierung einer Mensch-Maschine-Schnittstelle ohne Bedeutung sind.

[89] Vgl. FUTH, Horst: Rationalisierung der Datenverarbeitung, Band X ..., a.a.O., S. 11.
Vgl. ebenso MAMBREY, Peter; OPPERMANN, Reinhard; TEPPER, August: Praxisprobleme der partizipativen Systementwicklung. In: Beteiligung von Betroffenen bei der Entwicklung von Informationssystemen. Hrsg. von MAMBREY, Peter; OPPERMANN, Reinhard. Frankfurt am Main/New York 1983, S. 268.

[90] Vgl. FUTH, Horst: Rationalisierung der Datenverarbeitung, Band X ..., a.a.O., S. 94 f.

[91] Obwohl 34.215 Informatikstudenten im Jahr 1986 ihr Studium abschlossen, blieben 30.000 - 40.000 Stellen für EDV-Fachkräfte unbesetzt, da qualifiziertes Personal auf dem Markt einfach nicht zu bekommen war.
Vgl. CORDROCH, Clarissa: Wissen ist Macht. "ÖVD/Online", Heft 4, 1987, S. 54.
Vgl. ebenso o.V.: Informatiker sind bundesweit Mangelware. "Computerwoche", Nr. 8 vom 19.2.1988, S. 47 ff.

[92] Ein Anwendungsprogrammierer verdient nach einer Kienbaum-Untersuchung jährlich im Durchschnitt 59.100,- DM, ein Leiter der Programmierung im Durchschnitt 94.800,- DM.
Vgl. CORDROCH, Clarissa: Wissen ist Macht, a.a.O., S. 54.

anfallenden Arbeiten im Bereich der Systemanalyse und Programmierung nicht ausgelastet.

Das vorhandene Personal findet neben Arbeiten des Tagesgeschäftes keine Gelegenheit, sich intensiv mit DV-spezifischen Problemen auseinanderzusetzen.[93] "Die Anwender auf diesem Markt sind kaum zugänglich für Schulungsmaßnahmen und akzeptieren keine dicken Manuals. Sie wollen ganz einfach selbsterklärende, leicht erlernbare und trotzdem leistungsfähige Software."[94] Die Mitarbeiter in den Unternehmen sind jedoch an einem Einsatz der Datenverarbeitung interessiert, denn oft können sie die ihnen übertragenen Aufgaben nur mit Hilfe maschinell zur Verfügung gestellter Informationen erfüllen.[95]

Ein anderes Problem kleiner und mittlerer Unternehmen stellt der häufig unzureichende Ausbildungsstand der Entscheidungsträger auf betriebswirtschaftlichen Gebieten dar. Das führt, verbunden mit einem unzureichenden Ausbau des betrieblichen Informationswesens, zu einem Defizit an betriebswirtschaftlich entscheidungsrelevanten Informationen.[96] Die Behebung des Defizits muß für kleine und mittlere Unternehmen heute mit der Frage der Existenzsicherung gleichgesetzt werden.[97] Aus diesem Grund wird die Datenverarbeitung nicht nur zur Erledigung von Massen- und Routinearbeiten eingesetzt, sondern vor allem als ein Werkzeug für die Beschaffung entscheidungsrelevanter Informationen für die Führungsspitze.[98]

---

[93] Vgl. BIETHAHN, Jörg: Die Verwendbarkeit von Datenbanken für kleine und mittlere Unternehmen; Vortrag im Rahmen der Göttinger Universitätswoche 1987, a.a.O., S. 4 f.

[94] FÄHNRICH, Klaus-Peter; ZIEGLER, Jürgen: Mensch-Computer-Interaktion ..., a.a.O., S. 84.

[95] Vgl. SCHEER, August-Wilhelm: EDV-orientierte Betriebswirtschaftslehre. 3. Aufl. Berlin/Heidelberg/New York 1987, S. 40 f.

[96] Vgl. KELLERWESSEL, Paul: Führungsinformationen in Klein- und Mittelbetrieben ..., a.a.O., S. 89 ff.

[97] Vgl. LILIENSTERN, Hans Rühle von: EDV-Informationssysteme für kleine und mittlere Unternehmen - Erfahrungen, Möglichkeiten, Modelle. In: EDV-Systeme in Finanz- und Rechnungswesen. Hrsg. von STAHLKNECHT, Peter; Berlin/ Heidelberg/New York, 1982, S. 3.

[98] Vgl. FUTH, Horst: Rationalisierung der Datenverarbeitung, Band X ..., a.a.O., S. 51.

2.3 Konzeption der Mensch-Maschine-Schnittstelle des erweiterten Maskengenerators innerhalb eines Software-Entwicklungs-Systems

In Abschnitt 2.1 wurden die Ziele, in Abschnitt 2.2 die Zielgruppe der Mensch-Maschine-Schnittstelle aufgezeigt. Auf dieser Basis werden nunmehr die Rahmenbedingungen für die Konzeption der Mensch-Maschine-Schnittstelle eines erweiterten Maskengenerators aufgezeigt (Abschnitt 2.3.1). Der Schnittstellen-Management-Ansatz (Abschnitt 2.3.2) bildet die Grundlage für die Konzeption des Software-Entwicklungs-Systems. Ausgehend von den Prinzipien des Software-Engineering wird im Abschnitt 2.3.3 die Konzeption des Software-Entwicklungs-System vorgestellt. Als einen Bestandteil enthält es einen erweiterten Maskengenerator, mit dessen Konzeption sich Abschnitt 2.3.4 befaßt.

2.3.1 Rahmenbedingungen für die Konzeption der Mensch-Maschine-Schnittstelle

Kleine und mittlere Unternehmen beschäftigen in der Regel keine oder nur wenige EDV-Fachkräfte.[99] Die in den Betrieben eingesetzten Datenverarbeitungsanlagen dürfen zu ihrem Betrieb daher nur wenig EDV-Fachwissen und -Fachkräfte verlangen.

Die Benutzergruppe der Mensch-Maschine-Schnittstelle umfaßt das Führungspersonal kleiner und mittlerer Unternehmen[100] und die Angestellten in den Fachabteilungen. Bei der Zielgruppe der Mensch-Maschine-Schnittstelle handelt es sich einerseits um DV-Laien, die den Umgang mit der Mensch-Maschine-Schnittstelle erlernen müssen, andererseits um systemerfahrene Benutzer, welche schnell und effektiv ihre Aufgaben bearbeiten wollen.[101]

Die Entwicklung der Mensch-Maschine-Schnittstelle erfolgte auf IBM-kompatiblen Mikrorechnern. Eine Portierung der Schnittstelle auf Anlagen der mittleren Datentechnik ist leicht möglich, da sie sich neben der zentralen Speicherung von

---

[99] Vgl. S. 33.
   Vgl. ebenso FUTH, Horst: Rationalisierung der Datenverarbeitung, Band X ...,
   a.a.O., S. 11.
[100] Vgl. ebenda.
[101] Vgl. HEILMANN, Heidi: Modelle und Methoden der Benutzermitwirkung in
   Mensch-Computer-Systemen. Stuttgart 1981, S. 45 ff.

Informationen verschiedener Terminal-Typen durch den Verzicht auf PC-spezifische Möglichkeiten auszeichnet.[102]

Um eine Portierung der Mensch-Maschine-Schnittstelle vor allem auf Mikro- und Minirechner zu erlauben, wurde eine normierte[103] Programmiersprache benötigt, die den modularen Aufbau von Programmen unterstützt[104] und in kommerziellen Anwendungen verbreitet eingesetzt wird. Am häufigsten werden in der Datenverarbeitung kleiner und mittlerer Unternehmen die Sprachen der dritten Generation verwendet. Unter ihnen besitzt die Programmiersprache COBOL die größte Verbreitung innerhalb der kommerziellen Programmierung dieser Betriebe.[105] Andere Sprachen der dritten Generation besitzen bei der Erstellung kommerzieller Anwendungsprogramme eine untergeordnete Bedeutung.

COBOL-Compiler existieren für alle kommerziell einsetzbaren Mikro- und Minirechner.[106] Die Sprache ist durch die DIN-Norm 66028 genormt.[107]

---

[102] Dazu gehören z.B. das Ablegen von Bildschirminhalten in Pufferspeichern und der direkte Zugriff auf den Bildschirm über das BIOS (Basic Input/Output System).
Vgl. DUNN, Greg: Mainframe to Micro: Adapting a Financial-Modeling Language. "BYTE", Nr.12, 1983, S. 402.

[103] Auch normierte Sprachen weisen herstellerindividuelle Erweiterungen vor allem im Ein-/Ausgabebereich auf.

[104] Vgl. BALZERT, Helmut: Phasenspezifische Prinzipien des Software Engineering. "Angewandte Informatik", Nr. 3, 1985, S. 104.

[105] Eine empirische Untersuchung von Abel et. al. ergab für den Einsatz von COBOL in der kommerziellen Datenverarbeitung einen Anteil von 59 %.
Vgl. ABEL, Elfriede; HARRASS, Eckart; SCHOENEN, Holger J.; SCHWALD, Andreas: Untersuchung über Maßnahmen zur Verbesserung der Software-Produktion. Teil 2. Einsatz von Methoden der Software-Produktion in der Bundesrepublik Deutschland. GMD-Bericht Nr. 131, München/Wien 1980, S. 38.
Rölke schätzt den Anteil der in COBOL geschriebenen kommerziellen Programme weltweit auf etwa 80 %.
Vgl. RÖLKE, Michael: Cobol behauptet weiter unangefochten seine Führungsrolle. "Computerwoche", Nr. 28 vom 18.7.1986, S. 21.

[106] Vgl. BIETHAHN, Jörg: Datenverarbeitung. II: Programmierung und Programmiersprachen. In: Handwörterbuch der Wirtschafts-Wissenschaft (HdWW). Band 2. Hrsg. von ALBERS, Willi u.a.; Stuttgart/Tübingen/Göttingen 1980, S. 111.
Eine Übersicht über COBOL-Compiler auf Mikrocomputern gibt Wesseler.
Vgl. WESSELER, Horst: Großrechnersoftware auf dem PC. "ÖVD/Online", Nr. 8, 1987, S. 29.

[107] Vgl. DEUTSCHES INSTITUT FÜR NORMUNG e.V., DIN 66028. COBOL 85. Berlin 1986.
Die Norm entspricht der ISO Norm 1989-1985 und der ANSI (American National Standards Institute) Norm X.23-1985.

Als Programmiersprache für die Mensch-Maschine-Schnittstelle[108] wurde COBOL gewählt, da es zum einen im kommerziellen Bereich die größte Verbreitung aller höheren Programmiersprachen aufweist[109] und zum anderen die am meisten standardisierte Sprache ist.[110]

In Abschnitt 2.2.3 wurde ein Defizit an betriebswirtschaftlich relevanten Informationen in kleinen und mittleren Unternehmen festgestellt. Der Einsatz der Datenverarbeitung zielt daher auf den schnellen Ablauf der Beschaffung von Informationen und auf die Genauigkeit dieser Entscheidungsgrundlagen für das Management. Neben speziellen betrieblichen Einzelzielen[111] führt in der Regel das Ziel, die erforderlichen Entscheidungsgrundlagen bei geringerem Erstellungsaufwand präziser und in ihrer Aussagekraft erweitert zur Verfügung stellen zu können, zur Einführung der Datenverarbeitung in den Betrieben.

Die Unternehmen sind, da ihre Angestellten keine EDV-Erfahrung besitzen[112], gezwungen, bei der Installation der EDV-Anlage mit den zugehörigen Programm-Systemen auf DV-Hersteller und Softwarehäuser zu vertrauen.[113] Diese Firmen bieten den Unternehmen im Softwarebereich Standard-Anwendungen an, die eine

---

[108] Die Mensch-Maschine-Schnittstelle ist Bestandteil des erweiterten Maskengenerators eines Software-Entwicklungs-Systems, das ebenfalls in COBOL programmiert wurde.

[109] Vgl. DAHMEN, Horst: Programmieren: Den Dialekt bestimmt die 3. Generation. "ÖVD/Online", Nr. 4, 1984, S. 52.

[110] Zum Schnittstellen-Managementsystem und zur Programmiersprache vgl. BIETHAHN, Jörg; RUF, Walter: Grundlagen eines Software-Entwicklungs-Systems für Klein- und Mittelbetriebe auf der Basis des Schnittstellen-Managements. Forschungsbericht der Abteilung Wirtschaftsinformatik der Georg-August-Universität Göttingen. Hrsg. von BIETHAHN, Jörg; Göttingen 1986, S. 9 ff.
Vgl. ebenso RUF, Walter: Ein Software-Entwicklungs-System auf der Basis des Schnittstellen-Management-Ansatzes. Für Klein- und Mittelbetriebe. Berlin/ Heidelberg/New York 1988, S. 102 ff.

[111] Dieses können z.B. sein:
- Überwachung der Lagerbestände,
- Erhöhung der Lieferbereitschaft,
- Verbesserung des Kundendienstes usw.
Vgl. FUTH, Horst: Rationalisierung der Datenverarbeitung, Band X ..., a.a.O., S. 52.

[112] Vgl. S. 33 f.

[113] Vgl. BIETHAHN, Jörg: Die Verwendbarkeit von Datenbanken ..., a.a.O., S. 4 f.

zeit- und kostenintensive Anpassung der Betriebe nach sich ziehen können[114], oder sie offerieren individuell erstellte Programme, die schnell ein Vielfaches des Wertes der EDV-Anlage kosten.[115]

Ein anderer Aspekt, der zusätzliche Kosten sowohl bei der Programmierung von Individual-Software als auch bei der Anpassung von Standard-Software verursachen kann, ist die unzureichende Vertrautheit interner und externer DV-Fachkräfte mit den Anforderungen des Anwenders an seine Programme. Hinzu kommen die während der Phase der Anforderungsanalyse auftretenden Kommunikationsprobleme zwischen Anwendern und Software-Ingenieuren.[116] Eine Untersuchung von Horst Foidl u.a. zeigt, daß 56% der Fehler (Abbildung 4) und sogar 82% der Fehlerbehebungskosten (Abbildung 5) durch unzureichende und unkorrekte Anforderungsanalysen verursacht werden.

Einen Ansatz zur Reduktion der Fehlerbehebungskosten bietet die Entwicklung und der Einsatz maßschneiderbarer Software.[117] Hierbei wird mit dem Software-Entwicklungs-System ein Standardprogramm, z.B. für eine Branche, erstellt. Es wird durch den Anwender in der Fachabteilung, der es benutzen soll, getestet und nicht nur auf betriebsspezifische, sondern zudem auf seine individuellen Anforderungen umgestellt.

---

[114] Alberto del Fabro bemängelt die mangelnde Flexibilität vieler Standard-Softwarepakete und formuliert daher an moderne Standardsoftware die Anforderungen:
- modularer Aufbau der Gesamtlösung,
- parametergesteuerte Definition unterschiedlicher Programmausprägungen,
- Anpassungsfähigkeit der anwenderabhängigen Datenelemente in Länge und Aufbau.
Vgl. FABRO, Alberto del: Reine Installationszahlen machen noch keinen Standard. "Computerwoche", Nr. 6 vom 5.2.1988, S. 32.

[115] Zur Diskussion Eigenerstellung von Software vs. Einsatz von Standardsoftware in kleinen und mittleren Unternehmen vgl. TIEMEYER, Ernst: Softwareauswahl in Klein- und Mittelbetrieben - Vorgehensweise, Auswahlkriterien und Auswahlverfahren. In: Der Computer im Klein- und Mittelbetrieb - Die richtige Auswahl und der erfolgreiche Einsatz von Hard- und Software. Hrsg. von FUTH, Horst; KATZSCH, Rolf; TIEMEYER, Ernst; ZEEB, Gerhard; München 1984, S. 87 ff.

[116] Vgl. FOIDL, Horst; HILLEBRAND, Kurt; TAVOLATO, Paul: Prototyping: die Methode - das Werkzeug - die Erfahrungen. "Angewandte Informatik", Nr. 3, 1986, S. 95.

[117] Keune und Bentele verwenden für ein maßschneiderbares Anwendungssystem die Bezeichnung "Prototyp-Software". Diese wird hier nicht verwendet, da sie bereits durch den Sachverhalt "Prototyping" oder "Rapid Prototyping" belegt ist. Vgl. KEUNE, Paul; BENTELE, Alois: Kompromiß zwischen Standardsoftware und Eigenentwicklung. "ÖVD/Online", Nr. 8, 1987, S. 24.

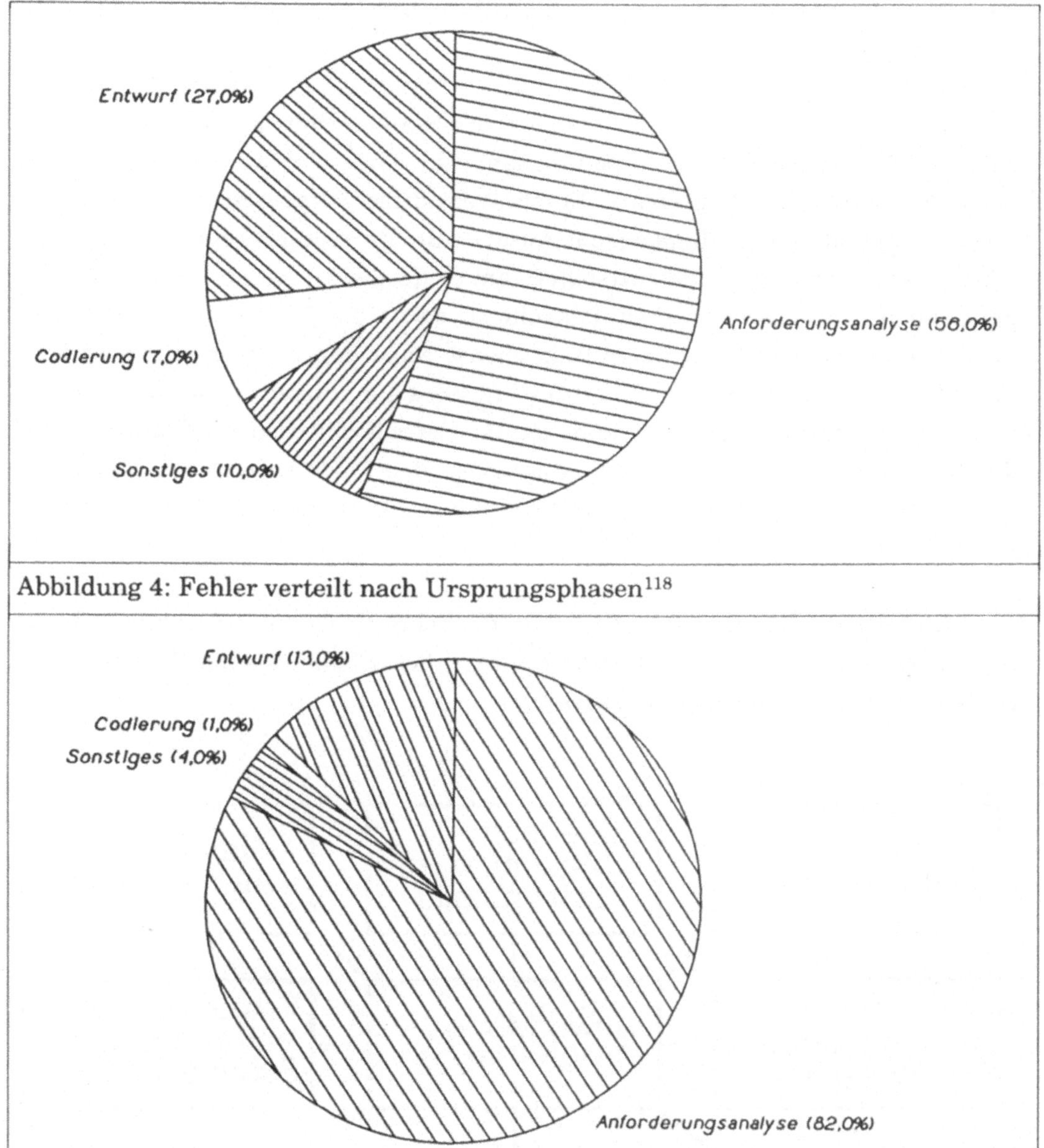

Abbildung 4: Fehler verteilt nach Ursprungsphasen[118]

Abbildung 5: Fehlerbehebungskosten verteilt nach Ursprungsphasen[119]

---

[118] Quelle: FOIDL, Horst; HILLEBRAND, Kurt; TAVOLATO, Paul: Prototyping ...,
a.a.O., S. 95.
[119] Quelle: ebenda, S. 96.

2.3.2 Der Schnittstellen-Management-Ansatz als Basis des Software-Entwicklungs-Systems

Eine Voraussetzung für eine solche anpaßbare Standardsoftware, die zudem noch auf möglichst vielen Datenverarbeitungsanlagen eingesetzt werden soll, ist eine hohe Flexibilität der Programme. Einen Weg, diese Voraussetzung zu erfüllen, zeigt der Schnittstellen-Management-Ansatz auf. Er gestaltet ein System unter besonderer Beachtung der Schnittstellen, um es flexibel zu halten für die Übertragung auf andere Datenverarbeitungsanlagen sowie die Anpassung an Betriebssysteme und Compiler.[120] Er unterstützt ebenso Änderungen, die durch veränderte Anforderungen an das Software-Entwicklungs-System entstehen. Die Qualität des Software-Entwicklungs-Systems und der im Betrieb eingesetzten Software wird durch die Qualität der Schnittstellen zwischen den Modulen und zur Umgebung bestimmt, da sie für das Zusammenwirken der Komponenten der Systeme verantwortlich sind.

Es wurde also ein Konzept entwickelt, das die Schnittstellen des Systems definiert und ihr Zusammenwirken regelt. Das Konzept dieses Schnittstellen-Management-Systems ist in Abbildung 6 verdeutlicht.

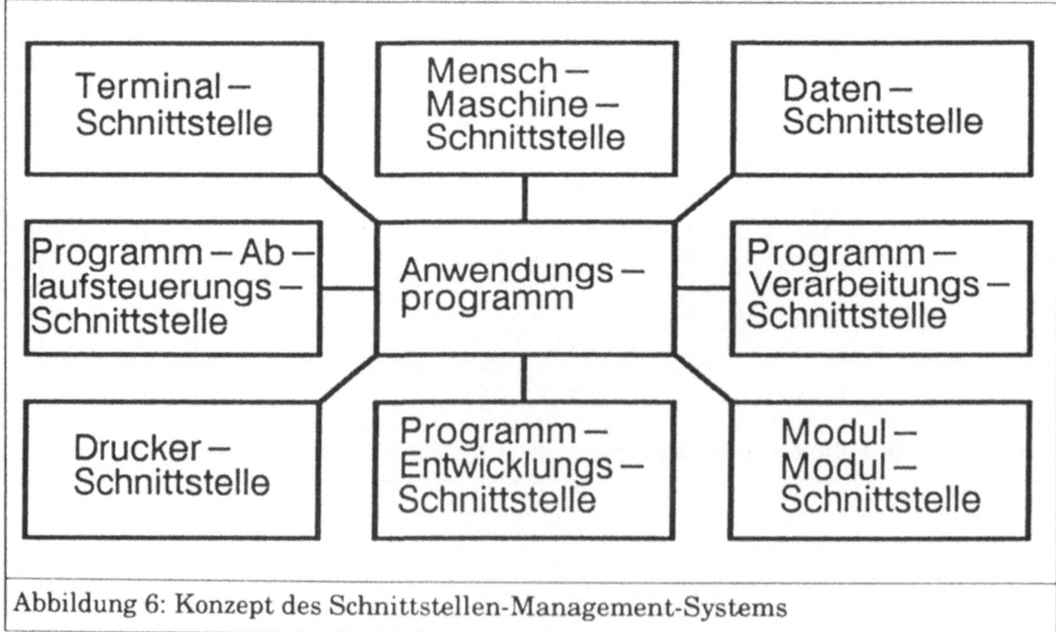

Abbildung 6: Konzept des Schnittstellen-Management-Systems

---

[120] Vgl. RUF, Walter: Ein Software-Entwicklungs-System ..., a.a.O., S. 153 ff.

Im Mittelpunkt des Schnittstellen-Management-Systems steht das modular aufgebaute Anwendungsprogramm. Wichtige Einflußfaktoren für seine Erstellung sind exakt definierte Schnittstellen zu der Software-Umgebung und zur Hardware, auf der das Anwendungsprogramm läuft. Ändert sich die Umgebung, so müssen nur die Schnittstellen angepaßt werden, das Anwendungsprogramm selbst bleibt unverändert. Der gegenseitige Einfluß zwischen dem Anwendungsprogramm und den Schnittstellen wird durch die Wirkungslinien der Graphik in Abbildung 6 gekennzeichnet.

Die Schnittstellen lassen sich unterteilen in je vier DV-technische und anwendungsorientierte Schnittstellen.

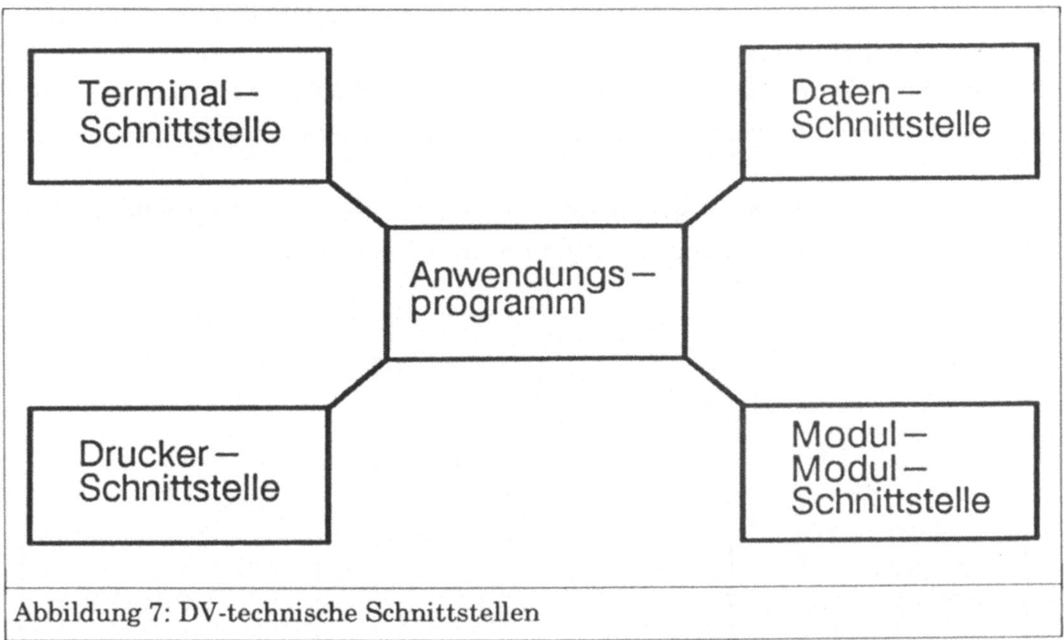

Abbildung 7: DV-technische Schnittstellen

Die vier DV-technischen Schnittstellen[121] bilden die Verbindung des Programmes mit der Hardware, dem Betriebssystem und dem Compiler. Diese Schnittstellen repräsentieren Programm-Module, die in das generierte Anwendungsprogramm eingebunden werden.

Über die *Terminal-Schnittstelle* erfolgen die Ausgaben des Programms und die Eingaben des Benutzers auf dem Bildschirm. Sie ist modular aufgebaut und wird durch veränderliche Parameter gesteuert, so daß verschiedene Arten von Bild-

---

[121] Vgl. RUF, Walter: Ein Software-Entwicklungs-System ..., a.a.O., S. 169 ff.

schirmgeräten angesteuert werden können, ohne Veränderungen im Anwendungsprogramm vornehmen zu müssen. Alle Terminal-Ein-/Ausgaben des Anwendungsprogramms steuern die Terminal-Schnittstelle an, wodurch bei einem Wechsel des
Compilers lediglich die Terminal-Schnittstelle an den neuen Compiler und seine
geänderten ACCEPT- und DISPLAY-Statements angepaßt werden muß.

Über die Terminal-Schnittstelle führt die Mensch-Maschine-Schnittstelle Ein-/
Ausgabeoperationen auf den an den Rechner angeschlossenen Bildschirmen durch.
Sie wird daher in den Kapiteln 3 bis 5 ausführlich erläutert.

Die *Daten-Schnittstelle* gewährleistet die Daten-Ein- bzw. Ausgabe des Anwendungssystems unabhängig von der zur Verfügung stehenden Dateiverwaltung bzw.
dem zugrundeliegenden Datenbanksystem.

Die *Modul-Modul-Schnittstelle* realisiert die Interprogramm-Kommunikation, z.B.
die Übergabe von Parametern in CALL-Befehlen, wenn COBOL-Anwendungspro-
gramme generiert wurden.

Die *Drucker-Schnittstelle* regelt das Ansprechen verschiedener Druckertypen mit
unterschiedlichen Zeichensätzen und verschiedenen Steuersequenzen.

Neben den DV-technischen Schnittstellen liegen dem Konzept des Schnittstellen-
Managements vier anwendungsorientierte Schnittstellen[122] zugrunde. Sie bilden

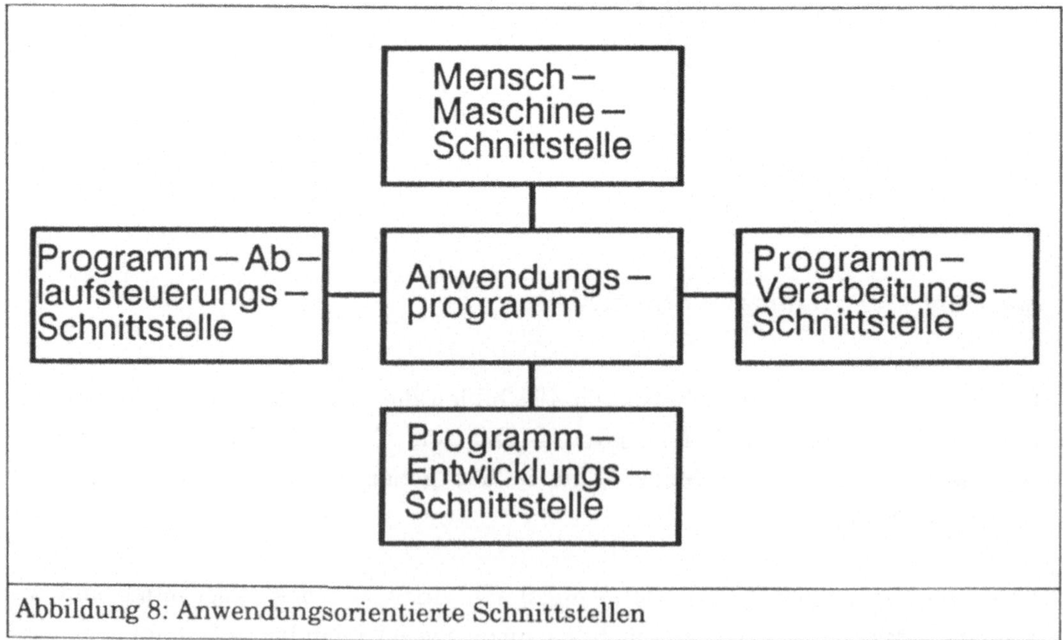

Abbildung 8: Anwendungsorientierte Schnittstellen

---

[122] Vgl. RUF, Walter: Ein Software-Entwicklungs-System ..., a.a.O., S. 199 ff.

die Oberfläche, mit welcher der Benutzer bei der Erstellung und Änderung seiner Programme arbeitet.

Die *Mensch-Maschine-Schnittstelle* umfaßt die Gesamtheit der Bedien- und Anzeigeeinrichtungen eines Systems sowie die Art, in der sich das System und die Anwendungsprogramme dem Benutzer gegenüber darstellen. Ein wesentlicher Bestandteil der Mensch-Maschine-Schnittstelle ist die Benutzerführung, d.h. die Art, wie das System den Benutzer durch Meldungen, Hinweise und andere Hilfen bei der Erreichung seines Zieles unterstützt.

Die Mensch-Maschine-Schnittstelle gewährleistet die Kommunikation des Systems mit den Menschen, die es bedienen. Ihre Module sind Bestandteil des Anwendungsprogramms. Die Benutzerfreundlichkeit des Software-Entwicklungs-Systems wird durch die Mensch-Maschine-Schnittstelle und ihr Zusammenwirken mit den anderen Komponenten des Systems geprägt.

Die Mensch-Maschine-Schnittstelle wird in den Kapiteln 3 bis 5 ausführlich dargestellt.

Mit Hilfe der *Programm-Verarbeitungs-Schnittstelle* gibt der Benutzer z.B. Formeln ein oder erfaßt zu kopierende Teile aus der Anwendungsmodul-Bibliothek, die anschließend vom Programmgenerator in das Anwendungsprogramm eingebunden werden. Die Programm-Verarbeitungs-Schnittstelle und die Programm-Ablaufsteuerungs-Schnittstelle repräsentieren Dateien, welche die grundlegenden Definitionen des Anwendungsprogramms enthalten.

Mit Hilfe der *Programm-Ablaufsteuerungs-Schnittstelle* gibt der Benutzer innerhalb des Maskengenerators an, in welcher Reihenfolge die einzelnen Felder im erzeugten Anwendungsprogramm bearbeitet werden.[123]

Die *Programm-Entwicklungs-Schnittstelle* bildet die Verbindung zwischen dem Software-Entwickler und den einzelnen Tools des Software-Entwicklungs-Systems. Zu diesen Tools gehören z.B. der erweiterte Maskengenerator, der Anwendungsprogramm-Generator, die Methodenbank, der Datei-Editor usw. Über die Menüoberfläche der Programm-Entwicklungs-Schnittstelle wird die Ablauffolge der einzelnen Phasen des Software-Entwicklungsprozesses gesteuert.

Von den DV-technischen Schnittstellen wird die Mensch-Maschine-Schnittstelle des Maskengenerators vor allem durch die Terminal-Schnittstelle unterstützt, welche die Ein-/Ausgabeoperationen auf dem angeschlossenen Bildschirm durchführt. Sie arbeitet mit der Daten-Schnittstelle und der Modul-Modul-Schnittstelle

---

[123] Vgl. auch BIETHAHN, Jörg; RUF, Walter: Grundlagen eines Softwareentwicklungssystems ..., a.a.O., S. 18 ff.

zusammen, welche die Verbindung der Mensch-Maschine-Schnittstelle mit ihrer Umgebung unterstützen.

Die Mensch-Maschine-Schnittstelle sowie die Funktionen zur Festlegung der Programm-Ablaufsteuerungs-Schnittstelle und Programm-Verarbeitungs-Schnittstelle sind Komponenten des erweiterten Maskengenerators. Mit seiner Hilfe definiert der Anwender den Funktionsumfang und den Programmablauf der Anwendungsprogramme. Diese Definitionen werden in den Dateien der Programm-Ablaufsteuerungs-Schnittstelle und der Programm-Verarbeitungs-Schnittstelle abgespeichert.

2.3.3 Konzeption des Software-Entwicklungs-Systems

Um die Rahmenbedingungen für die Konzeption einer Mensch-Maschine-Schnittstelle zu ergänzen, wird nun aufbauend auf den theoretischen Ansätzen des Software-Engineering die Konzeption eines Software-Entwicklungs-System vorgestellt.

Ein Software-Entwicklungs-System stellt ein Werkzeug dar, das den Anwender bei der Erstellung von Programmen unterstützt. Die Ingenieurdisziplin, die sich mit der Entwicklung von Software-Systemen beschäftigt, ist das Software-Engineering.[124] Software-Engineering-Modelle basieren auf

a) Prinzipien der Software-Entwicklung.

Die Prinzipien werden unterstützt durch

b) Methoden der Software-Entwicklung.

Die Konkretisierung der Methoden erfolgt durch

c) Verfahren der Software-Entwicklung.

Verfahren finden ihre Realisierung in

d) Werkzeugen der Software-Entwicklung.[125]

---

[124] Vgl. BALZERT, Helmut: Die Entwicklung von Software-Systemen - Prinzipien, Methoden, Sprachen, Werkzeuge. Mannheim/Wien/Zürich 1982, S. 3.
[125] Vgl. ebenda S. 22 ff.

a) Prinzipien der Software-Entwicklung

"Prinzipien sind Grundsätze, die man seinem Handeln zugrundelegt."[126] Wesentliche Eigenschaften von Prinzipien sind Abstraktheit und Allgemeinheit, die sich aus Erkenntnissen oder Erfahrungen ableiten.[127] Zwei wichtige Prinzipien der Software-Entwicklung für die Beschreibung des Software-Entwicklungs-Systems stellen

    aa)   *die Einteilung des Entwicklungsprozesses in Phasen und*
    bb)   *das Prinzip der Modularisierung dar.*[128]

Weitere, für die Erläuterung des Software-Entwicklungs-Systems weniger wichtige Prinzipien sind z.B. die top down-Entwicklung und die bottom up-Entwicklung.[129]

aa) Die Einteilung des Entwicklungsprozesses in Phasen

Eine gestiegene Komplexität der Problemstellungen und damit verbundene immer umfangreichere Software-Entwicklungen haben zu einer Aufteilung des Entwicklungsprozesses in zeitlich abgegrenzte Einzelphasen geführt.[130]
Ein anerkanntes Phasenmodell zur Systementwicklung stammt von Wedekind:[131]

1. Istanalyse (Systemanalyse im engeren Sinne)
2. Durchführbarkeitsstudie
3. Systementwurf
4. Systemimplementierung
5. Systembetrieb

---

[126] BALZERT, Helmut: Die Entwicklung von Software-Systemen ..., a.a.O., S. 22.

[127] Vgl. WILLMER, Heidemarie; BALZERT, Helmut: Fallstudie einer industriellen Softwareentwicklung: Definition, Entwurf, Implementierung, Abnahme, Qualitätssicherung. Mannheim/Wien/Zürich 1984, S. 3.

[128] Ausführungen zu den Prinzipien der Software-Entwicklung finden sich z.B. bei RUF, Walter: Ein Software-Entwicklungs-System ..., a.a.O., S. 58 ff.
Vgl. ebenso ROMPEL, Helmut: Software engineering für PCs: Planung und Realisierung eines praktischen Beispiels in dBase IIIplus. Vaterstetten 1988, S. 13 ff.

[129] Vgl. STAHLKNECHT, Peter: Einführung in die Wirtschaftsinformatik. 3. neu bearb. u. erw. Aufl., Berlin/Heidelberg 1987, S. 221 f.
Vgl. ebenso BENDER, Helmut: Die Lösung des Akzeptanzproblems. In: Effizientes Software Management, Proceedings zum Software Forum '83. Hrsg. von CW-CSE; München 1983, S. 430 und S. 455.

[130] Vgl. PESCHKE, Helmut: Betroffenenorientierte Systementwicklung: Prozess und Methoden der Entwicklung menschengerechter Informationssysteme. Frankfurt am Main/Bern/New York 1986, S. 8.

[131] Vgl. WEDEKIND, Hartmut: Systemanalyse - Die Entwicklung von Anwendungssystemen für Datenverarbeitungsanlagen. 2., durchges. Aufl., München/Wien 1976, S. 17 ff.

Neuere Phasenmodelle, wie das von Sommerville[132] unterscheiden in ihren Phasenkonzepten die Implementation und den Test der Komponenten von der Testphase des Gesamtsystems. Diese Unterscheidung erweist sich als wichtig für die Erstellung komplexer Systeme, die von einem Projekt-Team erstellt werden und bei denen das Zusammenspiel der Komponenten in einem separaten Arbeitsgang getestet werden muß. Bis zum Systementwurf wird beim Phasenmodell nach Sommerville das Prinzip der top down-Entwicklung angewendet, Implementierung und Test werden bedingt durch die Teamarbeit bei der Durchführung großer Projekte bottom up durchgeführt.

bb) Das Prinzip der Modularisierung

Ein Modul umfaßt allgemein einen Baustein eines Software-Systems.[133] Er ist ein austauschbares Teil eines Systems, das einem definierten Zweck dient und eine in sich geschlossene Funktionseinheit bildet.[134] Die Modularisierung dient der Zerlegung einer komplexen Aufgabe in Teilprobleme, zur Lösung der Teilprobleme und zur anschließenden Zusammenführung der Einzellösungen zur Gesamtlösung.[135]

b) Methoden der Software-Entwicklung

"Methoden sind planmäßig angewendete, begründete Vorgehensweisen zur Erreichung von festgelegten Zielen."[136] Für die Erstellung komplexer Systeme hat das

---

[132] Sommerville unterscheidet in seinem Modell die Phasen
    1. Bedarfsanalyse und -definition,
    2. System- und Software-Entwurf,
    3. Implementation und Test der Komponenten,
    4. System-Test und
    5. Betrieb und Wartung.
    Vgl. SOMMERVILLE, Ian: Software Engineering. Bonn/Reading, Mass. u.a. 1987, S. 3.

[133] Vgl. KURBEL, Karl: Programmentwicklung. 3., überarbeitete Aufl. Wiesbaden 1985, S. 42.

[134] Vgl. SCHEIBL, Hans-Jürgen: Kommerzielle Software-Entwicklung: Systems-Engineering, Software-Engineering im Überblick und in praktischen Anwendungen. Ehningen bei Böblingen 1989, S. 70.
Vgl. ebenso RUF, Walter: Ein Software-Entwicklungs-System ..., a.a.O., S. 70.

[135] Vgl. BUDDE, Reinhard; SCHNUPP, Peter; SCHWALD, Andreas: Untersuchung über Maßnahmen zur Verbesserung der Software-Produktion, Teil 1, Theoretische Ansätze auf dem Gebiet der Software-Technologie, Berichte der Gesellschaft für Mathematik und Datenverarbeitung Nr. 130, München/Wien 1980, S. 176.
Vgl. ebenso SCHUMANN, Jörg; GERISCH, Manfred: Software-Entwurf: Prinzipien, Methoden, Arbeitsschritte, Rechnerunterstützung. Köln 1986, S. 67 und S. 109 f.

[136] BALZERT, Helmut: Die Entwicklung von Software-Systemen ..., a.a.O., S. 22.
Vgl. ebenso KOSLOWSKI, Knut: Unterstützung partizipativer Systementwicklung durch Methoden des Software Engineering. Sankt Augustin 1987, S. 107.

Software-Engineering eine Vielzahl Methoden entwickelt, welche die Software-Entwicklung erleichtern und verbessern.

Man unterscheidet zwischen Methoden, die einzelne Phasen des Entwicklungsprozesses unterstützen,[137] und phasenübergreifenden Software-Engineering-Methoden[138].

c) Verfahren der Software-Entwicklung

"Verfahren sind Anweisungen zum gezielten Einsatz von Methoden, in der Regel also vollständig determinierte Methoden."[139] Sie beschreiben konkrete Wege zur Lösung bestimmter Probleme.[140] Eine vollständige Abgrenzung zwischen Methoden und Verfahren läßt sich nicht vornehmen.[141]

d) Werkzeuge der Software-Entwicklung

Werkzeuge (Tools) dienen zur Unterstützung der Methoden im Software-Entwicklungsprozeß.[142] 1985 wurden in der Bundesrepublik Deutschland 262 Programmpakete unter der Bezeichnung "Software-Tool" angeboten.[143]

---

[137] Methoden, welche den Software-Entwurfsprozeß unterstützen, sind z.B. HIPO (Hierarchy Plus Input Process Output), Structured Analysis oder Structured Design.
Vgl. STAHLKNECHT, Peter; WARNER, André: Stand der Entwicklung und des Einsatzes von Softwareentwicklungswerkzeugen - Ergebnisse einer empirischen Untersuchung. Beiträge des Fachbereichs Wirtschaftswissenschaften der Universität Osnabrück. Beitrag Nr. 8602. Osnabrück 1986, S. 3.
Eine umfassende Übersicht der verschiedenen Software-Entwicklungs-Methoden (Programmentwicklungs-Techniken), geordnet nach sprachlicher Freiheit und Abstraktionsebene, findet sich bei Hesse.
Vgl. HESSE, Wolfgang: Methoden und Werkzeuge zur Software-Entwicklung - ein Marsch durch die Technologie-Landschaft. "Informatik-Spektrum", Nr. 4, 1981, S. 232 ff.

[138] Solche Methoden sind z.B. das Prototyping oder das Entity-Relationship-Modell.
Vgl. SCHULZ, Arno: Ein Klassifizierungs- und Bewertungsschema für Software-Engineering-Werkzeuge, insbesondere für CAS-Systeme. "Angewandte Informatik", Nr. 5, 1986, S. 192.

[139] STAHLKNECHT, Peter; WARNER, André: Stand der Entwicklung und des Einsatzes von Softwareentwicklungswerkzeugen ..., a.a.O., S. 3.

[140] Verfahren der Software-Entwicklung sind z.B. JSP (Jackson Structured Programming), SADT (Structured Analysis and Design Technique), die Entscheidungstabellentechnik oder die Struktogrammtechnik.
Vgl. ebenda.

[141] Vgl. ebenda, S. 4.

[142] Vgl. BALZERT, Helmut: Die Entwicklung von Software-Systemen ..., a.a.O., S. 23.

[143] Vgl. SCHULZ, Arno: Ein Klassifizierungs- und Bewertungsschema für Software-Engineering-Werkzeuge ..., a.a.O., S. 191.

Auch hier werden phasenspezifische von phasenübergreifenden Werkzeugen unterschieden.[144] Software-Entwicklungswerkzeuge, die den gesamten Software-Entwicklungsprozeß unterstützen, sind z.B. das SOFTORG-System der Firma SES[145], das System MAESTRO der Firma SOFTLAB[146] oder das mbp-tool-system[147]. Phasenübergreifende Werkzeuge unterstützen oft den Entwurf von Software-Systemen bis hin zur Erstellung von Programmvorgaben. Sie unterscheiden sich in der Anzahl der von ihnen unterstützten Phasen der Software-Entwicklung und vor allem im Grad der Umsetzung der Vorgaben in Programmcode.[148]

Man zieht Software-Entwicklungswerkzeuge hauptsächlich zur Unterstützung der Abwicklung großer Projekte heran. Als Zielgruppe sehen sie den professionellen Software-Entwickler, dem sie als Produktivitätshilfe dienen.

Das hier vorgestellte Software-Entwicklungs-System wurde, anders als die herkömmlichen Werkzeuge der Software-Entwicklung, auf Mikrocomputern entwickelt und für Mikro- und Minirechner konzipiert.

Es setzt in der Phase der Systemimplementierung ein und unterstützt die Phasen bis hin zur Wartung während des Systembetriebs. Innerhalb der Testphase kann man sich auf logische Tests beschränken, da der Programmcode vom Software-Entwicklungs-System generiert wird, und Syntaxfehler somit ausgeschlossen sind.

Für die ersten Phasen der Software-Entwicklung, Istanalyse, Durchführbarkeitsstudie und Systementwurf, können die herkömmlichen Software-Entwicklungs-

---

[144] Hesse gibt einen Überblick über Software-Entwicklungswerkzeuge (Software Engineering Environments) und ordnet sie den Phasen, die sie unterstützen zu. Seine Zusammenstellung von 1981 enthält aber noch nicht die vielen in den letzten Jahren auf den Markt gekommenen Systeme.
Vgl. HESSE, Wolfgang: Methoden und Werkzeuge zur Software-Entwicklung ..., a.a.O., S. 241.
Einen aktuelleren Überblick gibt die Tool-Studie des EDV Studios Ploenzke.
Vgl. EDV STUDIO PLOENZKE: Tool-Studie - Eine detaillierte Untersuchung für die rechnergestützte Software-Entwicklung, Band 1. Hamburg etc. 1984, S. 10 ff.

[145] Vgl. SNEED, Harry M.: Software Engineering Service. Ausbildung - Beratung - Projekte - Werkzeuge nach dem SOFTORG Lebenszyklusmodell. Neubiberg o.J., S. 27.

[146] Vgl. VOLLMER, Raimund: Der ewige Kampf für die Faulheit. "ÖVD/Online", Nr. 10, 1987, S. 4.

[147] Vgl. KREPLIN, Klaus-Dieter; SCHMIDT, Arno; WIRTZ, Klaus Werner: Erfahrungen beim Entwurf der Benutzerschnittstelle des mbp-tool-system unter Verwendung von Simulation und Prototyping. In: Software-Ergonomie '83. Hrsg. von BALZERT, Helmut; Stuttgart 1983, S. 240 ff.

[148] Vgl. BALZERT, Helmut: Vom singulären Werkzeug zur integrierten Software-Entwicklungsumgebung. "Angewandte Informatik", Nr. 5, 1987, S. 179 ff.
Vgl. ebenso RUF, Walter: Ein Software-Entwicklungs-System ..., a.a.O., S. 17 ff.

methoden verwendet werden. Anhand der mit ihrer Hilfe erstellten Ergebnisse können zum einen für neue Bereiche mit dem Software-Entwicklungs-System Standardanwendungen erstellt, zum anderen die mit diesem System entwickelten Standardprogramme an die betrieblichen Erfordernisse angepaßt werden.

Der Anwender in der Unternehmung verfügt zwar über tiefgehende Kenntnisse der von ihm zu bearbeitenden betrieblichen Abläufe, jedoch nicht über Programmierkenntnisse, die es ihm erlauben würden, herkömmliche Standardanwendungen individuell anzupassen. Daher muß ihm ein Werkzeug zur Verfügung gestellt werden, mit dem er die Anpassungen im Dialog durchführen kann, ohne daß dazu Programmierkenntnisse erforderlich sind. Dieses Werkzeug ist das Software-Entwicklungs-System, das in Abbildung 9 auf der Software-Ebene 5 dargestellt wird.

Das modulare Software-Entwicklungs-System umfaßt die Tools zum individuellen Anpassen und Erstellen von Software (Software-Ebene 5 in Abbildung 9), den Programmgenerator und andere Generatoren der Software-Ebene 4 sowie die Konfigurations-Software der Ebene 3.

Die Aufgaben der verschiedenen Tools zum individuellen Anpassen und Erstellen von Software (Software-Ebene 5) sind die Bearbeitung der Anwendungsprogramme mit Hilfe des erweiterten Maskengenerators, die Veränderung des Inhalts beliebiger Dateien mit dem Datei-Editor, die Modifizierung von Standard-Programmfunktionen durch Auswahl der Elemente aus der Methodenbank usw.
Die Programmgeneratoren der Software-Ebene 4 dienen der Umsetzung der durch die Tools der Ebene 5 erzeugten Programmbeschreibungen in COBOL-Code. Weitere Generatoren des Software-Entwicklungs-Systems sind z.B. ein Listengenerator, ein Generator für Bildschirmanpassung und ein Dateigenerator.
Die Konfigurations-Software der Ebene 3 ist Bestandteil der Terminal-Schnittstelle. Mit ihrer Hilfe werden die Beschreibungen von Bildschirm-Terminals und Rechnerumgebungen gespeichert, auf welche die Module der Terminal-Schnittstelle bei der Durchführung der Ein-/Ausgabeoperationen zurückgreifen.
Der Anwender arbeitet mit angepaßten Anwendungs-Software (Software-Ebene 6). Dabei geht er von maßschneiderbarer Standard-Anwendungs-Software (Schnittstelle zwischen Software-Ebene 4 und 5) aus.
Sie bildet, z.B. für eine Branchenlösung, einen möglichst umfassenden Rahmen, der beim Einsatz in einem speziellen Betrieb in einigen Bereichen auf die betrieblichen Erfordernisse zugeschnitten werden muß. Andere Gebiete können dagegen auch eine Erweiterung um spezifische Funktionen des betrieblichen Ablaufs erfor-

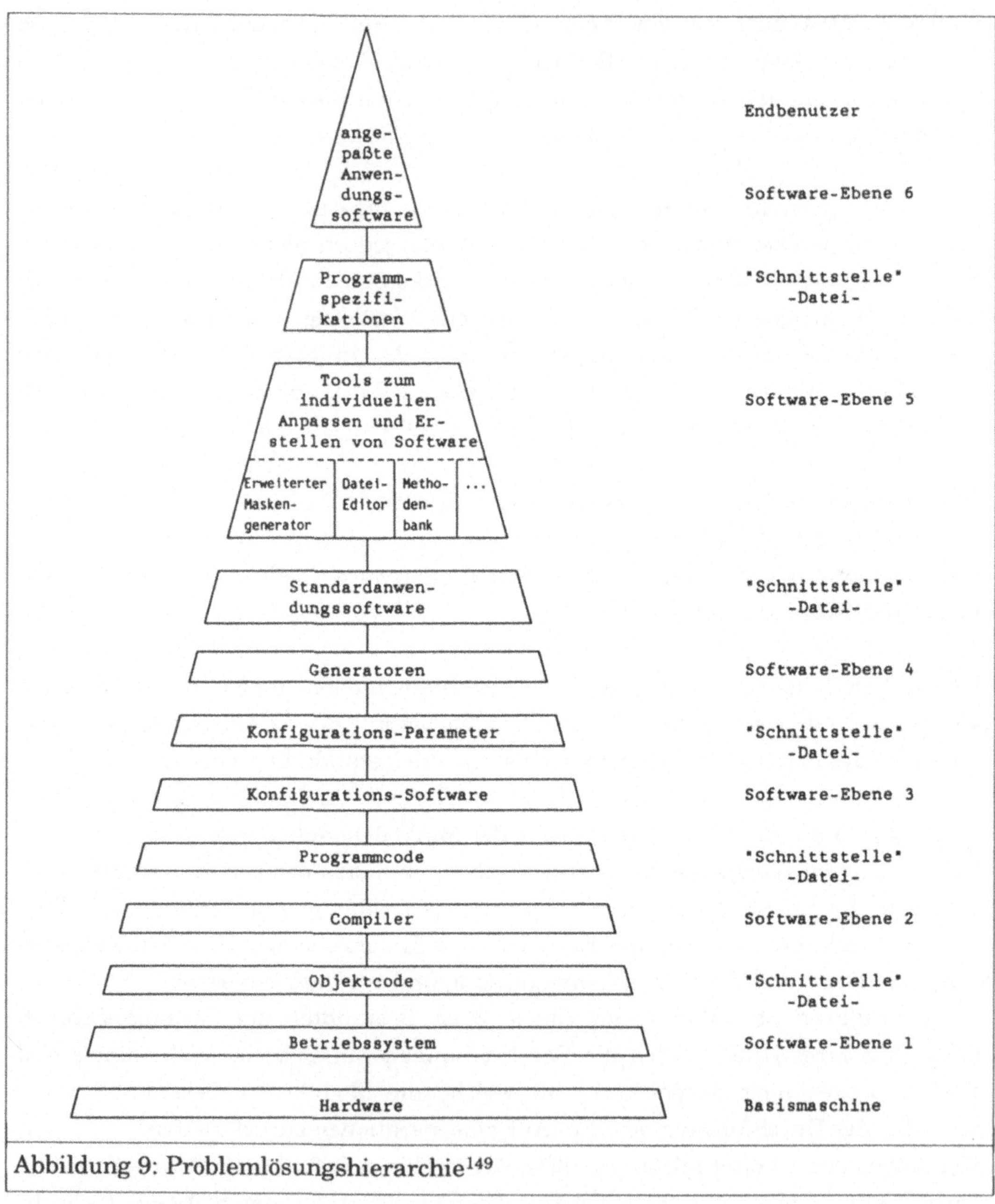

Abbildung 9: Problemlösungshierarchie[149]

---

[149] Verändert übernommen aus BIETHAHN, Jörg; RUF, Walter: Grundlagen eines Software-Entwicklungssystems ..., a.a.O., S. 14.
Vgl. ebenso Vgl. hierzu auch BIETHAHN, Jörg; ROSENTHAL, Wolfgang: Der Maskengenerator als Bestandteil eines modular aufgebauten Software-Entwicklungssystems. Forschungsbericht der Abteilung Wirtschaftsinformatik der Georg-August-Universität Göttingen. Hrsg. von BIETHAHN, Jörg; Göttingen 1987, S. 4.

dern, was zu Programmänderungen oder auch zum Erstellen neuer Programme führen kann.

Die maßschneiderbare Standard-Anwendungs-Software wurde mit dem modularen Software-Entwicklungs-System erstellt. Mit den Tools der Software-Ebene 5 erzeugt der Anwender Programmspezifikationen (Schnittstelle zwischen Software-Ebene 5 und 6), welche die Anpassung der Standard-Anwendungs-Software an seine individuellen Erfordernisse enthalten.

Die Programmgeneratoren wandeln die maßgeschneiderte Anwendungs-Software automatisch in COBOL-Code um.

Die Anpassung der Module des Software-Entwicklungs-Systems an veränderte oder neue Compiler, Betriebssysteme oder Hardware erfolgt durch die in Software-Ebene 3 angesiedelte Konfigurations-Software. Sie stellt dem Software-Entwicklungs-System Konfigurations-Parameter zur Verfügung, die es auf die veränderte Umgebung einstellen.

Der Benutzer oder eine EDV-Fachkraft kann das Software-Entwicklungs-System mit Hilfe der Software-Ebenen 3 und 4 an generell veränderte Anforderungen anpassen. Das können zum einen Veränderungen der Hardware, des Betriebssystems und des Compilers oder aber die Integration anderer Generatoren in das Software-Entwicklungs-System sein.

Zur Anpassung der Standard-Anwendungs-Software auf die spezifischen Erfordernisse der Unternehmung benötigt der Anwender also nur Kenntnisse der Software-Ebenen 5 und 6. Mit der Basismaschine sowie den Software-Ebenen 1 bis 4 arbeitet er bei der Anpassung seiner Software nicht.

2.3.4 Konzeption des erweiterten Maskengenerators

Ein Bestandteil eines Software-Entwicklungs-Systems ist ein Maskengenerator zum Erzeugen von Bildschirmmasken. Auf dem Software-Markt werden eine Vielzahl dieser Programme angeboten, die im folgenden eingeordnet und charakterisiert werden. Der erweiterte Maskengenerator wird ihnen gegenübergestellt und in seinen Funktionen erläutert.

Im Rahmen eines Forschungsprojektes, dessen Ziel es ist, Möglichkeiten zu finden, welche die Systementwickler im Designprozeß unterstützen, wurden 22 Systementwickler nach ihren Erfahrungen und Strategien bei der Entwicklung von

Mensch-Maschine-Schnittstellen in interaktiven Systemen befragt.[150] Innerhalb der Erhebung wurde u.a. die Frage nach der Abtrennbarkeit der Mensch-Maschine-Schnittstelle von den Funktionen des Programms gestellt.[151] Die überwiegende Zahl der interviewten Systemdesigner "... stellten ein Fehlen jeglicher Separierung bei der Entwicklung ihrer Systeme fest ..."[152].

Dieser Zusammenhang zwischen Programmfunktionalität und Programmbedienung wird in heute verfügbaren Maskengeneratoren nicht hinreichend berücksichtigt. Vielfach ist erforderlich, daß der Systementwickler das Layout der Bildschirmmaske mit Hilfe eines Maskengenerators festlegt und unabhängig davon den Programmcode zur Bearbeitung der Maske erstellt. Daher stellt sich die Frage, ob die Entwicklung und Anpassung maßschneiderbarer Standard-Anwendungs-Software mit einem der auf dem Software-Markt erhältlichen Maskengeneratoren durchgeführt werden kann.

Maskengeneratoren werden von den verschiedenen Software- und Hardware-Herstellern entweder isoliert angeboten[153] oder sie sind integriert in:

 a) Compiler, Interpreter und Software-Entwicklungs-Systeme,

 b) Datenbanksysteme,

 c) entscheidungsunterstützende Endbenutzersysteme,

 d) Expertensysteme.

---

[150] Vgl. MAASS, Susanne; ROSSEN, Mary Beth; KELLOGG, Wendy A.: Benutzerfreundlichkeit, Systemkonsistenz und andere schwer definierbare Prinzipien: Interviews mit Systementwicklern. In: Software-Ergonomie '87, Hrsg. von SCHÖNPFLUG, Wolfgang; WITTSTOCK, Marion; Stuttgart 1987, S. 417 ff.

[151] Diese Idee, die Generierung der Mensch-Maschine-Schnittstelle "Spezialisten" zu übertragen und sie durch spezielle Entwicklungsumgebungen für die Mensch-Maschine Kommunikation zu unterstützen, wurde von Olsen dargestellt.
Vgl. OLSEN, Daniel R.; BUXTON, William; EHRICH, Roger; KASIK, David; RHYNE, James; SIBERT, John: A Context for User Interface Management. "IEEE Computer Graphics and Applications", Vol. 4, Nr. 12, 1984, S. 33 ff.
Zitiert nach MAASS, Susanne; ROSSEN, Mary Beth; KELLOGG, Wendy A.: Benutzerfreundlichkeit, Systemkonsistenz und andere schwer definierbare Prinzipien ..., a.a.O., S. 419.

[152] MAASS, Susanne; ROSSEN, Mary Beth; KELLOGG, Wendy A.: Benutzerfreundlichkeit, Systemkonsistenz und andere schwer definierbare Prinzipien ..., a.a.O., S. 419.

[153] Eine der wenigen isoliert angebotenen Maskengeneratoren ist das System DPF (Data Entry and Print Form Package), ein portables flexibles System zum Erzeugen einheitlicher Drucker- und Bildschirmmasken.
Vgl. ADELSBERGER, Heimo H.: Konzepte für und Erfahrungen mit DPF, einem maskenorientierten einheitlichen Bildschirm- und Drucker- Ein-Ausgabe System. In: Software-Ergonomie '83. Hrsg. von BALZERT, Helmut; Stuttgart 1983, S. 371 ff.

a) Compiler, Interpreter und Software-Entwicklungs-Systeme

Maskengeneratoren, die Bestandteil bestimmter Compiler oder Interpretern sind, wenden sich an die Zielgruppe der Programmierer. Sie dienen im Rahmen der Programmerstellung zur schnellen und effizienten Generierung von Bildschirmmasken und erstellen daraus ein Rahmenprogramm mit den Datenstrukturen für die Bildschirm-Ein-/Ausgabe.[154]

Maskengeneratoren, welche in Software-Entwicklungs-Systeme integriert sind, werden ebenfalls von Programmierern genutzt, aber auch von Systemanalytikern, die sie als Werkzeug zum Rapid Prototyping benutzen.[155] Ihre Mensch-Maschine-Schnittstellen sind an den Kenntnissen von EDV-Fachkräften ausgerichtet und weisen oft programmiersprachen-spezifische Eigenheiten auf. Diese Maskengeneratoren ermöglichen ein schnelles Erstellen von Bildschirmmasken, die in den weiteren Software-Entwicklungsprozeß integriert werden.

b) Datenbanksysteme

Die Anwender insbesondere in kleinen und mittleren Betrieben bilden die Zielgruppe der in Datenbanksysteme eingebundenen Maskengeneratoren. Diese Generatoren sind aber in vielen Datenbanksystemen beschränkt auf die Funktionen der Stammdatenerfassung, der Datenbankabfrage und der Erstellung von Statistiken.[156] Weiterhin existieren Maskengeneratoren innerhalb von Programmgeneratoren, die auf Datenbanksystemen basieren; für sie gelten dieselben Aussagen, die unter a) getroffen werden.[157]

---

[154] Als Beispiele können die Maskengeneratoren der Compiler für VS-COBOL und mbp-COBOL genannt werden.
Vgl. MBP COBOL 85. Benutzerhandbuch (MS-DOS), 1. Auflage, Revision E.1, Dortmund 1987, S. 3-101 ff.
Vgl. ebenso MICROFOCUS VS COBOL Workbench. Operating Guide. Version 1.3. Palo Alto 1986, S. 4-4 f.

[155] Ein solches Werkzeug zur Unterstützung des Rapid Prototyping ist z.B. im Software-Entwicklungs-System MAESTRO der Firma Softlab enthalten.
Vgl. FRÖHLICH, Rainer: Entwicklungsmethoden bei Großprojekten. "Computer Magazin", Nr. 11, 1987, S. 16.
Ebenso enthalten u.a. die Systeme StP (ACU Systems AG), Innovator (MID GmbH), IDA (BULL AG) und EXCELERATOR (CAP GEMINI Deutschland GmbH) Prototyping-Komponenten.
Vgl. ISIS Software Report. Ausgabe 1-1988, 1.3 System-Programme. München 1988, S. 3335 ff.

[156] Das System dBase IV der Firma Ashton Tate verfügt beispielsweise über einen Maskengenerator mit dem beschriebenen Leistungsumfang.

[157] Als Beispiel für diese Gruppe der Maskengeneratoren kann der Maskengenerator des Datenbanksystems ORACLE der Firma ORACLE genannt werden, der in eine Datenbankabfragesprache eingebettet ist.

c) Entscheidungsunterstützende Endbenutzersysteme

Entscheidungsunterstützende Endbenutzersysteme wenden sich an die Zielgruppe der Anwender in der Unternehmung. Die in ihnen integrierten Maskengeneratoren sind daher einfach aufgebaut. Ihr Funktionsumfang umfaßt lediglich die Erstellung von Stammdatenverwaltungs-Programmen sowie die Generierung von Abfragen (Reports) und Statistiken.[158]

d) Expertensysteme[159]

Die Anwendung von Expertensystemen dient vor allem der Erfassung und Abfrage von Expertenwissen im Dialog. Die Maskengeneratoren, die in Verbindung mit Expertensystem-Shells angeboten werden, dienen der Gruppe der Knowledge-Engineers zur Erstellung einer auf Wissensabfrage ausgerichteten Dialog-Umgebung für die Anwender der Expertensysteme.[160]

Die heute zur Verfügung stehenden Maskengeneratoren wenden sich also entweder an die Zielgruppe der EDV-Fachkräfte, oder sind in ihrem Funktionsumfang so eingeschränkt, daß sie den Anforderungen individueller kommerzieller Programmentwicklung nicht genügen. Daher wurde für das in Abschnitt 2.3.1 dargestellte Software-Entwicklungs-System ein "erweiterter Maskengenerator" konzipiert. Der Rahmen der Konzeption läßt sich in folgende Bereiche untergliedern:

    a) Anwender-Zielgruppen

    b) Portabilität

    c) Funktionsumfang

---

[158] Vgl. hierzu die Darstellung der Programme zu Berichtswesen, Unternehmensplanung, Entscheidungsunterstützung im ISIS Software Report. Ausgabe 1-1988, 1.1 Kommerzielle Programme. München 1988, S. 1601 ff. Vgl. ebenso BAUER, Michael: Einsatzspektrum von Endbenutzersystemen. "ÖVD/Online", Nr. 6, 1987, S. 36 ff.

[159] Expertensysteme (wissensbasierte Systeme) "sind Computer-Systeme, die entweder einen Experten oder einen in dem jeweiligen Fachgebiet noch laienhaften Benutzer in der gleichen Weise unterstützen, wie das ein Experte tun würde." SAVORY, Stuart E.: Dimensionen der technischen Intelligenz. In: Wird das Denken überflüssig? Hrsg. von der Stiftung für Kommunikationsforschung; Bonn 1985, S. 10.

[160] Vgl. INTELLICORP Inc. (Hrsg.): KEE: The Knowledge Engineering Environment. Mountain View 1987.

a) Anwender-Zielgruppen

Die Anwender-Zielgruppen des erweiterten Maskengenerators sind zum einen
Software-Entwickler, welche mit dem Maskengenerator schnell und effektiv Pro-
gramme erstellen sollen, und zum anderen die Anwender in den betrieblichen
Fachabteilungen, welche ihre Standard-Anwendungs-Software auf die Erforder-
nisse des Unternehmens anpassen. Für den Maskengenerator gelten daher die in
Abschnitt 2.1.3 aufgezeigten Ziele für die Entwicklung einer Mensch-Maschine-
Schnittstelle, welche dem Anwender eine einfache und mit geringer Einarbeitung
verbundene Bedienung des Maskengenerators erlauben.

b) Portabilität

Die Forderung nach einem portablen Maskengenerator wird durch folgende Maßnahmen unterstützt:

"- Benutzung einer möglichst weit verbreiteten höheren Programmiersprache
 - Vermeidung von hersteller- oder systemspezifischen Spracherweiterungen
 - Keine Ausnutzung der Besonderheiten einer Rechnerarchitektur oder Rechner-
   konfiguration
 - Lokalisierung aller notwendigen Systemabhängigkeiten"[161].

Das Ziel der Portabilität wird angestrebt durch den Einsatz von Standard-COBOL
und einen modularen Aufbau des Maskengenerators. Die Modularität des Programms gewährleistet, daß Anpassungen an eine veränderte Compiler-, Betriebs-
system- oder Hardware-Umgebung nur Änderungen in den maschinennahen
Modulen erfordern und die zentralen Module des Maskengenerators nicht geändert
werden müssen.

c) Funktionsumfang

Ein weiteres Kennzeichen des erweiterten Maskengenerators stellt eine erweiterte
Funktionalität im Vergleich zu herkömmlichen Maskengeneratoren dar. Es ist daher erforderlich, ein System zu entwickeln, mit dem komplexe Problemstellungen
beschrieben werden können. Der Maskengenerator muß im Vergleich zu den
herkömmlichen Generatoren für Software-Entwicklungs-Systeme, Datenbanken,
Endbenutzersysteme und Expertensysteme über wesentlich erweiterte Funktionen
verfügen.

---

161 ENDRES, Albert: Software-Wiederverwendung: Ziele, Wege und Erfahrungen.
"Informatik-Spektrum", Nr. 2, 11. Jg., 1988, S. 88.

Die Funktionen des erweiterten Maskengenerators umfassen folgende Komponenten:

aa)　*Erstellung von Bildschirmmasken,*
bb)　*Festlegung der Programmvariablen,*
cc)　*Steuerung der Programmverarbeitung.*

aa) Erstellung von Bildschirmmasken

Die Erstellung von Bildschirmmasken umfaßt die Funktionen, welche in allen verfügbaren Maskengeneratoren enthalten sind, nämlich die Positionierung und Beschreibung von Überschriften, Meldungen und Ein-/Ausgabefeldern.

bb) Festlegung der Programmvariablen

Der erweiterte Maskengenerator erlaubt dem Anwender die Definition der variablen Felder der Bildschirmmaske sowie die Bestimmung ihrer Reihenfolge innerhalb des Programmablaufs.

cc) Steuerung der Programmverarbeitung

Bei der Steuerung der Programmverarbeitung wird festgelegt, durch welche Anweisungen und Module die vom Programm verarbeiteten Felder verändert werden und welche logischen Bedingungen die Verarbeitung steuern.

2.4 Konzeption der Mensch-Maschine-Schnittstelle und ihre Integration in den Software-Entwicklungs-Prozeß

Ein Bestandteil eines erweiterten Maskengenerators ist eine Mensch-Maschine-Schnittstelle. Ihre Konzeption setzt die in Abschnitt 2.1.3 beschriebenen Ziele und die Rahmenbedingungen für die Entwicklung der Mensch-Maschine-Schnittstelle voraus. Sie läßt sich durch folgende Aufgaben kennzeichnen:

- Die Mensch-Maschine-Schnittstelle muß dem Benutzer eine seinen Aufgaben angepaßte Arbeitsumgebung zur Verfügung stellen.
- Sie stellt dem Benutzer Erläuterungen des Anwendungssystems und eine Unterstützung beim Erlernen des Systems zur Verfügung.
- Sie unterstützt ihn bei der Korrektur vom Fehlhandlungen.
- Die Mensch-Maschine-Schnittstelle muß die in Abschnitt 2.3.4 beschriebene Integration von Programmfunktionalität und Programmbedienung gewährleisten.

- Sie muß aber trotzdem einheitlich sein für alle Module des Maskengenerators und
für sämtliche mit ihm erzeugten Anwendungsprogramme.

Die Aufgabe der Mensch-Maschine-Schnittstelle innerhalb des erweiterten
Maskengenerators besteht darin, dem Benutzer eine Umgebung zur Verfügung zu
stellen, mit deren Hilfe er Masken und Programme erfassen und bearbeiten kann.
Durch die Module der Mensch-Maschine-Schnittstelle definiert der Benutzer sei-
nen Programmnamen und die Dateien, die bearbeitet werden, sowie die Felder der
Bildschirmmaske, die Reihenfolge ihrer Bearbeitung und die Art der Bearbeitung
der Felder. Die Mensch-Maschine-Schnittstelle stellt dem Benutzer zudem einen
Kommandomodus, eine Menüoberfläche und eine Hilfefunktion zur Verfügung.

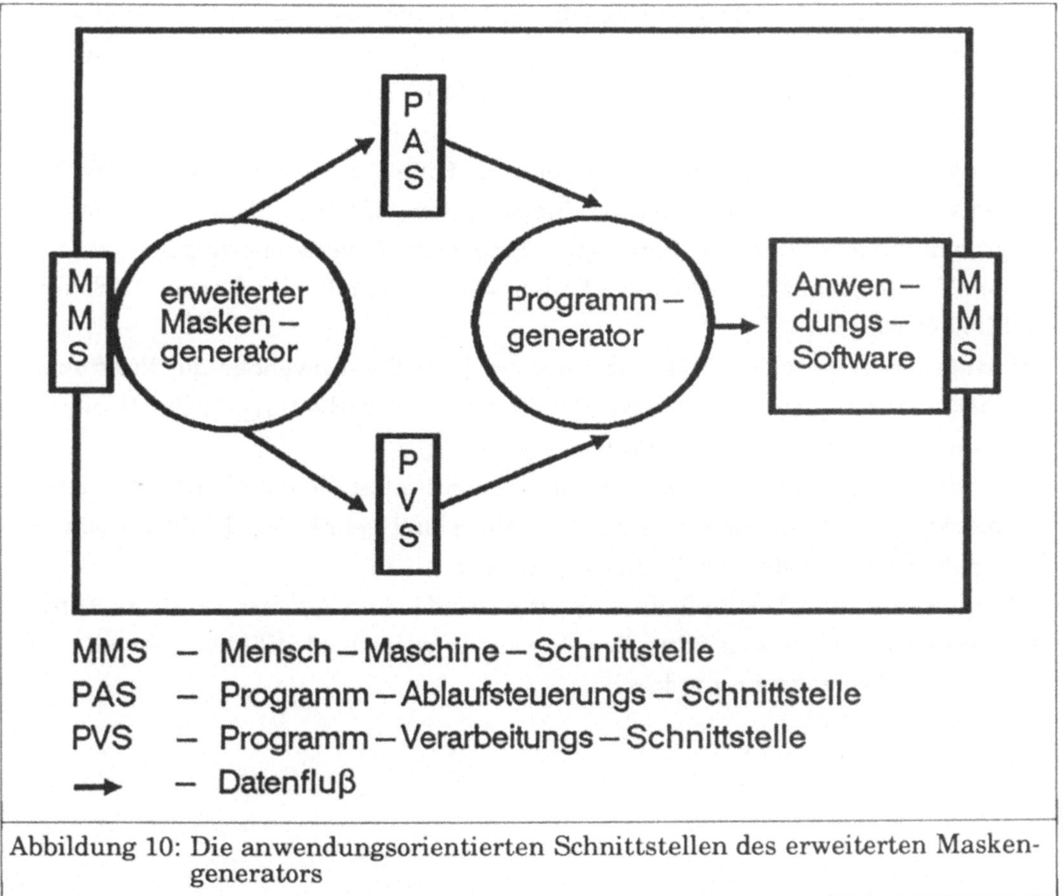

Abbildung 10: Die anwendungsorientierten Schnittstellen des erweiterten Maskengenerators

Der erweiterte Maskengenerator enthält die Module der Mensch-Maschine-
Schnittstelle sowie die Funktionen zur Erfassung der Programm-Verarbeitungs-

Schnittstelle und der Programm-Ablaufsteuerungs-Schnittstelle. Sie stellen dem zu erzeugenden Anwendungsprogramm Informationen zu Verfügung und werden mit Hilfe der Mensch-Maschine-Schnittstelle des Maskengenerators definiert (Abbildung 10). Der Programmgenerator erzeugt aus den mit Hilfe der Schnittstellen erfaßten Informationen ablauffähigen Programmcode.

Die Mensch-Maschine-Schnittstelle ist also beherrschender Bestandteil des Maskengenerators. Sie wird durch die DV-technischen Schnittstellen unterstützt und dient ihrerseits zur Realisierung des Dialogs mit dem Benutzer. Damit stellt sie die Umgebung dar, mit welcher der Benutzer sämtliche Funktionen des Maskengenerators ausführt.

Den vereinfachten Arbeitsablauf bei der Anpassung der Standard-Anwendungs-Software auf die betrieblichen Erfordernisse mit Hilfe des erweiterten Maskengenerators zeigt der Ablaufplan der Abbildung 11.[162]

Ausgangspunkt der Anpassung ist ein mit Hilfe des Software-Entwicklungs-Systems definiertes Standard-Anwendungs-System. Es liegt dem Anwender als Programm-Beschreibung in Form der Programm-Ablaufsteuerungs- und Programm-Verarbeitungs-Schnittstellendateien sowie zusätzlich in Form des Source- und Objektcodes vor.

Mit Hilfe des erweiterten Maskengenerators paßt der Anwender die Programm-Ablaufsteuerungs-Schnittstelle und die Programm-Verarbeitungs-Schnittstelle an seine individuellen Benutzer-Anforderungen an.

Durch den Programmgenerator wird aus den Schnittstellendateien ablauffähiger Sourcecode erzeugt, der automatisch compiliert und gelinkt wird und sodann als "angepaßter Objektcode" (Abbildung 11) vorliegt.

Mit ihm werden nun Testläufe durchgeführt. Sind sie erfolgreich, so ist die Anpassung beendet; andernfalls führt der Anwender weitere Modifikationen mit dem erweiterten Maskengenerator durch.

---

[162] Um die grundsätzliche Einordnung des erweiterten Maskengenerators in das Software-Entwicklungs-System aufzuzeigen wurden andere Funktionen des Gesamtsystems, wie z.B. der Datei-Editor, die Methodenbank und die Einbindung der Modul-Bibliothek in dieser Darstellung vernachlässigt.

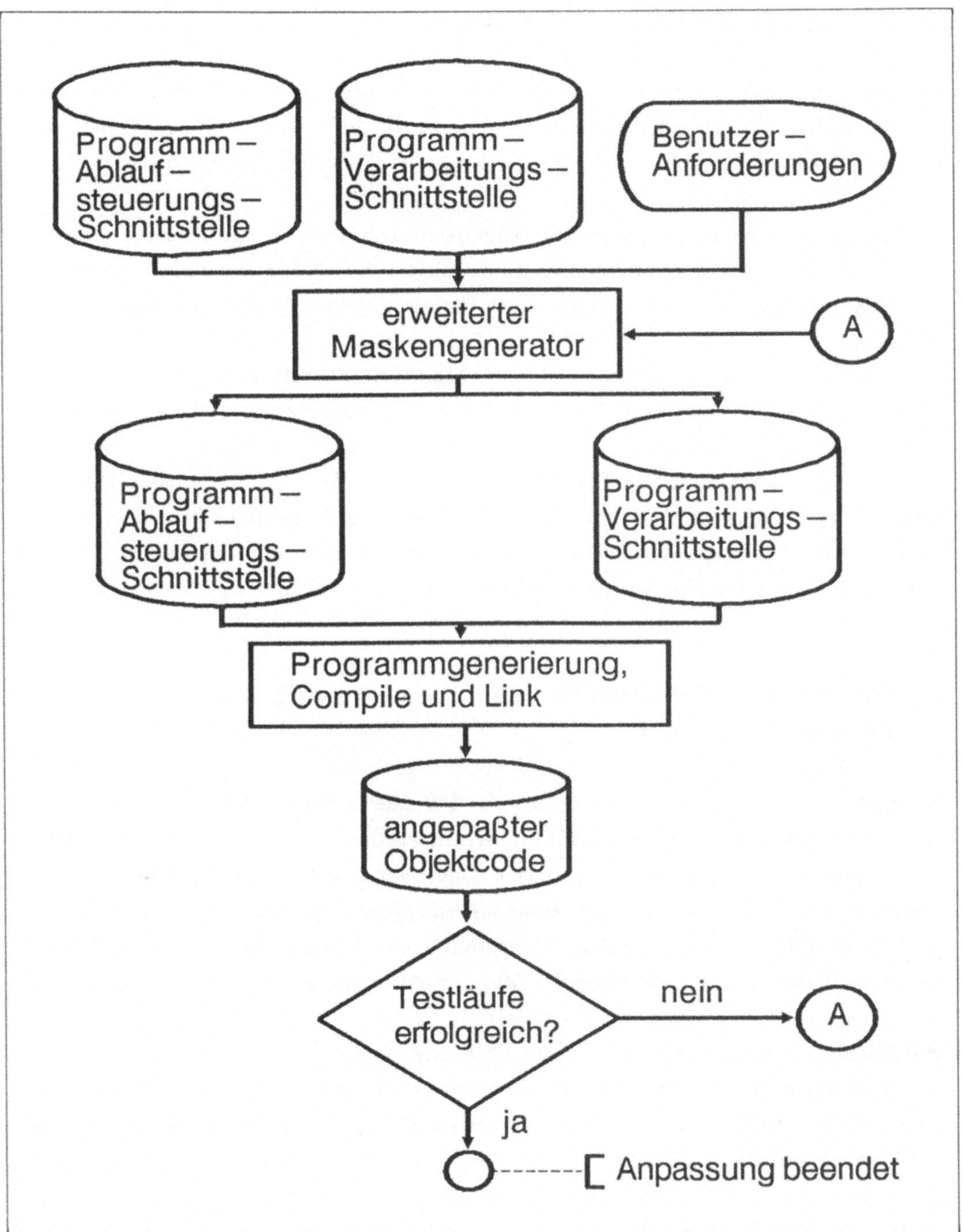

Abbildung 11: Anpassung von Standard-Anwendungs-Software mit Hilfe des erweiterten Maskengenerators.

3 Strukturphase der Entwicklung einer Mensch-Maschine-Schnittstelle

Die zweite Kapitel behandelte die Konzeptionsphase der Mensch-Maschine-Schnittstelle eines erweiterten Maskengenerators. In diesem Teil der Arbeit werden nun die Strukturphase in der Entwicklung der Schnittstelle dargestellt.

"In der *Strukturphase* werden die Eigenschaften der für interaktive Systeme möglichen Dialogformen untersucht und entsprechend der Voraussetzungen der Konzeptionsphase werden Abfolgen der für ein System zu benutzenden Formen festgelegt. Dies erfolgt in dieser Phase auf abstraktem Niveau."[1]
Zur Definition der Struktur Mensch-Maschine-Schnittstelle wird zunächst (Abschnitt 3.1) die Terminal-Schnittstelle als Voraussetzung dieser Schnittstelle dargestellt.
Abschnitt 3.2 behandelt die Struktur der Mensch-Maschine-Schnittstelle. Dabei werden psychologische und arbeitswissenschaftliche Kriterien berücksichtigt. In Abschnitt 3.3 wird eine Auswertung dieses Ansatzes vorgenommen bevor Abschnitt 3.4 den Bezug zu den Forderungen aufgrund der DIN-Norm 66234 herstellt.

3.1 Die Terminal-Schnittstelle als Voraussetzung für die Mensch-Maschine-Schnittstelle

In Abschnitt 2.3 wurde bereits erläutert, daß das Software-Entwicklungs-System und damit auch die Mensch-Maschine-Schnittstelle des erweiterten Maskengenerators portabel für kleine und mittlere Datenverarbeitungsanlagen gestaltet ist. Damit wurde die Forderung nach einer leichten Anpaßbarkeit der Mensch-Maschine-Schnittstelle an verschiedene Terminaltypen, sowie die geräteunabhängige Gestaltung der zentralen Module der Mensch-Maschine-Schnittstelle erhoben.

Sämtliche Tastatureingaben und Bildschirmausgaben eines Anwendungsprogrammes und des Software-Entwicklungs-Systems erfolgen über die Terminal-Schnittstelle. Sie umfaßt sowohl die Schnittstelle der Programme zur Datenverarbeitungsanlage als auch zu den angeschlossenen Bildschirmen.
Die Steuerung der Drucker und Plotter erfolgt über die in Abbildung 7[2] dargestellte Drucker-Schnittstelle. Das Software-Entwicklungs-System benötigt keine

---

[1] GORNY, Peter; VIERECK, Axel: Eine Vorgehensweise zur Entwicklung interaktiver Programme, a.a.O., S. 97.
[2] Vgl. S. 41 f.

individuell erstellte Drucker-Schnittstelle. Es bietet die Möglichkeit, Standard-Listprogramme und Graphik-Software zu integrieren.

Abschnitt 3.1.1 zeigt die Anforderungen an die Terminal-Schnittstelle aufgrund verschiedener Rechner- und Bildschirmtypen auf. Die Strukturierung der Terminal-Schnittstelle erfolgt in Anlehnung an die DIN und ISO normierte GKS-Geräte-Schnittstelle[3], deren Aufbau Abschnitt 3.1.2 behandelt. Aus den beiden ersten Abschnitten wird die Konkretisierung der modularen Terminal-Schnittstelle hergeleitet (Abschnitt 3.1.3).

3.1.1 Anforderungen an die Terminal-Schnittstelle aufgrund unterschiedlicher Hardware und Compiler

Die Anforderungen an die Terminal-Schnittstelle aufgrund unterschiedlicher Hard- und Software lassen sich untergliedern in:

a) Anforderungen zur Anpassung an verschiedene Rechnerumgebungen und Compiler,

b) Anforderungen durch den Anschluß verschiedener Terminaltypen.

a) Anforderungen zur Anpassung an verschiedene Rechnerumgebungen und Compiler

Die Anpassungen der Terminal-Schnittstelle an verschiedene Rechnerkonfigurationen und Compiler umfassen einerseits die Berücksichtigung der unterschiedlichen von Funktions-, Cursor- und Befehlstasten erzeugten Steuercodes.[4] Andererseits gehören hierzu durch unterschiedliche Syntax der Ein-/Ausgabeanweisungen hervorgerufene Anpassungen des COBOL-Codes.

---

[3] GKS steht für den Begriff des graphischen Kernsystems.
[4] Vgl. STELOVSKY, Jan; CONTI, Paolo: Towards Portability of Dialog Systems. In: Cognitive Engineering in the Design of Human-Computer Interaction and Expert Systems. Proceedings of the Second International Conference on Human-Computer Interaction, Honolulu, Hawaii, August 10-14, 1987, Volume II. Hrsg. von Salvendy, Gavriel; Amsterdam/Oxford/New York 1987, S. 84.

Auf kleinen und mittleren Datenverarbeitungsanlagen finden meist der EBCDI-Code[5] und der ASCII-Code[6] Verwendung. Beide Codes verwenden zur Darstellung eines Zeichens eine acht Bit umfassende Einheit[7], ein Byte.

Die auf den DV-Anlagen verwendeten Codes werden von den Compilern verschiedener Hersteller unterschiedlich modifiziert.[8] Die interne Informationsdarstellung des hier beschriebenen Systems erfolgt im ASCII-Code IBM-kompatibler Mikrocomputer mit den Modifikationen durch mbp-COBOL[9]. Verwendet ein Rechner den EBCDI-Code oder einen abweichenden ASCII-Code[10], so muß, z.B. bei der Portierung eines Anwendungsprogrammes im Quellcode, ein Konvertierungsprogramm die Umsetzung in den abweichenden Code durchführen.

Beim Anschluß von Bildschirmen, welche einen abweichenden Code verwenden, erfolgt eine Anpassung an den auf dem Rechner verwendeten Code auf der Ebene von Terminal-Treibern.

Der Bereich der Code-Umsetzung gehört somit nicht zum Aufgabenbereich der Terminal-Schnittstelle. Rechner- und Bildschirmhersteller bieten Konvertierungsprogramme und Terminal-Treiber an.

Die Terminal-Schnittstelle führt jedoch eine Anpassung der Codes der Funktions-, Cursor- und Befehlstasten durch. Sie besitzen auf IBM-kompatiblen Mikrocomputern eine Länge von 1 oder 2 Bytes. Die Terminal-Schnittstelle führt diese Anpassungen über Parameter-Tabellen durch.

Die Anpassungen des COBOL-Codes aufgrund unterschiedlicher Ein-/Ausgabeanweisungen betreffen die zwischen den Compiler-Herstellern unterschiedlichen Ausgestaltungen der ACCEPT- und DISPLAY-Anweisungen. Um sie an die Syntax anderer Compiler anzupassen, sind Eingriffe in den Quellcode erforderlich. Sie müssen daher in Modulen isoliert sein, um den Änderungsaufwand gering zu

---

[5] Dies ist der Extended Binary Coded Decimal Interchange Code (EBCDIC).
Vgl. BIETHAHN, Jörg: Einführung ..., a.a.O., S. 69.

[6] ASCII steht für American Standard Code of Information Interchange.
Vgl. HANSEN, Hans Robert: Wirtschaftsinformatik I ..., a.a.O., S. 127.

[7] Der für die Informationsdarstellung 6 Bit benötigende BCD-Code findet auf kleineren und mittleren Datenverarbeitungsanlagen heute kaum noch Verwendung.
Vgl. BIETHAHN, Jörg: Einführung ..., a.a.O., S. 69 f.

[8] Das mbp-COBOL verwendet einen internen Code, welcher vor allem im Bereich der Steuerzeichen, das sind die ASCII-Werte unter 32, modifiziert ist.

[9] mbp ist die Abkürzung für die Firma Mathematischer Beratungs- und Programmierdienst GmbH, Dortmund.

[10] Die Hersteller von DV-Anlagen belegen die ASCII-Werte unter 32 und über 127 teilweise mit unterschiedlichen Zeichen.

halten.[11] Diese Anforderung wird dahingehend erweitert, sämtliche Ein- und Ausgaben über genau ein Eingabe- und ein Ausgabe-Modul abzuwickeln.

Für Arbeiten unter transaktionsorientierten Betriebssystemen[12] sowie unter einem TP-Monitor[13] ist die Terminal-Schnittstelle von zeichenorientierter Verarbeitung auf diese bildschirmorientierte Verarbeitungsform umzustellen. Transaktionsorientierte Verarbeitung ist für die durch das Software-Entwicklungs-System erzeugten Anwendungsprogramme realisierbar, nicht jedoch für den erweiterten Maskengenerator, da er in seiner Verarbeitung auf zeichenweiser Ein-/Ausgabe beruht.

b) Anforderungen durch den Anschluß verschiedener Terminaltypen

Außer der rechnerabhängigen Anpassung sind an die Terminal-Schnittstelle auch Anforderungen aufgrund der angeschlossenen Terminaltypen zu stellen.[14] Da das Software-Entwicklungs-System zur Erstellung und Anpassung kommerzieller Anwendungen dient, berücksichtigt die Terminal-Schnittstelle die graphischen Möglichkeiten der angeschlossenen Bildschirme nicht. Sie beschränkt sich auf die Zeichendarstellung auf dem Bildschirm.

Die für die Zeichendarstellung relevanten Parameter umfassen die Zahl der auf dem Bildschirm darstellbaren Zeilen und Spalten, die Anzahl und Definition der zur Verfügung stehenden Farben bzw. Graustufen sowie die Anzahl und Definition verfügbarer Video-Attribute[15] und Cursor-Formen.

Bei den Farben bzw. Graustufen und den Video-Attributen liegen der Terminal-Schnittstelle die Möglichkeiten des mbp-COBOL 85 zugrunde. Falls andere Compiler und Bildschirme andere Farben unterstützen, zieht eine Portierung

---

11 Vgl. SOMMERVILLE, Ian: Software Engineering, a.a.O., S. 156.

12 Transaktionsorientierte Betriebssysteme unterstützen den Teilhaberbetrieb. Die Benutzer erteilen dabei dem System kleine Aufträge, die einzeln innerhalb kurzer Zeit ausgeführt werden. Die Durchführung dieser Aufträge bezeichnet man als Transaktion.
Vgl. STAHLKNECHT, Peter: Einführung in die Wirtschaftsinformatik. a.a.O., S. 105.

13 Da viele Betriebssysteme den Anforderungen transaktionsorientierter Verarbeitung nicht genügen, wird diese Verarbeitungsform unter solchen Betriebssystemen durch TP-Monitore (Transaction Processing Monitor) unterstützt.
Vgl. ebenda, S. 99 und S. 106.

14 Vgl. SOMMERVILLE, Ian: Software Engineering, a.a.O., S. 156.

15 Unter Video-Attributen werden hier die möglichen Darstellungsformen von Informationen auf dem Bildschirm verstanden. Dazu gehören z.B. blinkende, unterstrichene oder inverse Anzeigen.

Anpassungen der Parameter-Tabellen nach sich. Diese Tabellen definieren die Farbpaletten des Compilers und der angeschlossenen Bildschirme.

Die Anzahl Zeilen und Spalten des Bildschirms stellen eindimensionale Parameter dar. Dagegen erfordert die Definition der Farben, Video-Attribute und Cursor-Formen neben der Angabe der Zahl möglicher Ausprägungen jeweils einen Vektor, welcher die benötigten Attributwerte enthält.

3.1.2 Darstellung der für die Terminal-Schnittstelle relevanten Teile des Graphischen Kernsystems

Die Definition der im vorigen Abschnitt erläuterten Parameter der Terminal-Schnittstelle geschieht in Anlehnung an das Konzept der GKS-Geräteschnittstelle[16]. Sie ist als Normentwurf bereits weit verbreitet und genügt den Anforderungen dieser Arbeit an die Definition der Bildschirm-Ein- und Ausgaben vollständig.[17] Der GKS-Normentwurf dient jedoch nur soweit als Basis der Terminal-Schnittstelle, wie er die Darstellung von Zeichen auf dem Bildschirm betrifft.

Ein zentraler Bestandteil des GKS ist die Beschreibung der Workstation. "Eine Workstation ist im GKS-Sinn die Abstraktion eines Gerätes (oder Mediums), auf das graphische Ausgabe oder von dem aus graphische Eingabe möglich ist."[18] GKS bildet die Schnittstelle zwischen verschiedenen Anwendungen, denen es die abstrakten Workstations zur Verfügung stellt, und der physischen Realisierung der verschiedenen graphischen Arbeitsplätze und Ein-/Ausgabegeräte.[19] Dieses

---

[16] Der Entwurf einer DIN-Norm von 1983 enthält die Definition des grafischen Kernsystem (GKS). Er basiert auf den von der ANSI (American National Standard Institute) und ISO (International Standard Organisation) definierten Normen für das grafische Kernsystem.
Vgl. DEUTSCHES INSTITUT FÜR NORMUNG e.V.: Entwurf DIN 66252. Grafisches Kernsystem (GKS) - Funktionale Beschreibung. Berlin 1983.

[17] Zur Diskussion der verschiedenen graphischen Standards vgl. z.B. ENDERLE, Günter: Graphical Standards. In: Product Data Interfaces in CAD/CAM Applications. Hrsg. von ENCARNACAO, Jose; SCHUSTER, Richard; VÖGE, Ernst; Berlin/Heidelberg/New York 1986, S. 74 ff.

[18] BECHLARS, Jörg; BUHTZ, Rainer: GKS in der Praxis. Berlin/Heidelberg 1986, S. 2.

[19] Vgl. ENCARNACAO, Jose L.; ENCARNACAO, L. Miguel; HERZNER, Wolfgang R.: Grafische Datenverarbeitung mit GKS - Normung, Programmierung und Weiterentwicklung. München/Wien 1987, S. 20.
Vgl. ebenso BECHLARS, Jörg; BUHTZ, Rainer: GKS in der Praxis, a.a.O., S. 2.

Workstation Interface (WSI) ist durch verschiedene Satzarten innerhalb der Normung des Graphischen Kernsystems implizit definiert.[20]

Die Beschreibung des Workstation Interface erfolgt im GKS durch die "Workstation Description Table", einer Tabelle, in der jeder angeschlossene Bildschirm beschrieben wird. Ihre Pflege obliegt GKS-Experten, da zu ihrer Erstellung genaue Kenntnisse der angeschlossenen Geräte benötigt werden.

Der erste Eintrag der Workstation Description Table besteht aus dem Workstation-Typ, dem Namen des Bildschirms. Außerdem enthält die Tabelle Angaben über die Workstation-Kategorie[21], die Größe des Bildschirms, die Auflösung bzw. die maximale Anzahl Punkte in Breite und Höhe bei Rasterbildschirmen.[22]

Der nächste relevante Eintrag der Workstation Description Table ist die COLOUR TABLE. Zur Bestimmung der Farben benötigt das GKS, außer der Angabe der verfügbaren Farben, die Definition der Intensitäten von rot, grün und blau, welche zum Mischen der verschiedenen Farben dienen.[23]

Die Vergabe der Bildschirmattribute ergibt sich im GKS zum einen aus der Farbtafel durch die Angaben zu Intensitäten. Zum anderen besteht durch die DYNAMIC CAPABILITIES der Workstation die Option, u.a. unsichtbare, blinkende oder intensive Darstellungen für den Schirm zu definieren.[24]

Für logische Eingabeeinheiten sieht GKS unter anderem die Eingabe der Anzahl verfügbarer Prompt- bzw. Echo-Typen (Cursor-Formen) vor. Der Eintrag wird ergänzt durch eine Liste der möglichen Cursor-Formen, die GKS als Integer festlegt.[25]

---

[20] Vgl. ENCARNACAO, Jose: Interfaces and Data Transfer Formats in Computer Graphics Systems. In: Product Data Interfaces in CAD/CAM Applications. Hrsg. von ENCARNACAO, Jose; SCHUSTER, Richard; VÖGE, Ernst; Berlin/Heidelberg/New York 1986, S. 23.

[21] Die erlaubten Einträge für die Workstation-Kategorie umfassen u.a. die Werte OUTPUT (z.B. für Drucker), INPUT (z.B. für ein Graphiktablett) und OUTIN (z.B. für ein Terminal).

[22] Vgl. ENDERLE, Günter; KANSY, Klaus; PFAFF, Günter: Computer Graphics Programming: GKS - the Graphics Standard. Berlin/Heidelberg 1984, S. 117 und S. 119.

[23] Vgl. ebenda, S. 118 und S. 122.

[24] Vgl. ebenda.

[25] Vgl. ebenda, S. 123.

Das Graphische Kernsystem kennt für Ein- und Ausgaben auf einem angeschlossenen Gerät nur elementare Funktionen, sogenannte Input- bzw. Output-Primitives.[26] Das Input-Primitive STRING dient der Texteingabe, während das Output-Primitive TEXT Textausgabe mit verschiedenen Alphabeten und umfangreichen Parametersetzungsmöglichkeiten unterstützt.[27]

Der in diesem Abschnitt vorgestellte Teil des Workstation Interface des GKS und die Primitives zur Ein- und Ausgabe von Text bilden die Grundlage für die folgende Darstellung der Parameter und Funktionen einer modular aufgebauten Terminal-Schnittstelle.

3.1.3 Konkretisierung einer modularen Terminal-Schnittstelle

Die aufgrund der Literatur hergeleiteten Forderungen an eine Terminal-Schnittstelle werden im folgenden durch die Beschreibung der Steuerungs-Parameter und der Module der Schnittstelle konkretisiert.

Die Terminal-Schnittstelle des Software-Entwicklungs-Systems bildet, wie Abbildung 12 zeigt, die Schnittstelle zwischen Anwendungen, die sie verwenden, und beliebigen Arbeitsplätzen von denen der Benutzer die Anwendungen aufruft.

Die systeminternen Parameter, welche die Verbindung der Terminal-Schnittstelle zu den Anwendungsprogrammen darstellen, sind durch das Software-Entwicklungs-System definiert. Sie werden durch die Terminal-Schnittstelle in umgebungsspezifische Parameter umgesetzt; zu ihnen gehören

a) arbeitsplatzindividuelle Parameter und
b) compiler- und rechnerbezogene Parameter.

---

[26] Die Primitives des Graphischen Kernsystems stellen Module dar, die nur einen sehr beschränkten Aufgabenbereich wahrnehmen. Sie sind an einen bestimmten Gerätetyp angepaßt und bilden somit die Verbindung des Systems zur angeschlossenen Hardware.
Vgl. BECHLARS, Jörg; BUHTZ, Rainer: GKS in der Praxis, a.a.O., S. 2.
[27] Vgl. ebenda, S. 2 ff.

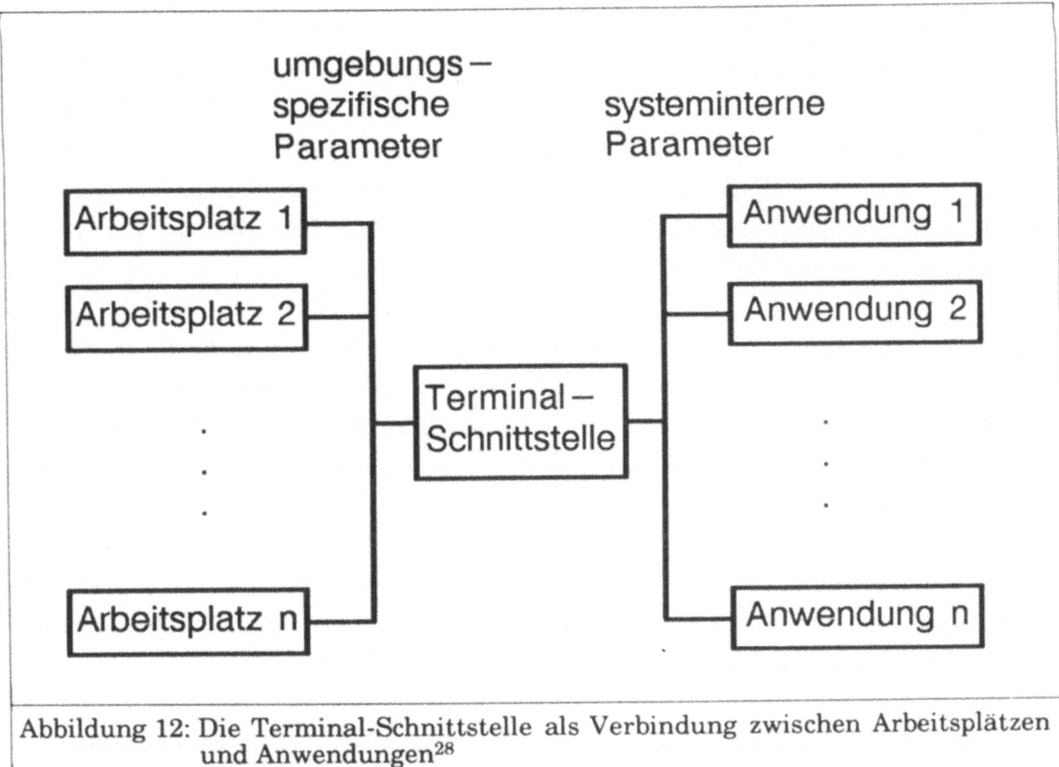

Abbildung 12: Die Terminal-Schnittstelle als Verbindung zwischen Arbeitsplätzen und Anwendungen[28]

Die Terminal-Schnittstelle weist bereits durch diese Parameter einen hohen Grad der Umgebungsunabhängigkeit auf. Durch einen modularen Aufbau der Schnittstelle und die Trennung ihrer Module in

c) *geräteunabhängige Module und*

d) *geräteabhängige Module*

gewinnt sie zusätzliche Flexibilität.[29]

---

[28] Das GKS übernimmt eine ähnliche Mittlerfunktion zwischen verschiedenen Anwendungen und Arbeitsplätzen.
Vgl. ENCARNACAO, Jose L.; ENCARNACAO, L. Miguel; HERZNER, Wolfgang R.: Graphische Datenverarbeitung mit GKS ..., a.a.O., S. 20.

[29] Sommerville plädiert für eine Isolierung der bildschirmspezifischen Teile eines Programms in eindeutig identifizierte Unterprogramme. Er charakterisiert einen tabellengesteuerten Terminal-Treiber als recht kostspielig.
Dieser Weg wird hier jedoch gewählt, um das Ziel eines möglichst leicht portablen Systems zu erreichen.
Vgl. SOMMERVILLE, Ian: Software Engineering, a.a.O., S. 156.

a) Arbeitsplatzindividuelle Parameter der Terminal-Schnittstelle

Die arbeitsplatzspezifischen Parameter für die Terminal-Schnittstelle umfassen den Namen des Bildschirms (den Workstation-Typ des GKS) und die Kategorie, in welche er einzuordnen ist[30]. Die Kategorien OUTPUT, INPUT und OUTIN für Ausgabe-, Eingabe und Ein-/Ausgabegeräte sind vorgesehen. Zudem benötigt die Schnittstelle für jeden angeschlossenen Bildschirm Angaben über die zur Verfügung stehende Anzahl der Zeilen und Spalten.

Die Terminal-Schnittstelle weicht in der Generierung der Farben für die möglichen angeschlossenen Bildschirme von der Definition der GKS-Norm ab.
Die Angabe, ob der Schirm farbige Darstellung zuläßt, wird, wie im GKS, durch ein alphanumerisches Feld mit den erlaubten Werten COLOUR und MONOCHROME gekennzeichnet.
Die Option des GKS, durch Angabe der Intensitäten der Grundfarben rot, grün und blau Farben festzulegen[31], wird nicht übernommen, da dieses Verfahren sehr aufwendig ist und für Masken in kommerziellen Anwendungen eine beschränkte Farbpalette ausreicht. Die Definition der Farben erfolgt daher

1. durch ein Feld, in dem die maximale Anzahl von unterstützten Farben festgelegt wird und
2. durch einen Vektor mit den Farbnamen. Die Länge dieses Vektors ist abhängig von der maximalen Anzahl der Farben.

Die Definition der Attribute (z.B. blinkende oder intensive Anzeige) erfolgt ebenso wie die Festlegung der Farben durch ein Feld, das die maximale Anzahl möglicher Attribute enthält, und einen Vektor mit den Attributnamen.

Zu den arbeitsplatzspezifischen Parameter gehören weiterhin die maximale Anzahl möglicher Cursorformen des Bildschirms und eine Liste ihrer Namen, deren Länge durch die Anzahl maximal verfügbarer Cursorformen bestimmt ist.

Abbildung 13 zeigt zusammenfassend mit Feldarten, Feldlängen und erlaubten Werten die Struktur der arbeitsplatzindividuellen Parameter für die Terminal-Schnittstelle.

---

[30] Siehe Abbildung 13.
[31] Vgl. S. 65.

Feldbezeichnung	Typ	Länge	Nach-komma	Name
Bildschirm-Bezeichnung	A	20		SCHIRMBEZ
Kategorie (OUTPUT, INPUT, OUTIN)	A	6		SCHIRMKAT
Bildschirmtyp (COLOUR, MONOCHROME)	A	10		SCHIRMTYP
Anzahl Zeilen des Bildschirms	N	5	0	ANZZEILEN
Anzahl Spalten des Bildschirms	N	5	0	ANZSPALTEN
Anzahl Farben des Schirms (2 .. n)	N	5	0	ANZFARBEN
Vektor Farben der Länge ANZFARBEN	A	20		FARBENNAME
Anzahl Attribute (0 .. n)	N	5	0	ANZATTRIB
Vektor Attrib. der Länge ANZATTRIB	A	20		ATTRIBNAME
Anzahl Cursorformen (1 .. n)	N	5	0	ANZCURSOR
Vektor Cursor der Länge ANZCURSOR	A	20		CURSORNAME

A = alphanumerisch; N = numerisch

Abbildung 13: Struktur der arbeitsplatzindividuellen Parameter der Terminal-Schnittstelle

b) Compiler- und rechnerbezogene Parameter der Terminal-Schnittstelle

Die ANSI-Norm für die Sprache COBOL enthält für Ein-/Ausgabe-Anweisungen nur wenige Gestaltungsmöglichkeiten. Das hat zur Folge, daß COBOL-Compiler über individuelle Erweiterungen zur Ein-/Ausgabe-Gestaltung verfügen, welche die Gestaltungsmöglichkeiten der Rechner und Terminals stärker ausschöpfen. Diese Erweiterungen werden jedoch von den verschiedenen Compiler-Herstellern unterschiedlich verwirklicht.[32] Daher benötigt die Terminal-Schnittstelle compilerspezifische Angaben, welche die Möglichkeiten des COBOL-Compilers hinsichtlich der Darstellung von Farben, Anzeige-Attributwerten und Cursortypen beschreiben. Den strukturellen Aufbau der notwendigen compiler- und rechnerspezifischen Parameter zeigt Abbildung 14.

---

[32] Im mbp-COBOL wurden z.B. die SCIO-Unterprogramme zur Vergabe von Bildschirmattributen beim Wechsel zu COBOL 85 durch die mbp-spezifischen Funktionen des Screen Management Systems ersetzt.
Vgl. MBP COBOL 85. Benutzerhandbuch (MS-DOS), a.a.O., S. B-5 und S. 3-104.

Feldbezeichnung	Typ	Länge	Nach-komma	Name
Farbfähigkeit (COLOUR, MONOCHROME)	A	10		SCHIRMTYP
Anzahl Farben des Compilers (2..n)	N	5	0	ANZFARBEN
Matrix Farben/Steuersequenzen				
Bereich 1: Farben (Länge ANZFARBEN)	A	20		FARBENNAME
Bereich 2: Steuerzeichen (")	N	5	0	FARBENSTEU
Anzahl Attribute (0 .. n)	N	5	0	ANZATTRIB
Matrix Attribute/Steuersequenzen				
Bereich 1: Attribute (Länge ANZATTRIB)	A	20		ATTRIBNAME
Bereich 2: Steuerzeichen (")	N	5	0	ATTRIBSTEU
Anzahl Cursorformen (1 .. n)	N	5	0	ANZCURSOR
Matrix Cursorformen/Steuersequenz				
Bereich 1: Form (Länge ANZCURSOR)	A	20		CURSORNAME
Bereich 2: Steuerzeichen (")	N	5	0	CURSORSTEU

A = alphanumerisch; N = numerisch

Abbildung 14: Struktur der compiler- und rechnerbezogenen Parameter der Terminal-Schnittstelle

Der inhaltliche Aufbau dieser Parameter gleicht der Struktur der arbeitsplatzindividuellen Parameter. Für die vom Compiler unterstützten Farben, Attribute und Cursorformen werden außer den Namen auch die compilerspezifischen Steuersequenzen erfaßt.

Um zur Speicherung der Beschreibung des Compilers denselben Dateiaufbau wie für die arbeitsplatzspezifischen Parameter benutzen zu können, wird die Compiler-Beschreibung in zwei Definitionsbereichen in der Parameter-Datei abgespeichert. Der erste Bereich enthält die Namen der Farben, Attribute und Cursortypen, der zweite Definitionsbereich die zu den Namen gehörenden COBOL-Steuerindizes.

Neben den bisher beschriebenen Parametern der Terminal-Schnittstelle des Software-Entwicklungs-Systems ist für die Anpassung des Systems an verschiedene Umgebungen noch eine Vorgehensweise zur Behandlung der Sondertasten (Funktionstasten, Cursor- und Befehlstasten) zu definieren.

Die Parameter zur Beschreibung der Sondertasten bestehen aus der Anzahl der zur Verfügung stehenden Funktionstasten und der Umsetzungsmatrix der Funktionstastencodes in die systeminterne Darstellung, sowie den Umsetzungsmatrizen der Codes für Cursor- und Befehlstasten. Bei der Darstellung der Codes wird in der vorliegenden Version des Software-Entwicklungs-Systems von den 1 bis 2 Bytes langen Steuercodes IBM-kompatibler Mikrocomputer ausgegangen. Die Parameter und ihre Erfassungsprogramme sind bei einer Portierung des Systems anzupassen.

c) Geräteunabhängige Module der Terminal-Schnittstelle

In Anlehnung an das GKS-Konzept der elementaren Funktionen zur Durchführung der Ein-/Ausgaben[33] besteht die Terminal-Schnittstelle aus drei geräteunabhängigen und fünf geräteabhängigen Modulen, welche eine zeichenorientierte Ein- und Ausgabe auf dem Bildschirm durchführen.

Die Terminal-Schnittstelle besteht aus den geräteunabhängigen Modulen:

- *aa)*   *Eingabe-Modul*
- *bb)*   *Ausgabe-Modul*
- *cc)*   *Maskenausgabe-Modul*

aa) Eingabe-Modul

Der Eingabe-Modul dient zur Erfassung von Benutzereingaben über die Tastatur. Die Vorsteuerung von Feldinhalten führt der Ausgabe-Modul durch.

bb) Ausgabe-Modul

Die Aufgabe des Ausgabe-Moduls besteht in der Anzeige variabler Feldinhalte auf dem Terminal.

cc) Maskenausgabe-Modul

Der Modul zur Maskenausgabe dient der Ausgabe des Bildschirm-Layouts, d.h. der konstanten Felder auf dem Bildschirm. Die Bildschirmmasken und konstanten Felder sind in einer Konstanten-Datei gespeichert, aus der sie vom Maskenausgabe-Modul eingelesen werden.

d) Geräteabhängige Module der Terminal-Schnittstelle

Die fünf geräteabhängigen Module der Terminal-Schnittstelle liefern Informationen für die geräteunabhängigen Module bzw. werden von diesen benutzt. Die hohe Anzahl geräteabhängiger Module erklärt sich aus dem Bemühen, ihren Funktions-

---

[33] Vgl. S. 66.

umfang möglichst klein zu halten, und so eine hohe Änderungsfreundlichkeit zu erreichen.

Die geräteabhängigen Module bilden die Schnittstelle zur Arbeitsplatzumgebung, in welcher die jeweiligen Anwendungen laufen. Sie greifen zu diesem Zweck auf die Parameter-Datei zu, in der die geräte- und compilerabhängigen Umgebungsparameter gespeichert sind.

Innerhalb der Gruppe der geräteabhängigen Module muß zwischen portablen und nicht portablen Modulen unterschieden werden. Die nicht portablen Module enthalten ACCEPT- und DISPLAY-Anweisungen oder Bildschirm-Steueranweisungen, welche bei einer Portierung des Systems anzupassen sind:

aa)   *Lesen einer Tastatureingabe*
bb)   *Ausgabe eines Zeichens*
cc)   *Farben und Attribute setzen*

Sie verwenden die Gruppe der portablen geräteabhängigen Module der Terminal-Schnittstelle, welche in Standard-COBOL geschrieben sind und mit Hilfe der Parameter-Datei geräteabhängige Funktionen durchführen:

dd)   *Zeichenprüfung*
ee)   *Konvertierung der Sondertasten*

aa) Lesen einer Tastatureingabe

Die Aufgabe dieses Moduls besteht im Lesen eines Zeichens von der Tastatur. Betätigt der Anwender auf der Tastatur eine Funktions-, Cursor- oder Befehlstaste mit einem zwei Zeichen langen Return-Code, so liest der Modul nach dem ersten Zeichen, welches die Sondertaste identifiziert, das zweite Zeichen mit dem Code für die gedrückte Taste.

bb) Ausgabe eines Zeichens

Der Modul zur Ausgabe eines Zeichens erhält vom aufrufenden Programm als Eingangsvariablen numerische oder alphanumerische Werte, die er zeichenweise auf dem Bildschirm ausgibt.

cc) Farben und Attribute setzen

Der Modul erzeugt mit Hilfe der compilerspezifischen Steuersequenzen die Anzeige von Farben und Attributen auf dem Bildschirm und steuert die Form des Cursors bei Eingaben.

dd) Zeichenprüfung

Der Modul Zeichenprüfung überprüft die über die Tastatur eingegebene Tasteninformation dahingehend, ob sie eine Ziffer bzw. einen Buchstaben darstellt, oder ob sie eine Funktionstaste identifiziert.

ee) Konvertierung der Sondertasten

Der Modul zur Umsetzung des Codes der Sondertasten steht dem Modul Zeichenprüfung zur Verfügung. Er transformiert den Code der eingegebenen Funktions-, Cursor- oder Befehlstaste in den intern verwendeten Code der Sondertasten IBM-kompatibler Mikrocomputer.

Durch das Zusammenspiel aller Module steuert die Terminal-Schnittstelle sämtliche Ein- und Ausgabeoperationen der Mensch-Maschine-Schnittstelle. Anpassungen an wechselnde Compiler, Rechner oder Bildschirme erfolgen durch eine Änderung der rechner- und bildschirmspezifischen Parameter oder, wenn dies nicht ausreicht, durch Anpassung des COBOL-Codes der drei nicht portablen geräteabhängigen Module.

Die Realisierung der modular aufgebauten Terminal-Schnittstelle und die Programme zur Erfassung der geräte- und compilerabhängigen Parameter werden in Abschnitt 5.1 beschrieben.

3.2 Struktur der Mensch-Maschine-Schnittstelle aufgrund psychologischer und arbeitswissenschaftlicher Forschungsergebnisse

In Abschnitt 3.1 wurde die Terminal-Schnittstelle als technische Voraussetzung der Mensch-Maschine-Schnittstelle strukturiert. In diesem Abschnitt der Arbeit wird das Thema der Formulierung von Anforderungen an die Gestaltung einer Mensch-Maschine-Schnittstelle wieder aufgegriffen.

"Eine Leitidee bei der Gestaltung der Mensch-Computer-Interaktion ist die weitestmögliche Reduktion der zur Abwicklung der Interaktion erforderlichen

Wahrnehmungs-, Denk- und Handlungsleistungen des Benutzers."[34] Daher zielt die Weiterentwicklung der Forschung auf dem Gebiet der Mensch-Maschine-Schnittstelle darauf ab, ihre Bedienung so weit wie möglich den Bedürfnissen, Möglichkeiten und Gewohnheiten des Anwenders anzupassen.[35] Als ein Ergebnis dieser Anpassung reduziert sich die kognitive Belastung des Anwenders und Denkkapazitäten werden frei, die zur Bewältigung komplexerer Aufgabenstellungen zur Verfügung stehen. Die Entwicklung der Forschung im Bereich der Mensch-Computer Kommunikation führt weg von der mechanischen und monotonen Erledigung von Teilaufgaben hin zur ganzheitlichen Behandlung der Aufgabe (Job Enrichment).[36] Dadurch wird die Arbeitszufriedenheit des Benutzers gefördert und damit auch seine Identifikation mit der ihm gestellten Aufgabe. Norman faßt die qualitativen Ziele der Mensch-Computer Interaktion zusammen in dem Satz: "I want a system that is enjoyable to use."[37]

Für ein solches System, das mit Freude benutzt wird, sind in den letzten Jahren vielfältige, theoretische und praktische Ansätze entwickelt worden, die in den folgenden Abschnitten zur Definition der Struktur einer Mensch-Maschine-Schnittstelle herangezogen werden. Die theoretische Forschung in diesem Bereich ist jedoch noch im Umbruch begriffen. Die Forschungsergebnisse sind noch nicht einheitlich in allen wissenschaftlichen Disziplinen und empirisch nicht hinreichend fundiert, so daß heute noch jeder Ansatz widerlegt werden kann.[38]

Die Vielfalt der zu berücksichtigenden Aspekte der Forschung in diesem Bereich spiegelt sich vor allem in Aufsatzsammlungen und Tagungsberichten zu den Themen des Cognitive Engineering und der Software-Ergonomie wider.[39] Derartige, mehrere Forschungsdisziplinen umfassenden Ansätze sind erforderlich, um die

[34] DANZER-KAHAN, U.; SCHWATLO, U.; DIRLICH, G.: Die Gestaltung der Mensch-Computer-Interaktion - Einführung in ein interdisziplinäres Forschungsgebiet. In: Kognitive Aspekte der Mensch-Computer-Interaktion. Hrsg. von DIRLICH, G.; FREKSA, C.; SCHWATLO, U.; WIMMER, K.; Berlin/ Heidelberg 1986, S. 4

[35] Vgl. ebenda.

[36] Vgl. BIETHAHN, Jörg: Entwicklung der Datenverarbeitung ..., a.a.O., S. 12.

[37] NORMAN, Donald A.: Cognitive Engineering. In: User Centered System Design - New Perspectives on Human-Computer Interaction. Hrsg. von NORMAN, Donald A.; DRAPER, Stephen W.; Hillsdale, New Jersey 1986, S. 49

[38] Vgl. ebenda, S. 38.

[39] Vgl. z.B. DRAPER, Stephen W.; NORMAN, Donald A.: Introduction. In: User Centered System Design - New Perspectives on Human-Computer Interaction. Hrsg. von NORMAN, Donald A.; DRAPER, Stephen W.; Hillsdale, New Jersey 1986, S. 3.
Vgl. ebenso SCHÖNPFLUG, Wolfgang; WITTSTOCK, Marion: Vorwort. In: Software-Ergonomie '87 - Nützen Informationssysteme dem Benutzer? Hrsg. von SCHÖNPFLUG, Wolfgang; WITTSTOCK, Marion; Stuttgart 1987, S. 8.

Anforderungen an eine benutzerfreundliche Mensch-Maschine-Schnittstelle vollständig zu erfassen.[40] Einen globalen Ansatz bildet auch die Zusammenstellung der Anforderungen an die Gestaltung einer Mensch-Maschine-Schnittstelle aufgrund psychologischer und arbeitswissenschaftlicher Forschungsergebnisse.[41]

Im folgenden werden verschiedene Modelle der Interaktion von Mensch und Maschine dargestellt. Sie bilden die Basis für die anschließende Erörterung der Struktur einer Mensch-Maschine-Schnittstelle aufgrund psychologischer und arbeitswissenschaftlicher Forschungsergebnisse (Abschnitt 3.2.2 und 3.2.3). Die bereits in Kapitel 2 genannten Ziele[42] werden durch theoretische Arbeiten aus dem Bereich der Psychologie und Arbeitswissenschaft untermauert und durch Ansätze zur Gestaltung der Mensch-Maschine-Schnittstelle unter Berücksichtigung dieser Kriterien operationalisiert.

3.2.1 Grundlegende Modelle aus den Bereichen der Psychologie und Arbeitswissenschaften

Die gedächtnispsychologische Verarbeitung und die Durchführung von Handlungen sind sehr komplexe Vorgänge, die bisher von der Forschung nicht vollständig berücksichtigt werden können.[43] Zur Untersuchung der Sachverhalte werden daher Modelle erstellt. Sie beschränken sich lediglich auf die für das jeweilige Forschungsvorhaben relevanten Teilaspekte des Gesamtsachverhalts.
Ein Modell stellt eine abstrakte Beschreibung der relevanten Aspekte eines Systems dar.[44] Rohr und Tauber betonen hingegen mehr die Teilmengeneigenschaft eines Modells: "A model is a representation of an objekt where relevant

---

[40] Vgl. FRESE, Michael: Mensch-Computer Interaktion als arbeitspsychologisches Problem. In: Bericht über den 35. Kongreß der Gesellschaft für Psychologie in Heidelberg 1986. Band 1, Kurzfassungen. Hrsg. von AMELANG, Manfred; Göttingen/Toronto/Zürich 1986, S. 532.

[41] Vgl. BALZERT, Helmut: Gestaltungsziele der Software-Ergonomie ..., a.a.O., S. 477 ff.

[42] Vgl. S. 18 ff.

[43] Vgl. STREITZ, Norbert A.: Die Rolle der Psychologie. In: Software-Ergonomie. Hrsg. von FÄHNRICH, Klaus-Peter; München/Wien 1987, S. 48.

[44] Vgl. OBERQUELLE, Horst: On Models and Modelling in Human-Computer Co-Operation. In: Readings on Cognitive Ergonomics - Mind and Computers. Hrsg. von VEER, G. C. van der; TAUBER, M. J.; GREEN, T. R. G.; GORNY, P.; Berlin/Heidelberg 1984, S. 27.

properties of the objekt are mapped onto a specific substrate different to that of the objekt (...)."[45]

Eine detaillierte Formulierung der Definition des Modell-Begriffs geben folgende fünf Aspekte, die ein Modell beschreiben:

"A model is a communicable description
  - of a certain aspect (the view)
  - of a section of reality (the system)
  - at some level (of abstraction or detail)
  - as preceived by a human being (model builder)
  - which is to serve the purposes of its users."[46]

Als ein spezifisches Modell zur Erklärung der Mensch-Computer Interaktion wird der von Card, Moran und Newell 1983 veröffentlichte Ansatz zur menschlichen Informationsverarbeitung dargestellt.[47] Er besteht aus drei aufeinander aufbauenden Teilmodellen:

a) Model-Human-Processor
b) GOMS-Model
c) Keystroke-Level-Model

Dieser Ansatz diente in den letzten Jahren vielfach als Grundlage der Forschung und Diskussion auf dem Gebiet der Mensch-Maschine-Schnittstelle und wird daher näher betrachtet.[48]

---

[45] ROHR, Gabriele; TAUBER, Michael J.: Representational Frameworks and Models for Human-Computer Interfaces. In: Readings on Cognitive Ergonomics - Mind and Computers. Hrsg. von VEER, G. C. van der; TAUBER, M. J.; GREEN, T. R. G.; GORNY, P.; Berlin/Heidelberg 1984, S. 8.

[46] OBERQUELLE, Horst: On Models and Modelling ..., a.a.O., S. 27.

[47] Vgl. STREITZ, Norbert A.: Die Rolle der Psychologie, a.a.O., S. 49.

[48] Vgl. z.B. ebenda, S. 48 ff.
Vgl. ebenso FRESE, Michael: A Theory of Control and Complexity: Implications for Software Design and Integration of Computer Systems into the Work Place. In: Psycholgical Issues of Human-Computer Interaction in the Work-Place. Hrsg. von FRESE, Michael; UHLIG, Eberhard; DZIDA, Wolfgang; Amsterdam 1987, S. 313.

a) The Model-Human-Processor

Dieses Modell dient der vereinfachten Darstellung menschlicher Informationsverarbeitung. Es unterteilt sich in drei Subsysteme:

- Das perzeptuelle System, das Umweltreize (Stimuli) aufnimmt,
- das kognitive System (zentrale Verarbeitungseinheit), das verschiedene Gedächtnisoperationen vornimmt und
- das motorische System, welches Handlungen steuert.

Die Zusammenarbeit dieser Subsysteme des Modells menschlicher Informationsverarbeitung untereinander und mit dem in Abbildung 15 als Basis der Systeme dargestellten Langzeitgedächtnis wird im folgenden erläutert.

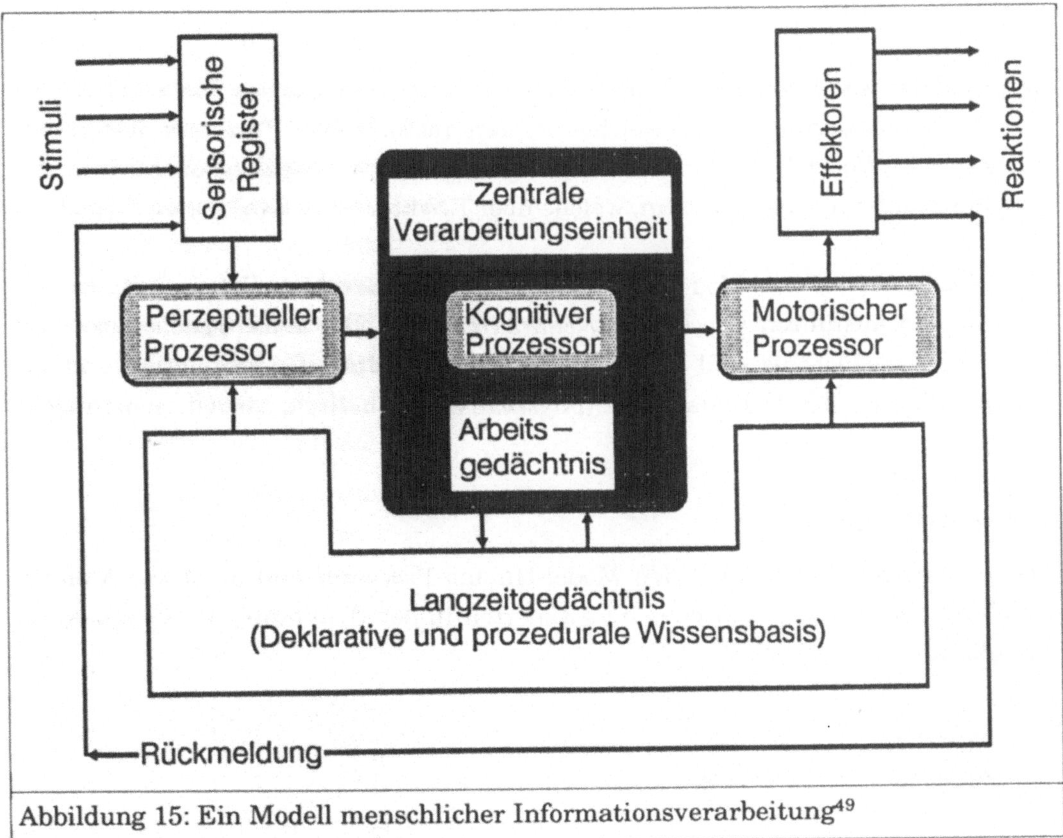

Abbildung 15: Ein Modell menschlicher Informationsverarbeitung[49]

---

[49] Quelle: STREITZ, Norbert A.: Die Rolle der Psychologie, a.a.O., S. 49.

Von der Umgebung ausgesendete Stimuli (z.B. akustischer oder visueller Art) werden über sensorische Register aufgenommen und an den perzeptuellen Prozessor weitergeleitet. Die eingehenden Informationen werden unter Einbeziehung von im Langzeitgedächtnis vorhandenem Wissen aufbereitet und anschließend zur zentralen Verarbeitungseinheit weitergeleitet.

Diese zentrale Verarbeitungseinheit besteht aus dem kognitiven Prozessor und dem Arbeitsgedächtnis (auch Kurzzeitgedächtnis). Die vom perzeptuellen Prozessor eingehenden Informationen werden vom kognitiven Prozessor in Hinblick auf das übergeordnete Handlungsziel transformiert. Auch in diesem Verarbeitungsschritt wird im Langzeitgedächtnis vorhandenes Wissen in die Verarbeitung einbezogen.[50] Das Arbeitsgedächtnis dient dabei zur Zwischenspeicherung der Informationen vor einer weiteren Verarbeitung oder der Transformation ins Langzeitgedächtnis.

Aufgrund des vom kognitiven Prozessors festgestellten Status des Systems leitet er Handlungsanforderungen ab, welche an den motorischen Prozessor übergeben werden. Dieser bezieht motorische Programme aus dem Langzeitgedächtnis in die Handlungsanforderungen mit ein, welche über Effektoren zu Reaktionen führen.

Die Prozessoren dieses Modells werden durch die Geschwindigkeit mit der sie Operationen ausführen (Cycle time) charakterisiert. Das Arbeitsgedächtnis und das Langzeitgedächtnis sind durch die Speicherkapazität, die Verfallszeit und die Speicherungsart der Informationen (physikalisch, akustisch, visuell, semantisch) gekennzeichnet.[51]

b) The GOMS-Model

Das GOMS-Model verwendet den Model-Human-Processor und dient zur Analyse und Vorhersage des Verhaltens eines Experten in der Benutzung des Systems. Es besteht aus

- Zielen (Goals),
- Operationen (Operations),

---

[50] Vgl. STREITZ, Norbert A.: Die Rolle der Psychologie, a.a.O., S. 48 f.
[51] Vgl. CARD, Stuart K.; MORAN, Thomas P.; NEWELL, Allen: The Psychology of Human-Computer Interaction. Hillsdale, New Jersey 1983, S. 25 ff.

- Methoden (Methods) und

- Selektionsregeln (Selection rules).[52]

Ein Ziel ist eine symbolische Struktur, die einen bestimmten Status einer Aufgabenstellung definiert und eine Menge möglicher Methoden, welche angewendet werden dürfen, determiniert (z.B. BEARBEITE TEXT).[53]

Operatoren sind elementare perzeptuelle, motorische oder kognitive Aktionen, deren Ausführung benötigt wird, um den mentalen Status des Benutzers zu ändern oder die gestellten Aufgaben zu beeinflussen (z.B. BEARBEITE NÄCHSTE SEITE; BEARBEITE NÄCHSTE AUFGABE).[54]

Eine Methode beschreibt eine Vorgehensweise zum Erreichen eines Zieles. Sie ist die Beschreibung einer möglichen Sequenz von Teilzielen und Operationen zur Erreichung eines Ziels (z.B. Wenn das Ende der Textseite erreicht ist: BEARBEITE NEUE SEITE).[55]

Selektionsregeln sind die Entscheidungen zwischen alternativen Methoden und Zielen. Sie basieren auf dem Wissen des Benutzers über die Aufgabenumgebung (z.B. Wenn ein bestimmter Sachverhalt in der aktuellen Situation wahr ist, dann benutzte Methode M).[56]

Das GOMS-Model beschreibt, analysiert und prognostiziert eine Sequenz von Operationen zur Erreichung eines gegebenen Zieles. Card et.al. unterstellen dabei die Existenz eines idealen Experten in der Benutzung des Systems, welcher den einzigen besten Weg ("The One-Best-Way") zur Erreichung eines Zieles benutzt.[57]

c) The Keystroke-Level-Model

Um die exakte Ausführungszeit einer Aufgabe bei Anwendung des GOMS-Models vorhersagen zu können, wird im Keystroke-Level-Model auf der Grundlage des Model-Human-Processors die benötigte Verarbeitungszeit für die elementare Operation eines Tastaturanschlags in das GOMS-Model eingeführt. Dadurch sind mit Hilfe des Keystroke-Level-Models Voraussagen möglich über die Zeit, die ein

---

[52] Vgl. GREIF, Siegfried; GEDIGA, Günther: A Critique and Empirical Investigation of the "One-Best-Way-Models" in Human-Computer Interaction. In: Psycholgical Issues of Human-Computer Interaction in the Work-Place. Hrsg. von FRESE, Michael; UHLIG, Eberhard; DZIDA, Wolfgang; Amsterdam 1987, S. 359.

[53] Vgl. CARD, Stuart K.; MORAN, Thomas P.; NEWELL, Allen: The Psychology of Human-Computer Interaction, a.a.O., S. 144.

[54] Vgl. ebenda.

[55] Vgl. ebenda, S. 145.

[56] Vgl. ebenda, S. 146.

[57] Vgl. GREIF, Siegfried; GEDIGA, Günther: A Critique and Empirical Investigation ..., a.a.O., S. 360.

Experte für die fehlerfreie Bearbeitung einer Aufgabe benötigt. Dabei werden die drei Kategorien "Fast Man", "Middle Man" und "Slow Man" berücksichtigt.[58]

Greif und Gediga haben anhand von einfachen Aufgaben versucht, das Keystroke-Level-Model empirisch zu belegen. Die im Versuch erzielten Ergebnisse stimmten jedoch nicht mit den Modellvorhersagen überein, da trotz der Einfachheit der Aufgaben bei den Testpersonen kognitive Prozesse erforderlich waren, die nicht vom Modell vorgesehen sind.[59] Die Schwäche der Modellannahmen von Card, Moran und Newell liegt zum einen darin, daß die Analyse auf der Ebene von Tastaturanschlägen eine zu niedrige Ebene für reale Mensch-Maschine-Schnittstellen darstellt. Zum Beispiel muß ein umfassendes Modell der Mensch-Maschine Interaktion das organisatorische Umfeld, Aufgaben in komplexen Anwendungssystemen, Bearbeitung mehrerer Aufgaben und Lernfreundlichkeit des Programmsystems umfassen. Zum anderen werden die Probleme die sich z.B. aus der Benutzung natürlicher Sprache, der Erlernbarkeit des Systems, der Fehlervermeidung und -behandlung ergeben, nicht von den Modellen berücksichtigt.[60]
Greif und Gediga fordern als Ergebnis ihrer Untersuchung die Abkehr von "One-Best-Way-Models" und die Verwendung einer Theorie der menschlichen Flexibilität, welche die Funktion menschlicher Aktionen beschreibt und erklärt sowie Voraussagen über individuelle Unterschiede menschlicher Aufgabenbearbeitung trifft. Außerdem soll sie Aussagen über praktisch relevante Attribute bei der Bearbeitung einfacher und komplexer Aufgaben liefern. Die Autoren erkennen und betonen jedoch die Problematik der Erstellung und Anwendung einer solchen Theorie: "To construct and test such a theory will be a difficult and long term task for Psychology."[61]

Modelle, die eine Grundlage für arbeitswissenschaftliche Untersuchungen bilden, sind unter anderem die Ansätze zur Aktions- und Handlungstheorie. Diesen

---

[58] Vgl. CARD, Stuart K.; MORAN, Thomas P.; NEWELL, Allen: The Psychology of Human-Computer Interaction, a.a.O., S. 259 ff.
Vgl. ebenso GREIF, Siegfried; GEDIGA, Günther; A Critique and Empirical Investigation ..., a.a.O., S. 360.

[59] Vgl. ebenda, S. 366 ff.

[60] Vgl. NEWELL, Allen; CARD, Stuart K.: The Prospects of Psychological Science in Human-Computer Interaction. "Human-Computer Interaction", Nr. 1, 1985, S. 209 ff.
Vgl. ebenso GREIF, Siegfried; GEDIGA, Günther: A Critique and Empirical Investigation ..., a.a.O., S. 361.

[61] Ebenda, S. 374.

Theorien liegt als elementare Einheit das TOTE-Modell (Test-Operation-Test-Exit) zugrunde.[62]

Nach dem Eingang ins System wird ein Test des Systemstatus durchgeführt. Entspricht das Ergebnis dieses Tests noch nicht dem gewünschten Zustand des Systems, wird eine Operation vorgenommen. Ein erneuter Test des Systemstatus zieht entweder eine weitere Operation nach sich oder, bei Übereinstimmung des Systemstatus mit dem erwünschten Zustand, das Verlassen des Zyklus über den Ausgang.[63]

Norman formuliert auf der Grundlage des TOTE-Modells sieben Benutzeraktivitäten zur Durchführung einer Aufgabe, deren Zusammenwirken in Abbildung 17 graphisch dargestellt wird.

---

[62] Vgl. MILLER, G. A.; GALANTER, E.; PRIBRAM, K.-H.: Plans and the Structure of Behavior. New York 1960.

[63] Vgl. DZIDA, Wolfgang: Dialogfähige Werkzeuge und arbeitsgerechte Dialogformen. In: Informatik und Psychologie. Hrsg. von SCHAUER, Helmut; TAUBER, Michael J.; Wien/München 1982, S. 75 f.

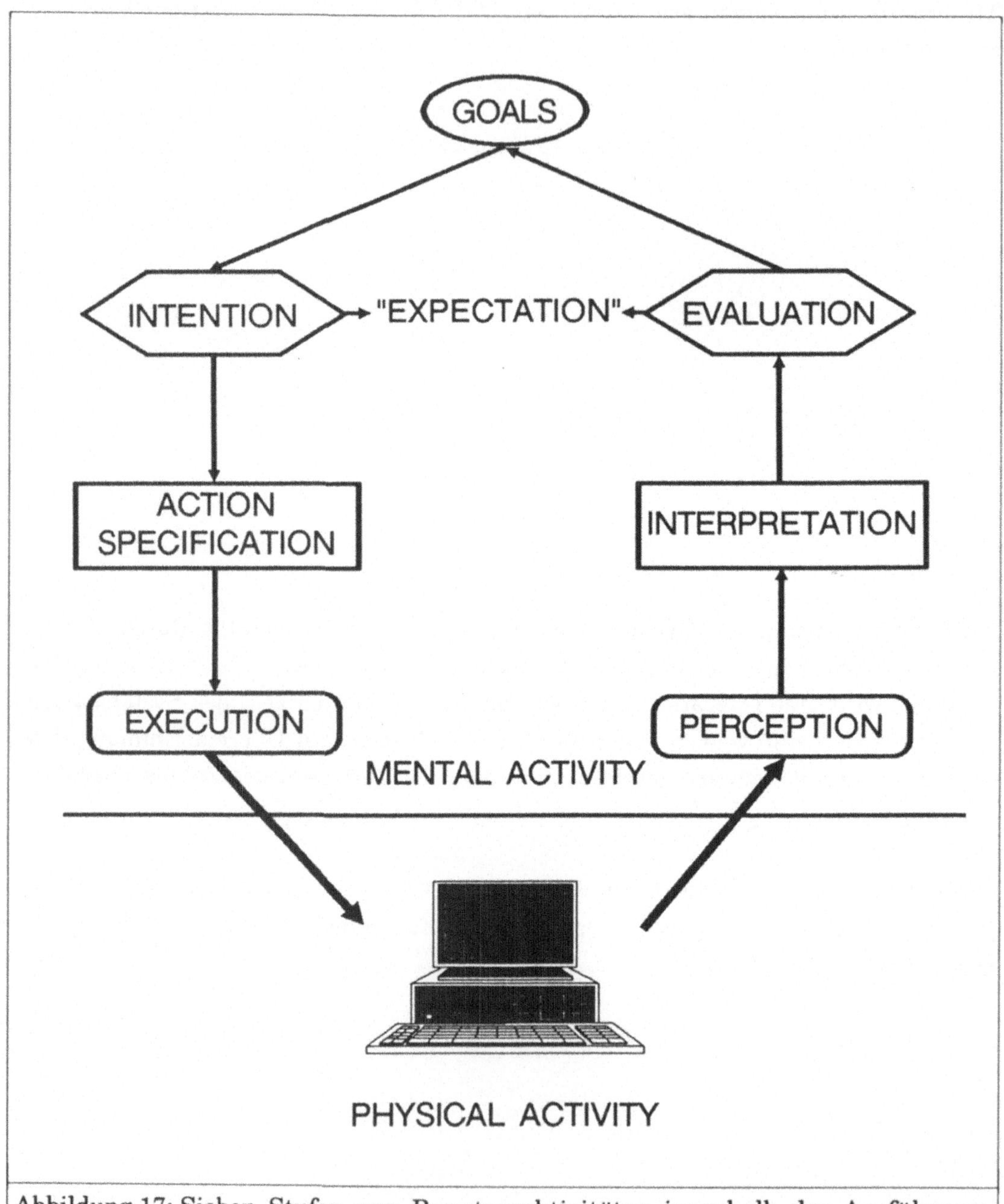

Abbildung 17: Sieben Stufen von Benutzeraktivitäten innerhalb der Ausführung einer Aufgabe[64]

---

[64] Quelle: NORMAN, Donald A.: Cognitive Engineering, a.a.O., S. 42.

Aus der Abbildung erkennt man, daß die zentrale Stufe die der Zielsetzung[65] (goals) ist. Um eine Aktion auszuführen, sind drei weitere Schritte vorzunehmen:[66]

1. Formulierung einer Intention (intention),
2. Spezifikation einer daraus abgeleiteten Aktionssequenz (action specification),
3. Ausführung der Aktion (execution).

Um den Effekt dieser Aktion zu bewerten, benötigt man drei entsprechende Stufen:[67]

1. Systemstatus aufnehmen (perception),
2. Systemstatus interpretieren (interpretation),
3. Bewertung des Systemstatus in Hinblick auf die ursprünglichen Ziele und Intentionen (evaluation).

Eine ähnliche Darstellung wählt das Modell der psychischen Regulation von Arbeitstätigkeiten. Er unterscheidet dabei die Aktionsbereiche der Antriebs- und Ausführungsregulation auf der einen und der Handlungsvorbereitung und des Handlungsvollzugs auf der anderen Seite. Dabei ist zu beachten, daß diese Phasen nicht gegeneinander abgegrenzt sind oder aufeinander folgen, sondern daß es sich um miteinander verzahnte Vorgänge handelt (Abbildung 18).

Die Vorgehensweise des Anwenders bei der Bearbeitung einer Aufgabe läßt sich im Rahmen des Modells wie folgt charakterisieren:[68]

- Ausgangspunkt des Modells ist das Richten, d.h. das "Bilden eines Ziels als Vorwegnahme und Vornahme"[69].
- Aufgrund dieser Zielbildung orientiert sich der Anwender über Aufgabe, Ausführungsmöglichkeiten und Handlungsbedingungen innerhalb des Systems.

---

[65] Die Stufe der Zielsetzung wird von Clarke in seinem drei-Ebenen Modell einer Mensch-Computer Schnittstelle aufgeteilt auf die psycho-soziale Zielsetzung des Benutzers und die Repräsentation der Ziele im Computer durch Objekte.
Vgl. CLARKE, A. A.: A Three-Level Human-Computer Interface Model, a.a.O., S. 504 f.
[66] Vgl. NORMAN, Donald A.: Cognitive Engineering, a.a.O., S. 42.
[67] Vgl. ebenda.
[68] Vgl. HACKER, Winfried: Arbeitspsychologie - Psychische Regulation von Arbeitstätigkeiten. Neufassung von "Allgemeiner Arbeits- und Ingenieurpsychologie". Bern/Stuttgart/Toronto 1986, S. 112 f.
[69] Ebenda, S. 112.

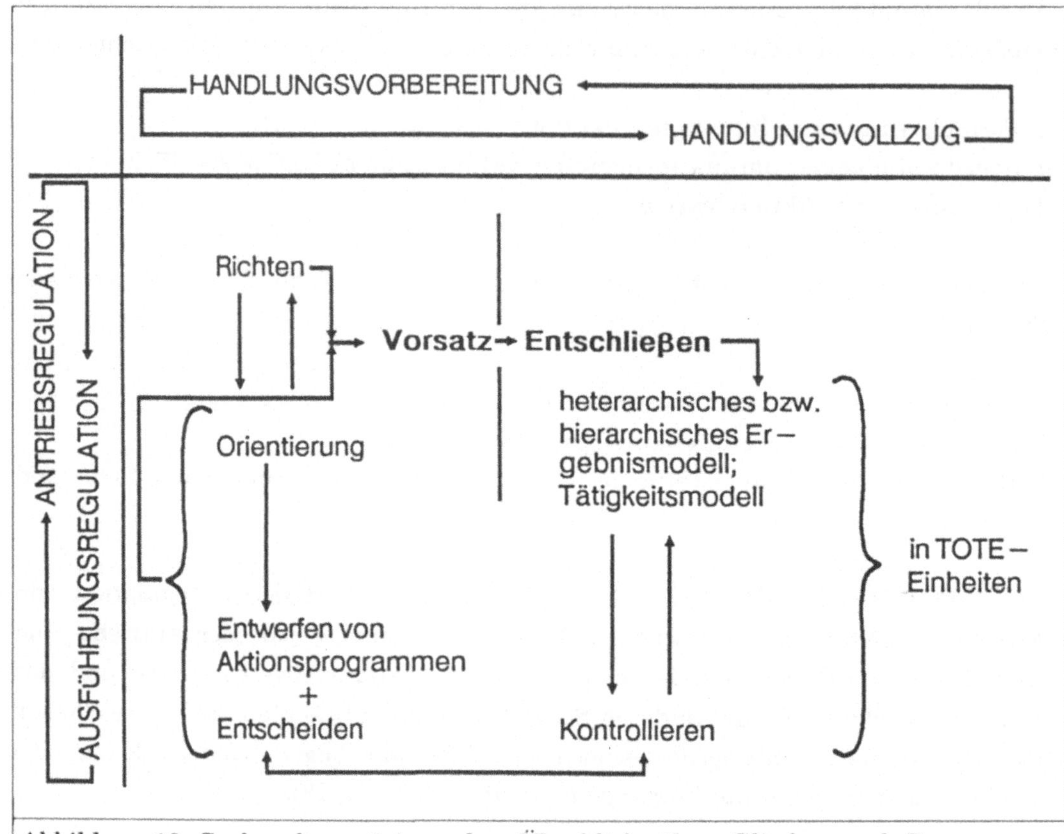

Abbildung 18: Grob schematisierender Überblick über Glieder und Zusammen-
hänge der psychischen Regulation von Arbeitstätigkeiten[70]

- Auf dieser Grundlage plant der Benutzer des Systems seine Tätigkeiten und seine
Vorstellungen vom Ergebnis[71] und entscheidet über die Art und Weise, auf die er
sein Ergebnis erreichen will.
- Mit diesen Aktionen hat der Anwender seinen Vorsatz definiert. Er entschließt
sich, den Vorsatz durchzuführen.
- Nach der Durchführung der geplanten Handlung kontrolliert er die Ergebnisse
seiner Durchführung der Tätigkeiten.[72]
- Als Ergebnis dieser Kontrolle entsteht eine neue Situation. Sie bildet die Grundlage einer neuerlichen Modellierung seiner Vorsätze.

---

[70] Quelle: HACKER, Winfried: Arbeitspsychologie ..., a.a.O., S. 113.

[71] Dieser Schritt entspricht dem Entwerfen von Aktionsprogrammen in Abbildung 18.

[72] Sowohl bei der Durchführung als auch bei der Kontrolle seiner Handlungen
berücksichtigt der Anwender sein Tätigkeitsmodell sowie sein heterarchisches
bzw. hierarchisches Ergebnismodell.

Aus den auf den genannten Modellen basierenden Forschungsergebnissen werden Ziele der Gestaltung einer Mensch-Maschine-Schnittstelle abgeleitet.[73] Im Rahmen der Begründung und Konkretisierung dieser Ziele für die Gestaltung einer Mensch-Maschine-Schnittstelle sind drei Abstraktionsebenen zu berücksichtigen:[74]

- Auf der funktionalen Ebene wird die Aufgabenverteilung zwischen Mensch und Maschine geregelt.
- Auf der prozeduralen Ebene wird erörtert, welche Prozeduren am besten geeignet sind, um eine effiziente und fehlerfreie Bearbeitung zu gewährleisten.
- Auf der syntaktischen Ebene wird die Gestaltung der Ein und Ausgaben auf dem Bildschirm festgelegt. Sie umfaßt die Fragestellungen nach der Meldungsgestaltung, der Bildschirmgestaltung und den Antwortzeiten.

Auf diesen drei Ebenen werden im folgenden die von Balzert angeführten Gestaltungsziele einer Mensch-Maschine-Schnittstelle betrachtet. Sie werden auf der Basis der psychologischen und arbeitswissenschaftlichen Forschung begründet, in Hinblick auf ihre Einsetzbarkeit in der Erstellung einer Mensch-Maschine-Schnittstelle operationalisiert und durch das Anführen von Beispielen veranschaulicht.

3.2.2 Aus der Psychologie abgeleitete Gestaltungsziele

Die aus der Psychologie abgeleiteten Ziele zur Gestaltung einer Mensch-Maschine-Schnittstelle dienen erstens der Unterstützung der Mensch-Computer Kommunikation und zweitens der Unterstützung menschlicher Informationsverarbeitung.[75]

3.2.2.1 Unterstützung der Mensch-Computer Kommunikation

Unter Kommunikation versteht man ein "koordiniertes symbolisches Handeln mehrerer Beteiligter unter Zuhilfenahme eines Mediums"[76]. Die Gestaltungsziele

---

[73] Vgl. BALZERT, Helmut: Gestaltungsziele der Software-Ergonomie ..., a.a.O., S. 477 ff.
[74] Vgl. MARTIN, James: Design of Man-Computer Dialogues, a.a.O., S. 309.
[75] Vgl. BALZERT, Helmut: Gestaltungsziele der Software-Ergonomie ..., a.a.O., S. 484.
Vgl. ebenso SHNEIDERMAN, Ben: Software Psychology. Human Factors in Computer and Information Systems. Cambridge, Massachusetts 1980, S. 224 ff.
[76] GUNZENHÄUSER, Rul: Lernen als Dimension der Mensch-Maschine-Kommunikation. In: Psychologie der Computerbenutzung. Hrsg. von SCHAUER, Helmut; TAUBER, Michael. Wien/München 1984, S. 232.

zur Unterstützung der Kommunikation zwischen Mensch und Computer umfassen:[77]

> *a) Vergleichbare Kommunikationsfaktoren*
> *b) Benutzer- / Anwender-Intentionen*
> *c) Individuelle Bedürfnisse und Fähigkeiten*
> *d) Mentale Modelle*

a) Vergleichbare Kommunikationsfaktoren

Der Benutzer muß bei seiner Kommunikation mit dem Computer vergleichbare
Kommunikationsfaktoren und ein vergleichbares Kommunikationsverhalten wie
bei der Mensch-Mensch-Kommunikation vorfinden. Zwischen den Forderungen
nach vergleichbaren Kommunikationsfaktoren und der Berücksichtigung individueller Bedürfnisse und Fähigkeiten besteht eine Wechselwirkung, d.h. jede der
Forderungen ist eine notwendige Voraussetzung für die andere.

Kommunikation zwischen mehreren Individuen muß als ein Komplex konventio-
nalisierter und Konventionen konstituierender Handlungen begriffen werden, die
Sprecher und Hörer gemeinsam vollziehen.[78] Kommunizieren heißt also Handeln
oder genauer "koordiniertes symbolisches Handeln mehrerer Beteiligter unter
Zuhilfenahme eines Mediums"[79].

Um die Verbindung zwischen einer Mensch-Mensch Kommunikation und der
Mensch-Computer Kommunikation herzustellen, wird folgende Vorgehensweise
gewählt: Allgemeine Merkmale der Kommunikation werden, unter Berücksichtigung der verwendeten Kommunikationsfaktoren, in Hinblick auf die Möglichkeiten

---

[77] Vgl. BALZERT, Helmut: Gestaltungsziele der Software-Ergonomie ..., a.a.O.,
S. 484 f.

[78] Vgl. GLOY, Klaus: Verständigung in Interaktionen. Zur handlungstheoretischen
Explikation des Bedeutungskonzepts. In: Sprachnormen II. Theoretische
Begründungen - Außerschulische Sprachnormenpraxis. Hrsg. von PRESCH,
Gunter; GLOY, Klaus; Stuttgart 1976, S. 143.

[79] KUPKA, Ingbert; MAASS, Susanne; OBERQUELLE, Horst: Kommunikation -
ein Grundbegriff für die Informatik. Mitteilung Nr. 91 des Fachbereichs Informatik der Universität Hamburg. August 1981, S. 25.

ihres Einsatzes in der Ausgestaltung einer Mensch-Maschine-Schnittstelle untersucht:[80]

1. Kommunikation dient dem koordinierten Handeln der Beteiligten.
   "Je nach Art der delegierten Handlungen kann der Rechner die Rolle eines Dialogpartners oder des Vermittlers zwischen verschiedenen Benutzern, also eines komplexen Mediums, übernehmen."[81] Der Rechner verfährt dabei jedoch nach einem, durch seine Programmierung definierten, festen Handlungsplan. Die Mensch-Maschine Kommunikation findet über eine festgelegte, im Umfang eingeschränkte Sprache statt. Die Kommunikation kann z.B. über eine Kommandosprache, Auswahl innerhalb von Menüs oder mit festgelegten natürlichsprachlichen Meldungstexten durchgeführt werden.

2. Kommunikation unterliegt den Zielsetzungen der einzelnen Beteiligten (Intentionen).
   Die Zielsetzung des Benutzers eines EDV-Systems besteht darin, es zur Unterstützung bei der Bearbeitung einer Aufgabe zu verwenden. Die Intentionen des Systems sind festgeschrieben und identisch mit den Intentionen seiner Programmierer.[82] Daraus folgt, daß die Intentionen des Systems von den Intentionen seiner Benutzer abweichen können, wenn diese nicht in den Software-Entwicklungsprozeß einbezogen werden. Aus diesem Sachverhalt ergibt sich die Forderung nach einer Benutzerbeteiligung bei der Software-Entwicklung.

3. Kommunikation setzt vergleichbare Verstehensgrundlagen voraus (Konventionen, Wissen).[83]
   Die Konventionen der Kommunikation sind, wie auch das Wissen des Rechners über seine Umwelt, mit seiner Programmierung festgelegt. Die Konventionen bestehen aus

   - semantischen und syntaktischen Normen, mit denen die vom System verwendbaren Funktionen und die Art ihres Aufrufs festgelegt sind,
   - Sprachhandlungsnormen, welche den Sprachgebrauch in Abhängigkeit vom Kontext regeln und

---

[80] Vgl. KUPKA, Ingbert; MAASS, Susanne; OBERQUELLE, Horst: Kommunikation ..., a.a.O., S. 25 ff.
[81] Ebenda.
[82] Vgl. ebenda, S. 25 f.
[83] Vgl. HOFSTETTER, Helmut: Software-Entwicklung und Human Factor. Erfolgreiche psychologische Methoden, Instrumente und Verfahren. Köln 1987, S. 6.

- Normen für Systemausgaben, welche die Darstellung von Texten auf dem Bildschirm festlegen.[84]

Um ein Programmsystem mit seinen vielfältigen Funktionen benutzen zu können, muß der Anwender ein vollständiges Wissen über alle im System festgelegten Normen besitzen. Um seine Bedürfnisse und Fähigkeiten zu unterstützen, haben die im Programm implementierten Konventionen weitgehend mit denen menschlicher Kommunikation übereinzustimmen.

4. Kommunikation kann sich auf den Kommunikationsprozeß selbst und seine Voraussetzungen beziehen (Metakommunikation).
Eine Metakommunikation dient zum einen der Auflösung von Unklarheiten über den Dialog. Sie kann nur innerhalb eines vom Systementwickler vorgegebenen Rahmens stattfinden, z.B. mittels Hilfe-Systemen oder in Installationsprogrammen.[85] Die Metakommunikation betrifft zum anderen die Adaptierbarkeit von Systemen, d.h. die Anpaßbarkeit der Mensch-Maschine-Schnittstelle an die Bedürfnisse und Fähigkeiten des Benutzers.[86]

5. Kommunikation ist stets mit Erwartungen an den oder die anderen Beteiligten verbunden (Partnerbilder).
Das Bild, welches sich der Benutzer vom Rechner macht (auch Systemmodell oder mentales Modell genannt), ist durch das Verhalten des Systems bestimmt und veränderbar.[87] Das Partnerbild des Rechners (Benutzermodell) ist das in der Programmierung festgeschriebene Benutzerbild des Systementwicklers.[88]

---

[84] Vgl. MAASS, Susanne: Mensch-Rechner-Kommunikation - Herkunft und Chancen eines neuen Paradigmas. Bericht Nr. 104 des Fachbereichs Informatik der Universität Hamburg. Juli 1984, S. 32 f.

[85] Vgl. ebenda, S. 23.
Vgl. ebenso KUPKA, Ingbert; MAASS, Susanne; OBERQUELLE, Horst: Kommunikation ..., a.a.O., S. 26.

[86] Vgl. S. 90 ff.

[87] Vgl. zu diesem Punkt die Ausführungen zur Berücksichtigung mentaler Modelle auf S. 93 f.

[88] Vgl. KUPKA, Ingbert; MAASS, Susanne; OBERQUELLE, Horst: Kommunikation ..., a.a.O., S. 26 f.

Seitens des Systementwicklers ist es damit Bestandteil des konzeptuellen Modells seines Programmsystems.[89]

6. Kommunikation unterliegt dem Bestreben nach ökonomischem Verhalten.
   Das ökonomische Verhalten des Systems beinhaltet, daß der Rechner dem Benutzer zu wiederholende Handlungen abnimmt und ihm erlaubt, seine Aufgaben schnell und korrekt durchzuführen. Dabei kann den Anwender z.B. die Verwendung von Abkürzungen und impliziten Voreinstellungen unterstützen.[90]

Zusätzliche Probleme für die Kommunikation zwischen Mensch und Maschine können durch uneinheitliche Mensch-Maschine-Schnittstellen innerhalb eines Programmsystems entstehen. Uneinheitliche Sprache, unterschiedliche Konventionen und Partnerbilder belasten die Mensch-Computer-Kommunikation.[91]

b) Benutzer-/Anwender-Intentionen

Wie bereits erwähnt, unterliegt die Kommunikation des Benutzers mit dem EDV-System seinen Intentionen (Zielsetzungen). Diese sind bestimmt durch die von ihm durchzuführende Aufgabe. Ausgehend von den aufgabenbezogenen übergeordneten Zielen definiert er, unter Einbeziehung seines Bildes vom System, seine Zielsetzungen. Sie dienen somit als Grundlage für die Spezifikation der auszuführenden Handlungen, die den vom Anwender zu bearbeitenden Aufgabenkomplex in den Zielzustand überführen.[92]

Wenn man die Zielsetzungen des Benutzers in der Gestaltung einer Mensch-Maschine-Schnittstelle berücksichtigen will, so muß man sich mit der Umsetzung

---

[89] Zur Bedeutung mentaler und konzeptueller Modelle bei der Erstellung einer Mensch-Maschine-Schnittstelle vgl. STREITZ, Norbert A.: Die Rolle von mentalen und konzeptuellen Modellen in der Mensch-Computer-Interaktion: Konsequenzen für die Software-Ergonomie? In: Software-Ergonomie '85 - Mensch-Computer-Interaktion. Hrsg. von BULLINGER, Hans-Jörg; Stuttgart 1985, S. 283 ff.
Auf die Problematik der Übereinstimmung der Partnerbilder des Benutzers und des Programmsystems wird im Rahmen der Darstellung mentaler Modelle eingegangen.
Vgl. S. 93 f.

[90] Vgl. KUPKA, Ingbert; MAASS, Susanne; OBERQUELLE, Horst: Kommunikation ..., a.a.O., S. 27.

[91] Vgl. OBERQUELLE, Horst; MAASS, Susanne; KUPKA, Ingbert: Schnittstellen als Kommunikationsbarrieren? "Office Management", Sonderheft 1983, S. 12. Vgl. ebenso die Ausführungen zur Anforderung der ganzheitlichen Bearbeitung einer Arbeitsaufgabe, S. 116 ff.

[92] Vgl. NORMAN, Donald A.: Cognitve Engineering, a.a.O., S. 42 f.

des durch die Aufgabenstellung gegebenen Sachproblems beschäftigen.[93] Dem Programmsystem müssen die Aktionsmöglichkeiten des Benutzers bei der Bewältigung der ihm gestellten Aufgabe bekannt sein, um ihn bei diesem Vorgang gezielt unterstützen und beraten zu können. Außerdem hat das System das Bild des Benutzers vom System zu berücksichtigen.

Daraus ergeben sich zwei Forderungen für die Gestaltung der Mensch-Maschine-Schnittstelle:

- Erstens muß dem Benutzer eine kontextabhängige Unterstützung (z.B. durch aufgabenbezogene Meldungen und ein den Aufgabenkontext berücksichtigendes Hilfesystem) zur Verfügung gestellt werden.
- Zweitens sind die Möglichkeiten des Systems, welche der Benutzer für die Bearbeitung einer spezifischen Aufgabe nicht benötigt, für diese Aufgabenbearbeitung zu unterdrücken. Beispielsweise darf ein Fakturaprogramm, wenn ein Auftrag ohne Änderungen in eine Rechnung übernommen werden soll, nicht in die Positionsbearbeitung verzweigen.

c) Individuelle Bedürfnisse und Fähigkeiten

Die individuellen Bedürfnisse und Fähigkeiten des Benutzers werden auch als Benutzerkompetenz bezeichnet. "Die Kompetenz des Benutzers umfaßt Ausschnitte seiner kognitiven und sensumotorischen Fähigkeiten, Fertigkeiten und Kenntnisse, soweit diese für die Interaktion mit dem System von Bedeutung sind."[94]

Mit wachsender Vertrautheit mit dem System steigt die Kompetenz des Benutzers in seiner Bedienung. Damit ändern sich auch seine Anforderungen an die Mensch-Maschine-Schnittstelle. Er muß sie daher seinen individuellen Bedürfnissen und Fähigkeiten anpassen können. "Die Eigenschaft des Systems, die den Benutzer an der Gestaltung beteiligt, bezeichnen wir als Adaptierbarkeit."[95] Dabei müssen zwei Arten anpaßbarer Systeme unterschieden werden:

- Adaptierbare Systeme bieten dem Benutzer die Möglichkeit, die Mensch-Maschine-Schnittstelle seinen Anforderungen anzupassen.

---

[93] Vgl. STREITZ, Norbert A.: Die Rolle von mentalen und konzeptuellen Modellen ..., a.a.O., S. 282.

[94] MÖLLER, Holger; ROSENOW, Elke: Benutzermodellierung für wissensbasierte Mensch-Computer-Schnittstellen. In: Software-Ergonomie '87 - Nützen Informationssysteme dem Benutzer? Hrsg. von SCHÖNPFLUG, Wolfgang; WITTSTOCK, Marion; Stuttgart 1987, S. 114.

[95] Ebenda, S. 113.

- Adaptive Systeme enthalten die Funktionen zur selbständigen Anpassung an veränderte Benutzerbedürfnisse.

Die gemeinsamen Ziele adaptiver und adaptierbarer Mensch-Maschine-Schnittstellen bestehen darin,

- die Systemhandhabung in der Lernphase zu unterstützen,
- Aufmerksamkeit auf neue (bzw. bislang nicht genutzte) Werkzeuge zu lenken,
- Handlungsspielräume zu erschließen,
- die Systemkomplexität zu reduzieren und
- dem Benutzer kontextbezogene Erklärungen zu bieten.[96]

Um die Ziele vollständig zu erfüllen, benötigt die Mensch-Maschine-Schnittstelle Informationen über das Dialogverhalten des Benutzers. Adaptive Mensch-Maschine-Schnittstellen protokollieren daher das Benutzerverhalten und werten es aus. Sie führen Änderungen durch, indem sie dem Anwender entweder Vorschläge zur Adaption übermitteln oder eigenständig Anpassungen durchführen.

Bei adaptierbaren Mensch-Maschine-Schnittstellen liegt die Initiative beim Benutzer. Diese Mensch-Maschine-Schnittstellen kommen ohne eine Protokollierung des Benutzerverhaltens aus. Sie können die oben genannten Ziele jedoch nicht vollständig erfüllen, da sie durch die fehlenden Protokolle keine Informationen über die vom Benutzer verwendeten Werkzeuge und die genutzten Handlungsspielräume besitzen.

Der Anwender muß sich für die Anpassung adaptierbarer Mensch-Maschine-Schnittstellen Kenntnisse über die Möglichkeiten einer Adaption und die Art und Weise, wie sie durchzuführen ist, aneignen.[97]

Adaptierbare Mensch-Maschine-Schnittstellen verlagern nicht nur die Entscheidung über Anpassungen auf den Benutzer, sondern verlangen von ihm auch zusätzliche Fähigkeiten in bezug auf die Anpassung seiner individuellen Umgebung. Sie bieten den Vorteil,

- daß der Benutzer sich nicht durch das System beobachtet und bevormundet fühlt,
- daß keine Inkonsistenz in der Mensch-Maschine-Schnittstelle durch ständige Veränderungen entsteht und

---

[96] Vgl. PAETAU, Michael: Kommunikationsbarriere zwischen Mensch und Maschine - Adaptive Benutzer-Schnittstellen aus software-ergonomischer und soziologischer Sicht. "Office Management", Nr. 12, 1987, S. 29.

[97] Vgl. ebenda, S. 30.

- daß der Benutzer nicht durch die Dynamik des Systems von seiner Fachaufgabe abgelenkt wird, wie es bei adaptiven Schnittstellen der Fall wäre.[98]

Adaptierbare Mensch-Maschine-Schnittstellen sind bei Systementwicklern umstritten. Eine von Oetinger durchgeführte Befragung von 67 Systemdesignern ergab, daß sich 35,8% für und 44,8% gegen eine selbständige Veränderung der Programmoberfläche durch den späteren Endbenutzer aussprachen.[99] Bei den Bereichen der Mensch-Maschine-Schnittstelle, die nach Meinung der Systemdesigner dem Benutzer zur selbständigen Änderung überlassen werden sollten, dominierten die Veränderungen von Texten, z.B. innerhalb des Hilfesystems. Selbst leichte inhaltliche Änderungen, wie z.B. Modifikationen des Masken- und Menüaufbaus oder der Belegung von Funktionstasten, wurden den Benutzern nur von wenigen Software-Entwicklern zugestanden.[100]
Eine möglichst umfassende Adaptierbarkeit der Mensch-Maschine-Schnittstelle durch den Benutzer ist jedoch Grundlage der Berücksichtigung seiner persönlichen Bedürfnisse und Fähigkeiten.[101]

Die Anpassung einer adaptierbaren Mensch-Maschine-Schnittstelle an die individuellen Bedürfnisse des Benutzers setzt eine möglichst einfache Änderbarkeit der Anwendungsumgebung voraus. Der Benutzer eines Prozeßleitsystems aus dem Bereich der Schiffahrt kann z.B. in der untersten Ebene über ein Menü die vom Programmsystem verwendete Dialogsprache wählen. Höhere Ebenen erlauben ihm weitgehende Gestaltungsmöglichkeiten in funktionalen Bereichen des Programms. Die Möglichkeiten reichen in der obersten Gestaltungsstufe bis zur Veränderung

---

[98] Vgl. PAETAU, Michael: Kommunikationsbarriere ..., a.a.O., S. 30 f.

[99] Vgl. OETINGER, Ralf: Benutzergerechte Software-Entwicklung. Berlin/Heidelberg/New York 1988, S. 140.

[100] Vgl. ebenda, S. 141.
Aus der Grundgesamtheit (N=34) kann geschlossen werden, daß die Angaben von den Systementwicklern stammen, die sich vorher für adaptierbare Systeme ausgesprochen hatten.

[101] Fischer unterstützt diese Forderung:
"Trifft man aus Benutzersicht die folgenden Definitionen:
- Software: alle Teile eines Computersystems, auf die der Benutzer gestaltend eingreifen kann,
- Hardware: alle Teile, die, einmal vorhanden, nicht mehr modifiziert werden können,
so stellen sich heutige Computersysteme dem Benutzer fast ausschließlich als Hardware dar."
FISCHER, Gerhard: Entwurfsrichtlinien für die Software-Ergonomie ..., a.a.O., S. 37 f.

der Regeln zur Aktivierung von Warn- und Alarmmeldungen, wenn diese nicht geschützt sind.[102]

d) Mentale Modelle

Auf der Basis seiner individuellen Bedürfnisse und Fähigkeiten entwickelt der Benutzer sein mentales Modell des ihm zur Verfügung stehenden Anwendungssystems.[103] Durch die Verfügbarkeit anpaßbarer Systeme[104], und die Fähigkeit der Mensch-Maschine-Schnittstelle, verschiedene Wahrnehmungsperspektiven zu unterstützen[105] wird die Bildung korrekter und vollständiger mentaler Modelle unterstützt. Durch sie wird die Orientierung innerhalb der Programme gefördert.[106]

Eine Mensch-Maschine-Schnittstelle, die das mentale Modell des Anwenders berücksichtigt, nennt man benutzerorientiert: "Ein interaktives System ist umso benutzerorientierter je geringer die Diskrepanzen zwischen den Repräsentationen S(t) (Realisierung durch das System) und M(t) (Mentales Modell des Benutzers) sind."[107] Mentale Modelle sind um so vollständiger und richtiger,

"- je mehr sie an bereits vorhandenes Wissen anknüpfen können,
- je konsistenter und knapper die Syntaxregeln der Bedienung gehalten sind, ...
- je besser die gewählte Metapher der tatsächlichen Aufgabenstellung und Dialogform angepaßt ist ..."[108]

Korrekte mentale Modelle setzen also ein Vorwissen auf Seiten des Benutzer voraus. Aber auch die Modelle, welche der Systemdesigner vom Benutzer des Systems und seinem mentalen Modell hat, müssen möglichst korrekt und vollständig sein.

---

[102] Vgl. HEINECKE, Andreas M.: Optimierung der Benutzerschnittstelle durch den Benutzer. In: Software-Ergonomie '87. Nützen Informationssysteme dem Benutzer? Hrsg. von SCHÖNPFLUG, Wolfgang; WITTSTOCK, Marion; Stuttgart 1987, S. 371 ff.

[103] Vgl. BALZERT, Helmut: Gestaltungsziele der Software-Ergonomie ..., a.a.O., S. 485.

[104] Vgl. S. 90 ff.

[105] Vgl. S. 95 ff.

[106] Vgl. S. 106 f.

[107] Vgl. STREITZ, Norbert A.: Die Rolle von mentalen und konzeptuellen Modellen ..., a.a.O., S. 286.

[108] Vgl. LIESER, Alfons; STREITZ, Norbert A.; WOLTERS, Antonius: Dialogformen und Metaphernwelten als Determinanten der Erlernbarkeit interaktiver Computersysteme. Arbeitsbericht Nr. I-42 der Arbeitsgruppe ACCEPT, Institut für Psychologie, RWTH Aachen, April 1987, S. 28.

Er hat dabei ein Modell von dem typischen Benutzer des Systems. Mit Hilfe dieses Modells entwirft er das Programmsystem.[109]

Der typische Benutzer eines Computersystems existiert jedoch nicht.[110] Die am weitesten verbreitete Vorgehensweise der Berücksichtigung individueller Benutzeranforderungen besteht heute darin, daß die Anforderungen an eine Mensch-Maschine-Schnittstelle zunächst innerhalb des Entwicklungsteams ermittelt werden. Anschließend wird sie parallel zur Problemlösung entwickelt. Erst nach Fertigstellung des Anwendungssystems wird die Lösung mit den Benutzern diskutiert und die endgültige Festlegung der Mensch-Maschine-Schnittstelle durch Programmänderungen durchgeführt.[111] Eine wesentlich effektivere und kostengünstigere Maßnahme zur Anpassung des Programmsystems an den zukünftigen Benutzer stellt jedoch eine partizipative Systementwicklung[112] dar, d.h. die Benutzer werden bereits in den ersten Phasen des Entwicklungsprozesses beteiligt.[113]

Die Forderung nach einer frühen Beteiligung der Benutzer an der Entwicklung des Programmsystems gilt vor allem für nicht veränderbare Mensch-Maschine-Schnittstellen, sie ist jedoch bei der Entwicklung von Standardsoftware nicht in ausreichendem Umfang möglich. Diese unveränderlichen Schnittstellen berücksichtigen außerdem nicht, daß der Benutzer, durch wachsende Vertrautheit mit dem Programmsystem, Modifikationen seines mentalen Modells vornimmt. Um partizipative Systementwicklung zu ersetzen und Anwendungssysteme auf veränderte mentale Modelle des Benutzers anpassen zu können, sind, wie bereits unter c) gefordert, adaptierbare Mensch-Maschine-Schnittstellen erforderlich.[114]

---

[109] Vgl. FISCHER, Gerhard: Entwurfsrichtlinien für die Software-Ergonomie ..., a.a.O., S. 38.

[110] Vgl. ebenda, S. 44.

[111] 79,1% der von Oetinger befragten Software-Entwickler diskutieren die Anforderungen an eine Mensch-Maschine-Schnittstelle innerhalb des Entwicklungsteams, und 76,1% zogen die Benutzer vor ihrer Festlegung hinzu.
Vgl. OETINGER, Ralf: Benutzergerechte Software-Entwicklung, a.a.O., S. 131.

[112] Ein Bestandteil partizipativer Systementwicklung ist das Prototyping. Hierbei erstellt der Software-Entwickler zusammen mit dem Benutzer einen ablauffähigen Prototyp des Anwendungsprogramms, der grundsätzliche Aussagen über die Machbarkeit und Restriktionen des Programms ermöglicht.
Vgl. MERTENS, Peter (Haupthrsg.): Lexikon der Wirtschaftsinformatik. Berlin/Heidelberg/New York 1987, S. 279.

[113] Vgl. FISCHER, Gerhard: Entwurfsrichtlinien für die Software-Ergonomie ..., a.a.O., S. 39.

[114] Vgl. STREITZ, Norbert A.: Die Rollen von mentalen und konzeptuellen Modellen ..., a.a.O., S. 290.
Vgl. ebenso S. 90 ff.

3.2.2.2 Unterstützung menschlicher Informationsverarbeitung

Weitere auf der psychologischen Forschung basierende Gestaltungsziele einer Mensch-Maschine-Schnittstelle befassen sich mit der Unterstützung menschlicher Informationsverarbeitung:

a) Wahrnehmungsperspektiven

b) Entlastung des Kurzzeitgedächtnisses

c) Sinneskanalvielfalt

d) Aufmerksamkeitserfordernisse

e) Orientierung

f) Sensibilität für Bewegung

a) Wahrnehmungsperspektiven

Die Unterstützung verschiedener Wahrnehmungsperspektiven wird in diesem Punkt lediglich in bezug auf das optische Wahrnehmungssystem des Menschen behandelt. Sie können durch mehrere Prinzipien der Bildschirmgestaltung berücksichtigt werden:

aa)   Anordnung der Informationen nach Wichtigkeit,

bb)   Darstellungen mittels graphischer Metaphern,

cc)   Berücksichtigung der Wortwahl,

dd)   Strukturierung des Bildschirminhalts,

ee)   Einsatz von Farben und Hervorhebungen.

aa) Anordnung der Informationen nach Wichtigkeit

Abgeleitet aus den Lesegewohnheiten unseres Kulturkreises, muß die Wichtigkeit der auf dem Bildschirm angezeigten Informationen von oben nach unten und von links nach rechts abnehmen. Werden zusammenhängende Informationen innerhalb einer Zeile dargestellt, so neigt der Benutzer dazu die Zeile von links nach rechts zu bearbeiten. Werden dagegen zusammenhängende Informationen untereinander (innerhalb eines Blockes) angezeigt, verarbeitet der Anwender die in den Blöcken angebotenen Inhalte von oben nach unten.[115]

---

[115] Vgl. DÖBELE-BERGER, Claudia; MARTIN, Hans; MARTIN, Peter: Inhaltliche und graphische Gestaltung beim Maskenaufbau. Checklisten für Bildschirmmasken. "ÖVD/ONLINE", Nr. 10, 1985, S. 70.

bb) Darstellungen mittels graphischer Metaphern

Eine graphische Metapher kann wesentlich schneller aufgenommen werden als die entsprechende Informationsmenge in Zeichendarstellung.[116] Bei der Anzeige graphischer Metaphern ist einerseits zu beachten, daß das graphische Zeichen einen hohen Grad der Übereinstimmung mit der Realität aufweisen muß.[117] Andererseits ist zu beachten, daß die gewählten Metaphern eine Zuordnung zu sogenannten Stammbildern aus unserem täglichen Leben und Arbeitszusammenhang erlauben.[118] So ist z.B. die Arbeit mit Hilfe von Bürometaphern für den Anwender leichter und schneller durchzuführen als wenn für dieselben Arbeitszusammenhänge Metaphern aus dem Bereich der Datenverarbeitung verwendet werden.[119]

Die zur effektiven Darstellung graphischer Zeichen erforderliche Bildschirmsteuerung weist zwischen verschiedenen Datenverarbeitungsanlagen erhebliche Unterschiede auf. Es besteht daher heute noch ein Zielkonflikt zwischen Portabilität und graphischer Zeichendarstellung. Um das Ziel einer umfassenden Portabilität auf beliebige Datenverarbeitungsanlagen und Terminals nicht zu gefährden, wird in der Konzeption einer portablen Mensch-Maschine-Schnittstelle auf die Unterstützung des Bildschirmdialogs durch Metaphern verzichtet.

cc) Berücksichtigung der Wortwahl

Durch die Entscheidung für eine Beschränkung auf die Bildschirmgestaltung mittels Texten gewinnt die Wahrnehmung von Wörtern für die Untersuchung der Wahrnehmungsperspektiven an Bedeutung. Die bei der Gestaltung einer Mensch-Maschine-Schnittstelle verwendeten Begriffe müssen eine sichere Unterscheidbar-

---

[116] Vgl. RASMUSSEN, Jens: The Human as a Systems Component. In: Human Interaction with Computers. Hrsg. von Smith, Hugh T.; Green, Thomas R.G.; London 1980, S. 72.

[117] Vgl. MORITZ, Hans: Umsetzung wahrnehmungspsychologischer Erkenntnisse für die Informationsgestaltung am Bildschirm (Maskengestaltung). In: Software-Ergonomie. Hrsg. von BALZERT, Helmut; Stuttgart 1983, S. 102. Vgl. ebenso DÖBELE-BERGER, Claudia; MARTIN, Hans; MARTIN, Peter: Inhaltliche und graphische Gestaltung ..., a.a.O., S. 66.

[118] Vgl. MORITZ, Hans: Umsetzung wahrnehmungspsychologischer Erkenntnisse ..., a.a.O., S. 99.

[119] Vgl. LIESER, Alfons; STREITZ, Norbert H.; WOLTERS, Antonius: Dialogformen und Metaphernwelten ..., a.a.O., S. 6 f. und S. 8 ff.

keit und Identifizierbarkeit der Informationen gewährleisten.[120] Als wichtigste Wahrnehmungsmerkmale können festgehalten werden:[121]

- Wörter werden gelesen, ohne die einzelnen Buchstaben wahrzunehmen.[122]
- Vertraute Wörter und Silben werden leicht wahrgenommen.
- Leicht aussprechbare Wörter und Silben werden leichter wahrgenommen und erkannt als unaussprechbare.
- Lange Wörter werden langsamer gelesen als kurze.
- Gängige Wörter werden leichter wahrgenommen.
- Das Verständnis der Bedeutung von Wörtern ist ein wesentlicher Faktor der Wahrnehmung.
- Wörter werden schneller wahrgenommen, wenn sie zu einem vorher dargebotenen Schlüsselwort in Beziehung stehen.

Aus den Wahrnehmungsmerkmalen ergibt sich für die Gestaltung der Mensch-Maschine-Schnittstelle eine Beschränkung der Begriffswahl auf kurze, vertraute Wörter. Weiterhin ist zu beachten, daß EDV-Fachausdrücke vermieden werden. Die Wahl der Begriffe für die Funktionen der Mensch-Maschine-Schnittstelle entsprechen denen des Bürobereichs. Eine hierarchische Anordnung von Befehlssequenzen unterstützt die Zuordnung zu Schlüsselwörtern.

dd) Strukturierung des Bildschirminhalts

Informationen müssen auf dem Bildschirm so dargestellt werden, "daß sie schnell, leicht und anstrengungsfrei aufgefunden werden können".[123] Zur Strukturierung von Bildschirminhalten stehen drei Organisationsformen zur Verfügung:

- Erstellung von Informationsklassen (**semantische Organisation**)
- Anordnung der Informationen nach Wichtigkeit (**lokale Organisation**)
- gleichzeitige oder sequentielle Darstellung (**zeitliche Organisation**)

---

[120] Vgl. HACKER, Winfried: Arbeitspsychologie ..., a.a.O., S. 229 f.

[121] Vgl. MORITZ, Hans: Umsetzung wahrnehmungspsychologischer Erkenntnisse ..., a.a.O., S. 110 f.

[122] Vor allem dieses Merkmal ist für die Unterscheidbarkeit von Worten von Bedeutung.

[123] Vgl. ROSEMANN, Hermann: Einige wahrnehmungs- und erkenntnispsychologische Prinzipien zur Gestaltung von Hilfsmenüs. "Angewandte Informatik", Nr. 2, 1987, S. 70.

Aus der Forderung nach einer **semantischen Organisation** des Bildschirm-inhalts ergibt sich eine Einteilung in Informationsklassen:[124]

- Die *Statusinformation* gibt dem Anwender z.B. Auskunft über die Bezeichnung des gewählten Programms, die gewählte Maske usw.
- Die *Arbeitsinformation* betrifft die eigentliche Arbeitsaufgabe. In ihr werden z.B. Kundenadresse, Artikelnummer, Preise usw. angezeigt.
- Die *Steuerungsinformation* ist für den Ablauf des Dialoges zwischen Benutzer und Rechner erforderlich. So kann der Anwender z.B. in einem Stammdaten-verwaltungsprogramm zwischen Anzeige- und Änderungsmodus wählen.
- *Meldungen*, z.B. Hinweise zu Eingabefehlern werden vom Rechner ohne Anforderung ausgegeben.

Aus der semantischen leitet sich die **lokale Organisation** des Bildschirminhalts ab. Sie umfaßt sowohl die örtlich zusammenhängende Darstellung inhaltlich zusammenhängender Daten[125] als auch die einheitliche Anordnung der Status-, Arbeits- und Steuerungsinformation sowie der Meldungen auf dem Bildschirm[126]. Einen Ansatz zur einheitlichen Gestaltung des Maskenaufbaus stellt der Entwurf der DIN-Norm 66290, Teil 1, dar, der für die in dieser Arbeit beschriebene Mensch-Maschine-Schnittstelle übernommen wird. Danach ist jede Maske in vier zusam-menhängende Bereiche aufzuteilen, die voneinander durch Leerzeilen oder Linien abgetrennt sind:[127]

- *Informationsteil*
- *Verarbeitungsteil*
- *Steuerungsteil*
- *Meldungsteil*

---

[124] Vgl. BENZ, Claus; HAUBNER, Peter: Gestaltung von Bildschirmmasken. "Office Management", Sonderheft 1983, S. 36.

[125] Vgl. S. 95.
Vgl. ebenso ZWERINA, Harald; HAUBNER, Peter: Gestaltung von Information auf Bildschirmen. In: Software-Ergonomie. Hrsg. von FÄHNRICH, Klaus-Peter; München/Wien 1987, S. 138 ff.

[126] Vgl. FÄHNRICH, Klaus-Peter; RAETHER, Christian: Programmierschnittstel-len an computergestützten Werkzeugmaschinen. In: Software-Ergonomie. Hrsg. von FÄHNRICH, Klaus-Peter; München/Wien 1987, S. 155 f.
Vgl. ebenso BENZ, Claus; HAUBNER, Peter: Gestaltung von Bildschirm-masken, a.a.O., S. 37.

[127] Vgl. DEUTSCHES INSTITUT FÜR NORMUNG e.V.: Entwurf DIN 66290, Teil 1 ..., a.a.O., S. 6.

Die Anordnung der Bildschirmteile wird in Abbildung 19 gezeigt. Der Umfang der einzelnen Teile kann je nach Anwendung unterschiedliche Größen annehmen.

```
        Informationsteil (1-3 Zeilen)
    ___________________________________________




        Verarbeitungsteil (16-20 Zeilen)




    ___________________________________________

        Steuerungsteil (1-3 Zeilen)
    ___________________________________________

        Meldungsteil (1-3 Zeilen)
```

Abbildung 19: Aufteilung einer Maske mit Angabe des Umfangs der Bereiche[128]

Im *Informationsteil* werden die für die Fortsetzung der Arbeit notwendigen Angaben zu den im Verarbeitungsteil stehenden Daten angeführt. Er enthält mindestens die Bezeichnung des Dialogsystems, der Maske und des Dialogschritts bzw. Vorgangs. Der Informationsteil soll mit mittlerem Kontrast dargestellt und gegen Überschreiben geschützt werden.[129]

"Der *Verarbeitungsteil* enthält alle Eingabe- und Ausgabefelder, die der aktuellen Bearbeitung der Aufgabe dienen."[130]

Im *Steuerungsteil* führt der Benutzer seine Eingaben zur Steuerung des Dialogablaufs durch. Die Steueranweisungen können z.B. die Auswahl des nächsten

---

[128] Verändert übernommen aus DEUTSCHES INSTITUT FÜR NORMUNG e.V.: Entwurf DIN 66290, Teil 1 ..., a.a.O., S. 6.
Zu den Angaben über den Umfang der einzelnen Teile der Bildschirmmaske vgl. SIEMENS AG (Hrsg.): Kommunikations-Ergonomie. Benutzerfreundliche Anwenderprogramme in Maskentechnik. München 1983, S. 12.

[129] Vgl. DEUTSCHES INSTITUT FÜR NORMUNG e.V.: Entwurf DIN 66290, Teil 1 ..., a.a.O., S. 6.

[130] Ebenda, S. 7.

Dialogschritts bzw. einer Folgemaske oder das Unterbrechen und Beenden der Arbeit umfassen. Auch Standardfunktionen, wie z.B. Hilfe-Aufruf oder Blättern gehören zu den im Steuerungsteil möglichen Eingaben.[131]

Im *Meldungsteil* der Maske werden alle Fehler-, Warn- und Vollzugsmeldungen des Dialogsystems angezeigt.[132] Unterbrechen Meldungen den normalen Dialogablauf, wie dies bei Fehler- oder Warnmeldungen der Fall ist, so muß die Aufmerksamkeit des Benutzers durch ein Signal auf den Meldungsbereich gelenkt werden.[133]

Die **zeitliche Organisation** betrifft die gleichzeitige oder sequentielle Darstellung von Informationen auf dem Bildschirm. Sie beeinflußt den Anwender bei der Auswahl verschiedener ihm gebotener Alternativen.[134]

Alle genannten Prinzipien der semantischen und örtlichen Organisationen von Informationen werden in der Struktur der Mensch-Maschine-Schnittstelle des erweiterten Maskengenerators berücksichtigt. Die zeitliche Organisation betrifft vor allem die Darstellung der Arbeitsinformationen innerhalb des Anwendungsprogramms. Ihre Ausgestaltung fällt daher in den Aufgabenbereich des Anwenders.

ee) Einsatz von Farben und Hervorhebungen

Hervorhebungen können bei der Gestaltung einer Bildschirmmaske durch

- eine örtliche Isolierung einzelner Elemente,
- ihre Größe,

---

[131] Vgl. DEUTSCHES INSTITUT FÜR NORMUNG e.V.: Entwurf DIN 66290, Teil 1 ..., a.a.O., S. 7.

[132] Vgl. ebenda.

[133] Für diesen Zweck kann man z.B. ein akustisches Signal einsetzen, wie es auf S. 104 beschrieben wird.

[134] Vgl. GERTZEN, Heiner; SCHMALHOFER, Franz: Auswirkungen von gleichzeitiger oder sequentieller Darbietung am Bildschirm auf Entscheidungen. In: Software-Ergonomie '87. Nützen Informationssysteme dem Benutzer? Hrsg. von SCHÖNPFLUG, Wolfgang; WITTSTOCK, Marion; Stuttgart 1987, S. 189.

- Farbgebung[135] oder
- Umrandung eines Elementes

durchgeführt werden.[136]

Die in dieser Arbeit vorgestellte Mensch-Maschine-Schnittstelle unterstützt die Maßnahmen der Hervorhebung. Einzig das Gestaltungsmerkmal der Größe eines Elementes wird aufgrund der zeilenorientierten Darstellung nicht graphikfähiger Bildschirme nicht berücksichtigt.

b) Entlastung des Kurzzeitgedächtnisses

Umgebungsstimuli werden von den perzeptuellen Prozessoren aufgenommen, für eine kurze Zeitspanne im Ultrakurzzeitgedächtnis[137] zwischengespeichert und anschließend an das Kurzzeitgedächtnis[138] weitergegeben. Dieses kann als "informationsaufnehmender, -verarbeitender und -vermittelnder Speicherprozeß"[139] beschrieben werden. Es übernimmt Informationen vom Ultrakurzzeitgedächtnis und transformiert sie mit Hilfe des kognitiven Prozessors und des Langzeitgedächtnisses auf das übergeordnete Handlungsziel.[140] Das Kurzzeitgedächtnis ist ein informationsvermittelnder Prozeß zur Speicherung der Informationen im Langzeitgedächtnis. Bei der Speicherung werden die im Kurzzeitgedächtnis akustisch oder visuell codierten Informationen mit Hilfe des Langzeitgedächtnisses mit Bedeutungsinhalten angereichert und in semantisch codierter Form in diesem

---

[135] Vgl. DAVIDOFF, Jules: The Role of Colour in Visual Displays. In: International Reviews of Ergonomics. Current Trends in Human Factors Research and Practice. Hrsg. von OSBORNE, David J.; London/New York/Philadelphia 1987, S. 23 ff.

[136] Vgl. BENZ, Claus; HAUBNER, Peter: Codierungswirksamkeit bei Informationsdarstellungen in Bildschirmmasken. In: Software-Ergonomie '83. Hrsg. von BALZERT, Helmut; Stuttgart 1983, S. 125 ff.
Vgl. ebenso MORITZ, Hans: Umsetzung wahrnehmungspsychologischer Erkenntnisse ..., a.a.O., S. 106 f.

[137] Das Ultrakurzzeitgedächtnis wird auch als sensorisches Gedächtnis bezeichnet. Vgl. PETZOLD, Peter: Mathematische Gedächtnismodelle. In: Zur Psychologie des Gedächtnisses. Hrsg. von KLIX, Friedhart; SYDOW, Hubert; Bern/Stuttgart/Wien 1977, S. 45.
Das Ultrakurzzeitgedächtnis dient der Auswahl von Reizeinflüssen und ihrer Bewertung in einem relevanten Kontext.
Vgl. KLIX, Friedhart: Strukturelle und funktionelle Komponenten des Gedächtnisses. In: Zur Psychologie des Gedächtnisses. Hrsg. von KLIX, Friedhart; SYDOW, Hubert; Bern/Stuttgart/Wien 1977, S. 65.

[138] Vgl. CARD, Stuart K.; MORAN, Thomas P.; NEWELL, Allen: The Psychology of Human-Computer Interaction, a.a.O., S. 28 ff.

[139] Vgl. KLIX, Friedhart: Strukturelle und funktionelle Komponenten des Gedächtnisses, a.a.O., S. 71.

[140] Vgl. STREITZ, Norbert A.: Die Rolle der Psychologie, a.a.O., S. 48 f.

abgespeichert.[141] Das Kurzzeitgedächtnis dient außerdem zur Steuerung des motorischen Prozessors, der Reaktionen auf Umwelteinflüsse vornimmt.[142]

Trotz dieser Aufgabenvielfalt ist die Speicherkapazität des Kurzzeitgedächtisses auf durchschnittlich drei Informationseinheiten (Chunks) beschränkt.[143] Seine Kapazität läßt sich unter Zuhilfenahme des Langzeitgedächtnisses auf 7 +/- 2 Informationseinheiten erweitern.[144] Zu dieser begrenzten Kapazität kommt eine kurze Verfallszeit (Inferenzzeit) des Kurzzeitgedächtnisses von durchschnittlich 7 Sekunden.[145]

Um eine fehlerfreie Verarbeitung und eine vollständige Codierung der Informationen in das Langzeitgedächtnis während eines Lernprozesses zu gewährleisten, ist es erforderlich, das Kurzzeitgedächtnis möglichst wenig in Anspruch zu nehmen. Aus dieser Forderung resultiert, daß man pro Bildschirm nicht mehr als 7 +/- 2 Informationseinheiten, die gleichzeitig aufgenommen werden sollen, anbietet.[146] Diese Maßnahme kann durch die Bildung von "Superzeichen" unterstützt werden. Superzeichen werden durch Ordnen und Zusammenfassen von Detaillinformationen unter einem gemeinsamen Namen gebildet.[147] Sie belegen, wie auch Detailinformationen, nur jeweils eine Informationseinheit bei der Speicherung im Kurzzeitgedächtnis. Die Verwendung von Superzeichen führt zu einem hierarchischen Aufbau von Kommandofolgen, wie er z.B. in dem Textverarbeitungsprogramm Microsoft Word (Abbildung 20) verwendet wird.

Die Abbildung zeigt die Kommandofolge für das Formatieren eines Zeichens (FORMAT - ZEICHEN). Der Befehl FORMAT stellt das Superzeichen für alle möglichen Formatierungsangaben dar, die sich z.B. auf Zeichen, Absätze, Bereiche usw. beziehen können. In der zweiten und dritten Stufe der Kommandofolge

---

141 Vgl. KLIX, Friedhart: Strukturelle und funktionelle Komponenten des Gedächtnisses, a.a.O., S. 70.

142 Vgl. STREITZ, Norbert A.: Die Rolle der Psychologie, a.a.O., S. 49.

143 Vgl. CARD, Stuart K.; MORAN, Thomas P.; NEWELL, Allen: The Psychology of Human-Computer Interaction, a.a.O., S. 39.

144 Vgl. ebenda.

145 Vgl. ebenda, S. 38.

146 Vgl. MEINHARDT, Angelika; LORENZ, Volkhard: Unterstützung des Benutzers durch Hilfesysteme. "Angewandte Informatik", Nr. 11, 1986, S. 479.

147 Vgl. NAGLER, Rupert: Entwurf benutzerfreundlicher Dialogsysteme aus der Sicht menschlicher Informationsverarbeitung. In: Informatik und Psychologie. Hrsg. von SCHAUER, Helmut; TAUBER, Michael J.; Wien/München 1982, S. 34.

```
BEFEHL: Ausschnitt Bibliothek Druck Einfügen Format Gehezu Hilfe Kopie
        Löschen Muster Quitt Rückgängig Suchen Übertragen Wechseln Zusätze
Bestimmt alle Formatierungsmerkmale; kann Druckformate anwenden und festhalten
Sel Ze40 Sp14      ()                                          ROABB23.TXT
```

```
FORMAT: Zeichen Absatz Tabulator Rahmen Fußnote Bereich Kopf-/Fußzeile
        Druckformat Suchen Wechseln Überarbeitung
Bestimmt die Zeichenformatierung (fett, kursiv usw.), Position und Schriftarten
Sel Ze40 Sp14      ()                                          ROABB23.TXT
```

```
FORMAT ZEICHEN Fett: Ja Nein           Kursiv: Ja Nein    Unterstrichen: Ja Nein
 Durchgestrichen: Ja Nein     Großbuchstaben: Ja Nein       Kapitälchen: Ja Nein
 Doppelt unterstrichen: Ja Nein      Position: Normal Hochgestellt Tiefgestellt
 Schriftart:              Schriftgrad:                      Verborgen: Ja Nein
Wählen Sie bitte eine Option!
Sel Ze40 Sp14      ()                                          ROABB23.TXT
```

Abbildung 20: Hierarchischer Aufbau von Kommandofolgen am Beispiel MS-WORD

werden zur Unterstützung des Kurzzeitgedächtnisses die übergeordneten Begriffe angezeigt. Aus dem Beispiel ersieht man aber, daß in diesem Menü die Forderung nach einer Beschränkung auf 7 +/- 2 gleichzeitig aufzunehmende Informationen nicht eingehalten wurde.

c) Sinneskanalvielfalt

Mit Hilfe seiner verschiedenen Sinne kann der Mensch auf visuelle, akustische und taktile Art kommunizieren.

Visuelle Mensch-Computer-Kommunikation kann nur einseitig durch die Maschine erfolgen. Sie beschränkt sich auf die Darstellung von Informationen auf dem Bildschirm, auf dem Drucker usw.[148]

---

[148] Die Unterstützung visueller Kommunikation bei der Gestaltung der Mensch-Maschine-Schnittstelle wurde bereits in Punkt a) Wahrnehmungsperspektiven behandelt.
Vgl. S. 95 ff.

Akustische Kommunikation kann durch Sprach-Ein-/Ausgabe oder akustische Signale erfolgen. Systeme zur Sprach-Ein-/Ausgabe sind in der heutigen Zeit durch den Zuschnitt der Spracherkennung auf eine bestimmte Person, einen beschränkten Wortschatz und den Bedarf einer hohen Rechnerleistung zur Spracherkennung gekennzeichnet. Existierende Systeme dienen lediglich Demonstrationszwecken und werden in der kommerziellen Datenverarbeitung bisher wenig eingesetzt. Die Möglichkeiten der Sprach-Ein-/Ausgabe bleiben daher in der Gestaltung der Mensch-Maschine-Schnittstelle unberücksichtigt.

Akustische Signale werden verwendet, um die Aufmerksamkeit des Menschen während eines Kommunikationsvorgangs auf einen bestimmten Sachverhalt zu lenken. Sie stellen eine starke Hervorhebung einer Aktion des Programmes dar, sind daher sparsam und gezielt einzusetzen und müssen innerhalb eines Dialogsystems durchgehend die gleiche Bedeutung besitzen.[149] Innerhalb der hier vorgestellten Mensch-Maschine-Schnittstelle werden akustische Signale ausschließlich und in allen Modulen einheitlich bei Fehler- oder Warnmeldungen ausgegeben. Der Benutzer hat jedoch die Möglichkeit, ihre Ausgabe zu unterdrücken.[150] Akustische Signale sind in diesem Fall gerechtfertigt, da bei diesem Status des Systemes ein Weiterarbeiten vielfach nicht möglich ist. Sie sind notwendig, da sich die Meldungszeile am Fuß des Bildschirms befindet - in einem Bereich, der bei normaler Verarbeitung für den Benutzer weniger wichtige Informationen enthält.

Taktile Mensch-Computer Kommunikation im engen Sinne ist nur über einen Bildschirm mit berührempfindlicher Oberfläche (Touch-Screen) möglich. In einem weiter gesteckten Rahmen kann man jedoch auch Tastatureingaben oder Eingaben mit Hilfe einer Maus zur taktilen Kommunikation rechnen. Touch-Screens sind nicht weit verbreitet und finden bei der Gestaltung der Mensch-Maschine-Schnittstelle keine Berücksichtigung. Auch die Maus als Zeigeinstrument wird in der kommerziellen Datenverarbeitung in diesem Zusammenhang selten benutzt, daher kann man sie nicht als Standard für eine Rechnerausstattung voraussetzen. Ihre Anwendung wird durch die Mensch-Maschine-Schnittstelle nicht unterstützt. Alle Eingaben mit Hilfe der in dieser Arbeit vorgestellten Mensch-Maschine-Schnittstelle werden grundsätzlich über die Tastatur durchgeführt.

---

[149] Vgl. DEUTSCHES INSTITUT FÜR NORMUNG e.V.: Entwurf DIN 66290, Teil 1 ..., a.a.O., S. 4.

[150] Zu diesen Gestaltungsmaßnahmen vgl. DEUTSCHES INSTITUT FÜR NORMUNG e.V.: DIN 66234, Teil 5 ..., a.a.O., S. 4.

d) Aufmerksamkeitserfordernisse

Bietet das Programmsystem dem Anwender die Möglichkeit, durch eigene Aktivitäten die Steuerung zu übernehmen, führt das zu einer Optimierung der Aufmerksamkeitserfordernisse. Zwei wesentliche Aspekte sind dabei zu berücksichtigen:

    aa)   *Psychische Sättigung und Ermüdung*
    bb)   *Monotonieempfinden*

aa) Psychische Sättigung und Ermüdung

"Psychische Sättigung (z.B. Reizüberflutung), Monotonie (z.B. Eintönigkeit der Dialogabläufe) und psychische Ermüdung (z.B. anhaltende Verfolgung der Bildschirmmeldungen) werden nachhaltig vermieden, wenn der Benutzer weitgehend selbst bestimmt, wann er welche Informationen wie lange erhält."[151]
Um der psychischen Sättigung und Ermüdung vorzubeugen, ist der Umfang der im Verarbeitungsteil des Bildschirms dargestellten Inhalte auf die für den Arbeitsschritt notwendigen Informationen zu reduzieren.[152] Der Informationsteil muß jedoch vollständige Angaben über das geforderte Prozeßziel, den Prozeßverlauf (z.B. Arbeitsschrittfolge) und die räumlich-zeitliche Einordnung des Prozesses in ein Gesamtkonzept enthalten.[153]

bb) Monotonieempfinden

Personen, die Kontrolle ausüben können, erleben weniger Monotonie als solche, die sich durch den Bildschirmarbeitsplatz kontrolliert fühlen.[154]
Der Eintönigkeit des Dialogablaufs kann durch eine leicht an die Bedürfnisse des Benutzers anpaßbare, adaptierbare Mensch-Maschine-Schnittstelle entgegengewirkt werden. Auf adaptive Schnittstellen, die eine Kontrolle des Arbeitsablaufs durch das Programmsystem voraussetzen, muß verzichtet werden.[155]

---

[151] BALZERT, Helmut: Gestaltungsziele der Software-Ergonomie ..., a.a.O., S. 486.

[152] Vgl. LAUTER, Barbara: Software-Ergonomie in der Praxis. Software anwenderfreundlich schreiben. München/Wien 1987, S. 102.
Die Menge der gleichzeitig auf einem Bildschirm angezeigten Informationen sollte 50% des zur Verfügung stehenden Platzes nicht überschreiten.
Vgl. SIEMENS AG (Hrsg.): Kommunikations-Ergonomie ..., a.a.O., S. 12.

[153] Vgl. MORITZ, Hans: Umsetzung wahrnehmungspsychologischer Erkenntnisse ..., a.a.O., S. 103.

[154] Vgl. BOUCSEIN, Wolfram; GREIF, Siegfried; WITTEKAMP, Johanna: Systemresponsezeiten als Belastungsfaktor bei Bildschirm-Dialogtätigkeiten. Wuppertaler Psychologische Berichte, Nr. 1, Wuppertal 1984, S. 2.

[155] Vgl. S. 91.

Zur Optimierung der Aufmerksamkeitserfordernisse muß die Mensch-Maschine-Schnittstelle ferner eine Abstimmung auf die individuellen und fachlichen Anforderungen des Benutzers erlauben.

e) Orientierung

Die beschränkte Kapazität der Darstellung auf einem Bildschirm erschwert dem Benutzer oftmals, sich innerhalb komplexer Programme bzw. Systeme zu orientieren. Eine Sequenz von mehreren Fehlhandlungen, die zu einer Fehlermeldung des Systems führen, zieht oft einen Orientierungsverlust nach sich.[156]
Ein weiterer Anlaß, der zu einem Orientierungsverlust bei der Bearbeitung einer Aufgabe führen kann, ist eine Arbeitsunterbrechung. In beiden Fällen müssen dem Benutzer der aktuelle Status des Systems und weitere Möglichkeiten zur Erledigung seiner Aufgabe auf dem Bildschirm angezeigt werden.

Eine grundlegende Maßnahme, um die Orientierung innerhalb eines Systems zu erleichtern, stellt das Anzeigen eines Informationsbereichs auf dem Bildschirm dar. Er muß den System-, Programm- und Maskennamen sowie die Bezeichnung des Dialogschritts enthalten. Darüber hinaus kann das Programm weitere Informationen, wie z.B. Datum, Uhrzeit und Sachbearbeiter, anzeigen.[157] Außerdem sind aussagekräftige Bildschirmüberschriften wünschenswert, welche die Aufgaben, die mit dem Bildschirm zu bearbeiten sind, genau aufzeigen.

Die meisten Programmsysteme bieten eine kontextabhängige Hilfefunktion. Eine weitere Maßnahme zur Unterstützung der Orientierung bildet die Erweiterung einer solchen Hilfefunktion um kontextunabhängiges Basiswissen über die Grundkonzepte des Systems.[158] Es kann z.B. allgemeine Angaben über den Einsatzbereich des Systems umfassen und die Angaben, welche im Informationsteil der Bildschirmmaske aufgeführt werden, näher erläutern.

Weitere Maßnahmen ergeben sich aus den Gestaltungsalternativen für Menüs. Diese sollten so flexibel gestaltet werden, daß der erfahrene Anwender die Mög-

---

[156] Vgl. MOLL, Thomas: Über Methoden zur Analyse und Evaluation interaktiver Computersysteme. In: Software-Ergonomie. Hrsg. von FÄHNRICH, Klaus-Peter; München/Wien 1987, S. 185.
[157] Vgl. DEUTSCHES INSTITUT FÜR NORMUNG e.V.: Entwurf DIN 66290, Teil 1 ..., a.a.O., S. 6.
[158] Vgl. MOLL, Thomas: Über Methoden zur Analyse ..., a.a.O., S. 185.

lichkeit erhält, Ebenen zu überspringen.[159] Menüs, die eine Anwahl über mehrere Ebenen unterstützen, müssen die Bildung von Operationsklassen unterstützen.[160] Die zu einer Klasse gehörenden Auswahlmöglichkeiten werden zusammen mit der Bezeichnung der Klasse auf dem Bildschirm angezeigt.[161]

f) Sensibilität für Bewegung

Das Erkennen wichtiger Systemmeldungen kann durch verschiedene Maßnahmen wie Farbcodierung oder akustische Signale unterstützt werden.[162] Eine wesentliche Alternative zu diesen Codierungsformen bildet die Nutzung der Sensibilität der menschlichen Sinnesorgane für Bewegungen. Bewegte Objekte umfassen z.B. blinkende Zeichenfolgen und Anzeigen, die sich innerhalb einer Zeile oder über den gesamten Bildschirm bewegen.
Für die Unterstützung des Erkennens durch Bewegung gilt, wie für die anderen Mittel der Hervorhebung, daß sie, wenn sie ihre Wirkung nicht verfehlen sollen, nicht im Übermaß verwendet werden dürfen.
Weiterhin darf die Aufnahme der zum Zeitpunkt der Bewegung wichtigen Informationen durch diese nicht gestört oder behindert werden. Daraus folgt, daß sich eine zeitlich und inhaltlich wichtige Meldung nicht selbst über den Bildschirm bewegt. Der Benutzer wird in einem solchen Fall durch ein sich bewegendes Symbol oder Zeichen auf den Sonderstatus der Meldung aufmerksam gemacht.

3.2.3 Aus der Arbeitswissenschaft abgeleitete Gestaltungsziele

Die aus der arbeitswissenschaftlichen Forschung abgeleiteten Gestaltungsziele einer Mensch-Maschine-Schnittstelle basieren auf den in Abschnitt 3.2.1 dargestellten Kommunikationsmodellen.[163] Zudem bauen die arbeitswissenschaftlichen Gestaltungsgrundsätze einer Mensch-Maschine-Schnittstelle auch auf Erkenntnissen der psychologischen Forschung auf.
Sie umfassen Ziele zur Förderung der Zumutbarkeit einer Mensch-Maschine-Schnittstelle (Abschnitt 3.2.3.2), die eine notwendige Voraussetzung für die nach-

---

[159] Vgl. SPINAS, Philipp: Zur Benutzerfreundlichkeit von Bildschirmsystemen. In: Software-Ergonomie '87. Nützen Informationssysteme dem Benutzer? Hrsg. von SCHÖNPFLUG, Wolfgang; WITTSTOCK, Marion; Stuttgart 1987, S. 245.

[160] Die Bildung von Operationsklassen ist identisch mit der Zuordnung von Begriffen zu Superzeichen.
Vgl. die Erläuterung zu Abbildung 20, S. 102 f.

[161] Vgl. ROSEMANN, Hermann: Einige wahrnehmungs- und erkenntnispsychologische Prinzipien ..., a.a.O., S. 70 f.

[162] Vgl. S. 100 f. und S. 104.

[163] Vgl. S. 75 ff.

folgend behandelten Kriterien und Maßnahmen zur Förderung der Persönlichkeit darstellen.

3.2.3.1 Förderung der Persönlichkeit

Die Gestaltungsanforderungen zur Förderung der Persönlichkeit des Anwenders umfassen folgende Bereiche:

a) Lern- und Entwicklungsmöglichkeiten

b) Möglichkeiten zur Entwicklung persönlicher Arbeitsstile

c) Möglichkeiten zur Entwicklung von Strategien / Taktiken

d) Möglichkeiten zur Veränderung von Verfahren

e) Autonomie

f) Ganzheitliche Bearbeitung einer Arbeitsaufgabe

g) Arbeitsökonomie

h) Möglichkeiten zu fachlicher Interaktion

i) Ausreichende Aktivitätsmöglichkeiten

j) Anpaßbarkeit an vorhandene Qualifikationen

a) Lern- und Entwicklungsmöglichkeiten

Die Mensch-Maschine-Schnittstelle soll dem Anwender erlauben, während seiner Arbeit Neues zu lernen und sich in seinen Fähigkeiten weiter zu entwickeln. Lernvorgänge werden allgemein definiert als "Veränderungen im Organismus, die auf Erfahrungen zurückgehen und die das Verhalten eben dieses Organismusses beeinflussen können"[164]. Bei der Behandlung der Funktionen des Kurzzeitgedächtnisses wurde bereits erläutert, daß eine Aufgabe des Kurzzeitgedächtnisses darin besteht, Informationen mit Bedeutungsinhalten anzureichern und in semantisch codierter Form im Langzeitgedächtnis zu speichern.[165] Dieser Vorgang stellt die Grundfunktion des Lernens, den Lernvorgang im engeren Sinn dar. Ein Lern-

---

[164] LASS, Uta; LÜER, Gerd; ULRICH, Michael: Lernen und Gedächtnis: Codierung und Organisation im Gedächtnis. In: Allgemeine experimentelle Psychologie. Eine Einführung in die methodischen Grundlagen mit praktischen Übungen für das experimentelle Praktikum. Hrsg. von LÜER, Gerd; Stuttgart 1987, S. 309.

[165] Vgl. S. 101 ff.

vorgang umfaßt jedoch ein breites Spektrum von Operationen. Man kann ihn in 7 Phasen einteilen:[166]

1. Wahrnehmung oder Auffassung der Situation,
2. Kurzzeitspeicherung,
3. Bildung einer dauerhaften Spur,
4. Erhaltung dieser Spur,
5. Erkennen einer neuen Situation, die zur Verwertung des aufgenommenen Materials auffordert,
6. Aktualisierung des im Gedächtnis gesicherten Materials,
7. Auslösung einer Reaktion.

Die Wahrnehmung der Situation und die Kurzzeitspeicherung stehen vor dem Lernvorgang im engeren Sinn. Die Bildung einer dauerhaften Spur ist mit der Codierung der Information und der Abspeicherung im Langzeitgedächtnis gleichzusetzen. Das Erhalten der Spur ist gleichbedeutend mit dem Behalten der Information im Langzeitgedächtnis. Die Verwertung des aufgenommenen Materials umfaßt das Abrufen der Information aus dem Langzeitgedächtnis und ihre Verarbeitung. Durch die Ergebnisse des Verarbeitungsprozesses können Modifikationen der im Gedächtnis gespeicherten Informationen, d.h. die Aktualisierung des gesicherten Materials, notwendig werden. Schließlich folgt die Auslösung einer Reaktion aufgrund der aus dem Gedächtnis abgerufenen Informationen.

Die Codierung von Informationen und ihre Abspeicherung im Langzeitgedächtnis bilden die zentralen Vorgänge des Lernprozesses. Um sie durch die Gestaltung der Mensch-Maschine-Schnittstelle unterstützen zu können, müssen Aufbau und Funktionsweise des Langzeitgedächtnisses untersucht werden.
Das Langzeitgedächtnis verfügt über folgende elementare Leistungen: "Es muß Symbole und Symbolstrukturen der Außenwelt encodieren und in sich selber repräsentieren können. Weiterhin muß es über Möglichkeiten verfügen, Veränderungen an den eigenen Repräsentationen vornehmen zu können, daran und damit also arbeiten können."[167]
Die Organisationsstruktur des Langzeitgedächtnisses wird anhand der Abbildung 21 erläutert.

---

[166] Vgl. OERTER, Rolf; MONTADA, Leo: Entwicklungspsychologie. München/Wien/ Baltimore 1982, S. 365.
[167] LASS, Uta; LÜER, Gerd; ULRICH, Michael: Lernen und Gedächtnis ..., a.a.O., S. 311.

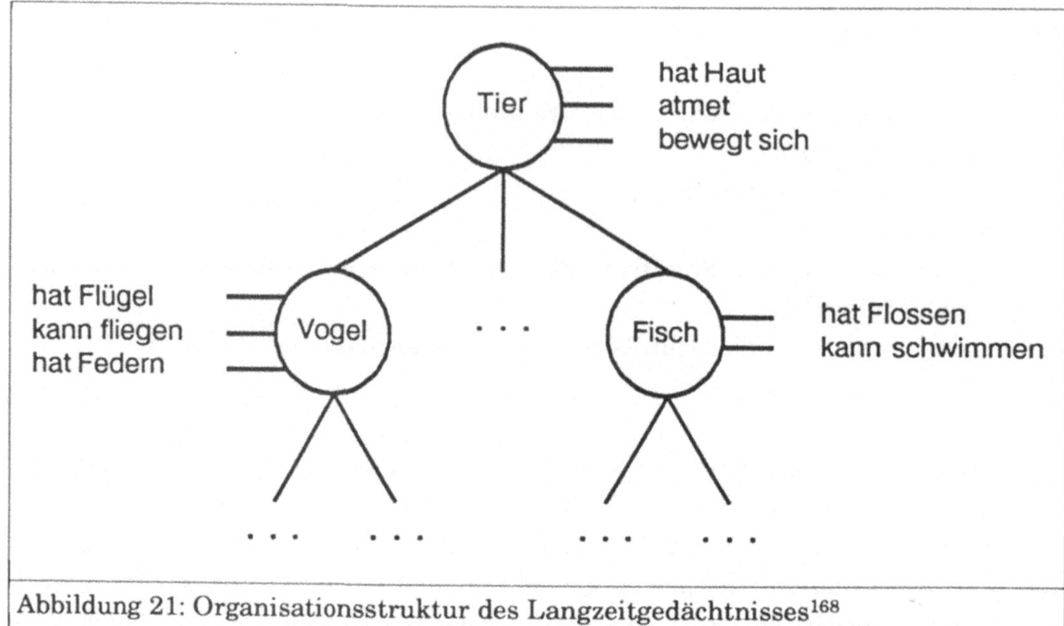

Abbildung 21: Organisationsstruktur des Langzeitgedächtnisses[168]

Die Speicherung der Informationen im Gedächtnis erfolgt innerhalb von "Einheiten" hierarchisch.[169] "Eine Einheit repräsentiert die gedächtnismäßige Speicherung von Objekten, Ereignissen, Ideen, Behauptungen usw. ..."[170] Jeder Einheit werden eine oder mehrere Eigenschaften (Attribute) zugewiesen. Wie Abbildung 21 zeigt, sind z.B. der Einheit "Tier" die Eigenschaften "hat Haut", "atmet" und "bewegt sich" zugeordnet.[171] Durch die Zuweisung der Eigenschaften zu den verschiedenen Einheiten ist die Struktur des Gedächtnisses nicht mehr rein hierarchisch, sondern netzwerkförmig organisiert. Durch ihre hierarchische Grundstruktur unterstützt sie jedoch die Verwendung von übergeordneten Begriffen und Begriffsklassen.

Die Erinnerung, das Auffinden und Abrufen gespeicherter Informationen, geschieht über Hinweisreize und Leit-Stimuli. Um das Abrufen der Informationen

---

[168] Vgl. HOFFMANN, Joachim: Experimente und Hypothesen zur Codierung und Speicherung verbaler Items im menschlichen Gedächtnis. In: Zur Psychologie des Gedächtnisses. Hrsg. von: KLIX, Friedhart; SYDOW, Hubert; Bern/Stuttgart/Wien 1977, S. 93.

[169] Vgl. ebenda.

[170] Ebenda.
Vgl. ebenso QUILLIAN, M. R.: The Teachable Language Comprehender: A Simulation Program and Theory of Language. "Communications of the ACM", Nr. 12, 1969, S. 462.

[171] Vgl. HOFFMANN, Joachim: Experimente und Hypothesen ..., a.a.O., S. 93.

zu unterstützen, muß der Lehrstoff folgende Anforderungen erfüllen:

- Die Begriffe müssen durch Attribute angereichert sein.
- Sie müssen mit Assoziationen angereichert sein, welche die Verbindung zu bekannten Begriffen herstellen (z.B. Büro-Metaphern).
- Der Lehrstoff muß in übergeordnete Begriffe eingeordnet werden können. Hierarchisch strukturierte Inhalte lassen sich leichter aus dem Gedächtnis abrufen, da sie der Struktur des Speicherungssystems entsprechen.
- Semantische Ähnlichkeiten der Begriffe sollten vermieden werden, da sie zu Verwechslungen im Langzeitgedächtnis führen.

Aus den Vorteilen der hierarchischen Organisation der Gedächtnisinhalte leiten sich drei wichtige Gestaltungskriterien einer leicht zu erlernenden Mensch-Maschine-Schnittstelle ab:

- Ihre Bedienung muß hierarchisch organisiert werden.
- Sie muß die Bildung von Begriffsklassen (sogenannten Superzeichen) unterstützen.
- Die einzelnen Funktionen müssen zudem mit Attributen aus der Arbeitsumgebung des Anwenders angereichert sein, um das Wiederauffinden von Informationen zu erleichtern.

Zur Unterstützung von Lernprozessen muß die Mensch-Maschine-Schnittstelle dem Anwender erlauben, persönliche Arbeitsstile, Strategien und Taktiken in sein Anwendungssystem einzubringen.[172]

Weiterhin finden im Rahmen der Unterstützung der Lern- und Entwicklungsmöglichkeiten eine Reihe von Kriterien aus dem Bereich der psychologischen Forschung innerhalb der Gestaltung der Mensch-Maschine-Schnittstelle Anwendung. Besonders sind hier zu nennen:

- die Forderungen nach Strukturierung der Masken,
- der Anordnung der Information nach Wichtigkeit,
- der Einhaltung der 7 +/- 2 Regel,
- der Verwendung von Metaphern aus der täglichen Arbeit und
- der Unterstützung der Orientierung innerhalb des Programmsystems.

---

[172] Vgl. die Punkte b) bis d), S. 112 ff.

112

Außer diesen allgemeinen Anforderungen an eine das Erlernen des Programmsystems unterstützende Mensch-Maschine-Schnittstelle sind darüber hinaus besondere Gestaltungskriterien für die Hilfefunktion des Programmsystems zu beachten:[173]

- Die Hilfe sollte zu jedem Zeitpunkt der Verarbeitung zur Verfügung stehen.
- Sie muß kontextabhängig sein, aber auch erlauben, allgemeine Informationen über das Programm abzurufen.
- Die Art des Hilfeaufrufs sollte einfach zu verstehen und innerhalb aller Programme konsistent sein.
- Die Funktionen des Programmes müssen auch im Hilfesystem verfügbar sein, damit der Benutzer im Rahmen der Hilfe die Kommandos zur Bearbeitung seiner Aufgabe eingeben kann.

b) Möglichkeiten zur Entwicklung persönlicher Arbeitsstile

Die Anforderungen zur Unterstützung der Entwicklung persönlicher Arbeitsstile und Strategien/Taktiken[174] basieren auf dem bereits dargestellten TOTE-Modell, der Aktionstheorie von Norman sowie der von Hacker formulierten psychischen Regulation von Arbeitstätigkeiten.[175]

Der Anwender verfolgt bei der Benutzung der Mensch-Maschine-Schnittstelle Ziele und Intentionen, also psychologische Variablen. Er muß diese psychologischen Intentionen in physikalische Aktionen umsetzen.[176] Über die Umsetzung von mentalen in physische Aktivitäten hat der Benutzer eine gewisse Vorstellung, die durch seinen persönlichen Arbeitsstil geprägt ist. Die Gewährleistung des Einbringens seines persönlichen Arbeitsstiles ist eine Voraussetzung für die Akzeptanz einer Mensch-Maschine-Schnittstelle.[177] Schwierigkeiten bereitet jedoch die eindeutige Definition des persönlichen Arbeitsstiles des Anwenders, da er sich mit seiner mentalen Belastung, z.B. durch Nebengeräusche oder durch Zeitdruck, ändert.[178]

---

[173] Vgl. KLEIN, Ulrich: Ein intelligenter Dialogmanager. Arbeitspapiere der GMD Nr. 171. Hrsg. von der Gesellschaft für Mathematik und Datenverarbeitung; St. Augustin 1985, S. 79.

[174] Vgl. S. 113 ff.

[175] Vgl. S. 80 ff.

[176] Vgl. NORMAN, Donald A.: Cognitive Engineering, a.a.O., S. 33.

[177] Vgl. EBERLEH, Edmund; KORFFMACHER, Wilfrid; STREITZ, Norbert A.: Denken oder Handeln: Zur Wirkung von Dialogkomplexität und Handlungsspielraum auf die mentale Belastung. In: Software-Ergonomie '87. Nützen Informationssysteme dem Benutzer? Hrsg. von SCHÖNPFLUG, Wolfgang; WITTSTOCK, Marion; Stuttgart 1987, S. 318.

[178] Vgl. ebenda, S. 324.

Veränderungen seiner Strategien und Taktiken zur Bearbeitung einer Aufgabe durch diese Umweltbedingungen sind die Folge. Ihre Berücksichtigung innerhalb der Gestaltung einer Mensch-Maschine-Schnittstelle bildet daher eine notwendige Voraussetzung für die Unterstützung persönlicher Arbeitsstile.

Die Mensch-Maschine-Schnittstelle muß dem Benutzer ermöglichen, während der Bearbeitung seiner Aufgabe zwischen verschiedenen Arbeitsumgebungen wählen zu können. Er sollte daher einerseits innerhalb von Menüs oder im Hilfesystem seine Aufgabe bearbeiten oder aber Eingaben innerhalb eines Kommandomodus durchführen können. Ein typisches Beispiel für ein System mit verschiedenen Dialogumgebungen ist dBase IIIplus[179]. Der Anwender dieses Systems kann sich zwischen Kommandoeingaben und der menügestützten Arbeit innerhalb eines Assist-Modus entscheiden.

Weiterhin ist zu fordern, daß der Anwender auch innerhalb der verschiedenen Dialogformen seinen persönlichen Arbeitsstil durch Modifikation der zur Interaktion notwendigen Anweisungen einbringen kann. Diese Forderung umfaßt die Umbenennung von Kommandos[180], aber auch die Zusammenfassung von Kommandofolgen zu Makrofunktionen.[181] Systeme mit diesen Möglichkeiten sind bereits konzipiert und als Prototypen realisiert. In derzeit auf dem Markt verfügbaren Standardanwendungen findet man solche Umgebungen jedoch nur in eingeschränktem Umfang.[182]

c) Möglichkeiten zur Entwicklung von Strategien / Taktiken

Jede Person entwickelt zur Lösung komplexer Aufgaben oder Probleme Strategien und Taktiken. Die Aufgaben- bzw. Problemstellung besitzt in der Regel eine komplexe kognitive Struktur, die vom Anwender analysiert wird und aus der sich die Formulierung der Zielvorgaben der Bearbeitung einer Aufgabe ableiten. Auf diesen Vorgang folgt die Orientierung über die ihm zur Verfügung stehenden Möglichkeiten und Bedingungen bei der Ausführung der Handlung, sowie das Sammeln und Organisieren problemrelevanter Daten.[183] Daraufhin plant der Anwender seine

---

[179] dBase IIIplus ist ein Produkt der Firma Ashton Tate.

[180] Vgl. KLEIN, Ulrich: Ein intelligenter Dialogmanager ..., a.a.O., S. 74 ff.

[181] Vgl. ebenda, S. 94 ff.

[182] Viele Textverarbeitungs-, Tabellenkalkulations-Programme usw. erlauben die Definition von Makrofunktionen, jedoch nicht die Umbenennung der verwendeten Kommandos.

[183] Vgl. NAGLER, Rupert: Entwurf benutzerfreundlicher Dialogsysteme ..., a.a.O., S. 35.

Tätigkeiten zur Erreichung des gegebenen Zieles. Er entwirft seine Aktionsprogramme und entscheidet über den Weg, auf dem er seine Ziele erreicht.[184]

Die kognitive Leistung zur Umsetzung eines Problems in Aktionsprogramme wird wesentlich durch zwei Faktoren bestimmt. Einerseits gestaltet sich die Definition der Strategien und Taktiken zur Erreichung eines Zieles für den Anwender um so leichter, je mehr die Struktur der Problemstellung mit der Struktur des die Zielerreichung unterstützenden Systems übereinstimmt. Andererseits treten bei Nichtübereinstimmung der realen Aufgabenstruktur mit ihrer mentalen Repräsentation entweder ein zusätzlicher Retransformationsprozeß oder Handlungsfehler auf.[185] Der zusätzliche Retransformationsaufwand führt dazu, daß die Überlegungszeiten zur kognitiven Strukturierung der Aufgabenstellung wachsen. Dabei bestehen bei verschiedenen Anwendern jedoch deutliche individuelle Unterschiede für die Umsetzung ein und desselben Problems auf das gleiche System.[186] Dies läßt den Schluß zu, daß die Benutzer unterschiedliche Strategien/Taktiken zur Erreichung identischer Ziele präferieren. Diese interindividuellen Unterschiede müssen, wie auch die Differenzen zwischen Aufgabenstellung und -realisation, von der MenschMaschine-Schnittstelle berücksichtigt werden.[187]

Eine Voraussetzung für die Anwendung unterschiedlicher Strategien und Taktiken innerhalb einer Mensch-Maschine-Schnittstelle stellt die Möglichkeit der Wahl unterschiedlicher Dialogstrukturen dar.[188] Zusätzlich muß der Benutzer eine flexible Mensch-Maschine-Schnittstelle erhalten, mit deren Hilfe er seine Dialogstruktur, auch über den vorgegebenen Gestaltungsrahmen hinaus, für neue oder veränderte Aufgabenstellungen neu- oder weiterentwickeln kann.[189] Die Förderung der Möglichkeiten zur Veränderung von Verfahren ist somit eine notwendige Voraussetzung für die Unterstützung der Entwicklung von Strategien/Taktiken.

---

[184] Vgl. HACKER, Winfried: Arbeitspsychologie ..., a.a.O., S. 112 f.
   Vgl. ebenso NORMAN, Donald A.: Cognitive Engineering, a.a.O., S. 42.
[185] Vgl. ACKERMANN, David; GREUTMANN, Thomas: Interaktionsgrammatik und kognitiver Aufwand. Eine Pilotstudie am Beispiel des XS-2 Systems. In: Software-Ergonomie '87. Nützen Informationssysteme dem Benutzer? Hrsg. von SCHÖNPFLUG, Wolfgang; WITTSTOCK, Marion; Stuttgart 1987, S. 268.
[186] Vgl. ebenda.
[187] Vgl. ULICH, E.: Differentielle Arbeitsgestaltung - ein Diskussionsbeitrag. "Zeitschrift für Arbeitswissenschaft", Nr. 1, 1983.
[188] Vgl. S. 112.
[189] Vgl. BALZERT, Helmut: Gestaltungsziele der Software-Ergonomie ..., a.a.O., S. 481.

Beispielsweise kann die nachträgliche Einführung eines Matchcodes für den Zugriff auf einen Datenbestand als Einführung einer neuen Strategie oder Taktik angesehen werden.

d) Möglichkeiten zur Veränderung von Verfahren

Diese Anforderung an eine Mensch-Maschine-Schnittstelle beinhaltet eine ähnliche Problematik, wie sie bereits in Punkt c) dargestellt wurde. Sie sagt aus, daß dem Benutzer die Möglichkeit gegeben werden muß, vorgegebene Verfahren zur Bearbeitung einer Aufgabe innerhalb eines vorgegebenen Gestaltungsrahmens an eine veränderte Problemstellung anzupassen.[190]

Die Maßnahmen zur Gestaltung einer Mensch-Maschine-Schnittstelle, welche die Entwicklung von Strategien und Taktiken sowie die Änderung von Verfahren unterstützt, decken sich weitgehend mit den in Punkt b) zur Berücksichtigung persönlicher Arbeitsstile erläuterten Gestaltungskriterien.[191] Die Forderung nach der Veränderung von Verfahren umfaßt jedoch in Hinblick auf die flexible Gestaltung der Mensch-Maschine-Schnittstelle darüber hinaus den Anspruch, ihrer funktionalen Anpaßbarkeit an veränderte Problemstellungen und benutzerindividuelle mentale Strukturierung der Aufgaben.[192]

Eine veränderte Problemstellung liegt z.B. bei einem Händler vor, der seine Preisliste von Netto- auf Bruttopreise umstellen will. Daraufhin sind auch sämtliche Programme der Auftragserfassung/Fakturierung hinsichtlich der Eingabe oder Übernahme von Bruttopreisen und der Herausrechnung der Mehrwertsteuer aus diesen Preisen abzuändern. Derartige Änderungen müssen ohne Eingriffe in den Quellcode der Programme durchgeführt werden können.

e) Autonomie

Die Forderung der Unterstützung der Autonomie des Benutzers durch die Mensch-Maschine-Schnittstelle steht in Wechselwirkung mit den in den beiden letzten Punkten erläuterten Anforderungen. Autonomie bedeutet, daß der Benutzer seine Anwendung in "Eigenverantwortung und Eigenkontrolle in zeitlicher, inhaltlicher

---

[190] Vgl. BALZERT, Helmut: Gestaltungsziele der Software-Ergonomie ..., a.a.O., S. 481.

[191] Vgl. S. 112 f.

[192] Vgl. DAVID, H.: Prescription, Description and Evolution: Design of User-Computer Interfaces for Changing Systems. In: Contemporary Ergonomics 1987. Hrsg. von MEGAW, E.D.; London/New York/Philadelphia 1987, S. 230 f.

und/oder formaler Hinsicht"[193] selbständig gestalten und in ausreichendem Umfang Entscheidungskompetenz besitzen soll.[194]

Die Anforderung zeitlicher Eigenkontrolle wird in Punkt 3.2.3.2 c) bei der Diskussion des Arbeitstempospielraums erläutert. Gestaltungsaspekte im Hinblick auf inhaltliche und formale Eigenverantwortung des Benutzers wurden bereits in den Punkten b) bis d) dargestellt.

Der Umfang der Entscheidungskompetenz des Anwenders ist vor allem eine Frage der Arbeitsorganisation. Die Mensch-Maschine-Schnittstelle darf seine Entscheidungskompetenz nicht einengen, sondern muß die Entwicklung von Kompetenzen unterstützen. "Die eingesetzten technischen Arbeitsmittel im Zusammenspiel mit der sozialen Organisation müssen eine schrittweise Erweiterung der Kompetenzen ermöglichen."[195] D.h. falls dem Anwender ein erweiterter Aufgabenbereich zugewiesen wird, so hat die Mensch-Maschine-Schnittstelle auch dessen Bearbeitung zu erlauben und zu unterstützen. Aus diesem Grund steht das Kriterium der Autonomie in Wechselwirkung mit der Anforderung der Unterstützung fachlicher Interaktion des Anwenders mit seinem Programmsystem.[196]

f) Ganzheitliche Bearbeitung einer Arbeitsaufgabe

Eine der notwendigen Voraussetzungen für die ganzheitliche Bearbeitung einer Arbeitsaufgabe ist die Forderung nach Transparenz der Bearbeitung einer Aufgabe mit Hilfe der Mensch-Maschine-Schnittstelle.[197]
In Punkt c) wurde das Modell der Handlungsregulation von Hacker bereits zur Begründung der zu ergreifenden Maßnahmen herangezogen. Das Modell enthält jedoch nicht nur die dort behandelte Planung von Aktionen, sondern auch die Realisierung und Überprüfung der Aktionen. Planung, Realisierung und Überprüfung der Ausführung einer Aufgabe sind, nach der Forderung der Ganzheitlichkeit,

---

[193] BALZERT, Helmut: Gestaltungsziele der Software-Ergonomie ..., a.a.O., S. 481.

[194] Vgl. STELLMACHER, Imant: Entwurfskriterien für Mensch-Maschine-Schnittstellen. Ein Leitfaden für die softwareergonomische Gestaltung der Mensch-Maschine-Kommunikation. Arbeitspapiere der GMD Nr. 140. Hrsg. von der Gesellschaft für Mathematik und Datenverarbeitung; St. Augustin 1985, S. 10.

[195] Vgl. BONITZ, D.; NACHREINER. F.; BENZ, C.; WÄGER, M.: Zur Analyse und Bewertung rechnerunterstützter Tätigkeiten im Bürobereich. Methoden der Arbeitsanalyse und Konsequenzen für die Arbeitsgestaltung. In: Software-Ergonomie '87. Nützen Informationssysteme dem Benutzer? Hrsg. von SCHÖNPFLUG, Wolfgang; WITTSTOCK, Marion; Stuttgart 1987, S. 304.

[196] Vgl. S. 120 f.

[197] Vgl. S. 123 f.

als Einheit in der Mensch-Maschine-Interaktion zu sehen.[198] Der Benutzer faßt aufgrund seiner Strategien und Taktiken zur Bewältigung der Aufgabe einen Vorsatz und entschließt sich, diesen durchzuführen. Das führt zu einem ein- oder mehrmaligen Durchführen von Aktionen und anschließendem Kontrollieren, bis das gewünschte Ziel erreicht ist.[199]

In Punkt c) und d) wurde gefordert, daß sich eine Mensch-Maschine-Schnittstelle flexibel an veränderte oder neue Problemstellungen anpassen oder erweitern lassen soll. Die in diesem Punkt aufgestellte Forderung einer ganzheitlichen Bearbeitung einer Arbeitsaufgabe gewährleistet, daß in der Gestaltung der Mensch-Maschine-Schnittstelle nicht nur eine flexible Reaktion auf veränderte Problemstellungen berücksichtigt wird, sondern beinhaltet ebenfalls eine Möglichkeit der Anpassung an unterschiedliche Wege der Realisierung und Überprüfung der Tätigkeiten des Benutzers. Moran hat für diese Anforderung an eine Mensch-Maschine-Schnittstelle das dreiteilige ETIT-Modell[200] geprägt. Es besteht[201]

1. aus dem externen Aufgabenbereich (external task space),
2. aus dem internen Aufgabenbereich (internal task space) und
3. aus der Abbildung (mapping) des externen Aufgabenbereichs auf den internen Aufgabenbereich.

Die Anforderungen an eine ganzheitlich gestaltete Mensch-Maschine-Schnittstelle werden nun dahingehend erweitert, daß jede externe Aufgabe, welche mit dem System bearbeitet wird, genau einer internen Aufgabe vollständig zugeordnet wer-

---

[198] Vgl. DZIDA, Wolfgang: Der 'Arbeitskontext' als Komponente der Benutzerschnittstelle. In: Software-Ergonomie '87. Nützen Informationssysteme dem Benutzer? Hrsg. von SCHÖNPFLUG, Wolfgang; WITTSTOCK, Marion; Stuttgart 1987, S. 90.

[199] Vgl. HACKER, Wilfried: Arbeitspsychologie ..., a.a.O., S. 112 f.
Dieser Zyklus aus Aktion und Kontrolle wird im TOTE-Modell abgebildet.
Vgl. S. 81.
Die Forderung der Integration von Planung, Realisierung und Überprüfung bei Durchführung einer Aufgabe dient auch als Basis der von Norman definierten Aktionstheorie.
Vgl. NORMAN, Donald A.: Cognitive Engineering, a.a.O., S. 41 f.

[200] ETIT steht für "External Task" und "Internal Task".

[201] Vgl. MORAN, Thomas P.: Getting into a System: External-Internal Task Mapping Analysis. In: Human Factors in Computing Systems. Proceedings of the CHI '83 Conference Held Boston, Mass., U.S.A., 12-15 December 1983. Hrsg. von JANDA, Ann; Amsterdam/New York/Oxford 1984, S. 45.

den kann.[202] Diese Eigenschaft einer Mensch-Maschine-Schnittstelle bezeichnet man als ihre externe Konsistenz.[203]

Diese erweiterte Anforderung an die Ganzheitlichkeit einer Mensch-Maschine-Schnittstelle bei der Bearbeitung einer Arbeitsaufgabe ist z.B. beim Einfügen eines Wortes in einem zeilenorientierten Textverarbeitungssystem nicht erfüllt. Wird beispielsweise in einem solchen System durch einen Einfügevorgang eine Zeile zu lang, so sind durch das Aufspalten der Zeile und durch Mischvorgänge nachfolgender Zeilen zusätzliche Aufgaben zu bearbeiten, die nicht mit der externen Aufgabe (Einfügen eines Wortes) übereinstimmen.[204] Ein textorientierter Editor führt dagegen den Umbruch der nachfolgenden Zeilen automatisch durch. Aber auch hier können durch das erneute Trennen von Worten, die Korrektur eines Seitenumbruchs, der Gliederung, des Stichwortverzeichnisses usw. zusätzliche Aufgaben erforderlich werden, die der externen Aufgabenstellung nicht entsprechen.

g) Arbeitsökonomie

Die Arbeitsökonomie einer Mensch-Maschine-Schnittstelle drückt sich darin aus, daß der Anwender eine gegebene Aufgabe mit einem möglichst geringen Aufwand an Anwendungs- und Bedienaktionen erreichen kann.[205] Neben der Anzahl der notwendigen Aktionen ist für die Bestimmung der Arbeitsökonomie auch der Zeitaufwand für die Erreichung eines Zieles relevant.

Komplexe Befehle führen zu einer erhöhten Gedächtnisbeanspruchung und einem erhöhten Lernaufwand für den Anwender.[206] Im Extremfall folgt daraus, daß der Benutzer ihre Wirkungsweise nicht mehr versteht und sie demzufolge nicht benutzt. In einem solchen Fall wird also nur ein kleiner Teil der Funktionalität

---

[202] Vgl. ZOLLER, Peter: Die Kontextbildung - ein wichtiger Aspekt zukünftiger Benutzerschnittstellen. "Angewandte Informatik", Nr. 2, 1989, S. 61.

[203] Unter externer Konsistenz wird die strukturelle Übereinstimmung zwischen der Systemstruktur und der externen Aufgabenstruktur verstanden. Vgl. MAASS, Susanne; ROSSEN, Mary Beth; KELLOGG, Wendy A.: Benutzerfreundlichkeit, ..., a.a.O., S. 424.

[204] Vgl. MORAN, Thomas P.: Getting into a System ..., a.a.O., S. 48.

[205] Vgl. BALZERT, Helmut: Gestaltungsziele der Software-Ergonomie ..., a.a.O., S. 481 f.

[206] Vgl. ACKERMANN, David: Untersuchungen zum individualisierten Computerdialog: Einfluß des operativen Abbildsystems auf Handlungs- und Gestaltungsspielraum und die Arbeitseffizienz. In: Informatik-Fachberichte Nr. 120. Kognitive Aspekte der Mensch-Computer-Interaktion. Hrsg. von DIRLICH, Gerhard; FREKSA, Christian; SCHWATLO, Uta; WIMMER, Klaus; Berlin/Heidelberg 1986, S. 107.

eines Systems ausgenutzt.[207] Borenstein stellt bei der Untersuchung mehrerer Textverarbeitungssysteme fest, daß Funktionalität und Effektivität der untersuchten Systeme nicht korrelieren.[208] Ein Programmsystem sollte daher den Ansprüchen genügen, daß seine funktionelle Dimension auch einen einfachen Zugriff auf den gesamten in ihm implementierten Bereich der Funktionalität ermöglicht. Systeme, welche einen leichten Zugriff auf die Funktionalität nicht gewährleisten, werden oft nicht vollständig genutzt. Sie können den Benutzer insgesamt leicht überfordern und führen zu unangemessen hohem Lernaufwand und Fehlermöglichkeiten.[209]

Maßnahmen zur Förderung der Arbeitsökonomie bestehen einerseits in der Verfügbarkeit verschiedenartig gestalteter Mensch-Maschine-Schnittstellen für System-Laien, fortgeschrittene Benutzer und Experten. Auf der anderen Seite darf bei der Gestaltung dieser Schnittstellen das Schwergewicht auch nicht auf die Bildung komplexer Befehle, deren Erlernen in jeder Stufe einen hohen kognitiven Aufwand erfordert, gelegt werden. Für diese Benutzergruppen müssen demnach verschiedene Arbeitsumgebungen mit identischen Befehlssätzen zur Verfügung stehen, die den Grad der Geübtheit der Benutzer berücksichtigen.[210]
Eine diesen Anforderungen genügende Dialogumgebung für System-Laien und gelegentliche Benutzer stellt eine Arbeitsumgebung mit Menüauswahl und Hilfesystem bereit, die den Benutzer während der Lernphase kognitiv entlastet. Für System-Experten, welche die Kommandoabfolgen beherrschen, muß ein Kommandomodus zur Verfügung stehen, mit dem sie schnell und effektiv arbeiten können.
Ein konkretes Beispiel hierfür ist das Textverarbeitungsprogramm MS-Word 4.0. Es bietet dem ungeübten und gelegentlichen Benutzer als Arbeitsumgebung ein Menüsystem an. Er kann seine Kommandos durch Cursorbewegung, mit der Maus

---

[207] Vgl. ACKERMANN, David: Untersuchungen zum individualisierten Computerdialog ..., a.a.O., S. 104 ff.
Vgl. ebenso ACKERMANN, David: A Pilot Study on the Effects of Individualization in Man-Computer-Interaction. In: Analysis, Design and Evaluation of Man-Machine Systems. Proceedings of the 2nd IFAC/IFIP/IFORS/IEA Conference, Varese, September 1985. Hrsg. von MANCINI, G.; JOHANNSEN, G.; MARTENNSON, L.; London 1985, S. 295.

[208] Vgl. BORENSTEIN, Nathaniel S.: The Evaluation of Text Editors: A Critical Review of the Roberts and Moran Methodology Based on New Experiments. In: Human Factors in Computing Systems - II. Proceedings of the CHI '85 Conference Held San Francisco, CA, U.S.A., 14-18 April 1985. Hrsg. von BORMAN, Lorraine; CURTIS, Bill; Amsterdam/New York/Oxford 1985, S. 102.

[209] Vgl. FÄHNRICH, Klaus-Peter; ZIEGLER, Jürgen: Software-Ergonomie: Stand und Entwicklung. In: Software-Ergonomie. Hrsg. von FÄHNRICH, Klaus-Peter; München/Wien 1987, S. 21.

[210] Vgl. BADRE, Albert N.: Designing Transitionality into the User-Computer Interface. In: Human-Computer Interaction. Hrsg. von SALVENDY, Gavriel; Amsterdam/Oxford/New York 1984, S. 28.

oder durch Eingabe der Anfangsbuchstaben anwählen, wobei ihm zu den ange-
wählten Funktionen in der Meldungszeile Erläuterungen gezeigt werden.

Geübte Anwender dagegen haben die Möglichkeit eine Vielzahl der Funktionen,
z.B. für das Laden oder Speichern von Texten, durch mehrfach belegte Funktionstasten anzuwählen. Es wurde jedoch beobachtet, daß diese Makrofunktionen auch
von geübten Anwendern, die täglich mit diesem Programm arbeiten, kaum genutzt
werden.
Manche Arbeiten mit dem Programmsystem (z.B. das mehrmalige Suchen desselben Begriffs) erfordern jedoch die Definition von Makrofunktionen.

Daraus läßt sich das Fazit ziehen, daß eine Mensch-Maschine-Schnittstelle in der
Lage sein muß, die Definition von Makrokommandos zu erlauben. Sie sind jedoch
vom einzelnen Benutzer für seine speziellen Anforderungen zu erstellen. Die
Mensch-Maschine-Schnittstelle muß über Funktionen zur benutzerindividuellen
Verwaltung der selbstdefinierten Makrokommandos verfügen, da andere Anwender
oft nicht in der Lage sind, komplexe Kommandofolgen in vertretbarer Zeit zu
verstehen und richtig anzuwenden.[211]

h) Möglichkeiten zu fachlicher Interaktion

Alle bisher beschriebenen Gestaltungskriterien, speziell die Forderung nach ganzheitlicher Bearbeitung einer Arbeitsaufgabe,[212] bilden den Rahmen, in dem der
Anwender seine fachliche Interaktion mit dem System durchführt. Diese Anforderungen wurden bisher für eine anwendungsneutrale Mensch-Maschine-Schnittstelle formuliert, die jedoch auch in der Lage sein muß, dem Benutzer eine fach-
spezifische Interaktion zu erlauben. Das bedingt eine Anpaßbarkeit an die Erweiterung der Arbeitsinhalte und die Entwicklung von Kompetenzen und Handlungs-
spielräumen.[213]

Die Erfüllung dieser Forderung wird dadurch realisiert, daß dem Benutzer ein an-
wendungsneutraler Rahmen für sämtliche Programme, mit denen er arbeitet, zur
Verfügung steht. Diese anwendungsneutrale Schnittstelle wird an verschiedene
fachindividuelle Erfordernisse angepaßt. Die Funktionen eines Programms müssen

---

[211] Vgl. ACKERMANN, David: Untersuchungen zum individualisierten Computerdialog ..., a.a.O., S. 104 ff. und S. 108.
[212] Vgl. S. 116 ff.
[213] Vgl. BONITZ, D.; NACHREINER, F.; BENZ, C.; WÄGER, M.: Zur Analyse und
Bewertung ..., a.a.O., S. 304 f.

also unterschiedlich benannt werden, abhängig davon, ob das Programm von einem Sachbearbeiter in einem Büro oder einem Systemanalytiker bedient wird.

Das konzeptuelle Modell, nach dem der Systementwickler sein Programm gestaltet, muß eine weitergehende Unterstützung der fachlichen Interaktion gewährleisten, d.h. die Funktionsvielfalt der Programme ist dafür verantwortlich, daß der Anwender in fachlichen Belangen nicht eingeschränkt, sondern unterstützt wird.[214]

i) Ausreichende Aktivitätsmöglichkeiten

Die Unterstützung der Aktivitäten und Initiativen des Benutzers bei der Bearbeitung einer Aufgabe ist eine sinnvolle Voraussetzung für alle anderen Gestaltungskriterien zur Förderung der Persönlichkeit.[215] Im besonderen Maße gilt dies für die Kriterien der Autonomie und der fachlichen Interaktion.

Die Förderung der Eigeninitiative des Benutzers durch die Mensch-Maschine-Schnittstelle trägt zur Arbeitszufriedenheit bei der Arbeit mit dem Programmsystem bei und verhindert eine Entfremdung des Anwenders von seiner Arbeit.[216]

Die erforderlichen gestalterischen Maßnahmen decken sich mit den zu den Punkten b) bis d) sowie in h) angeführten Vorgehensweisen.[217]

j) Anpaßbarkeit an vorhandene Qualifikationen

Die Mensch-Maschine-Schnittstelle muß die Qualifikationen des Benutzers unterstützen, sie darf ihn jedoch nicht überfordern, d.h. sie muß an sein individuelles fachliches Können anpaßbar sein.

Diese Forderung steht in engem Zusammenhang mit der Anforderung der ganzheitlichen Bearbeitung einer Arbeitsaufgabe.[218] "Unvollständige Tätigkeiten bieten ungenügende Möglichkeiten für das Ausnutzen und dadurch für das Erhalten der

---

[214] Vgl. BANNON, Liam; CYPHER, Allen; GREENSPAN, Steven; MONTY, Melissa L.: Evaluation and Analysis of Users' Activity Organization. In: Human Factors in Computing Systems. Proceedings of the CHI '83 Conference Held Boston, Mass., U.S.A., 12-15 December 1983. Hrsg. von JANDA, Ann; Amsterdam/New York/Oxford 1984, S. 55 f.

[215] Vgl. BALZERT, Helmut: Gestaltungsziele der Software-Ergonomie ..., a.a.O., S. 483.

[216] Vgl. BJÖRN-ANDERSEN, Nils; RASMUSSEN, Leif Bloch: Sociological Implications of Computersystems. In: Human Interaction with Computers. Hrsg. von SMITH, Hugh T.; GREEN, Thomas R.G.; London/New York/Toronto 1980, S. 114 ff.

[217] Vgl. S. 112 ff. und S. 120 f.

[218] Vgl. S. 116 ff.

vorhandenen Qualifikationen ..."[219] Die Fähigkeiten des Benutzers bestimmen das mentale Modell, das er von seiner Arbeitsaufgabe und dem ihm zur Verfügung stehenden Programmsystem besitzt. Das mentale Modell ist um so vollständiger und richtiger je mehr es an bereits vorhandenes Wissen anknüpft.[220] Die verschiedenen Benutzer verfügen über unterschiedliche Qualifikationen, die sich durch das Hinzulernen während der Arbeit weiterentwickeln.[221]

Da für die Gestaltung dieser Mensch-Maschine-Schnittstelle Benutzergruppen mit unterschiedlichen Qualifikationen vorausgesetzt werden, welche mit denselben Anwendungsprogrammen arbeiten, ist es erforderlich, die zwischen den Anwendern bestehenden Qualifikationsdifferenzen zu berücksichtigen. Die Schnittstelle ermöglicht daher einerseits die Anpassung an unterschiedliche Anwendungsprogramme, auf anderen Seite stellt sie für jeden Benutzer eine individuelle Umgebung bereit, die seiner vorhandenen Qualifikation entspricht. Diese Maßnahme beinhaltet, daß nicht nur benutzerspezifisch definierte Makrofunktionen[222], sondern die gesamte Arbeitsumgebung jedes Anwenders durch ihn individuell definiert und verwaltet werden kann.

3.2.3.2 Förderung der Zumutbarkeit

Die Anforderungen und zu ergreifenden Maßnahmen zur Förderung der Zumutbarkeit bzw. Verminderung der Belastung durch die Benutzung der Mensch-Maschine-Schnittstelle setzen sich aus folgenden Aspekten zusammen:

a) Anforderungsvielfalt
b) Transparenz der Mensch-Maschine-Schnittstelle
c) Arbeitstempospielraum

---

[219] HACKER, Winfried: Software-Ergonomie; Gestalten rechnergestützter geistiger Arbeit?! In: Software-Ergonomie '87. Nützen Informationssysteme dem Benutzer? Hrsg. von SCHÖNPFLUG, Wolfgang; WITTSTOCK, Marion; Stuttgart 1987, S. 45 f.

[220] Vgl. LIESER, Alfons; STREITZ, Norbert A.; WOLTERS, Antonius: Dialogformen und Metaphernwelten ..., a.a.O., S. 27 f.

[221] Vgl. HACKER, Winfried: Software-Ergonomie ..., a.a.O., S. 46.

[222] Vgl. S. 120.

a) Anforderungsvielfalt

Dem Benutzer sollen abwechselnd geistige und körperliche Tätigkeiten abverlangt werden, wodurch einem Monotonieempfinden entgegengewirkt wird. "Die Anforderungsvielfalt hängt stark von der Arbeitsaufgabe selbst ab, so daß für die Gestaltung eines Anwendungssystems nur ein beschränkter Gestaltungsspielraum zur Verfügung steht."[223]

Eine vollständig gestaltete Arbeitsaufgabe muß sowohl in sequentieller als auch in hierarchischer Hinsicht vollständig sein. Sequentielle Vollständigkeit umfaßt das Vorbereiten und Organisieren der Maßnahmen zur Durchführung der Aufgabe sowie das Kontrollieren der Rückmeldungen durch das System. Eine Aufgabe ist hierarchisch vollständig, wenn dem Benutzer neben Routineoperationen auch Denkvorgänge und Problemfindungs- und Problemlösungsprozesse abverlangt werden.[224]

Die Maßnahmen zur Unterstützung dieser Anforderungen wurden bereits im Rahmen der Entwicklung von persönlichen Arbeitsstilen, Strategien/Taktiken und der Erweiterung von Arbeitsinhalten und Kompetenzen des Benutzers diskutiert.[225]

b) Transparenz der Mensch-Maschine-Schnittstelle

Die Berücksichtigung der Forderung nach Transparenz einer Mensch-Maschine-Schnittstelle läßt sich in folgende Regeln aufteilen:[226]

- Die Bearbeitung einer Aufgabe sollte einen klar definierten Anfang und Schluß besitzen.
- Der Arbeitsablauf und das Endergebnis müssen gut sichtbar dargestellt werden.
- Das Anwendungsobjekt muß erkennbare Veränderungen aufweisen.
- Die Arbeitsschritte zur Durchführung der Aufgabe müssen in den Arbeitszusammenhang einzuordnen sein.

---

[223] BALZERT, Helmut: Gestaltungsziele der Software-Ergonomie ..., a.a.O., S. 482.
[224] Vgl. HACKER, Winfried: Software-Ergonomie ..., a.a.O., S. 43.
[225] Vgl. Punkt 3.2.3.1 b) bis e), S. 112 ff.
[226] Vgl. BALZERT, Helmut: Gestaltungsziele der Software-Ergonomie ..., a.a.O., S. 482.

Hieraus folgt, daß Veränderungen am Anwendungsobjekt sofort nach Durchführung einer Aktion auf dem Bildschirm sichtbar werden.[227] Damit der Anwender seine Arbeitsschritte bei der Bearbeitung einer Aufgabe mit Hilfe eines Programmsystems in den Arbeitszusammenhang einordnen kann, sollten die externe Arbeitsaufgabe und die interne Bearbeitung der Aufgabe mit dem System einen möglichst hohen Grad an Übereinstimmung aufweisen.[228]

Vor der Durchführung der Arbeitsaufgabe mit Hilfe der Mensch-Maschine-Schnittstelle strukturiert der Anwender eines EDV-Systems sein Problem mental. Dabei ergeben sich zwangsläufig benutzerindividuelle Unterschiede in der Vollständigkeit der kognitiven Strukturierung einer Aufgabe.[229] Der Benutzer muß sein individuelles mentales Modell der Arbeitsaufgabe in der Systemoberfläche wiederfinden.[230]

Als Beispiel einer benutzerindividuelle Anpassung auf mehreren Stufen wird das bereits oben erwähnte Prozeßleitsystem herangezogen.[231] Auf der untersten Stufe erlaubt dessen Mensch-Maschine-Schnittstelle Parameteränderungen, z.B. für die Auswahl einer Sprache oder Bildschirmfarbe. Auf der zweiten Stufe steht ein Notizblock zur Verfügung für individuelle Notizen des Benutzers. Auf der dritten Ebene besteht die Möglichkeit, Meldungstexte des Systems zu verändern, und auf der obersten Anpassungsstufe können Regeln zur Aktivierung von Systemfunktionen bearbeitet werden.[232]

---

[227] Harold Thimbleby definierte hierfür das Prinzip des "What You See is What You Have Got".
Vgl. THIMBLEBY, Harold: "What You See is What You Have Got" - A User Engineering Principle for Manipulative Display? In: Software-Ergonomie. Hrsg. von BALZERT, Helmut; Stuttgart 1983, S. 82.

[228] Vgl. S. 117.

[229] Vgl. ACKERMANN, David; GREUTMANN, Thomas: Interaktionsgrammatik und kognitiver Aufwand ..., a.a.O., S. 268 f.

[230] Vgl. S. 121 f.

[231] Vgl. S. 92 f.
Vgl. ebenso RISAK, Veith: Mensch-Maschine-Schnittstelle in Echtzeitsystemen. Wien/New York 1986, S. 112 f.

[232] Vgl. HEINECKE, Andreas M.: Optimierung der Benutzerschnittstelle ..., a.a.O., S. 371 f.

c) Arbeitstempospielraum

Die Forderung nach Arbeitstempospielraum bedeutet primär:

aa)   Der Benutzer bestimmt sein Arbeitstempo selbst.

Zum zweiten muß die Mensch-Maschine-Schnittstelle ihm eine

bb)   Unterbrechung der Arbeit

an beliebiger Stelle erlauben. Sie sollte ihn anschließend bei der Wiederaufnahme seiner Tätigkeit unterstützen.[233]

aa) Der Benutzer bestimmt sein Arbeitstempo selbst.

Mensch-Maschine-Schnittstellen, bei denen der Benutzer in einem festgelegten Takt Eingaben durchführen muß, existieren im Bereich der kommerziellen Datenverarbeitung kaum. Belastungen und Streß bei der Bildschirmarbeit entstehen jedoch durch Systemantwortzeiten. Dabei erfordern verschiedene Typen von Benutzeranforderungen unterschiedliche Antwortzeiten des Rechners, um eine Aufgabenbearbeitung ohne Unterbrechungen zu gewährleisten.[234]

Antwortzeiten von mehr als 10-15 Sekunden ohne Rückmeldung seitens des Systems werden von den Benutzern nicht toleriert und sollten vermieden werden.[235] Für die Bearbeitung großer Datenmengen kann die DV-Anlage aber Zeiten bis zu 10 Minuten und länger benötigen. Bei so langen Antwortzeiten ist eine Rückmeldung des Systems unbedingt erforderlich.[236] Im Idealfall zeigt es an, wieviel Prozent der Aufgabe bereits erledigt sind, oder wie lange das System voraussichtlich für die Bearbeitung der Aufgabe benötigen wird bzw. noch benötigt. Antwortzeiten von mehr als 4 Sekunden sind bei Standardoperationen und einer durchschnittlichen Auslastung der DV-Anlage für normale Verarbeitungen eine

---

[233] Vgl. PAETAU, Michael: Arbeitswissenschaftliche Bewertung der Mensch-Maschine-Kommunikation. In: Jahrbuch der Bürokommunikation. Baden-Baden 1985, S. 97.

[234] Vgl. BUTLER, Thomas W.: Computer Response Time and User Performance. In: Human Factors in Computing Systems. Proceedings of the CHI '83 Conference Held Boston, Mass., U.S.A., 12-15 December 1983. Hrsg. von JANDA, Ann; Amsterdam/New York/Oxford 1984, S. 58 ff.

[235] Vgl. MARTIN, James: Design of Man-Computer Dialogues, a.a.O., S. 326. Vgl. ebenso BOUCSEIN, Wolfram; GREIF, Siegfried; WITTEKAMP, Johanna: System-Response-Zeiten ..., a.a.O., S. 28.

[236] Vgl. ebenda.

übermäßig lange Zeit. Tolerierbar sind sie nur am Schluß einer mit großen kognitiven Anforderungen erstellten Tätigkeitsfolge.[237]

Auch Antwortzeiten von 2-4 Sekunden sind nur bei Aufgaben, die ein hohes Maß an Konzentration erfordern, zu akzeptieren.

Muß der Anwender über mehrere Stufen der Bearbeitung einer Aufgabe Informationen speichern, so sind Antwortzeiten von weniger als 2 Sekunden erforderlich.[238] Eintönige, sich immer wiederholende Tätigkeiten, wie das Wandern mit dem Cursor auf dem Bildschirm, aber auch die Eingabe von Zeichen über die Tastatur erfordern eine unmittelbare Reaktion des Systems.[239]

Zusammenfassend läßt sich feststellen:

- Die durchschnittlichen Antwortzeiten eines Systems sollten im Bereich zwischen 1 und 4 Sekunden liegen, um den Benutzer keinem Streß durch hohe Antwortzeiten auszusetzen und die Erinnerung an Informationen zu gewährleisten.
- Für sich wiederholende Tätigkeiten, wie das mehrfache Drücken einer Taste oder auch das Bewegen eines Lichtstifts über den Bildschirm sind unverzügliche Systemreaktionen erforderlich. Sie sind jedoch nicht immer realisierbar, wie z.B. das Blättern innerhalb eines Textes zeigt.

bb) Unterbrechung der Arbeit

Gleichförmige Arbeitshaltung und andere Belastungen der Bildschirmarbeit führen zu Unwohlsein und zu Ermüdungserscheinungen und machen Arbeitsunter-

---

[237] Vgl. MARTIN, James: Design of Man-Computer Dialogues, a.a.O., S. 326 f.

[238] Vgl. ebenda, S. 327.
Shneiderman hält System-Antwortzeiten von weniger als einer Sekunde für notwendig.
Vgl. SHNEIDERMAN, Ben: Human Factors of Interactive Software. In: Enduser Systems and Their Human Factors. Hrsg. von BLASER, Albrecht; ZOEPPRITZ, Magdalena; Berlin/Heidelberg/New York 1983, S. 20.

[239] Die Geschwindigkeit der Cursor-Bewegung hat jedoch keinen wesentlichen Einfluß auf die Verarbeitungsgeschwindigkeit des Anwenders, z.B. beim Editieren eines Textes.
Vgl. GOULD, John D.; LEWIS, Clayton; BARNES, Vincent: Effects of Cursor Speed on Text-Editing. In: Human Factors in Computing Systems-II. Proceedings of the CHI '85 Conference Held San Francisco, CA, U.S.A., 14-18 April 1985. Hrsg. von BORMAN, Lorraine; CURTIS, Bill; Amsterdam/New York/ Oxford 1985, S. 8 f.

brechungen zur Regeneration notwendig.[240] Die Wiederaufnahme der Arbeit mit dem Anwendungsprogramm nach der Unterbrechung erfordert die Bereitstellung umfangreicher Statusinformationen auf dem Bildschirm.[241] Weiterhin ist die Abspeicherung eines Aufsetzpunktes erforderlich, der nach der Unterbrechung die Orientierung und Fortsetzung der Arbeit erleichtert und einen Datenverlust bei einem Systemausfall vermeidet. Eine solche Abspeicherung von Aufsetzpunkten ist beispielsweise in Textverarbeitungssystemen durch das Abspeichern von Zwischenergebnissen zum Teil gewährleistet. In vielen anderen kommerziellen PC-Anwendungsprogrammen jedoch fehlt diese Funktion, was eine aufwendige Reorganisation und ein Suchen des Aufsetzpunktes z.B. nach einem Systemausfall zur Folge hat. Mittlere und große EDV-Anlagen bieten dagegen Wiederanlauffunktionen, die das Programmsystem bis zu einem definierten Aufsetzpunkt automatisch wieder starten.

3.3 Evaluierung der Gestaltungskriterien aufgrund psychologischer und arbeitswissenschaftlicher Forschungsergebnisse

Dieser Abschnitt befaßt sich mit der Auswertung und Zusammenfassung der im vorigen Abschnitt aufgezeigten und begründeten Gestaltungskriterien aufgrund psychologischer und arbeitswissenschaftlicher Forschungsergebnisse. Dabei wird besonders beachtet, in welchen Punkten sich einzelne Kriterien ergänzen oder miteinander konkurrieren bzw. sich zu Ober- und Unterzielen ordnen lassen.

Das zentrale, aus der psychologischen Forschung abgeleitete Gestaltungskriterium für eine Mensch-Maschine-Schnittstelle besteht in einer möglichst großen Übereinstimmung des *mentalen Modells*, das der Benutzers von seinem System besitzt, mit dem vom Systemdesigner definierten konzeptuellen Modell des Anwendungssystems.[242]

---

[240] Zu den verschiedenen Einflußgrößen und den erforderlichen Pausenzeiten vgl. ZWAHLEN, Helmut T.; HARTMANN, Andrea L.; RANGARAJULU, Sudhakar L.: Effects of Rest Breaks in Continuous VDT Work on Visual and Musculoskeletal Comfort/Discomfort and on Performance. In: Human-Computer Interaction. Hrsg. von SALVENDY, Gavriel; Amsterdam/Oxford/New York 1984, S. 315 ff.

[241] Die notwendigen Inhalte der Statusinformation einer Mensch-Maschine-Schnittstelle wurden bereits vorher erläutert. Vgl. S. 106.

[242] Vgl. S. 93 f.

Da das mentale Modell des Anwenders entscheidend von der zu bewältigenden Arbeitsaufgabe geprägt ist, läßt sich dieses Kriterium erweitern auf die Forderung nach der Identität

- des mentalen Modells des Benutzers von seiner Arbeitsaufgabe,
- des mentalen Modells des Benutzers von dem System, mit dessen Hilfe er die Aufgabe bearbeiten will und
- des konzeptuellen Modells, mit dessen Hilfe der Systemdesigner das Anwendungssystem erstellt hat.

Alle anderen Kriterien der Gestaltung einer Mensch-Maschine-Schnittstelle dienen lediglich der Ausgestaltung dieser zentralen Forderung und können ihr daher untergeordnet werden. Sie lassen sich in folgende vier Klassen von Anforderungen unterteilen:

a) Transparenz der Mensch-Maschine-Schnittstelle
b) Unterstützung der Bearbeitung einer Arbeitsaufgabe
c) Unterstützung der Arbeitsweise des Benutzers
d) Belastung und Lernen

Innerhalb der Klassen bauen die Kriterien aufeinander auf. Zwischen den Zielklassen existieren aber sowohl Überlappungen als auch konkurrierende Ziele, auf die in den folgenden Ausführungen eingegangen wird und aus denen sich Kompromisse in der Gestaltung einer Mensch-Maschine-Schnittstelle ergeben.

a) Transparenz der Mensch-Maschine-Schnittstelle

Das Kriterium der *Transparenz einer Mensch-Maschine-Schnittstelle*[243] bildet das Oberziel dieser Klasse von Anforderungen an die Gestaltung einer Mensch-Maschine-Schnittstelle. Es wird konkretisiert durch die folgenden aus der kognitiven

---

[243] Vgl. S. 123 f.

Psychologie abgeleiteten Kriterien zur Unterstützung menschlicher Informationsverarbeitung:

- *Wahrnehmungsperspektiven*[244]
- *Sinneskanalvielfalt*[245]
- *Aufmerksamkeitserfordernisse*[246]
- *Orientierung*[247]
- *Sensibilität für Bewegung*[248]

Diese Ziele bilden, zusammen mit der Forderung nach Entlastung des Kurzzeitgedächtnisses[249], den Rahmen für die Ausgestaltung des konzeptuellen Modells
einer für den Anwender transparenten Mensch-Maschine-Schnittstelle.

b) Unterstützung der Bearbeitung einer Arbeitsaufgabe

Maßnahmen, welche den Anwender bei der Bearbeitung seiner Aufgaben unterstützen, leiten sich aus den *Bedürfnissen und Fähigkeiten*[250] des Benutzers ab. Die
Berücksichtigung der individuellen Fähigkeiten des Anwenders in der Gestaltung
einer Mensch-Maschine-Schnittstelle umfaßt auch die *Anpaßbarkeit der Schnittstelle an seine vorhandenen Qualifikationen*[251].

Bei der Bearbeitung seiner Arbeitsaufgabe verfolgt der Anwender bestimmte auf-
gabenabhängige *Intentionen*[252], die durch seinen *persönlichen Arbeitsstil*[253] geprägt
werden. Diese Anforderungen sowie die Verwendung von *Kommunikationsfaktoren*[254], die mit menschlicher Kommunikation vergleichbar sind, müssen in der
Erstellung des konzeptuellen Modells des Systemdesigners von dem zu erstellen-
den Programm berücksichtigt werden.

---

[244] Vgl. S. 95 ff.
[245] Vgl. S. 103 f.
[246] Vgl. S. 105 f.
[247] Vgl. S. 106 f.
[248] Vgl. S. 107.
[249] Dieses Kriterium wurde in dieser Einteilung der Klasse Belastung und Lernen
zugeordnet, da es ebenfalls in enger Verbindung mit den Lern- und Entwicklungsmöglichkeiten der Anwender innerhalb einer Mensch-Maschine-Schnittstelle steht.
[250] Vgl. S. 90 ff.
[251] Vgl. S. 121 f.
[252] Vgl. S. 89 f.
[253] Vgl. S. 112 f.
[254] Vgl. S. 86 ff.

Die Einbeziehung persönlicher Arbeitsstile in die Gestaltung einer Mensch-Maschine-Schnittstelle wirft Probleme auf, da sich die Arbeitsstile mehrerer Anwender voneinander unterscheiden. Wenn mehrere Benutzer mit derselben Schnittstelle arbeiten, muß in diesem Punkt ein Kompromiß in ihrer Ausgestaltung gefunden werden.

Im Rahmen der Verwirklichung seiner Intentionen unter Berücksichtigung seines Arbeitsstils muß der Anwender *autonom* vorgehen können. Das heißt, sein mentales Modell von dem ihm zur Verfügung stehenden Anwendungssystem enthält Vorstellungen über

- *Strategien und Taktiken*[255], mit denen er sein Ziel erreichen möchte,
- *Verfahren*[256], die ihn dabei unterstützen und die an seine Intentionen anpaßbar sein müssen sowie
- *Aktivitäten*[257], die er durchführt, um seine Ziele zu erreichen.

Diese Forderungen, die unter dem Oberbegriff der *Autonomie*[258] zusammengefaßt werden können, erfordern die Bereitstellung einer Mensch-Maschine-Schnittstelle, die vom Anwender hinsichtlich der einzelnen Kriterien angepaßt werden kann.

Die Intentionen des Benutzers bestehen im wesentlichen in der Absicht, eine Arbeitsaufgabe nach seinen individuellen Vorstellungen zu bearbeiten. Die Mensch-Maschine-Schnittstelle muß ihm daher die Möglichkeit zur *fachlichen Interaktion*[259] mit seinem Anwendungssystem geben. Die Komplexität dieser Anforderungen zur fachlichen Interaktion wird durch die Vollständigkeit der vom Benutzer zu bearbeitenden Aufgabe bestimmt.

Die Forderung nach *ganzheitlicher Bearbeitung einer Arbeitsaufgabe*[260] entspricht den Intentionen des Anwenders, da er auch ein ganzheitliches mentales Modell seiner Arbeitsaufgabe besitzt. Werden komplexe Aufgabenstellungen ganzheitlich innerhalb eines Anwendungssystems abgebildet, so kann das Programmsystem sehr umfangreich werden und z.B. Eingabesequenzen über mehrere Bildschirme enthalten. Um die Anforderung nach ganzheitlicher Bearbeitung einer Arbeits-

---

[255] Vgl. S. 113 ff.
[256] Vgl. S. 115.
[257] Vgl. S. 121.
[258] Vgl. S. 115 f.
[259] Vgl. S. 120 f.
[260] Vgl. S. 116 ff.

aufgabe zu berücksichtigen, sind daher hohe Ansprüche an die Gestaltung einer Mensch-Maschine-Schnittstelle zu stellen, da dieses Ziel den Forderungen nach Transparenz, Entlastung des Kurzzeitgedächtnisses sowie der Unterstützung der Lern- und Entwicklungsmöglichkeiten entgegensteht.

c) Unterstützung der Arbeitsweise des Benutzers

Die Gestaltungskriterien zur Unterstützung der Arbeitsweise des Benutzers umfassen die Anforderungen

- *Arbeitsökonomie*[261],
- *Anforderungsvielfalt*[262] *und*
- *Arbeitstempospielraum*[263].

Das Ziel der Arbeitsökonomie leitet sich aus den Intentionen des Anwenders ab, welche darin bestehen, eine vorgegebene Arbeitsaufgabe möglichst schnell und effektiv bearbeiten zu können. Es steht jedoch in Konkurrenz zu den Anforderungen der Berücksichtigung persönlicher Arbeitsstile, der Entwicklung von Strategien/Taktiken und der Veränderung von Verfahren. Diese Kriterien erfordern einen Metadialog über die Ausgestaltung der Mensch-Maschine-Schnittstelle und implizieren daher einen zusätzlichen Aufwand zur individuellen Anpassung der Benutzerumgebung.

Das Ziel der Anforderungsvielfalt wurde ursprünglich auf den Wechsel von geistigen und körperlichen Tätigkeiten bezogen, enthält jedoch ebenfalls das Kriterium der ganzheitlichen Gestaltung einer Arbeitsaufgabe mit den Komponenten der Vorbereitung, Durchführung und Kontrolle einer Tätigkeit. Die Anforderung des Arbeitstempospielraums umfaßt die Bestimmung des Arbeitstempos und die Möglichkeit zur Unterbrechung der Arbeit.

d) Belastung und Lernen

Der Belastung des Anwenders bei der Durchführung seiner Arbeitsaufgabe wirken die im letzten Punkt genannten Forderungen nach Anforderungsvielfalt und Arbeitstempospielraum, vor allem aber das Kriterium der *Entlastung des Kurzzeitgedächtnisses*[264] entgegen. Diese Anforderung sowie die Berücksichtigung der *Lern-*

---

[261] Vgl. S. 118 ff.
[262] Vgl. S. 123.
[263] Vgl. S. 125 f.
[264] Vgl. S. 101 ff.

und Entwicklungsmöglichkeiten[265] konkurrieren jedoch mit der Forderung nach ganzheitlicher Bearbeitung einer Arbeitsaufgabe und dem Kriterium der Autonomie mit seinen Unterzielen. Die Berücksichtigung dieser Forderungen in der Implementierung eines Anwendungssystems führt zu einer komplexen Mensch-Maschine-Schnittstelle, die einen erhöhten Lernaufwand für neue Benutzer bedingt.

3.4 Beziehungen zwischen den dargestellten Gestaltungskriterien und den Zielen nach DIN 66234 und der GMD

In Abschnitt 2.1.2.2 wurden die Ziele nach DIN 66234, Teil 8, mit den Erweiterungen durch die Projektgruppe EVADIS der GMD dargestellt. Sie umfassen:

a) Aufgabenangemessenheit

b) Selbsterklärungsfähigkeit

c) Steuerbarkeit

d) Verläßlichkeit

e) Fehlerrobustheit

f) Erlernbarkeit

g) Übersichtlichkeit

h) Flexibilität

Dieser umfassende Ansatz für die Gestaltung einer Mensch-Maschine-Schnittstelle wird nunmehr detailliert dargestellt, indem die Anforderungen der DIN-Norm in bezug auf die folgenden Fragen untersucht werden:

- Welche Forderungen decken sich mit den Gestaltungszielen aufgrund psychologischer und arbeitswissenschaftlicher Forschungsergebnisse?
- In welchen Bereichen enthält die DIN-Norm Ergänzungen zu den in Abschnitt 3.2 formulierten Anforderungen und in welchen Punkten gehen diese Forderungen über die Kriterien der Norm hinaus?

---

[265] Vgl. S. 108 ff.

a) Aufgabenangemessenheit

Die Mensch-Maschine-Schnittstelle soll den Benutzer bei der Erledigung seiner eigentlichen Arbeitsaufgabe unterstützen.[266] "Das System muß die Ausbildung aufgabenangemessener kognitiver Strukturen (...) fördern."[267] Die bereits erörterten unterschiedlichen Aspekte der Aufgabenangemessenheit[268] einer Mensch-Maschine-Schnittstelle zeigen, daß das globale Ziel, die Bearbeitung der eigentlichen Arbeitsaufgabe des Benutzers zu unterstützen, einer Differenzierung bedarf. Die DIN-Norm enthält daher folgende Unterziele der Aufgabenangemessenheit:[269]

- Arbeiten, die sich aus technischen Eigenarten des EDV-Systems ergeben, sollen vom Programmsystem selbst ausgeführt werden.[270]
- Die Gestaltung einer Mensch-Maschine-Schnittstelle soll die Komplexität der Arbeitsinhalte[271] sowie Art und Umfang der Information, die der Benutzer zu verarbeiten hat,[272] berücksichtigen.
- Art und Form der Eingabe sollen der Arbeitsaufgabe angepaßt sein.[273] Die Berücksichtigung dieses Kriteriums erfordert die Verfügbarkeit adaptierbarer bzw. adaptiver Mensch-Maschine-Schnittstellen.[274]
- Die im Dialog verfügbaren Arbeitsmittel sollen regelmäßig wiederkehrenden Arbeitsaufgaben des Benutzers angepaßt werden können.[275]

---

[266] Vgl. Deutsches Institut für Normung e.V.: DIN 66234, Teil 8. Bildschirm-arbeitsplätze ..., a.a.O., S. 3.

[267] BÖSSER, Tom: Lernanforderungen als Gestaltungsgrundlage für die Mensch-Maschine Schnittstelle von Rechnern. In: Informatik-Fachberichte Nr. 120. Kognitive Aspekte der Mensch-Computer-Interaktion. Hrsg. von DIRLICH, Gerhard; FREKSA, Christian; SCHWATLO, Uta; WIMMER, Klaus; Berlin/ Heidelberg 1986, S. 81.

[268] Sie umfassen die im Rahmen der Diskussion der Maßnahmen zur Förderung der Persönlichkeit aufgeführten Punkte. Vgl. S. 108 ff.

[269] Vgl. Deutsches Institut für Normung e.V.: DIN 66234, Teil 8. Bildschirm-arbeitsplätze ..., a.a.O., S. 3 f.

[270] Diese Anforderung wurde bereits in der Diskussion der Unterstützung der Ganzheitlichkeit bei der Bearbeitung einer Arbeitsaufgabe behandelt und dahingehend konkretisiert, daß jede extern vorgegebene Aufgabe eindeutig auf eine interne Aufgabe, die mit dem Programmsystem durchzuführen ist, abgebildet werden kann. Vgl. S. 117 f.

[271] Vgl. S. 113 ff.

[272] Vgl. vor allem die Aspekte der Wahrnehmungsperspektiven, der Entlastung des Kurzzeitgedächtnisses und der Sinneskanalvielfalt, S. 95 ff.

[273] Vgl. S. 112 f. sowie S. 120 f.

[274] Vgl. S. 90 ff.

[275] Diese Forderung umfaßt zum einen die Verfügbarkeit einer adaptierbaren Mensch-Maschine-Schnittstelle, zum anderen erfordert sie die Möglichkeit der Definition von Makrofunktionen. Vgl. S. 113 ff. und S. 120.

Folgende Forderungen der DIN 66234, Teil 8, gehen über den bisher diskutierten Gestaltungsrahmen hinaus:

- Wenn für ein Eingabefeld Vorbelegungen existieren, so sollten diese auf dem Bildschirm angezeigt werden, um dem Benutzer die erneute Eingabe dieser Werte zu ersparen. Die vorgesteuerten Werte müssen verändert, überschrieben, in einzelnen Zeichen oder insgesamt gelöscht oder unverändert durch Eingabe der Return-Taste übernommen werden können.
- Während der Erledigung einer Arbeitsaufgabe soll das Programm die Daten, welche der Anwender durch seine Aktionen im Rahmen der Durchführung der Aufgabe ändert, in der ursprünglichen Form erhalten. Diese Daten können zum einen für Vergleichszwecke herangezogen werden, zum anderen stellt die Übernahme der ursprünglichen Daten eine leicht zu realisierende UNDO-Funktion dar.

b) Selbsterklärungsfähigkeit

Die durch die Mensch-Maschine-Schnittstelle bereitgestellte Dialogumgebung muß unmittelbar verständlich sein. Der Benutzer kann sich an beliebiger Stelle des Dialogablaufs Hilfen anzeigen lassen.[276]

- Die Hilfen müssen zum einen grundlegendes Basiswissen über den Leistungsumfang der Arbeitsmittel und die Voraussetzungen für die Anwendung enthalten[277].
- Zum anderen wird eine kontextabhängige Unterstützung innerhalb einer Mensch-Maschine-Schnittstelle gefordert und näher spezifiziert:[278]
  - Der Benutzer soll sich durch das Hilfe-System zweckmäßige Vorstellungen von den Möglichkeiten zur Erledigung einer Arbeitsaufgabe machen können. Dazu gehören z.B. Angaben über den Umfang der Arbeitsmittel, den Aufbau des Dialogs, die Benutzung des Hilfe-Systems oder den Umgang mit Fehlermeldungen. Die gebotenen Hilfen sollen, wenn möglich, durch Beispiele unterstützt werden.
  - Die Hilfe-Texte müssen in ihrer Syntax die Kenntnisse des Benutzers berücksichtigen, d.h. sie sind in deutscher Sprache unter Verwendung beruflicher Fachausdrücke zu erstellen.[279] Sie sollen außerdem die Vertrautheit des Benutzers mit dem System beachten.

---

[276] Vgl. Deutsches Institut für Normung e.V.: DIN 66234, Teil 8. Bildschirmarbeitsplätze ..., a.a.O., S. 5 f.

[277] Vgl. S. 106 f.

[278] Vgl. Deutsches Institut für Normung e.V.: DIN 66234, Teil 8. Bildschirmarbeitsplätze ..., a.a.O., S. 5 f.
Vgl. ebenso S. 106 f. sowie S. 123 f.

[279] Vgl. S. 96 f.

- Die Hilfestellung muß den Arbeitskontext berücksichtigen und in Art und Umfang vom Benutzer beeinflußbar sein. Dies kann z.B. eine mehrstufige Hilfefunktion bieten, die in der ersten Stufe eine kurze kontextbezogene Erläuterung des Befehls bereitstellt und in einer zweiten Stufe die Funktionen detaillierter behandelt und anhand von Beispielen erklärt.

c) Steuerbarkeit

Die Steuerbarkeit eines Dialogs umfaßt die Bestimmung seines zeitlichen Ablaufs, seiner Geschwindigkeit und der Reihenfolge der einzelnen Dialogschritte. Der Benutzer muß die Geschwindigkeit seines Arbeitsablaufs selbst bestimmen können. Er darf nicht durch unnötiges Warten auf die Ausgaben abgeschlossener Dialogschritte aufgehalten werden.[280]

- Der Anwender sollte die Möglichkeit besitzen, im Rahmen seiner Arbeitsaufgabe die Arbeitsmittel frei zu wählen und sich für einen Arbeitsweg zu entscheiden.[281]
- Die Mensch-Maschine-Schnittstelle soll dem Benutzer ermöglichen, in klar definierten und leicht überschaubaren Dialogschritten vorzugehen und, wenn es die Arbeitsaufgabe erlaubt, mehrere Dialogschritte zusammenzufassen.[282]
- Der Mensch-Computer-Dialog soll an jeder beliebigen Stelle durch den Anwender unterbrochen werden können, soweit es die Arbeitsaufgabe zuläßt oder erfordert. Nach der Unterbrechung soll der Anwender aufgrund von abgespeicherten Zwischenergebnissen an derselben Stelle weiterarbeiten können. Dieser Wiederaufnahmepunkt ist in jedem Fall bei Fortsetzung des Dialogs mitzuteilen.[283]
- Die Informationsdichte der Darstellung auf dem Bildschirm darf den Benutzer nicht überfordern. Sie sollte daher durch den Anwender steuerbar sein und auf die für den Arbeitsschritt notwendigen Informationen beschränkt werden.[284]

Bisher wurde die Forderung, Aktionen mittels einer UNDO-Funktion zurückzunehmen, nicht diskutiert:

- Die Mensch-Maschine-Schnittstelle muß dem Benutzer erlauben, den letzten Dialogschritt oder, wenn möglich, auch mehrere zusammenhängende Dialogschritte zurücknehmen zu können. Die Rücknahme der Aktionen muß exakt den

---

[280] Vgl. Deutsches Institut für Normung e.V.: DIN 66234, Teil 8. Bildschirmarbeitsplätze ..., a.a.O., S. 6 ff.
Vgl. ebenso S. 125 f.
[281] Vgl. S. 112 f.
[282] Vgl. S. 123 f. und S. 120.
[283] Vgl. S. 126 f.
[284] Vgl. S. 105.

Zustand vor ihrer Durchführung wiederherstellen. Eine UNDO-Funktion kann z.B. innerhalb eines Menü-Systems sinnvoll sein, um Fehler in der Anwahl einzelner Menüpunkte zu revidieren und in die vorhergehende Ebene des Menübaumes zurückzukehren.

- Enthält der Dialog nicht zurücknehmbare Aktionen, so muß das Programmsystem den Benutzer hierauf hinweisen und sich die Aktion nochmals bestätigen lassen. Solche kritischen, nicht behebbaren Aktionen sind z.B. das Löschen von Dateien oder das Formatieren von Datenträgern.

d) Verläßlichkeit

Das Programmsystem sollte sich den Erwartungen des Anwenders entsprechend verhalten. Diese werden durch Erfahrungen aus der Arbeit mit Programmsystemen und aus der Verrichtung seiner Arbeitsvorgänge ohne Computer bestimmt.[285]

- Alle von einem Benutzer verwendeten Programme müssen ein einheitliches Dialogverhaltens aufweisen. Dadurch wird eine unnötige Belastung aufgrund der Anpassung an wechselnde Durchführungsbedingungen vermieden.
- Ähnliche Arbeitsaufgaben bedingen eine ähnliche Gestaltung des Dialogs.[286]
- Auf Aktionen des Anwenders müssen Rückmeldungen des Programms folgen. Es sollte nach einer Tastatureingabe die hierdurch angewählte Funktion im Klartext auf dem Bildschirm anzeigen. Nach dem Ausführen von Funktionen sollte ihre korrekte Durchführung vom Programm bestätigt bzw. das Ergebnis auf dem Bildschirm dargestellt werden.[287]
- Bei vergleichbaren Aufgaben dürfen die Antwortzeiten nicht stark differieren, um den Erwartungen des Anwenders zu entsprechen.[288]
- Verzögerungen der Antwort, der jeweils aktuelle Stand der Bearbeitung oder Systemausfälle sind dem Anwender ebenfalls anzuzeigen.[289]

---

[285] Vgl. Deutsches Institut für Normung e.V.: DIN 66234, Teil 8. Bildschirmarbeitsplätze ..., a.a.O., S. 8 ff.

[286] Zu den ersten beiden Punkten vgl. S. 95 ff. und S. 86 ff.

[287] Vgl. S. 123 f.

[288] Diese Aspekte, sowie die Länge der vom Benutzer akzeptierten Antwortzeiten, wurden auf S. 125 ff. erörtert.

[289] Vgl. S. 126 f.

e) Fehlerrobustheit[290]

Die Anforderungen der DIN-Norm 66234, Teil 8, zum Aspekt der Fehlerrobustheit besagen:[291]

- Trotz fehlerhafter Eingabedaten muß ein beabsichtigtes Ergebnis erreicht werden (Fehlertoleranz).

- Die Forderung nach Fehlertoleranz enthält die automatische Korrektur eindeutig korrigierbarer Fehler, so daß das erwünschte Arbeitsergebnis trotz fehlerhafter Eingabedaten erreicht wird. Eine automatische Fehlerkorrektur bietet z.B. das Textverarbeitungsprogramm Witchpen[292]. Tippfehler werden von diesem Programm automatisch verbessert. Diese Form der Rechtschreibkorrektur kann jedoch zu unerwünschten Ergebnissen führen, wenn ein Wort nicht im Wörterbuch enthalten ist.

- Bei nicht automatisch korrigierbaren Fehlern darf keine erneute Durchführung der vorangegangenen Arbeitsschritte erforderlich sein. Die Fehlerroutine muß den Anwender bei der Fehlerkorrektur unterstützen. Ein Beispiel für eine halbautomatische Korrektur von Fehlern stellt das Rechtschreibkorrektur-Programm Turbo Lightning[293] dar. Ein Schreibfehler löst ein akustisches Signal aus. Auf Tastendruck erscheint ein Fenster mit Vorschlägen für die Korrektur des Wortes, von denen ein Begriff ausgewählt werden kann.

- Bei jedem Fehler muß der Benutzer eine Rückmeldung erhalten.

- Das Programm muß dem Benutzer Fehler erklären und einen Weg zu ihrer Behebung aufzeigen (Fehlertransparenz). Diese Forderung besagt, daß ein Fehler rechtzeitig im Arbeitsablauf für den Benutzer verständlich, sachlich und konstruktiv erläutert wird. Die Meldung muß Anregungen zur Fehlerbehebung enthalten. Eine fehlerhafte Datumseingabe kann z.B. zu folgender, dieser Anforderung entsprechenden, Meldung führen: "Diese Eingabe ist als Geburtsdatum nicht interpretierbar; bitte folgendes Eingabeformat beachten: Tag, Monat, Jahr."[294]

---

[290] Die Forderung nach Fehlerrobustheit wurde bisher nur im Rahmen der Strukturierung von Bildschirminhalten und der Gestaltung von Fehlermeldungen bei einem Orientierungsverlust untersucht.
Vgl. S. 106 f.

[291] Vgl. Deutsches Institut für Normung e.V.: DIN 66234, Teil 8. Bildschirmarbeitsplätze ..., a.a.O., S. 10 ff.

[292] Witchpen ist ein Produkt der Hannes Keller Witch Systems AG, Zürich.

[293] Turbo Lightning ist ein Produkt der Borland International Inc., Scotts Valley.

[294] Deutsches Institut für Normung e.V.: DIN 66234, Teil 8. Bildschirmarbeitsplätze ..., a.a.O., S. 11.

f) Erlernbarkeit

Bei der Unterstützung der leichten Erlernbarkeit eines Programmsystems ist besonders die Vermeidung geistiger Unterforderung des Anwenders zu beachten.[295]

g) Übersichtlichkeit

Die Forderung nach einer übersichtlichen Mensch-Maschine-Schnittstelle bezieht sich auf die Aspekte der "Anordnung von Daten auf dem Bildschirm, auf die übersichtliche Gestaltung der Kommandozeilen, Systemhilfen etc."[296]

h) Flexibilität

Die Forderung nach Flexibilität bezieht sich auf die Anpaßbarkeit eines Programmsystems an eine schrittweise zunehmende Beherrschung des Systems durch den Benutzer.[297]

Die Forderung der DIN 66234, Teil 8, nach Aufgabenangemessenheit einer Mensch-Maschine-Schnittstelle geht in den Punkten der Vorsteuerung vorbelegter Variableninhalte und des Erhaltens der ursprünglichen Daten während der Ausführung einer Arbeitsaufgabe über die aus psychologischer oder arbeitswissenschaftlicher Forschung resultierenden Anforderungen hinaus.[298] Der Aspekt der Steuerbarkeit einer Mensch-Maschine-Schnittstelle enthält die in dieser Arbeit bisher nicht behandelte Forderung nach Zurücknahme eines oder mehrerer Dialogschritte im Rahmen einer UNDO-Funktion; auf nicht zurücknehmbare Aktionen muß das Programmsystem den Benutzer gesondert hinweisen.[299] Die Anforderung der Fehlerrobustheit eines Programmsystems wurde im bisher behandelten arbeitswissenschaftlichen und psychologischen Kontext nicht behandelt. Die in Punkt e) dargestellten Forderungen nach Fehlertoleranz und Fehlertransparenz bilden eine notwendige Erweiterung der vorher erwähnten Gestaltungskriterien.[300]

---

[295] Vgl. MURCHNER, Bernd; OPPERMANN, Reinhard; PAETAU, Michael; PIEPER, Michael; SIMM, Helmut; STELLMACHER, Imant: EVADIS ..., a.a.O., S. 313.
Vgl. ebenso S. 108 ff.

[296] MURCHNER, Bernd; OPPERMANN, Reinhard; PAETAU, Michael; PIEPER, Michael; SIMM, Helmut; STELLMACHER, Imant: EVADIS ..., a.a.O., S. 313.
Vgl. ebenso S. 95 ff.

[297] Vgl. MURCHNER, Bernd; OPPERMANN, Reinhard; PAETAU, Michael; PIEPER, Michael; SIMM, Helmut; STELLMACHER, Imant: EVADIS ..., a.a.O., S. 313.
Vgl. ebenso S. 90 ff.

[298] Vgl. S. 133 f.

[299] Vgl. S. 135 f.

[300] Vgl. S. 137.

Die Forderungen nach Selbsterklärungsfähigkeit und Verläßlichkeit sind ebenso wie die Aspekte der Erlernbarkeit, Übersichtlichkeit und Flexibilität eines Programmsystems in Abschnitt 3.2 dieser Arbeit bereits vollständig erörtert worden.

Andere, in der DIN-Norm 66234, Teil 8, nicht definierte, Aspekte der Gestaltung einer Mensch-Maschine-Schnittstelle kommen aus dem Bereich psychologischer Forschung zur Unterstützung der Mensch-Computer Kommunikation. Es handelt sich um die Forderungen nach Berücksichtigung der Benutzer-/Anwender-Intentionen und der mentalen Modelle des Benutzers über sein Programmsystem.[301] Aus dem Gebiet der Unterstützung menschlicher Informationsbearbeitung fehlt in der DIN-Norm die Berücksichtigung menschlicher Sensibilität für Bewegung.[302] Außerdem sind aus dem Gebiet der arbeitswissenschaftlichen Forschung zur Förderung der Persönlichkeit die Kriterien der Unterstützung ausreichender Aktivitätsmöglichkeiten und der Anpaßbarkeit an vorhandene Qualifikationen in DIN 66234 nicht berücksichtigt.[303] Die Förderung der Zumutbarkeit ist aber bis auf den Aspekt der Anforderungsvielfalt vollständig in der DIN-Norm repräsentiert.[304] Zusätzlich zu diesen Ergänzungen der Norm bilden die Gestaltungsziele aufgrund psychologischer und arbeitswissenschaftlicher Forschung eine sinnvolle Differenzierung der in der DIN-Norm 66234, Teil 8, enthaltenen Forderungen.

---

[301] Vgl. S. 89 f. und S. 93 f.
[302] Vgl. S. 107.
[303] Vgl. S. 121 f.
[304] Vgl. S. 122 ff.

4 Konkretisierungsphase der Entwicklung einer Mensch-Maschine-Schnittstelle und Integration in einen erweiterten Maskengenerator

Nach einer das Anforderungsprofil des erweiterten Maskengenerators berücksichtigenden Selektion der Anforderungen an die Mensch-Maschine-Schnittstelle in Abschnitt 4.1 werden die in den Abschnitten 3.2 und 3.3 auf einer abstrakten Ebene dargestellten Dialogformen hinsichtlich ihrer Struktur spezifiziert (Abschnitt 4.2).[1] Diese Festlegung der konkreten Dialogformen sowie ihre Abfolge im Programmablauf bilden den Inhalt der hier dargestellten *Konkretisierungsphase*. Abschnitt 4.3 befaßt sich mit dem Aufbau des erweiterten Maskengenerators. Dabei werden auch seine Schnittstellen zu den nachfolgenden Phasen der Software-Entwicklung erläutert.

Die Darstellung der Möglichkeiten des erweiterten Maskengenerators zur Unterstützung der Benutzerbeteiligung bei der Programmerstellung in Abschnitt 4.4 beschließt die Konkretisierungsphase.

4.1 Selektion der Anforderungen an die Gestaltung der Mensch-Maschine-Schnittstelle eines erweiterten Maskengenerators

In Abschnitt 3.3 wurden bereits konkurrierende Ziele in der Gestaltung einer Mensch-Maschine-Schnittstelle aufgezeigt. Die Berücksichtigung dieser Konkurrenzaspekte, die Einbeziehung der Erfordernisse, die sich aus dem Anwendungsbereich der Erstellung kommerzieller Anwendungssysteme ergeben, sowie die Gewährleistung der Portabilität der Schnittstelle führen zu einer Abgrenzung der Anforderungen an die in diesem Kapitel konkretisierte Mensch-Maschine-Schnittstelle.

---

[1] Dehning et. al. sprechen von einer Grundstruktur des Dialogs, die durch abstrakte Dialogtypen gekennzeichnet ist und der Darstellung dieser abstrakten Dialogtypen mittels konkreter, in Syntax und Semantik festgelegter, Dialogtypen. Vgl. DEHNING, Waltraud; ESSIG, Heidrun; MAASS, Susanne: Zur Anpassung virtueller Mensch-Rechner-Schnittstellen ..., a.a.O., S. 116.

Für die im folgenden vorgenommene Selektion der Gestaltungskriterien wird die in Abschnitt 3.3 definierte Unterteilung der Gestaltungskriterien verwendet:[2]

a) Transparenz der Mensch-Maschine-Schnittstelle
b) Unterstützung der Bearbeitung einer Arbeitsaufgabe
c) Unterstützung der Arbeitsweise des Benutzers
d) Belastung und Lernen

a) Transparenz der Mensch-Maschine-Schnittstelle

Die hier vorgestellte Mensch-Maschine-Schnittstelle berücksichtigt die Anforderungen an die Transparenz der Mensch-Maschine-Schnittstelle[3] vollständig. Dieser Forderung lassen sich als Unterziele die Berücksichtigung von

- Wahrnehmungsperspektiven,
- Sinneskanalvielfalt,
- Aufmerksamkeitserfordernissen,
- Orientierung und
- Sensibilität für Bewegung

zuordnen.

Einschränkungen des Aspekts der Berücksichtigung von Wahrnehmungsperspektiven[4] müssen in folgenden Punkten vorgenommen werden:

- Durch die Gewährleistung der Portabilität auf beliebige kleine und mittlere DV-Anlagen unterstützt die Mensch-Maschine-Schnittstelle Graphik nicht.
- Das Prinzip der Anordnung der Informationen nach Wichtigkeit wird lediglich im Maskengenerator durchbrochen, der, bedingt durch seine Aufgabenstellung, einen Meldungs- und Kommandoblock am unteren Rand des Bildschirms anzeigt.

Die übrigen Aspekte der Unterstützung von Wahrnehmungsperspektiven, wie Wortwahl, Strukturierung des Bildschirminhalts sowie Einsatz von Farben und Hervorhebungen werden in der Gestaltung der Mensch-Maschine-Schnittstelle jedoch berücksichtigt.

---

[2] Vgl. S. 128.
[3] Vgl. S. 123 f.
[4] Vgl. S. 95 ff.

Die in diesem Kapitel konkretisierte Mensch-Maschine-Schnittstelle berücksichtigt die anderen oben genannten Kriterien[5] der Unterstützung der Sinneskanalvielfalt, Aufmerksamkeit, Orientierung und Sensibilität für Bewegung.

b) Unterstützung der Bearbeitung einer Arbeitsaufgabe

Die adaptierbare Mensch-Maschine-Schnittstelle des erweiterten Maskengenerators gewährleistet die Forderungen nach Unterstützung der Bedürfnisse und Fähigkeiten des Benutzers sowie die Anpaßbarkeit an vorhandene Qualifikationen vollständig.

Die Einheitlichkeit der Mensch-Maschine-Schnittstelle im erweiterten Maskengenerator und in den generierten Anwendungsprogrammen unterstützt die - auf den Intentionen des Anwenders basierende - Kommunikation zwischen Mensch und Computer.[6] Die Forderung nach Berücksichtigung der persönlichen Arbeitsstile[7] des Benutzers erfordert eine adaptierbare Mensch-Maschine-Schnittstelle, die innerhalb des erweiterten Maskengenerators mit spezifischen Voreinstellungen belegt wird.

Die Forderungen nach Autonomie[8] des Anwenders bei der Bearbeitung seiner Arbeitsaufgabe mit den Möglichkeiten der Entwicklung von Strategien und Taktiken, der Veränderung von Verfahren sowie der Forderung nach ausreichenden Aktivitätsmöglichkeiten[9] werden in der Mensch-Maschine-Schnittstelle des erweiterten Maskengenerators eingeschränkt, da der Benutzer so geführt wird, daß auch ein ungeübter Anwender Programme an seine Bedürfnisse anpassen kann. Diese Forderungen in dem generierten Anwendungssystem zu gewährleisten, liegt in der Verantwortung der Personen, welche die zu dem System gehörenden Anwendungsprogramme erstellen.

Diese Aussage gilt ebenfalls für die Unterstützung fachlicher Interaktion und der ganzheitlichen Bearbeitung einer Arbeitsaufgabe mit den vom Anwender erstellten Programmen.[10] Die Gestaltung des erweiterten Maskengenerators berücksichtigt diese Forderungen jedoch in ihren wesentlichen Ausprägungen.[11] Lediglich die

---

[5] Vgl. S. 103 ff.
[6] Vgl. S. 89 f. und S. 86 ff.
[7] Vgl. S. 112 f.
[8] Vgl. S. 115 f.
[9] Vgl. S. 113 ff., S. 115 und S. 121.
[10] Vgl. S. 120 f. und S. 116 ff.
[11] Vgl. S. 197 ff. und S. 224 f.

Unterstützung der ganzheitlichen Bearbeitung einer Arbeitsaufgabe ist dahingehend eingeschränkt, daß dieses Werkzeug die Software-Entwurfsphasen nicht unterstützt, sondern in seinem Funktionsumfang auf die evolutionäre Programmentwicklung und die Wartung der Anwendungsprogramme beschränkt ist.

c) Unterstützung der Arbeitsweise des Benutzers

Die Mensch-Maschine-Schnittstelle des erweiterten Maskengenerators unterstützt die Forderung nach Arbeitsökonomie dahingehend, daß sie dem Anwender ermöglicht, ähnliche Masken und Felder zur Erstellung neuer Komponenten zu kopieren und zu verändern. Die Definition von Makros zur Zusammenfassung häufig verwendeter Befehlsfolgen wird im Rahmen des hier konkretisierten Prototypen durch PC-Programme realisiert.

Die Mensch-Maschine-Schnittstelle des erweiterten Maskengenerators unterstützt das Kriterium der Anforderungsvielfalt[12] in dem Umfang, wie es mit der Ganzheitlichkeit der Bearbeitung des Aufgabenspektrums der Programmerstellung übereinstimmt.

Der erweiterte Maskengenerator gewährleistet die Untertützung des Arbeitstempospielraums[13] des Anwenders dadurch, daß er dem Benutzer keinen Arbeitstakt vorgibt und nach einer Unterbrechung der Arbeit der aktuelle Status einer unterbrochenen Programmerstellung vollständig auf dem Bildschirm angezeigt wird.

d) Belastung und Lernen

Die Entlastung des Kurzzeitgedächtnisses setzt voraus, daß die auf dem Bildschirm angezeigten Inhalte jederzeit die zur Bearbeitung eines Arbeitsschrittes benötigten Informationen und den Zustand der Bearbeitung umfassen.[14] Die Gestaltung der Mensch-Maschine-Schnittstelle des erweiterten Maskengenerators erfüllt diese Anforderungen vollständig.

Die Lern- und Entwicklungsmöglichkeiten[15] werden durch einen Menü- und einen zweistufigen kontextbezogenen Hilfemodus unterstützt, die, zusätzlich zum Kommandomodus für erfahrene Anwender, jederzeit interaktiv zur Verfügung stehen.

---

[12] Vgl. S. 123.
[13] Vgl. S. 125 ff.
[14] Vgl. S. 101 ff.
[15] Vgl. S. 108 ff.

4.2 Festlegung der Struktur einer Mensch-Maschine-Schnittstelle

Dieser Abschnitt befaßt sich mit den verschiedenen, innerhalb der Schnittstelle zur Verfügung stehenden Arbeitsumgebungen und untersucht die Anwendbarkeit der in Abschnitt 3.2 aufgestellten theoretischen Anforderungen an die Gestaltung einer Mensch-Maschine-Schnittstelle.[16] Hierbei wird von generellen Aspekten der Dialoggestaltung ausgegangen. Anschliessend werden spezielle Bestandteile der Dialogumgebung, wie der Einsatz von Fenstertechnik, der Aufbau von Meldungen, die Fehlervermeidung und -behandlung sowie verschiedene Hilfefunktionen erläutert. Die Möglichkeiten zur Realisierung der verschiedenen Aspekte werden an Beispielen aus der Literatur erläutert und anschließend jeweils in ihrer Verwendung in der Mensch-Maschine-Schnittstelle des erweiterten Maskengenerators konkretisiert.

4.2.1 Eine adaptierbare Mensch-Maschine-Schnittstelle mit der Entscheidung des Benutzers für eine Dialogumgebung

Viele herkömmliche Programmsysteme bieten dem Benutzer inflexible und starre Mensch-Maschine-Schnittstellen. Sie stellen ihm eine in den Kommandos festgelegte Oberfläche zur Verfügung, an die sich der Anwender anpassen muß. Zu den Befehlen muß oft eine in ihren Inhalten und ihrer Reihenfolge starre Parameterfolge eingegeben werden.[17] Ein Beispiel für solch ein parameterisiertes Kommando bietet die Mensch-Maschine-Schnittstelle des Zeileneditors "EDLIN". Der Befehl "9,14,35 M" verschiebt (MOVE) die Zeilen 9 bis 14 zur Zeilennummer 35.[18]

Um die Anpaßbarkeit der Mensch-Maschine-Schnittstelle an die individuellen Bedürfnisse und Fähigkeiten des Anwenders zu gewährleisten, wurde bereits die Forderung nach adaptierbaren Schnittstellen erhoben.[19]
Ein Anwender, der über einen längeren Zeitraum mit einem Programmsystem arbeitet, erwirbt sich während dieser Zeit eine hohe Kompetenz in der Bedienung der Dialogumgebung. Das verwendete Programmsystem muß somit an die verän-

---

[16] Vgl. GAINES, Brian R.; SHAW, Mildred L. G.: Foundations of Dialogue Engineering: The Development of Human-Computer Interaction. Part II. "International Journal of Man-Machine Studies", Vol. 24, Nr. 2, 1986, S. 117.

[17] Vgl. SCHMITT, Alfred A.: Dialogsysteme. Kommunikative Schnittstellen, Software-Ergonomie und Systemgestaltung. Mannheim/Wien/Zürich 1983, S. 126.

[18] Vgl. IBM Deutschland GmbH (Hrsg.): Using Disc Operating System, Version 4.00. Kopenhagen 1988, S. 182.

[19] Vgl. S. 90 ff.

derte Kompetenz des Benutzers angepaßt werden.[20] Die Gestaltungsmöglichkeiten, welche durch eine adaptierbare Mensch-Maschine-Schnittstelle bereitzustellen sind, umfassen:[21]

a) Interaktionstechnik
b) Informationscodierung
c) Namensgebung
d) Defaults
e) Definition von Aktionssequenzen

a) Interaktionstechnik

Dem Anwender stehen zur Arbeit mit einem Programm grundsätzlich die drei Techniken der Kommando-, Menü- und Hilfe-Interaktion zur Verfügung. In einer adaptierbaren Mensch-Maschine-Schnittstelle kann er definieren, welches die von ihm bevorzugte Interaktionsumgebung ist.[22]
Viele existierende Anwendungsprogramme bieten dem Benutzer entweder eine Menüumgebung oder aber einen Kommandomodus zur Interaktion mit dem System an.[23] Innerhalb des Hilfesystems kann der Benutzer solcher Systeme in der Regel keine Programmfunktionen aufrufen, um Verarbeitungen des Anwendungsprogramms durchzuführen. Die Auswahl einer Interaktionstechnik enthält damit folgende, grundsätzliche Anforderungen:

1. Bereitstellung von Kommando-, Menü- und Hilfemodus,
2. Verfügbarkeit der Funktionalität des Anwendungsprogramms in allen drei Modi,
3. Verwendung derselben Syntax in der Befehlswahl in allen Modi.[24]

---

[20] Vgl. MÖLLER, Holger; ROSENOW, Elke: Benutzermodellierung ..., a.a.O., S. 114 f.
Vgl. ebenso S. 121 f.
[21] Vgl. BAUER, Joachim; HERCZEG, Michael: Software-Ergonomie durch wissensbasierte Systeme. In: Software-Ergonomie '85. Mensch-Computer-Interaktion. Hrsg. von BULLINGER, Hans-Jörg; Stuttgart 1985, S. 114.
[22] Vgl. S. 113 und S. 120.
[23] Vgl. BADRE, Albert N.: Designing Transitionality into the User-Computer Interface, a.a.O., S. 28.
[24] Vgl. ebenda, S. 29.

b) Informationscodierung

Die Möglichkeiten der Informationscodierung umfassen die Maßnahmen zur Bildschirmgestaltung und Wahrnehmung von Meldungen. Dies sind im einzelnen:

- Anforderungen an den Maskenaufbau[25]
- Gestaltung durch Farbe, Helligkeit und Größe[26]
- Einsatz von akustischen Signalen[27]
- Unterstützung der Sensibilität für Bewegung[28]

Die hier vorgestellte Mensch-Maschine-Schnittstelle eines erweiterten Maskengenerators orientiert sich insofern an diesen Anforderungen der Bildschirmgestaltung, als der Anwender in der vorletzten Zeile des Bildschirms seine Kommandos eingibt, während die letzte Zeile der Ausgabe von Meldungen dient. Dem mit Hilfe des Maskengenerators erstellten Anwendungsprogramm stehen diese beiden Zeilen als Meldungsbereich zur Verfügung.

Die Gestaltungsmöglichkeiten hinsichtlich Farbe, Intensität und Größe der Darstellung hängen vom verwendeten Terminaltyp ab. Das vorliegende System berücksichtigt lediglich die Gestaltungsmerkmale der Farbe und der Helligkeit einer Anzeige.

Akustische Signale werden in der Mensch-Maschine-Schnittstelle des erweiterten Maskengenerators bei der Anzeige von Fehler- und Warnmeldungen verwendet, wenn die ausgegebene Meldung die weiteren Interaktionen beeinflußt.

Eine Alternative zur Ausgabe eines akustischen Signals stellt eine blinkende Anzeige von Fehler- und Warnmeldungen dar, da der Anwender durch die Sensibilität des Menschen für Bewegungen seine Aufmerksamkeit auf die Meldung richtet.

c) Namensgebung

Die Anforderung einer anpaßbaren Namensgebung enthält die Möglichkeiten zur Veränderung von Funktionsbezeichnungen, zur Anpassung von Meldungen an die Anforderungen des Anwenders sowie zur Adaptierung von Hilfe-Anweisungen.[29] Die beiden letztgenannten Adaptionsmöglichkeiten beeinflussen den Benutzer in seiner Interaktion mit dem System kaum. Die Forderung nach Umdefinition der

---

[25] Vgl. S. 97 ff.
[26] Vgl. S. 100 f.
[27] Vgl. S. 104.
[28] Vgl. S. 107.
[29] Vgl. BENDA, Heike von: Aspekte der Dialoggestaltung für Bildschirmarbeitsplätze in der Verwaltung. In: Software-Ergonomie '85. Mensch-Computer-Interaktion. Hrsg. von BULLINGER, Hans-Jörg; Stuttgart 1985, S. 203 f. Vgl. ebenso S. 92.

Namen von Systemfunktionen ist jedoch wichtig, da der jeweilige Benutzer oft über einen geeigneteren Wortschatz im Rahmen seiner Tätigkeit verfügt als der Systemdesigner.[30] Eine individuelle Namensgebung wird innerhalb der Schnittstellengestaltung über Zuordnungstabellen realisiert.[31]

d) Defaults

Durch benutzerspezifische Voreinstellungen (Defaults) steuert das Programmsystem dem Benutzer Variablenwerte vor, von denen es aus dem Arbeitszusammenhang annimmt, daß sie für diese Variablen zutreffend sind. Eine solche Vorsteuerung von Default-Werten erfolgt beispielsweise beim Abspeichern einer vorher zum Ändern geladenen Bildschirmmaske. Innerhalb dieser Funktion werden dem Benutzer der Benutzername, der Programmname sowie der Maskenname vorgesteuert. Diese Variablen dürfen aber nicht unveränderbar sein, sondern müssen vom Benutzer überschrieben werden können.

e) Definition von Aktionssequenzen

Die Festlegung von Aktionssequenzen (Makrofunktionen) unterstützt den erfahrenen Anwender bei seiner Arbeit mit dem Programmsystem.[32] Diese Funktion erlaubt ihm, sich ständig wiederholende Kommandofolgen zusammenzufassen, zu benennen und unter diesem Namen ablaufen zu lassen.[33] Hierfür muß dem Anwender eine Übersicht der von ihm definierten Makro-Kommandos zur Verfügung stehen, die er sich an beliebiger Stelle im Rahmen seiner Aufgabenbearbeitung anzeigen lassen kann. Abbildung 22 zeigt als Beispiel eine solche Zusammenstellung selbstdefinierter Makros für eine COBOL-Programmierumgebung.

Durch die Kombination "AltN" zur Erstellung eines neuen COBOL-Files wird nach Eingabe des Programmnamens der Rumpf einer Programmdatei mit DIVISION- und SECTION-Überschriften erstellt.
Innerhalb des erweiterten Maskengenerators kann man beispielsweise die Kommandofolge "Esc - Feld - Anlegen - Eingabefeld - Alphanumerisch" zu einer Makrofunktion zusammenfassen, da der Anwender diese Befehlssequenz sehr oft während der Erstellung einer Bildschirmmaske benötigt.

---

[30] Vgl. BAUER, Joachim; HERCZEG, Michael: Software-Ergonomie durch wissensbasierte Systeme, a.a.O., S. 114.

[31] Vgl. RISAK, Veith: Mensch-Maschine-Schnittstelle in Echtzeitsystemen, a.a.O., S. 113.

[32] Vgl. S. 120.

[33] Bei der Benennung einer Makrofunktion kann es sich um eine Metapher aus dem Sprachgebrauch des Anwenders handeln, sie kann aber auch durch Drücken einer Funktionstaste oder einer Tastenkombination aufgerufen werden.

```
                    ┌─DEFINED MACROS─────────────────┐
    ┌─────────────┐ │ Kurz-Help                      │
    │ AltF2       │ │ HELP                           │
    │ AltF1       │ │ neues COB File                 │
    │ AltN        │ │ Auto-Link                      │
    │ AltL        │ │ Return to COBOL                │
    │ AltR        │ │ Display Errors                 │
    │ AltD        │ │ Filename aktuell neu           │
    │ AltM        │ │ Prozedur-Header                │
    │ AltP        │ └─PgUp/PgDn-page  Esc-exit───────┘
    └─────────────┘
```

Abbildung 22: Merkhilfe zur Makro-Belegung (Superkey)[34]

Das Ergebnis dieser Adaptierung an die Anforderungen des Benutzers im Umgang mit seiner Mensch-Maschine-Schnittstelle ist eine für jeden Benutzer individuell gestaltete Arbeitsumgebung. Diese benutzerindividuellen Arbeitsumgebungen müssen durch die Mensch-Maschine-Schnittstelle gespeichert und verwaltet werden.[35] Der beschriebene Aufwand ist jedoch unumgänglich, wenn die Mensch-Maschine-Schnittstelle die individuellen Bedürfnisse und Fähigkeiten des Anwenders berücksichtigen soll.

Um die Anpassungen durchzuführen, benötigt der Benutzer, außer den Kenntnissen zur Bearbeitung seiner Aufgabe, auch Erfahrung im Umgang mit den Hilfsmitteln zur Adaptierung seiner Arbeitsumgebung.

Adaptive Systeme dagegen übernehmen die Anpassung der Mensch-Maschine-Schnittstelle selbst, wodurch eine Anpassung durch den Benutzer überflüssig wird. Sie bieten zusätzliche Anpassungsmöglichkeiten wie automatische Tippfehlerkorrektur, Erweiterung von Hilfe-Informationen, Hinweis auf vorhandene Funktionalität oder automatische Defaults.[36] Solche Systeme setzen jedoch eine Protokollierung des Benutzerverhaltens voraus. Dies kann zur Verunsicherung des Anwenders oder zu einer ablehnenden Einstellung gegenüber dem Programmsystem führen.[37]

---

[34] Superkey ist ein Produkt der Borland International Inc., Scotts Valley.

[35] Vgl. MÖLLER, Holger; ROSENOW, Elke: Benutzermodellierung ..., a.a.O., S. 116.

[36] Vgl. BAUER, Joachim; HERCZEG, Michael: Software-Ergonomie durch wissensbasierte Systeme, a.a.O., S. 115.

[37] Vgl. S. 91.

Die wesentlichen Forderungen für die hier beschriebene Mensch-Maschine-Schnittstelle umfassen:

- eine einheitliche, gleichbleibend gestaltete Schnittstelle im Maskengenerator und den erzeugten Anwendungsprogrammen,[38]
- die Anwendung gleicher Funktionsnamen für erstmalige und erfahrene Anwender,
- die Möglichkeit der Definition von Makro-Kommandos,
- die Entscheidung des Anwenders für eine Anwendungsumgebung,
- die Abänderung von Namen, Meldungs- und Hilfetexten auf den verschiedenen Ebenen des Maskengenerators.

4.2.2 Grundlegende Formen der Dialoggestaltung

Die für den Benutzer am leichtesten zu erlernende Form des Mensch-Maschine-Dialogs stellt die einfache Anweisung dar. Hierbei zeigt das Programm dem Anwender eindeutig an, welche Aktionen er durchzuführen hat. Bei dieser Form des Dialogs werden dem Benutzer klare Anweisungen erteilt. Dadurch benötigt er keine besonderen Programmkenntnisse, so daß auch der unerfahrene Benutzer sofort mit dem Programm arbeiten kann.[39] Der Anwender unterliegt in einem solchen Dialog einem sehr starren Schema der Mensch-Maschine-Schnittstelle, da er nur auf Anweisung reagieren darf. Die Dialogform der einfachen Anweisung ist z.B. bei Geldautomaten gebräuchlich und wohl auch unerläßlich, da beliebige Personen ohne Einarbeitungsaufwand mit diesem System arbeiten wollen.[40]

Die Dialogform der einfachen Abfrage ist für Programme mit einem sehr beschränkten Funktionsumfang anwendbar. Zur Verdeutlichung werde ein Computer in einem Lager angenommen, der nach Eingabe einer Artikelnummer die Daten: "Bestand, Preis, Bezeichnung, Lagerort" des gesuchten Artikels ausgeben soll. In diesem Fall muß die Eingabe für eine Abfrage jeweils eine Artikelnummer sein, bzw. wird als solche interpretiert.[41] Eine besondere Form der einfachen Anweisung eines Programms an seinen Benutzer stellt die "Frage- und Antworttechnik" dar.

---

[38] Vgl SCHEER, August-Wilhelm: EDV-orientierte Betriebswirtschaftslehre, a.a.O., S. 175.
[39] Vgl. HOFMANN, Josef: "Freundliche" Schnittstelle zum Benutzer. "ÖVD/Online", Nr. 8, 1983, S. 147.
[40] Vgl. KLEIN, Ulrich: Ein intelligenter Dialog-Manager, a.a.O., S. 27.
[41] Vgl. MARTIN, James: Design of Man-Computer Dialogs, a.a.O., S. 89.

Dabei werden dem Benutzer vom Anwendungsprogramm einfache Fragen gestellt, auf die er nur mit "Ja" oder "Nein" antworten darf.[42]

Alle bisher vorgestellten Formen einer Mensch-Maschine-Interaktion sind jedoch für Dialoge in Programmsystemen mit komplexem Funktionsumfang nicht in ihrer reinen Form anwendbar. Für die Bedienung umfangreicher Systeme muß der Benutzer über eine aktiv steuerbare kommandobasierte Mensch-Maschine-Schnittstelle verfügen.

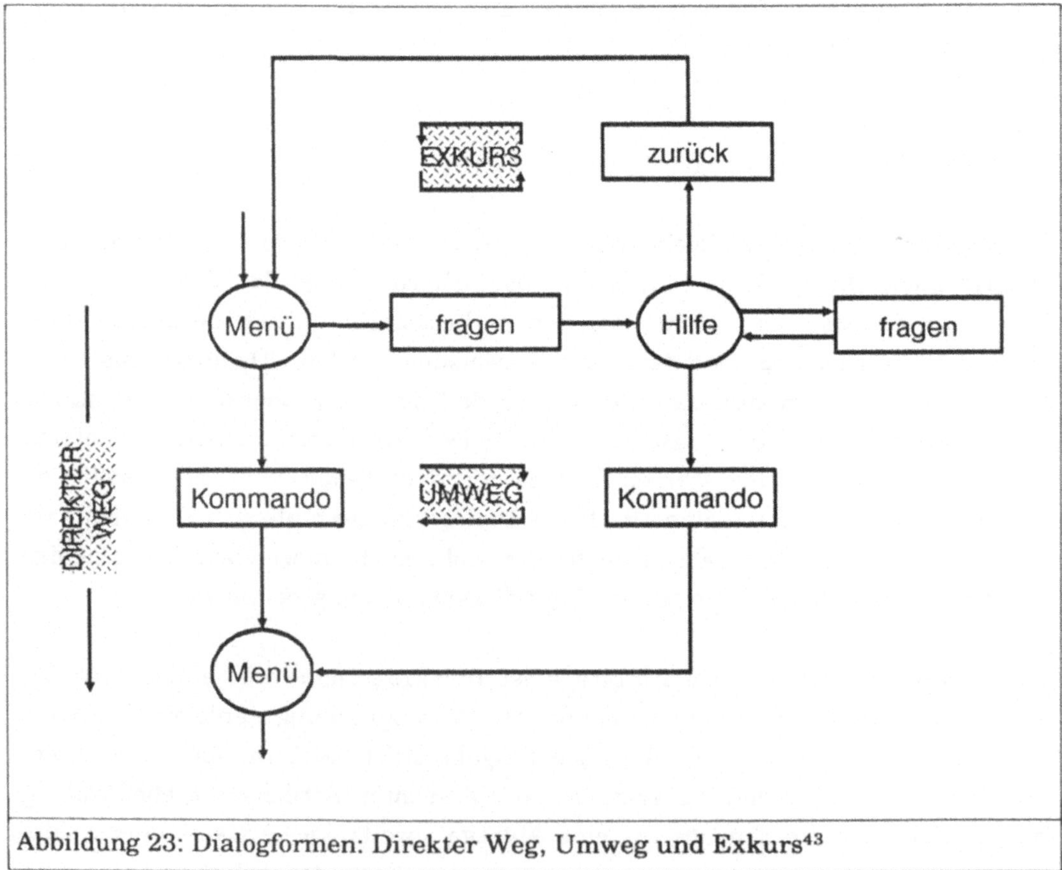

Abbildung 23: Dialogformen: Direkter Weg, Umweg und Exkurs[43]

---

[42] Vgl. KOBSA, Alfred: Benutzermodellierung in Dialogsystemen. Informatik-Fachberichte Nr. 115. Berlin/Heidelberg/New York 1985, S. 123.
Vgl. ebenso MARTIN, James: Design of Man-Computer Dialogs, a.a.O., S. 374.
[43] Quelle: DZIDA, Wolfgang: Ergonomische Normen für die Dialoggestaltung ..., a.a.O., S. 436.

Die Interaktion über Kommandoabfolgen basiert auf dem in Abschnitt 3.2.1 dargelegten TOTE-Modell.[44] Innerhalb der Interaktion mit einem Programmsystem durch die Mensch-Maschine-Schnittstelle besitzt der Benutzer mehrere Möglichkeiten, das von ihm angestrebte Ziel im Rahmen seines Dialogs zu erreichen. Abbildung 23 skizziert die drei dem Benutzer zur Verfügung stehenden Alternativen.

Der Benutzer kann also eine Aktion direkt durch ein Kommando durchführen, das Kommando aus einer Hilfestellung heraus geben oder aber aus der Hilfefunktion an seinen Ausgangspunkt zurück verzweigen und von dort aus die Aktion ausführen.[45] Die alternativen Interaktionsformen werden als direkter Weg, Umweg und Exkurs bezeichnet.

4.2.2.1 Direkter Weg

Auf dem direkten Weg erreicht der Benutzer durch Eingabe eines oder mehrerer Kommandos das gewünschte Ergebnis.[46] Diese Art der Programmsteuerung ist nur mit Hilfe von Handbüchern oder nach langer Einarbeitungszeit durchführbar. Andere Kommandosteuerungen bieten eine Anwahl der Kommandos mittels Funktionstasten, wobei die Darstellung der Funktionstasten-Belegung entweder über Tastaturschablonen (z.B. Open Access[47]) oder durch Anzeige auf dem Bildschirm erfolgt (z.B. Funktionstastenleiste bei Turbo-Prolog[48]).
Eine weitere Form der Kommandoeingabe ist die Anwahl über Befehlskurzformen (Mnemonics).[49] Bei komplexen Befehlsvorräten werden die Mnemonics durch mehrere Buchstaben gebildet.

---

[44] Vgl. S. 81.

[45] Vgl. BIRKLE, Christian: Möglichkeiten der Benutzerführung im Anwendungsprogramm unter besonderer Berücksichtigung kleiner und mittlerer Unternehmen. Diplomarbeit an der Abteilung Wirtschaftsinformatik der Universität Göttingen, Göttingen 1986, S. 15 f.

[46] Zielerreichung auf dem direkten Weg stellt die reine Form des TOTE-Modells dar.
Die Nachteile einer direkten Eingabe von Kommandos mit ihren Parametern wurden im letzten Abschnitt beschrieben.
Vgl. S. 144.

[47] Open Access ist ein Produkt der SPI Software Products International Inc.

[48] Turbo Prolog ist ein Produkt der Borland International Inc., Scotts Valley.

[49] Diese Form der Kommandoeingabe wird als mnemotechnischer Code bezeichnet.
Die Anwahl von Funktionen über den Anfangsbuchstaben ist durch den Begriff der "Short Mnemonics" definiert.
Vgl. MARTIN, James: Design of Man-Computer Dialogs, a.a.O., S. 89 f.

Im hier beschriebenen Dialogsystem steht für diese Form der Aktion ein Kommandomodus zur Verfügung, mit dem der Benutzer seine Aktionen durchführt. Am unteren Rand des Bildschirms wird dabei eine Kommandozeile angezeigt, welche die dem Benutzer jeweils zur Verfügung stehenden Befehle hintereinander auflistet. Sie dienen dem Benutzer als Gedächtnisstütze zur Eingabe der Befehlsfolge. Im linken Teil der Kommandozeile befindet sich das Eingabefeld für die Befehle. Die Funktionsanwahl erfolgt über Short Mnemonics, d.h. über die Anfangsbuchstaben der einzelnen Befehle. Dabei ist jeder Anfangsbuchstabe pro Menüzeile nur einmal belegt. Alle Funktionen des erweiterten Maskengenerators können über

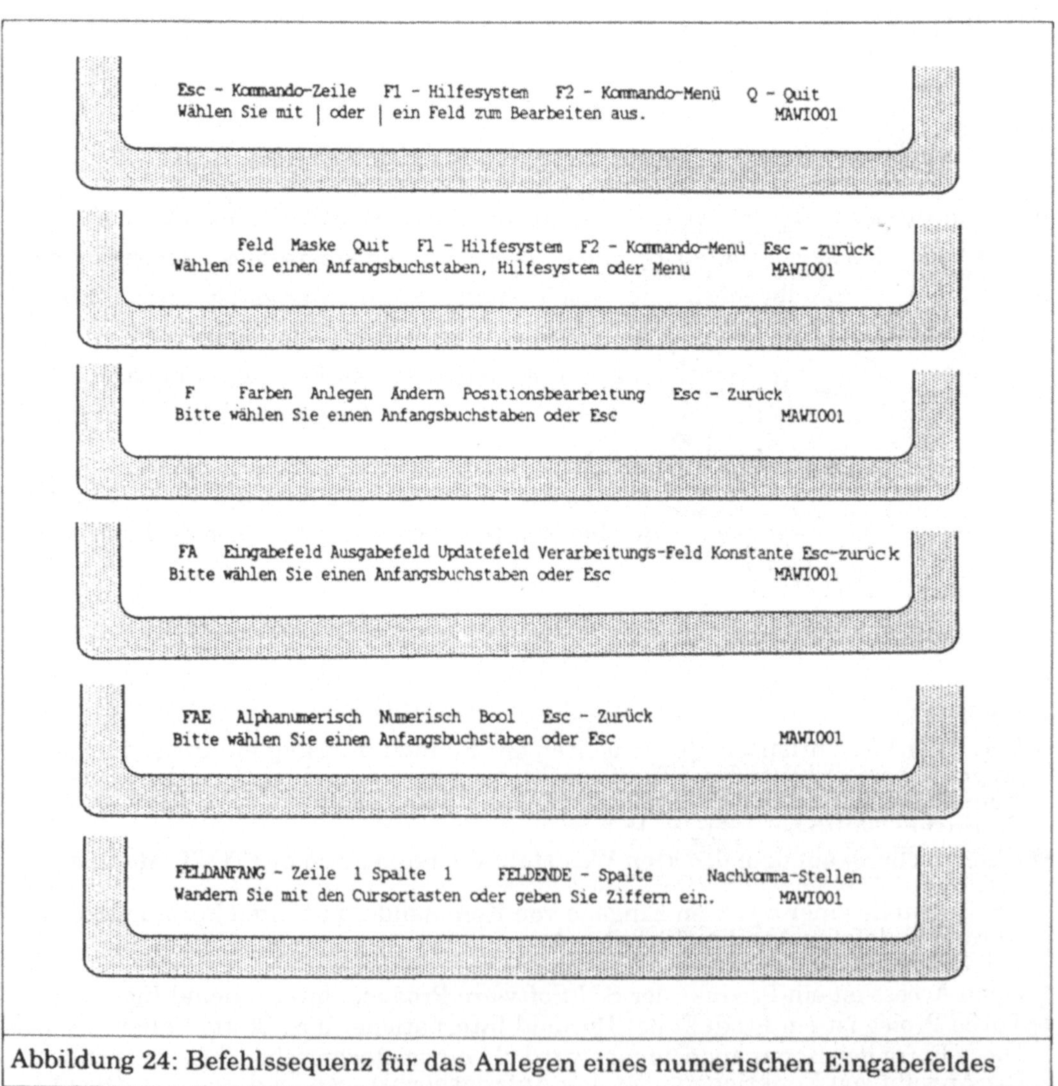

Abbildung 24: Befehlssequenz für das Anlegen eines numerischen Eingabefeldes

maximal vier Befehlsstufen angewählt werden. Während der Eingabe der Aktionssequenz wird die aus den Short Mnemonics gebildete Kommandospur in der
Kommandozeile angezeigt.

Die Abbildung 24 stellt als Beispiel für die Anwahl einer Funktion die Befehlssequenz "Feld - Anlegen - Eingabefeld - Numerisch" dar. In der Kommandozeile
werden rechts die zur Verfügung stehenden Funktionen angezeigt, links befindet
sich die Kommandospur "F - A - E - N" für dieses Feld.

Diese Form der Kommandoeingabe genügt den Gestaltungskriterien einer benutzerfreundlichen Mensch-Maschine-Schnittstelle.[50] Ihre Vorteile lassen sich wie
folgt charakterisieren:[51]

- Anfänger lernen die grundsätzlichen Funktionen schnell (üblicherweise durch die
  Einweisung eines erfahreneren Benutzers).[52]
- Systemexperten können effektiv mit der Mensch-Maschine-Schnittstelle
  interagieren und komplexe Aufgabenstellungen bearbeiten.[53]
- Auch gelegentliche Benutzer behalten die operationalen Vorgehensweisen leicht
  im Gedächtnis.
- Fehlermeldungen sind kaum notwendig.
- Die Benutzer können sofort sehen, ob Aktionen zum Erreichen ihrer Ziele beitra-
  gen. Ist dies nicht der Fall, so können sie die Richtung ihrer Aktivitäten ändern.[54]
- Sie verlieren ihre Angst, Fehler zu machen, da das System verständlich aufgebaut
  ist und falsche Aktionen leicht zu korrigieren sind.[55]
- Der Anwender ist schnell vertraut mit dem System und beherrscht es, da er der
  Initiator seiner Aktionen ist. Er bekommt Selbstvertrauen; die vom System
  angezeigten Meldungen und Reaktionen sind voraussagbar.[56]

Mit Kommandoeingaben über mnemotechnische Codes kann der Anwender schnell
mit dem Programmsystem kommunizieren. Sie sind zudem für den Benutzer ein-

---

[50] Vgl. S. 132 ff.
[51] Vgl. SHNEIDERMAN, Ben; Designing the User Interface: Strategies for Effective Human-Computer Interaction; Reading (Massachusetts) 1987, S. 201 f.
[52] Vgl. BANNON, Liam J.: Helping Users Help Each Other. In: User Centered
System Design. Hrsg. von NORMAN, Donald A.; DRAPER, Stephen W.; London
1986, S. 405 ff.
Vgl. ebenso S. 108 ff.
[53] Vgl. S. 118 ff.
[54] Vgl. S. 113 ff.
[55] Vgl. S. 106 f. und S. 134 f.
[56] Vgl. S. 113 f.

prägsam, da er z.B. beim Anlegen eines Feldes gleichzeitig denkt und spricht: "Feld - Anlegen - Eingabefeld - Numerisch", dabei aber die Abkürzungen "F - A - E - N" eingibt. Außerdem trägt diese Form der Programmsteuerung zur Fehlervermeidung bei, da durch die Anwahl über mehrere Ebenen des Befehlsbaumes die Wahrscheinlichkeit für eine falsche Tastenkombination durch Eingabe- oder Flüchtigkeitsfehler sehr gering ist. Sie unterstützt zudem die zwischenmenschliche Kommunikation, denn ein Benutzer teilt einem Kommunikationspartner nicht die Abkürzung "F - A - E - N" mit, sondern die Kommandofolge "Feld - Anlegen - Eingabefeld - Numerisch".

4.2.2.2 Umweg

Der Kommandomodus steht also dem erfahrenen Anwender für seine Interaktionen im Rahmen der Maskenerstellung zur Verfügung. Dem unerfahrene Nutzer, welcher die Kommandosequenzen nicht kennt, bietet sich die Möglichkeit, bei der Bearbeitung seiner Aufgaben einen Umweg zu wählen. Hier stehen zwei alternative Arbeitsumgebungen zur Verfügung:

> *a) Die Menü-Umgebung*
> *b) Das Hilfesystem*

a) Die Menü-Umgebung

Ein grundsätzlicher Unterschied zwischen der Kommandoeingabe und der Programmsteuerung über Menüauswahl besteht darin, daß im Menü die dem Benutzer zur Verfügung stehenden Auswahlpunkte vollständig auf dem Bildschirm angezeigt werden. "Ein Menü ist ein Angebot zur Auswahl."[57] Menüs dienen dem Benutzer zur Gedächtnisunterstützung, indem alle möglichen Eingaben, die er in einem Programmbereich vornehmen kann, angezeigt werden.

Zur Konkretisierung der Gestaltung einer Menüumgebung werden die folgenden Gesichtspunkte erörtert:

> *aa) Techniken der Menü-Anzeige*
> *bb) Selektionstechniken*
> *cc) Allgemeine Anforderungen an die Menü-Gestaltung*

---

[57] FABIAN, Franz; RATHKE, Christian: Menüs: Einsatzmöglichkeiten eines Fenstersystems zur Unterstützung der Mensch-Maschine-Kommunikation. "Office Management", Sonderheft, 1983, S. 42.

aa) Techniken der Menü-Anzeige

Die Darstellung von Menüs ist raumintensiver als die Eingabe von Kommandos. Es gibt daher verschiedene Techniken, Menüs auf dem Bildschirm zu präsentieren:[58]

1. Die Anzeige der Menüs erfolgt auf eigenen Bildschirmseiten. Der Benutzer kann zwischen dem zu bearbeitenden Objekt und den Menüs hin und her schalten, ohne daß dabei Informationen verloren gehen.[59]
2. Menüs werden in einer Bildschirmzeile (Menüleiste) während der Bearbeitung eines Objekts permanent angezeigt. Bei Anwendung dieser Technik reduziert sich der verfügbare Arbeitsbereich um die Anzahl Zeilen, welche das Programm für die Menüdarstellung benötigt.[60] Die Anzahl der in einer Menüleiste darstellbaren Funktionen ist stark limitiert.
3. Die Menüs werden in einem getrennten Bildschirmbereich während der Bearbeitung eines Objekts angezeigt (Splitt-Screen-Technik). Dieses Verfahren erlaubt dem Benutzer einen permanenten Zugriff auf die Auswahlmöglichkeiten, jedoch reduziert die Anzeige der Menüfunktionen seinen Arbeitsbereich.[61]
4. Die Darstellung der Menüs geschieht durch das Einblenden eines Fensters, wobei das Menüfenster einen Teil der Bildschirminformation vorübergehend überdeckt. Nach der Menüauswahl wird das Fenster gelöscht und der Bildschirminhalt wieder hergestellt.[62]

---

[58] Eine ausführliche Erörterung der Menütechniken mit Beispielen wird in BIETHAHN, Jörg; ROSENTHAL, Wolfgang: Der Maskengenerator ..., a.a.O., S. 14 ff. durchgeführt.
[59] Dieses Verfahren wird z.B. beim Anzeigen des Menüschirms des mbp COBOL Maskengenerators verwendet, den der Anwender bei Bedarf aufruft und der die bearbeitete Maske überlagert.
Vgl. MBP COBOL 85. Benutzerhandbuch ..., a.a.O., S. 3-14.
[60] Eine solche Menüdarstellung findet sich z.B. im BASIC-Interpreter.
[61] Das INOVIS-Datenbank-Programm reserviert z.B. die unteren sechs Zeilen des Schirms für das Menü und Systemmeldungen.
Vgl. INOVIS GmbH & Co; INOVIS-X86 Benutzer-Handbuch; Karlsruhe 1987, S. I.3.4.
[62] In dem Programm dBase IIIplus werden z.B. die Befehlsbereiche über die Cursor-Tastatur oder den Anfangsbuchstaben ausgewählt. Für den ausgewählten Befehlsbereich wird ein Pull-Down-Menü eingeblendet, das die Auswahlmöglichkeiten innerhalb dieses Bereiches anzeigt. dBase IIIplus ist ein Produkt der Firma Ashton Tate.

bb) Selektionstechniken

Neben den verschiedenen Formen der Menü-Darstellung existieren zudem Unterschiede in der Anwahl einzelner Menüpunkte. Im wesentlichen kommen die folgenden Techniken zur Menüauswahl zur Anwendung:

1. Die Menüpunkte sind durchnumeriert. Die Auswahl erfolgt über Eingabe einer oder mehrerer Ziffern.
2. Die Menüpunkte entsprechen jeweils einer Funktionstaste. Die Auswahl erfolgt durch Drücken der entsprechenden Taste.
3. Die Menüs sind so zusammengestellt, daß jeder Anfangsbuchstabe nur einmal verwendet wird. Die Auswahl erfolgt über die Eingabe des ersten Buchstabens des entsprechenden Kommandos.
4. Die Auswahl erfolgt über das Anwählen eines Menüpunktes mit Hilfe der Cursortastatur oder mit der Auswahl eines Menüpunktes durch Zeigen mit einem Zeigeinstrument, z.B. der Maus. Bei dieser Technik kennzeichnet das Programmsystem das angewählte Feld durch Hervorhebung. Der Benutzer bestätigt den Befehl mit der Eingabe-Taste oder durch Anklicken mit der Maus.

cc) Allgemeine Anforderungen an die Menü-Gestaltung

Bei der Anlage von Menüs ist darauf zu achten, daß die Darstellung möglichst übersichtlich ist und für den Benutzer die Auswahlmöglichkeiten schnell erfaßbar sind. In einem Menü sollten nur 7 +/- 2 Auswahlmöglichkeiten vorhanden sein, um eine Darstellung zu erzielen, die diesen Anforderungen gerecht wird.[63] Die Kriterien der Software-Ergonomie an den Menüaufbau decken sich in diesem Punkt mit der Forderung der Psychologen nach einer Beschränkung auf maximal sieben Informationseinheiten, die das Kurzzeitgedächtnis des Menschen höchstens speichern kann.[64]

---

[63] Vgl. MEINHARDT, Angelika; LORENZ, Volkhard: Unterstützung des Benutzers ..., a.a.O., S. 479.
[64] Vgl. S. 102.
Vgl. ebenso NAGLER, Rupert; Entwurf benutzerfreundlicher Dialogsysteme ..., a.a.O., S. 33 f.

Folgende Techniken unterstützen eine Realisierung dieser Anforderungen:

1. Die Aufteilung eines Menüs auf mehrere Bildschirmseiten. Diese Technik hat den Nachteil, daß man zwar über die Seiten vorwärts und rückwärts blättern kann, jedoch die Funktionen nicht zusammenhängend dargestellt sind.[65]

2. Eine weitere Möglichkeit besteht darin, durch die Bildung von Superzeichen[66] die Menüs baumstrukturiert zu gliedern und über mehrere Ebenen zu verteilen. Hierbei ist zu beachten, daß der Programmierer die Tiefe des Baumes gering hält. Das Menü darf die Höhe von sieben Ebenen nicht überschreiten, da das Kurzzeitgedächtnis des Menschen nicht mehr als sieben Informationen speichern kann.[67]

Der Nachteil einiger Programmsteuerungen über baumstrukturierte Menüs liegt darin, daß man in einer tieferen Ebene nicht mehr sehen kann, in welchem Ast des Menübaumes man sich befindet. Daraus resultiert die Forderung, daß hierarchisch strukturierte Menüs über sämtliche Stufen der Hierarchie angezeigt werden müssen.[68]

Diese Darstellungsform baumstrukturierter Menüs wurde bei MS-WORD[69] gewählt, wobei in diesem Programm vor dem Menüblock jeweils die bisher selektierten Funktionen angezeigt werden. In Abbildung 25 ist die Kommandofolge für das Laden einer Textdatei dargestellt. Vor allem in der ersten Stufe der Befehlshierarchie dieses Beispiels wird deutlich, daß die Verletzung der Forderung nach maximal sieben Auswahlpunkten pro Menü zu einer unübersichtlichen Darstellung führt, die für den Benutzer nur schwer erfaßbar ist.

---

[65] Vgl. IBM Deutschland GmbH (Hrsg.): Empfehlungen zum Dialog- und Bildschirmdesign. 1983, S. 41.

[66] Vgl. S. 102 f.

[67] Vgl. SHNEIDERMAN, Ben: Designing the User Interface: ..., a.a.O., S. 62.
Vgl. ebenso NAGLER, Rupert: Entwurf benutzerfreundlicher Dialogsysteme ..., a.a.O., S. 33 f.

[68] Eine Darstellungsform, die dieser Anforderung entspricht, wurde z.B. in den Systemen TOPOGRAPHIC und XS-2 implementiert.
Vgl. HAMMWÖHNER, Rainer; THIEL, Ulrich: Graphisch-interaktive Manipulation komplexer Wissensstrukturen mit dem Framenetz-Editor TOPOGRAPHIC I. In: Software-Ergonomie '85 - Mensch-Computer-Interaktion. Hrsg. von BULLINGER, Hans-Jörg; Stuttgart 1985, S. 123 ff.
Vgl. ebenso STELOVSKY, Jan; SUGAYA, H.: Command Language vs. Menus or Both? In: Software-Ergonomie '85 - Mensch-Computer-Interaktion. Hrsg. von BULLINGER, Hans-Jörg; Stuttgart 1985, S. 131 ff.

[69] MS-WORD ist ein Produkt der Microsoft Corporation.

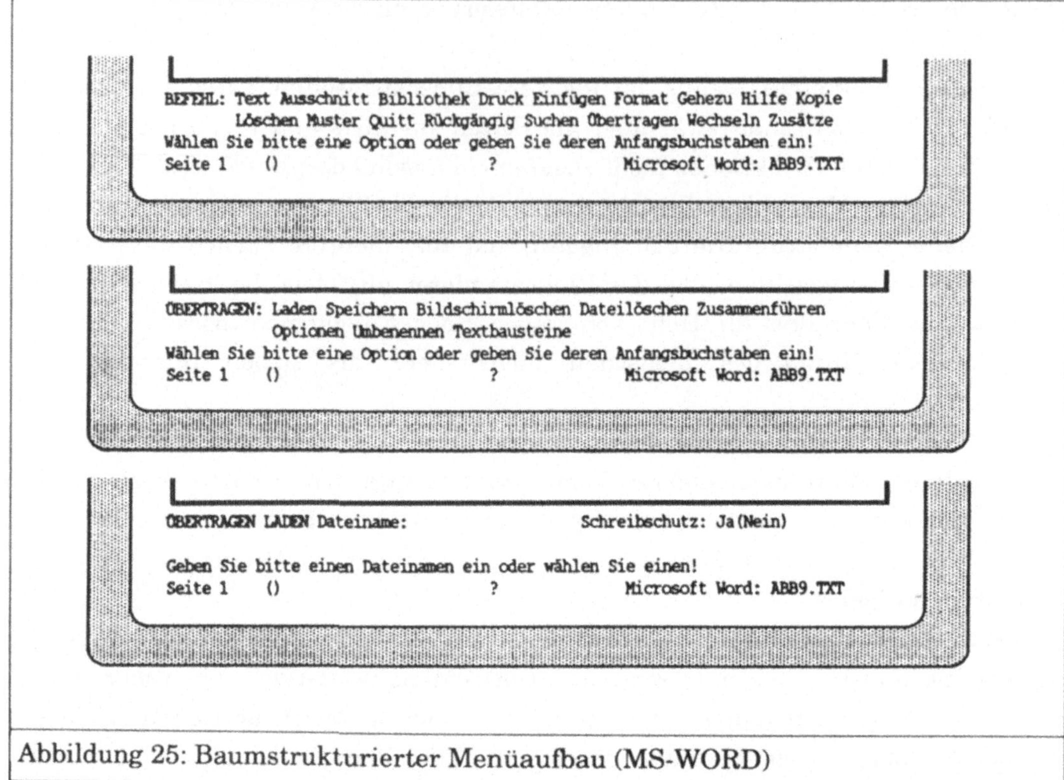

Abbildung 25: Baumstrukturierter Menüaufbau (MS-WORD)

Der Anwender des erweiterten Maskengenerators kann durch Drücken der F2-Taste die Menü-Umgebung aufrufen. Die von der Mensch-Maschine-Schnittstelle zur Verfügung gestellte Menü-Umgebung ist baumstrukturiert mit vier Ebenen, die nebeneinander aufgelistet sind. Wechselt man durch das Betätigen einer Cursor-Taste oder durch die Eingabe des Anfangsbuchstabens von einem Befehl auf den anderen, so wechseln die in der Hierarchie nachfolgenden Kommandos auf die für den neu selektierten Befehl möglichen Funktionen. Die ausgewählten Befehle auf höheren Ebenen der Baumstruktur bleiben markiert, so daß man den Weg innerhalb der Auswahl jederzeit nachvollziehen kann. Das Ziel dieser Form der Menü-Darstellung ist es, eine große Anzahl Funktionen für den Benutzer übersichtlich zur Auswahl anzubieten und das Kurzzeitgedächtnis durch die Anzeige der Kommandospur zu entlasten.[70]

---

[70] Vgl. BIETHAHN, Jörg; ROSENTHAL, Wolfgang: Der Maskengenerator als Bestandteil ..., a.a.O., S. 20 f.

b) Das Hilfesystem

Die Unterstützung, die das Menüsystem dem Benutzer zur Verfügung stellt, genügt dem ungeübten Anwender bei der Bewältigung neuer Aufgaben zumeist nicht. Für diese System-Laien, aber auch für geübte Benutzer, die zu einzelnen Punkten ausführliche Erläuterungen brauchen, ist ein Hilfesystem erforderlich.[71]

Zur Definition der Anforderungen an die Gestaltung eines Hilfesystems werden folgende Aspekte diskutiert:

> *aa) Art der Interaktion mit dem Benutzer*
> *bb) Allgemeine Forderungen an ein Hilfesystem*
> *cc) Einsatzgebiete von Hilfesystemen*

aa) Art der Interaktion mit dem Benutzer

Eine Vielzahl von Veröffentlichungen beschäftigten sich in den letzten Jahren mit der Gestaltung von Hilfesystemen.[72] Sie unterteilen diese Systeme nach der Art der Interaktion mit dem Anwender:[73]

1. Einheitliche und individuelle Hilfe

Die einheitliche Hilfe ist für jeden Benutzer, unabhängig von seinem Vorwissen, gleich.[74] Dadurch erhält der erfahrene Anwender redundante Informationen, während für den ungeübten Benutzer die Hilfestellung evtl. nicht ausreicht.[75] Individuelle Hilfe beachtet die unterschiedlichen Erfahrungen und Vorkenntnisse der Anwender. Sie berücksichtigt vorher gegebene Hilfestellungen und vermeidet so unnötige Wiederholungen und das Auflisten nicht verlangter Informationen.[76]

---

[71] Vgl. S. 134 f.

[72] Eine Aufarbeitung der Literatur zu Hilfesystemen wurde vorgenommen von GROSSE, Antje: Anforderungen an Hilferoutinen in selbsterklärenden Software-systemen und Lösungsmöglichkeiten in der Praxis. Diplomarbeit an der Abteilung Wirtschaftsinformatik der Universität Göttingen, Göttingen 1988.

[73] Vgl. BAUER, Joachim: Konzepte und Prototypen interaktiver Hilfesysteme. Dissertation an der Fakultät Mathematik und Informatik der Universität Stuttgart. Stuttgart 1988, S. 17 ff.

[74] Vgl. BAUER, Joachim; SCHWAB, Thomas: Propositions on Help-Systems. "Angewandte Informatik", Nr. 1, 1987, S. 24.

[75] Vgl. BAUER, Joachim; HERBERG, Harald von der; SCHWAB, Thomas: Hilfe-systeme. In: Software-Ergonomie. Hrsg. von FÄHNRICH, Klaus-Peter; München/Wien 1987, S. 124.

[76] Vgl. LEMKE, Andreas: PASSIVIST: Ein passives, natürlichsprachliches Hilfe-system für den bildschirmorientierten Editor BISY. Diplomarbeit Nr. 293 am Institut für Informatik der Universität Stuttgart, Stuttgart 1984, S. 8.

2. Einstufige und mehrstufige Hilfe

Eine einstufige Hilfefunktion zeigt dem Anwender die gesamte Information, welche die Hilferoutine zu diesem Problem enthält. Die hieraus resultierenden Probleme sind die gleichen, die bei der Erörterung einheitlicher Hilfe erwähnt wurden. Einstufige Hilfe ist nur in Systemen sinnvoll, in denen der Anwender zentral festlegen kann, auf welcher Hilfestufe er arbeiten möchte.[77]

Mehrstufige Hilfesysteme bieten dem Benutzer zuerst eine Kurzinformation über das Kommando und seine Einsatzmöglichkeiten. Der Anwender kann weitere Hilfestufen mit ausführlicheren Beschreibungen des Kommandos und seiner Anwendung aufrufen.[78] Einschätzungen über eine sinnvolle Anzahl möglicher Hilfestufen gehen von zwei[79] über fünf[80] bis hin zu zwölf Stufen[81].

3. Statische und dynamische Hilfe

Statische Hilfe berücksichtigt die vom Benutzer durchgeführten Interaktionen nicht.[82] Sie gibt unabhängig vom Systemzustand auf eine bestimmte Frage immer die gleiche Antwort.[83]

Dynamische Hilfe ist auf den aktuellen Systemzustand bezogen. Durch ihren Einsatz werden Informationen herausgefiltert, die im aktuellen Kontext irrelevant sind. Die Antwort wird auf die speziellen Erfordernisse des Anwenders zugeschnitten.[84] Ein einfaches Beispiel dynamischer Hilfe sind Fehlermeldungen. So sollte statt der Meldung "Falsche Eingabe" beispielsweise der Hinweis "Die Datei 'VERWALT' existiert nicht" erscheinen.[85]

---

[77] Vgl. BURNS, A.; ROBINSON, J.: ADDS - A Dialogue Development System for the ADA Programming Language. "International Journal on Man-Machine Studies", Nr. 24, 1986, S. 156.

[78] Vgl. PAXTON, Anne Lee; TURNER; Edward J.: The Application of Human Factors to the Needs of the Novice Computer User. "International Journal on Man-Machine Studies", Nr. 20, 1984, S. 140 f.

[79] Vgl. BROWN, Michael J.: The Complete Information-Management System. "BYTE", Nr. 12, 1983, S. 200.
Vgl. ebenso BAUER, Joachim; SCHWAB, Thomas: Propositions on Help-Systems, a.a.O., S. 8.

[80] Vgl. BURNS, A.; ROBINSON, J.: ADDS - A Dialogue Development System ..., a.a.O., S. 156.

[81] Vgl. PAETAU, Michael: Kommunikationsbarriere zwischen Mensch und Maschine ..., a.a.O., S. 29.

[82] Vgl. MEINHARDT, Angelika; LORENZ, Volkhard: Unterstützung des Benutzers durch Hilfesysteme, a.a.O., S. 476.

[83] Vgl. LEMKE, Andreas: PASSIVIST: ..., a.a.O., S. 8.

[84] Vgl. BAUER, Joachim; SCHWAB, Thomas: Propositions on Help-Systems, a.a.O., S. 7.

[85] Vgl. BAUER, Joachim; HERCZEG, Michael: Software-Ergonomie durch wissensbasierte Systeme, a.a.O., S. 112.

4. Passive und aktive Hilfe

Bei einer Unterstützung durch ein passives Hilfesystem muß der Benutzer die Hilfe explizit anfordern.[86] Die Mehrzahl der bestehenden Hilferoutinen sind passive Systeme.

In aktiven Hilfesystemen wird das Benutzerverhalten protokolliert. Die aktive Hilferoutine greift in den Dialog ein, wenn der Anwender Fehler macht oder Aktionen umständlich ausführt.[87] Die gebräuchlichste Form aktiver Hilfe sind Fehlermeldungen, die aber in vielen heute verfügbaren Software-Systemen nur wenig Informationen und Hilfe bieten.[88]

5. Wissensbasierte Hilfesysteme

Auch wissensbasierte Hilfesysteme zeichnen den Dialog des Benutzers mit dem Software-System auf. Sie benötigen Wissen über den Aufgabenbereich, den der Anwender bearbeitet, über den Verlauf des Kommunikationsprozesses, über die Arbeitsweise des Benutzers und über häufig auftretende Probleme.[89] Wissensbasierte Hilferoutinen greifen ebenfalls aktiv in den Dialog ein[90] und beraten den Anwender über das Funktionsangebot des Programms und die Anwendbarkeit bestimmter Funktionen. Sie protokollieren und analysieren den Dialogablauf, werten ihn aus und markieren unverstandene Dialogschritte. Solche Hilferoutinen assistieren dem Benutzer, indem sie Fehlersituationen zusammen mit ihm analysieren.[91]

---

[86] Vgl. BAUER, Joachim; HERCZEG, Michael: Software-Ergonomie durch wissensbasierte Systeme, a.a.O., S. 111.

[87] Vgl. SCHWAB, Thomas: AKTIVIST: Ein aktives Hilfesystem für den bildschirmorientierten Editor BISY. Diplomarbeit Nr. 232 am Institut für Informatik der Universität Stuttgart, Stuttgart 1984, S. 15.
Vgl. ebenso MEINHARDT, Angelika; LORENZ, Volkhard: Unterstützung des Benutzers durch Hilfesysteme, a.a.O., S. 476.

[88] Vgl. FISCHER, Gerhard; LEMKE, Andreas; SCHWAB, Thomas: Knowledge-Based Help Systems. In: Human Factors in Computing Systems - II. Proceedings of the CHI '85 Conference held San Francisco, CA, U.S.A., 14-18 April 1985. Hrsg. von BORMAN, Lorraine; CURTIS, Bill; Amsterdam/New York/Oxford 1985, S. 162.

[89] Vgl. ebenda, S. 162 f.

[90] Vgl. HOFFMANN, Claus; VALDER, Wilhelm: Dialogunterstützung durch Expertensysteme. In: Software-Ergonomie '83. Hrsg. von BALZERT, Helmut; Stuttgart 1983, S. 345.

[91] Vgl. DZIDA, Wolfgang; HOFFMANN, Claus; VALDER, Wilhelm: Wissensbasierte Dialogunterstützung. In: Psychologie der Computerbenutzung. Hrsg. von SCHAUER, Helmut; TAUBER, Michael; Wien/München 1984, S. 198.

bb) Allgemeine Forderungen an ein Hilfesystem

Unabhängig von dieser Einteilung sprechen die folgenden zehn Maximen die wesentlichen Forderungen an, die an ein Hilfesystem zu stellen sind:[92]

1. Ein einheitliches Hilfesystem innerhalb des gesamten Programmsystems.
2. Die Benutzerhilfe ist innerhalb des Systems jederzeit und überall verfügbar.
3. Nach der Arbeit mit dem Hilfesystem Rückkehr an die Stelle des Programms, von dem aus das Hilfesystem aufgerufen wurde.
4. Aktuelle Hilfetexte, die sich bei einer kontextbezogenen Benutzerunterstützung auf den gerade bearbeiteten Systembereich beziehen.
5. Vollständige Erläuterung der sich dem Benutzer an der jeweiligen Stelle des Programmablaufs bietenden Möglichkeiten. Unterstützung durch Beispiele.
6. Einheitlichkeit der Länge der Darstellung, der Ausführlichkeit der Behandlung eines Punktes und der verwendeten Sprache. Diese Maßnahmen erleichtern eine Orientierung innerhalb des Hilfesystems.
7. Verwendung einer einfachen, auch für Laien verständlichen Sprache, die möglichst wenige EDV-Fachausdrücke enthält.
8. Erläuterung von maximal sieben unterschiedlichen Punkten pro Hilfebildschirm.
9. Ein benutzerbezogenes Hilfesystem, das für ungeübte Anwender eine andere Unterstützung bietet als für Experten.[93]
10. Entwicklung des Hilfesystems als separates Modul, um es universell einsetzbar zu gestalten.

---

[92] Vgl. BIRKLE, Christian: Möglichkeiten der Benutzerführung ..., a.a.O., S. 57 ff. Vgl. ebenso S. 112.

[93] Ein Anwender kann jedoch in bezug auf ein System Experte und in der Arbeit mit einem anderen ein Anfänger sein, so daß die Gestaltung der Hilfe nicht allein vom Benutzernamen abhängen darf.
Vgl. KREIFELTS, Thomas: Anwenderanforderungen an ein Bürokommunikationssystem. Berichte der Gesellschaft für Mathematik und Datenverarbeitung Nr. 137, München/Wien 1982, S. 42.

cc) Einsatzgebiete von Hilfesystemen

Die verschiedenen Kategorien und Anforderungen an ein Hilfesystem gehen in die Entwicklung einer Hilfefunktion ein. Bei der Realisierung einer Benutzerunterstützung kann man drei verschiedene Zwecke verfolgen:[94]

1. Allgemeine Hilfestellung
2. Hilfen bei Fehlermeldungen
3. Erklärungen von Funktionen

1. Allgemeine Hilfen, die jederzeit und unabhängig von Fehlermeldungen verfügbar sind.
   - Der Online-Tutor[95] ist ein System mit ausführlichen Erläuterungen, das dem Benutzer einen Überblick über die im Anwendungssystem zur Verfügung stehenden Funktionen bietet. Innerhalb des Online-Tutors kann der Benutzer an einem Beispieldatenbestand üben und Erfahrungen sammeln. Der Online-Tutor kann in einigen Programmen vom Anwendungssystem aus aufgerufen werden (z.B. bei MS-WORD). Bei anderen Programmpaketen, wie beispielsweise in dBase IIIplus, ist es ein eigenständiges System, das die eigentliche Anwendung ergänzt.
   - Die Online-Dokumentation[96] ist jederzeit vom Programmsystem aus verfügbar und bietet allgemein gehaltene Informationstexte zur Unterstützung des Benutzers. Er kann jedoch im Gegensatz zur Arbeit mit dem Online-Tutor nicht an einem Beispieldatenbestand üben. In einigen Systemen sind es Auszüge aus dem Handbuch, die auf dem Bildschirm vollständig dargestellt werden. Diese Form des Hilfesystems findet selten Anwendung, da zum einen das Abspeichern ganzer Handbuchpassagen sehr speicherintensiv ist und zum anderen das Lesen langer Texte auf dem Bildschirm den Benutzer anstrengt. Außerdem treten durch den großen Umfang der zur Verfügung gestellten Informationen Orientierungsschwierigkeiten bei den Anwendern auf.
   - Die Befehlserklärungen[97] bieten dem Benutzer eine kurze Erläuterung der zur Verfügung stehenden Befehle, deren vollständige und richtige Syntax und ggf. kurze Beispiele. Das abgebildete Fenster des INOVIS-Datenbank-

---

[94] Vgl. HOUGHTON, Raymond C. jr.: Online Help Systems: A Conspectus. "Communications of the ACM", Nr. 2, 1984, S. 126 ff.
[95] Vgl. RUPIETTA, Walter: Benutzerdokumentation für Softwareprodukte. Mannheim/Wien/Zürich 1987, S. 155 f.
[96] Vgl. ebenda, S. 170 f.
[97] Vgl. ebenda, S. 182 ff.

programms (Abbildung 26) enthält solche Befehlserklärungen. Die zur Verfügung stehenden Befehle und die mit ihnen durchzuführenden Funktionen werden kurz in maximal drei Zeilen erklärt. Mit der Cursor-Tastatur kann man innerhalb des Fensters auf andere Befehlserklärungen blättern.

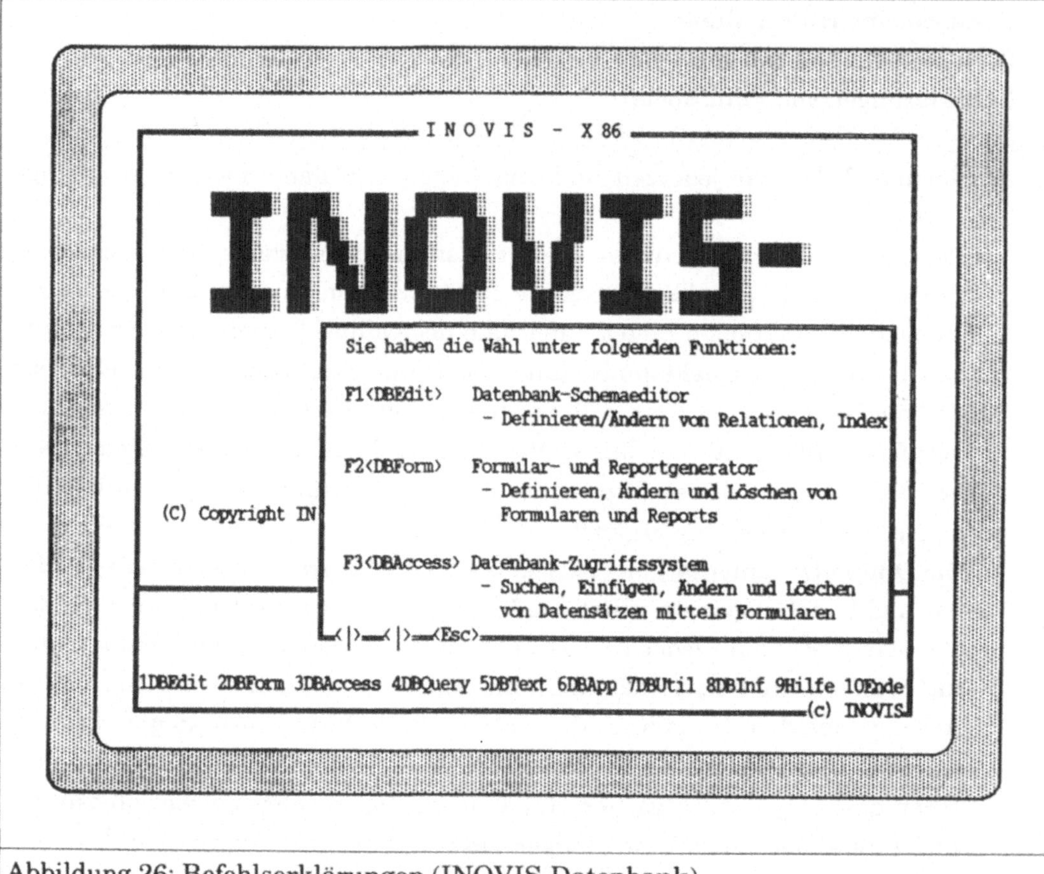

Abbildung 26: Befehlserklärungen (INOVIS-Datenbank)

- Zu den allgemeinen Hilfen zählt außerdem die Systemstatuszeile, die dem Benutzer den aktuellen Zustand des Systems mit den zur Zeit relevanten Einstellwerten anzeigt.[98]
- Die Benutzerinformationen stellen dem Anwender auf Mehrplatzanlagen bei der Anmeldung im System allgemeine Informationen zum Zustand der Anlage bereit.

---

[98] Vgl. S. 106.

2. Hilfen, die dem Benutzer im Fehlerfall zur Verfügung stehen.

 - Die Fehlererklärungen bieten dem Anwender zusätzlich zu den oft kurzen
   Fehlermeldungen nähere Erläuterungen zur Syntax und zu den Parametern
   des Befehls sowie eine Erklärung möglicher Ursachen des Fehlers. Der
   Benutzer bekommt Hinweise auf die zu ergreifenden Korrekturmaßnahmen.
   Die Fehlererklärung kann auch durch ein Beispiel unterstützt werden. In
   Abbildung 27 wird das Verhalten des Programmsystems dBase IIIplus für
   eine fehlerhafte Anfrage dargestellt. Durch den Befehl CREATE QUERY soll
   eine Abfrage für die Datei "HALLO" generiert werden. Bei dem eingegebenen Befehl fehlt der Query-Dateiname. Das Programm teilt nun dem Benutzer nicht nur mit, daß der Name fehlt, sondern fordert ihn auf, den Namen
   einzugeben.

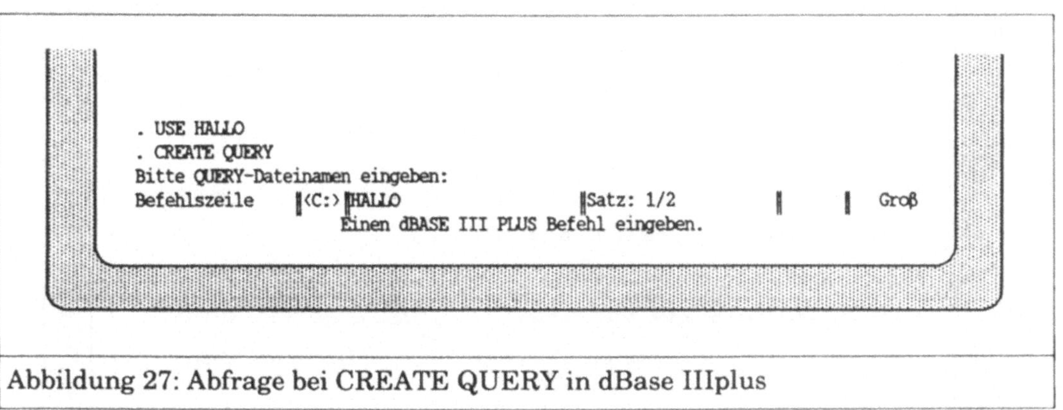

Abbildung 27: Abfrage bei CREATE QUERY in dBase IIIplus

 - Die Kommandoberichtigung ist eine Meldung, die zusätzlich oder statt der
   Fehlermeldung die korrekte Syntax des Befehls mit seinen Parametern
   zeigt. Für den geübten Benutzer ist dies die schnellste Form, den Fehler zu
   erkennen und zu korrigieren. Wenn der Benutzer des MBP-COBOL 74 Compilers z.B. falsche Parameter für die Übersetzung eines Programms angege-
   ben hat, so wird ihm dieser Fehler gemeldet. Er hat die Möglichkeit, sich die
   Parameter mit "?" anzeigen zu lassen. Der geübte Benutzer erkennt schnell
   die richtigen Parameter, die er für den Compilierungs-Vorgang benötigt.
 - In anderen Systemen kann der Benutzer bei einer fehlerhaften Eingabe von
   Befehlsparametern eine automatische Parameterabfrage anwählen. Hierbei
   fragt das System die benötigten Parameter des Befehls sukzessive noch
   einmal ab und verdeutlicht dem Benutzer so die richtige Reihenfolge der
   Parametereingabe. Diese Form der Fehlerkorrektur wird in Abbildung 28
   am Beispiel eines Kopierbefehls auf einem System IBM /36 verdeutlicht.

Wenn die 1000 Sätze umfassende Datei "TESTALT" ohne Reorganisation in die Datei "TESTNEU" kopiert werden soll, so kann man das dem Betriebssystem direkt mit dem Befehl

COPYDATA TESTALT,,TESTNEU,RECORDS,1000,,T,NOREORG

mitteilen. Hat man eine fehlerhafte Eingabe vorgenommen, oder kennt der Anwender die benötigten Parameter nicht, so drückt er nach Eingabe des Befehls COPYDATA auf die Taste "Bediener-Hilfe". Daraufhin wird die in Abbildung 28 dargestellte Maske angezeigt, in welcher die Parameter, soweit man sie richtig eingegeben hat, bereits vorgesteuert sind.

```
                    PROZEDUR COPYDATA                       wahlweise *

          Diese Prozedur kopiert und reorganisiert eine Plattendatei.


          Name der Datei . . . . . . . . . . . . . . . . . . . . . . .   TESTALT

          Erstellungsdatum der zu kopierenden Datei . . . . . . . . . .           *

          Name der neuen Datei mit den kopierten Sätzen . . . . . . . .   TESTNEU

          Grösse der Datei in Blöcken oder Sätzen . . . .  BLOCKS,RECORDS  RECORDS  *

          Grösse der zu erstellenden Datei  . . . . . . . . . 1-8000000  1000      *

          Plattenlaufwerk . . . . . . . . . . . . .  A1,A2,A3,A4, Startblock        *

          Dateischutzart  . . . . . . . . . . . . . . . . . . . . . . . T,J  T

          Sätze sequentiell nach Schlüssel reorganisieren
              und/oder Übergehen der gelöschten Sätze . . . . NOREORG,REORG  NOREORG


          BT4-In Jobwarteschlange stellen  BT14-Weitere Auswahlmögl.  (c) 1984 IBM Corp.
              18-67      SA        MW        KS        IM        II       S1     KB
```

Abbildung 28: Automatische Parameterabfrage für COPYDATA auf einem System IBM /36

3. Der Zweck einer Funktionserklärung besteht darin, die vom Benutzer erwartete Anweisung näher zu verdeutlichen. Bei dieser Funktion gibt es zwei Arten der Benutzerunterstützung:

  - Die <u>menüförmige Hilfe</u> stellt dem Benutzer in Form eines Menüs eine Übersicht sämtlicher zur Verfügung stehenden Kommandos dar. Die Eingabe der Kommandos kann in einigen dieser Systeme durch die direkte Anwahl der Menüpunkte im Hilfesystem geschehen. Als Beispiel sei hier wiederum die Hilfefunktion von dBase IIIplus angeführt, die dem Benutzer menüförmig die Möglichkeiten der Datenbank anzeigt. Der Anwender kann sich zu einzelnen Funktionen die Befehle und Erläuterungen anzeigen lassen. Eine direkte Eingabe der Befehle im Hilfesystem ist bei diesem Programm nicht möglich.

  - Als zweite Alternative bietet sich die Möglichkeit der <u>Erklärung einer Anweisung</u>. Auf Anforderung des Benutzers wird die Bedeutung und Funk-

```
The COPY command is used to duplicate one or more existing drawing
entities at another location without erasing the original.

Format:     COPY Select objects or Window or Last:  (select)
            Base point or displacement:
            Second point of displacement:  (if base selected above)

If you have the ADE-2 package, you can "drag" the object into position
on the screen.  To do this, designate a reference point on the object in
response to the "Base point..." prompt, and then reply "DRAG" to the
"Second point:" prompt.  The selected objects will follow the movements
of the screen crosshairs.   Move the objects into position and then press
the pointer's "pick" button.

Reference:  Section 5.2 of User Guide.

Command:
```

Abbildung 29: Erklärung der Anweisung "COPY" (AutoCAD)

grammpaket AutoCAD[99] zu einem Befehl eine Erläuterung, so gibt er das Wort "HELP" und den Befehlsnamen ein und bekommt für diese Anweisung einen Hilfeschirm eingeblendet. Abbildung 29 zeigt den Bildschirm des Systems AutoCAD nach Eingabe des Befehls "HELP COPY".

Der vorgestellte Maskengenerator enthält ein zweistufiges Hilfesystem, dessen passive Komponente der Benutzer aktiviert und dessen aktiver Teil Fehlermeldungen ausgibt.

Der Anwender kann die passive Komponente der Hilfe von jedem beliebigen Punkt des Programms aus oder bei Fehlermeldungen mit der F1-Taste aufrufen. Mit einem zweiten Drücken der F1-Taste kann der Benutzer in die zweite Stufe des Hilfesystems gelangen. Mit der Esc-Taste wird wieder zurückverzweigt in das Menü oder die Kommandozeile, von der aus man das Hilfesystem aufgerufen hat.

Die Hilfefunktion bietet dem Anwender in der ersten Stufe eine kontextbezogene Unterstützung. Auf dieser Ebene zeigt der Bildschirm dem Benutzer den Status des Systems und den Punkt, an dem er sich innerhalb einer Anwahl befindet. Alle zur Verfügung stehenden Befehle werden aufgelistet und kurz erläutert. Dem Benutzer bieten sich die Möglichkeiten mit Hilfe der Cursortastatur oder durch Eingabe des Anfangsbuchstabens Befehle auszuwählen und sie durch drücken der Eingabe-Taste ausführen zu lassen. Er kann sich aber auch mit Hilfe der F1-Taste in der zweiten Hilfestufe über den gewählten Befehl ausführliche Informationen anzeigen lassen. Diese zweite Hilfeebene ist eine von Beispielen unterstützte Online-Dokumentation des Systems.

4.2.2.3 Exkurs

Die Vorgehensweise des Exkurses sieht vor, ein Menü- oder Hilfesystem aufzurufen und nach der Rückkehr aus dieser Umgebung die Eingabe der Befehlssequenzen durchzuführen. Diese Verfahrensweise wird durch die Mensch-Maschine-Schnittstelle des erweiterten Maskengenerators auch unterstützt.

Der bei der Anwendung des Systems übliche Weg wird jedoch der Umweg sein, der darin besteht, daß der Anwender seine Befehlssequenzen direkt innerhalb der Menü- und Hilfeumgebung eingibt. Auf diese Weise erspart sich der Benutzer die zusätzliche kognitive Belastung durch das Merken der Befehlssequenz bei der Dialogform des Exkurses.

---

[99] AutoCAD ist ein Produkt der Autodesk Incorporation.

4.2.3 Datenerfassung mit Hilfe von Masken

Die Möglichkeiten der Datenerfassung mit Hilfe von Bildschirmmasken betreffen die Mensch-Maschine-Schnittstelle des Maskengenerators in zwei Bereichen:

Zum einen stellt der erweiterte Maskengenerator dem Anwender eine Maskenumgebung zur Erfassung seiner anwendungsspezifischen Bildschirmmasken zur Verfügung. Zum anderen dienen die hier aufgestellten Gestaltungsrichtlinien auch als Vorgabe für die Individualmasken der Anwendungsprogramme.

Die Gestaltungsaspekte für Bildschirmmasken betreffen drei wesentliche Fragestellungen:[100]

a) Wo sind Informationen anzuzeigen?
b) Was wird auf dem Bildschirm dargestellt?
c) Wie werden Informationen dargestellt?

a) Wo sind Informationen anzuzeigen?

Im Rahmen der Diskussion der Wahrnehmungsperspektiven wurde bereits erwähnt, daß die Wichtigkeit der Informationen auf dem Bildschirm von oben links nach unten rechts abnehmen soll, da der Mensch einen gleichmäßig dargestellten Text von oben links nach unten rechts überfliegt.[101]

Um diese Maxime in den mit dem Maskengenerator erzeugten Masken der Anwendungsprogramme aufrecht erhalten zu können, wird der Bildschirm bei der Maskenerfassung bis auf die beiden unteren Zeilen freigehalten und für die benutzerindividuellen Eingaben zur Verfügung gestellt. Die Erfassungsmaske des erweiterten Maskengenerators erfüllt damit die Anforderungen der DIN 66290 insofern, als Steuerungs- und Meldungsteil der Maske am Fuße des Bildschirms angezeigt werden und der Bereich darüber als Verarbeitungsteil zur Verfügung steht.[102]

---

[100] Vgl. GALITZ, Wilbert O.: Handbook of Screen Format Design. Überarbeitete Auflage, Wellesley 1985, S. 42 ff.

[101] Vgl. S. 95.
Vgl. ebenso GALITZ, Wilbert O.: Handbook of Screen Format Design, a.a.O., S. 42.

[102] Vgl. DEUTSCHES INSTITUT FÜR NORMUNG e.V.: Entwurf DIN 66290, Teil 1 ..., a.a.O., S. 6.
Vgl. ebenso S. 97 ff.

Die Einhaltung dieses Normentwurfs bei der Erstellung von Anwendungsprogrammen wird durch den Maskengenerator dahingehend unterstützt, daß der Benutzer im Verarbeitungsteil des Bildschirms Informations-, Verarbeitungs- und Steuerungsteil im Anwendungsprogramm nach DIN 66290 definieren kann. Die unteren beiden Zeilen des generierten Anwendungsprogramms stehen als Meldungsbereich zur Verfügung.

Bei der Arbeit mit dem Anwendungsprogramm ist der Meldungsbereich für den Benutzer nur in Ausnahmesituationen, wie beispielsweise der Anzeige von Fehlermeldungen, von Bedeutung. Die Anordnung des Meldungsteils am unteren Bildschirmrand erfordert jedoch, daß bei solchen wichtigen Meldungen die Aufmerksamkeit des Benutzers auf diese Fußzeilen gelenkt wird. Zu diesem Zweck werden Mittel der Farbcodierung sowie akustische Signale verwendet.

b) Was wird auf dem Bildschirm dargestellt?

Zur Entlastung des Kurzzeitgedächtnisses und zur Unterstützung der ganzheitlichen Bearbeitung einer Aufgabe[103] durch den Anwender müssen auf einem Bildschirm alle zur Bewältigung dieser Aufgabe benötigten Informationen zur Verfügung gestellt werden.[104] Es darf also nicht erforderlich sein, daß der Benutzer Informationen von vorher dargestellten Bildschirmmasken oder Fenstern übernimmt, da diese Informationen aufgrund der beschränkten Kapazität des Kurzzeitgedächtnisses und seiner kurzen Verfallszeit in das Langzeitgedächtnis übertragen werden müßten.[105]

Die auf dem Bildschirm gezeigten Informationen sollten ohne zusätzliche Unterstützung durch Handbücher oder Dokumentationen verständlich sein. Die Ausdrucksweise muß dem Benutzer geläufig sein.[106] Die Syntax des Maskengenerators wird daher der Umgangssprache entnommen. Die verwendeten Begriffe müssen darüberhinaus semantisch eindeutig sein.[107]

Eine diesen Anforderungen genügende Bildschirmmaske stellt z.B. die in Abbildung 30 gezeigte Erfassungsmaske einer Banküberweisung dar.

---

[103] Die ganzheitliche Bearbeitung einer Aufgabe beschreibt die Einheit von Planung, Realisierung und Überprüfung in der Durchführung einer Arbeitsaufgabe.
Vgl. S. 116 f.

[104] Vgl. S. 102 f. und S. 116 ff.

[105] Vgl. GALITZ, Wilbert O.: Handbook of Screen Format Design, a.a.O., S. 43.
Vgl. ebenso SHNEIDERMAN, Ben: Designing the User Interface: ..., a.a.O, S. 327.
Vgl. ebenso S. 102.

[106] Vgl. S. 96 f.

[107] Vgl. S. 111.

```
                                                              ÜBERFORM
     ___________________________________________________
        E r f a s s u n g   Ü B E R W E I S U N G S F O R M U L A R

    ┌Empfänger (genaue Anschrift)──────────────┬Bankleitzahl──┐
    ......................................        
    ......................................         ..........
    ┌Kto.Nr.des Empfängers──┬bei (Sparkasse usw.)──────────
    ..........              .................................
    └Verwendungszweck (Nur für Empfänger)────────────DM───
    ...................................
    ...................................
    ...............................
    ┌Kto.Nr.des Auftraggebers─┬Auftraggeber (genaue Anschrift)─┐
     03 444 505                Herrmann Testperson   Geiststraße 3
                                                     3400 Göttingen

            ........
            (Datum)                        (Unterschrift)

    Steuerung   :  Tab oder die Pfeil-Tasten
    Abbrechen   :  ESC
    Hilfe       :  F1

    Bitte füllen Sie das Überweisungsformular vollständig aus.
```

Abbildung 30: Beispiel einer Maske für eine Banküberweisung

Der Aufbau des Bildschirmformulars entspricht in der Anordnung und der Beschriftung der Felder dem des Überweisungsträgers. Der Aufbau genügt den Anforderungen des Entwurfs der DIN 66290. Sämtliche Erfassungsfelder, die Steuerungsanweisungen und der Meldungsteil sind auf einem Bildschirm dargestellt. Die Erfassung des Überweisungsträgers ist ohne die Benutzung eines Handbuchs möglich. Über die F1-Taste können zu den Feldern und den Funktionen des Programms zusätzliche Informationen abgerufen werden.

In der Kommandozeile, der vorletzten Zeile des Bildschirms, zeigt der erweiterte Maskengenerator die momentan zur Verfügung stehenden Kommandos und die Kommandospur der bisher eingegebenen Befehle an. Die Meldungszeile beinhaltet Fehlermeldungen, Handlungsanweisungen und in ihrem rechten Teil den Namen der bearbeiteten Maske. Sie belegt die letzte Zeile des Bildschirms. Damit genügt die durch den Maskengenerator zur Verfügung gestellte Arbeitsumgebung der oben aufgestellten Forderung, daß der Benutzer keine Informationen von anderen Bildschirmen übernehmen muß.

Der Verarbeitungsteil des Bildschirms, in dem der Benutzer sein Anwendungsprogramm definiert, stellt ihm alle im Arbeitsablauf bisher definierten Konstanten- und Variablenfelder der Maske dar.
Sämtliche Änderungen des Anwendungsprogrammes und der Maske, die der Benutzer während seiner Bearbeitung vorgenommen hat, werden ihm nach dem Prinzip des "What you see is what you have got"[108] sofort angezeigt.

c) Wie werden Informationen dargestellt?

Der Text ist in korrekter Groß-/Kleinschreibung darzustellen. Die Großschreibung von Worten ist ein Mittel der Hervorhebung. Es werden kurze Sätze mit vertrautem Vokabular verwendet. Systeminformationen dürfen die Länge von 40 - 60 Zeichen nicht übersteigen und müssen semantisch schnell erfaßbar sein.[109]

Die Anzeige der Funktionen des Maskengenerators in der Kommandozeile erfolgt in Kleinbuchstaben, beginnend mit einem Großbuchstaben. Sie ist einheitlich in der Kommandozeile, dem Menü und dem Hilfe-System. Die Anwahl der Funktionen über den Anfangsbuchstaben kann in Klein- oder Großschreibung durchgeführt werden. Die Kommandospur der Eingabe zeigt Groß- und Kleinschreibung, wie sie der Benutzer eingegeben hat. Die Ausgabe der Meldungen geschieht in korrekter Groß-/Kleinschreibung. Der Name der bearbeiteten Bildschirmmaske wird in Großbuchstaben angezeigt, da er in dieser Form auf dem externen Speichermedium abgespeichert ist.

Handlungshinweise und Systemmeldungen sind kurz und neutral gehalten und personifizieren den Computer nicht. Damit wird vermieden, daß der Benutzer durch den Anschein von Selbständigkeit und Allwissenheit des Rechners verunsichert wird.[110]

Da im Maskengenerator der Steuerungs- und Meldungsteil am unteren Bildschirmrand placiert ist, werden Farben eingesetzt, um die Wahrnehmung des

---

[108] THIMBLEBY, Harold: "What you see is what you have got" ..., a.a.O., S. 70 ff.
[109] Vgl. GALITZ, Wilbert O.: Handbook of Screen Format Design, a.a.O., S. 44 ff.
  Vgl. ebenso SHNEIDERMAN, Ben: Designing the User Interface: ..., a.a.O., S. 327.
  Vgl. ebenso S. 96 f.
[110] Vgl. MAASS, Susanne: Mensch-Rechner-Kommunikation ..., a.a.O., S. 322 ff.

Kommando- und Meldungsblocks zu unterstützen.[111] Der Steuerungsteil wird in gelber Schrift auf rotem Hintergrund angezeigt und dadurch von dem Verarbeitungsteil abgesetzt. Bei der Anzeige von Fehlermeldungen wird ein akustisches Signal ausgegeben, um die Aufmerksamkeit des Anwenders auf die Meldungszeile zu lenken.[112]

Fehlermeldungen tadeln den Anwender nicht und die Tastatur wird für neue Eingaben sofort freigegeben. Es ist also nicht notwendig, eine Fehlermeldung zu bestätigen. Die Beschränkung auf eine Meldungszeile reicht für die vollständige Erläuterung einer Fehlhandlung in der Regel nicht aus. Daher kann der Benutzer über das Drücken der F1-Taste zusätzliche Erläuterungen zu der Fehlermeldung mit Beispielen für die richtige Eingabe abrufen.

Die hier erläuterten Gestaltungsmerkmale umfassen die Voreinstellungen, die für den Maskengenerator getroffen werden. Alle Texte der Systeminformationen, Kommandozeilen, und Fehlermeldungen sind in einer Textdatei gespeichert. Der Anwender kann sie an seine individuellen Wünsche adaptieren.[113] Die Texte werden durch ein einheitliches Informationssystem auf dem Bildschirm angezeigt, das standardmäßig auch Bestandteil der mit Hilfe des Maskengenerators erzeugten Anwendungsprogramme ist.[114]

4.2.4 Einsatz von Fenstertechnik

Unterstützt durch die Graphikmöglichkeiten der Personalcomputer wurden in den letzten Jahren neue Dialogformen wie z.B. die Fenstertechnik entwickelt. Hierbei kann der Benutzer in seine Anwendungen verschiedene rechteckige Bildschirmbereiche (Fenster oder Windows) einblenden, durch die er auf verschiedene Funktionen Zugriff hat. Abbildung 31 enthält als Beispiel für ein Fenstersystem die Mensch-Maschine-Schnittstelle des Turbo Prolog Compilers.

---

[111] Vgl. S. 100 f.
[112] Vgl. S. 104.
[113] Vgl. S. 90 ff.
[114] Diese Verfahrensweise gewährleistet auch, daß die Meldungen eines Programmsystems in eine andere Sprache übersetzt werden können, ohne Eingriffe in den Programmcode vorzunehmen.
Vgl. BRANSCOMB, Lewis L.; THOMAS, John C.: Ease of Use: A System Design Challenge. "IBM Systems Journal", Nr. 3, 1984, S. 227.

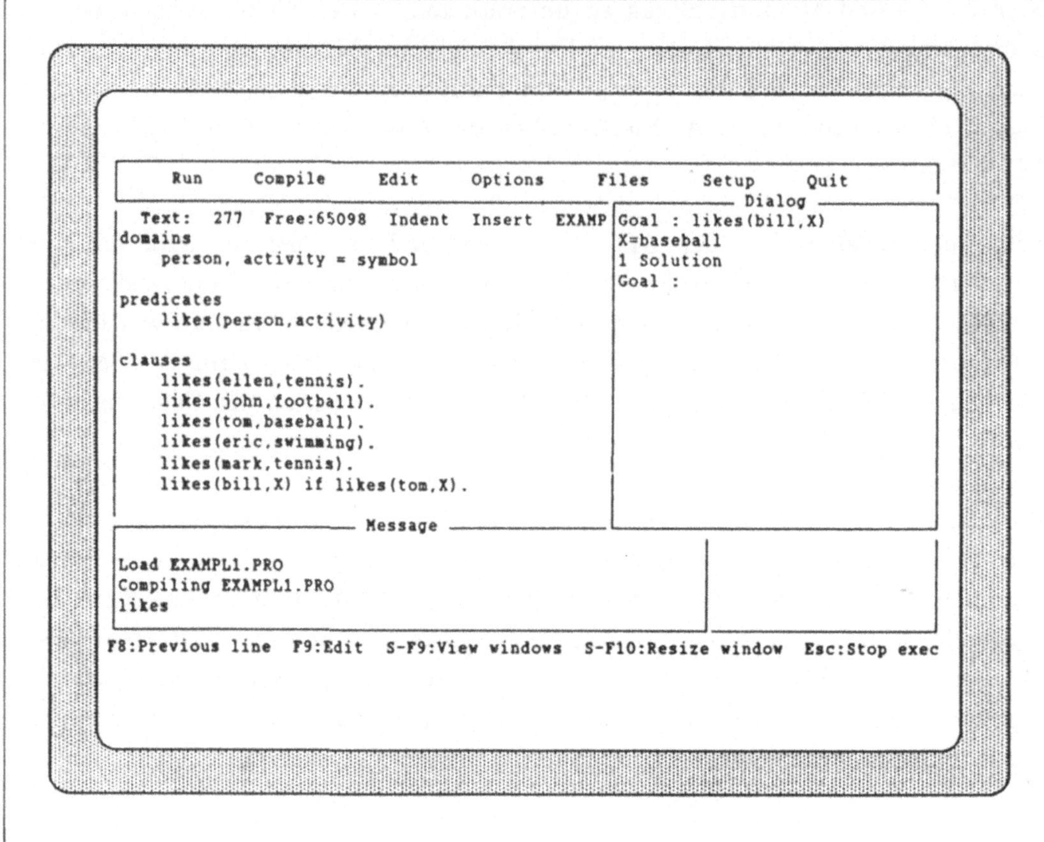

Abbildung 31: Fenstertechnik des Programms Turbo Prolog

Die für den Compiler wesentlichen Funktionen werden hier in drei Bildschirm-
fenstern dargestellt. Oben links befindet sich das Fenster des Editors, unten links
das Meldungsfenster und oben rechts wird das Dialogfenster für die Programmaus-
führung eingeblendet. Der Anwender kann alle Fenster des Compilers in ihrer
Größe variieren und verschieben.
Werden zusätzliche Fenster eingeblendet, so werden andere auf dem Bildschirm
dargestellte Informationen teilweise oder ganz überdeckt. Abbildung 32 zeigt am
Beispiel des Ladens eines neuen Programmes das Einblenden zusätzlicher Fenster.

Die neu eingeblendeten Fenster für die Eingabe des Dateinamens und für das
Anzeigen existierender Programme überdecken zum Teil die bisher auf dem Bildschirm gezeigten Informationen. An dieser Abbildung erkennt man bereits, daß die

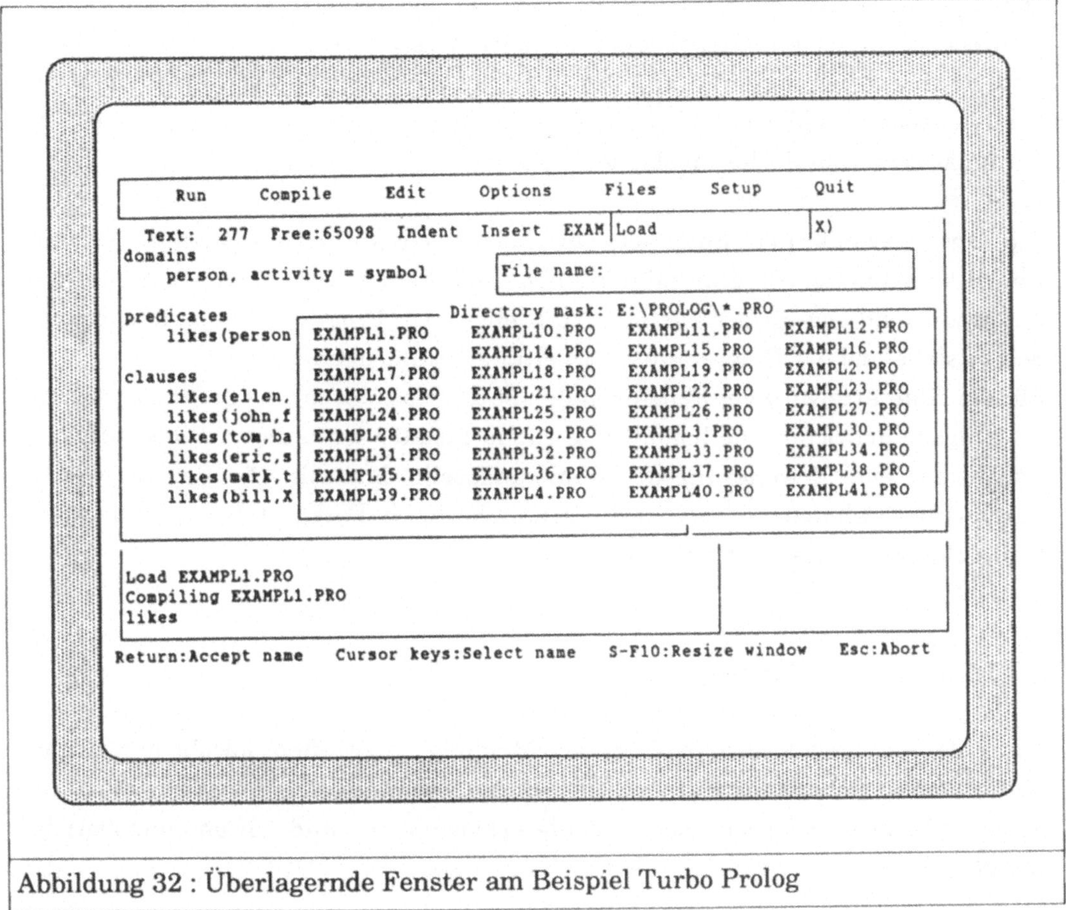

Abbildung 32 : Überlagernde Fenster am Beispiel Turbo Prolog

Gefahr besteht, den Benutzer durch die in den verschiedenen Fenstern des Bildschirms dargestellten Informationen zu überfordern.[115]

Die Realisierung der Fenstertechnik erfolgt auf IBM-kompatiblen Personalcomputern technisch oft dadurch , daß der Bildschirmspeicher vom Programm aus direkt angesprochen wird. Eine solche Vorgehensweise erfordert eine Anpassung an unterschiedliche Bildschirmtypen und verursacht außerdem ein geringes Maß an Portabilität der Software.[116]

---

[115] Vgl. DAHMEN, Horst: Tu', was ich meine, nicht, was ich sage. "ÖVD/Online", Nr. 6, 1983, S. 30.

[116] Vgl. BALZERT, Helmut; HOPPE, Heinz Ulrich; ZIEGLER, Jürgen: Fenstersysteme im Vergleich - Architektur, Leistungsfähigkeit und Eignung für die Anwendungsentwicklung. In: Software-Ergonomie '85. Mensch-Computer-Interaktion. Hrsg. von BULLINGER, Hans-Jörg; Stuttgart 1985, S. 48 f.

Zur Gewährleistung der Portabilität, auch bei Verwendung der Fenstertechnik, wird beim erweiterten Maskengenerator darauf verzichtet, Operationen direkt im Bildschirmspeicher auszuführen. Daher erfolgt die Ausgabe der Fenster und das anschließende Wiederherstellen des Bildschirminhalts vollständig über die Terminal-Schnittstelle des Maskengenerators.[117]

Die Fenstertechnik dient im erweiterten Maskengenerator zum einen der Anzeige von Hilfetexten zu Programmfunktionen und Fehlermeldungen. Zum anderen unterstützt sie die Erfassung von Positionen der Programm-Ablaufsteuerungs-Schnittstelle und der Programm-Verarbeitungs-Schnittstelle.
Für die Hilfetexte wird ein Fenster in der Mitte des Bildschirms eröffnet, während die Eingabe der Schnittstellendaten in einem Fenster am unteren Bildschirmrand erfolgt, das eine Erweiterung der Kommandozeile darstellt. Die Fenster werden durch einen Rahmen und bei Farb-Terminals durch Farbgestaltung vom eigentlichen Bildschirminhalt abgehoben.

4.2.5 Aufbau von Meldungen

Die Anforderungen an den Aufbau von Meldungen betreffen sowohl den Aufbau von Texten innerhalb der Hilfefunktion als auch die Gestaltung von Systemstatuszeilen, Benutzerinformationen, Fehlererklärungen und Kommandoberichtigungen.[118]

Meldungen dienen innerhalb eines Programmes verschiedenen Zwecken:

Sie
- bieten dem Anwender kurze Funktionserklärungen.
- protokollieren den Systemzustand zur Information des Benutzers (Systemstatuszeile).
- melden dem Benutzer, wenn seine Eingabe formal, logisch oder inhaltlich nicht korrekt war.
- teilen Fehler oder Verzögerungen bei der Verarbeitung mit.
- zeigen dem Anwender an, daß bei der Fortführung des Dialogs bestimmte Zustände oder Reaktionen zu erwarten sind.

---

[117] Vgl. S. 60 ff. und S. 210 ff.
[118] Vgl. S. 162 ff.

Meldungen können also Bestätigungen, Fragen, Informationen, Warnungen, Unterbrechungen, Fehlermeldungen und/oder Operator-Mitteilungen sein.[119]

Alle Meldungen des Programmsystems müssen einheitlich aufgebaut sein und einen Analyse- sowie einen Maßnahmen-Teil enthalten.[120] Der Analyse-Teil umfaßt eine kurze Beschreibung der Meldungsursache. Er besteht aus folgenden Komponenten, die durch Beispiele erläutert werden:

- Art der Meldung
  (Fehler, Information, Bestätigung usw.)
- Angabe der bisher durchgeführten Aktionen
  (Sie haben "DELETE B:BEISPIEL.DAT" eingegeben.)
- Grund der Meldung
  (Die Datei "B:BEISPIEL.DAT" konnte nicht gefunden werden.)

Der Maßnahmen-Teil stellt dem Anwender Informationen über die für die Fortsetzung der Arbeit verfügbaren Funktionen bereit. Er sollte folgende Komponenten enthalten:

- Zur Verfügung stehende Alternativen
  (Sie können erneut versuchen, "B:BEISPIEL.DAT" zu löschen oder den Vorgang abbrechen.
  Wollen Sie den Vorgang abbrechen?)
- Erwartete Aktionen
  (Bitte geben Sie J oder N ein.)
- Standard-Vorgaben
  (Wollen Sie abbrechen (J/N)? J
  (Standardwert wird bei RETURN übernommen.))
- Die Folgen der verschiedenen Alternativen
  (Bei J wird der Vorgang abgebrochen,
  bei N wird erneut versucht,
  den Befehl "DELETE B:BEISPIEL.DAT" auszuführen.)
- Anweisungen zur korrekten Durchführung der Eingabe
  (Bitte geben Sie den gewünschten Buchstaben ein und drücken Sie anschließend RETURN)

---

[119] Vgl. DEAN, Martin: How Computers Should Talk to People. "IBM Systems Journal", Nr. 4, 1982, S. 436.
[120] Vgl. ebenda, S. 436 f.

Neben diesen Forderungen an den Inhalt von Meldungen sind folgende allgemeine Gestaltungskriterien zu formulieren:[121]

- Meldungen sollten als ganze Sätze formuliert werden.
- Sie müssen neutral formuliert sein und dürfen den Computer nicht personifizieren.
- Aufforderungen an den Benutzer sollten mit dem Wort "Bitte" eingeleitet werden.
- Meldungen sollten möglichst unmittelbar nach der verursachenden Aktion ausgegeben werden.
- Sie erscheinen immer an der gleichen Stelle des Bildschirms.
- Fehlermeldungen müssen positiv formuliert werden.
- Sie dürfen den Benutzer nicht tadeln, sondern weisen auf Unzulänglichkeiten des Systems hin.
- Sie sollen kurz, genau und verständlich formuliert sein.
- Sie müssen dem Anwender Lösungsvorschläge zur Behebung des Fehlers unterbreiten.[122]

Die Gestaltung der Meldungen des erweiterten Masken-Generators erfolgt nach den aufgestellten Richtlinien. Eine Einschränkung in der Ausführlichkeit der Meldungsinhalte ergibt sich daraus, daß im Meldungsbereich nur eine Zeile steht.[123] Der Anwender kann sich jedoch grundsätzlich zu den kurzen Meldungen Erläuterungen über die F1-Taste anzeigen lassen, die ihm im Rahmen des Hilfe-Systems zur Verfügung stehen. Diese ausführlich aufgebauten Meldungen entsprechen in Inhalt und Gestaltung vollständig den oben angeführten Erfordernissen.

4.2.6 Fehlerrobustheit

Bei der Durchführung seiner Arbeitsaufgabe mit Hilfe eines Anwendungsprogramms trifft der Benutzer laufend Entscheidungen über die Aktionen, die er ausführen will und darüber, auf welche Art er sie bearbeiten möchte.[124] Diese Entscheidungen werden dem Programm über die Mensch-Maschine-Schnittstelle mit-

---

[121] Vgl. HOFMANN, Josef: "Freundliche" Schnittstelle zum Benutzer, a.a.O., S. 147.
Vgl. ebenso ENGELMANN, Uwe; MEINZER, Hans-Peter: Bessere Mensch/Maschine-Schnittstellen durch Beachtung von Benutzerfehlern. "Angewandte Informatik", Nr. 5, 1985, S. 195 f.

[122] Vgl. BROWN, P. J.: Error Messages: The Neglected Area of the Man/Machine Interface? "Communications of the ACM", Nr. 4, 1983, S. 246 und S. 249.

[123] Vgl. S. 171.

[124] Vgl. S. 81 ff. und S. 112 ff.

geteilt und von ihm in Programmabläufe umgesetzt. Im Verlauf des gesamten Entscheidungs- und Durchführungs-Prozesses treten Fehler auf, die zu einem großen Teil durch Unzulänglichkeiten des Anwendungsprogramms selbst hervorgerufen werden.[125] Die auftretenden Fehler lassen sich in zwei Hauptgruppen unterteilen:

- Echte Fehler: Der Benutzer trifft eine Entscheidung, die sich später als falsch herausstellt, so daß er die (eigentlich falsche) Aktion "willentlich" auslöst.
- Unbeabsichtigte Fehler: Der Benutzer hat zwar den richtigen Willen, eine Aktion durchzuführen, macht aber während der Durchführung dieser Aktion einen Fehler.

Das Programmsystem kann die erste Fehlerart nicht verhindern, lediglich die Folgen dieser Fehler können minimiert werden (z.B. durch UNDO-Funktionen).
Viele unbeabsichtigte Fehler werden jedoch durch die Mensch-Maschine-Schnittstelle oder die von ihr aufgerufenen Programmfunktionen hervorgerufen.

Dem Benutzer muß ein möglichst fehlerfreies Arbeiten ermöglicht werden. Daher besteht eine Aufgabe der Mensch-Maschine-Schnittstelle darin, die Fehler eines Anwenders zu analysieren, geeignete Maßnahmen zur Fehlervermeidung zu treffen und die Folgen von Fehlern für den Anwender so gering wie möglich zu halten. Daraus ergibt sich die globale Forderung, daß in die Konzeption der Mensch-Maschine-Schnittstelle Erfahrungen über die häufigsten Fehlerquellen einfließen sollten, um so unnötige Fehler zu vermeiden, den Benutzer fehlerfrei durch das System zu führen und ihn bei der Korrektur von Fehlern zu unterstützen. Die Maßnahmen, welche ein fehlerrobustes System ausmachen, umfassen also

a) Fehlervermeidung und
b) Fehlerbehandlung.[126]

---

[125] Vgl. CLANTON, Chuck: The Future of Metaphor in Man-Computer Systems. "BYTE", Nr. 12, 1983, S. 264.
[126] Vgl. LIFFICK, Blaise W.: The Software Developer's Sourcebook. From Concept to Completion: The Essential Reference. Reading, Massachusetts, 1985, S. 195 f.

a) Fehlervermeidung

Die von der Mensch-Maschine-Schnittstelle eines Programms hervorgerufenen Fehler lassen sich in 5 Hauptgruppen unterteilen, die im folgenden näher erläutert werden:[127]

aa) Flüchtigkeits-Fehler
bb) Ausführungs-Fehler
cc) Beschreibungs-Fehler
dd) Status-Fehler
ee) Fehler durch uneinheitliche Gestaltung der Mensch-Maschine-Schnittstelle

aa) Flüchtigkeits-Fehler

Diese Fehlerart umfaßt zum einen Tippfehler und zum anderen Fehler, die durch das automatische Durchführen bekannter Befehlsfolgen hervorgerufen werden, was zu einem ungewollten Ergebnis führen kann. Diese zweite Fehlerart tritt bei überlappenden Befehlen oder leicht verwechselbaren Abläufen auf. Wenn man es beispielsweise gewöhnt ist, die Anwahl von Befehlen über den Anfangsbuchstaben durchzuführen und diese Art der Anwahl auf einer Ebene der Befehlshierarchie nicht eindeutig ist, so kommt es zu solchen Flüchtigkeits-Fehlern. Überlappende Befehle bzw. identische Befehlssequenzen, die zu verschiedenen Ergebnissen führen, müssen daher in der Gestaltung einer Mensch-Maschine-Schnittstelle vermieden werden.

Die Mensch-Maschine-Schnittstelle des erweiterten Maskengenerators ist so aufgebaut, daß innerhalb einer Ebene der Funktionshierarchie keine überlappenden Befehle (Befehle mit dem gleichen Anfangsbuchstaben) existieren. Da die Texte der Kommandozeilen vom Anwender geändert werden können, ist zur Gewährleistung dieser Systemkonsistenz eine Abprüfung auf die Konsistenz der Eingabe über Anfangsbuchstaben auch nach individuellen Änderungen des Anwenders erforderlich.

---

[127] Vgl. ENGELMANN, Uwe; MEINZER, Hans-Peter: Bessere Mensch/Maschine-Schnittstellen ..., a.a.O., S. 192 ff.
Vgl. ebenso NORMAN, Donald A.: Design Rules Based on Analyses of Human Error. "Communications of the ACM", Nr. 4, 1983, S. 254 ff.

bb) Ausführungs-Fehler

Bei der Bearbeitung von Arbeitsaufgaben mit Hilfe von Programmen kommen Ausführungs-Fehler vorwiegend in zwei Ausprägungen vor:

- Eine unerwünschte Aktion wird ausgeführt. Fehler dieser Kategorie treten meist als Folge eines Flüchtigkeits-Fehlers auf oder haben ihre Ursache in einem falschen Analogieschluß von einem bekannten Befehl auf einen neuen.
- Eine erwünschte Aktion wird nicht ausgeführt. Die Ursache eines solchen Fehlers liegt häufig im Vergessen, eine begonnene Aktion zum Ende zu führen (z.B. auf Grund einer Störung oder eines Telefonanrufs). Dieses Vergessen tritt dann ein, wenn der Anwender auf dem Bildschirm nicht eindeutig erkennen kann, welche Aktionen er noch nicht beendet hat.

Systemmaßnahmen gegen diese Fehlerart umfassen zum einen klar unterscheidbare Funktionen des Programms, zum anderen die eindeutige Anzeige des Status einer gerade durchgeführten Aktion auf dem Bildschirm. Zur Realisierung dieser Maßnahmen kann beispielsweise die Fenstertechnik eingesetzt werden, indem für die Durchführung jeder Aktion ein eigenes Fenster eröffnet wird, das zwar vorübergehend andere Fenster verdecken kann, diese jedoch später wieder freigibt und dem Anwender erlaubt, seine Arbeit fortzusetzen.

Eine weitere Möglichkeit besteht in der Fehlertoleranz eines Programms, d.h. daß kleine Fehler des Benutzers (z.B. Tippfehler) automatisch berichtigt und zur Korrektur wieder vorgelegt werden, oder daß der Anwender durchgeführte Aktionen wieder zurücknehmen kann (UNDO).[128]

Aktionen, die nicht rückgängig gemacht werden können (z.B. "FORMAT C:") sollten möglichst erschwert werden, so daß der Benutzer sie nicht versehentlich verursachen kann. Die dabei verwendete Rückfrage "Sind Sie sicher (J/N)?" ist dabei nicht ausreichend, da sie in der Regel automatisch beantwortet wird und somit keinen Schutz bietet.[129] Hier bietet sich die Möglichkeit einer zweiten Abfrage, durch welche der Befehl für die Eingabe individuell bestätigt werden muß. Eine aufgabenspezifische Antwort fördert die Aufmerksamkeit des Benutzers; sie trägt so zur Fehlervermeidung bei. Eine solche zweite Abfrage wäre z.B. "Bitte wiederholen Sie, welches Laufwerk formatiert werden soll".

---

[128] Vgl. S. 137.
[129] Vgl. NORMAN, Donald A.: Design Rules ..., a.a.O., S. 257.

Vom erweiterten Maskengenerator wird das Vermeiden von Ausführungs-Fehlern dahingehend unterstützt, daß der Status auch innerhalb der Ausführung einer Funktion auf dem Bildschirm klar ersichtlich ist und durch Handlungsanweisungen unterstützt wird. Einzelne Funktionen, wie die Erfassung der Felddaten oder die Erfassung der Programm-Verarbeitungs-Schnittstelle werden in Fenstern durchgeführt, die auf dem Bildschirm eingeblendet werden. Die automatische Korrektur von Tippfehlern ist im Rahmen der Steuerung des Maskengenerators durch Short mnemonics nicht möglich. Die Interaktionsform der funktionsabhängigen zweiten Abfrage wird in der Mensch-Maschine-Schnittstelle des erweiterten Maskengenerators ebenfalls verwendet. So wird der Benutzer z.B. beim Abspeichern einer neuen Maske unter einem bereits existierenden Maskennamen nicht nur gefragt, ob er die Maske überschreiben will, sondern er erhält die Anweisung: "Der Maskenname existiert bereits. Bitte geben Sie den Maskennamen erneut ein oder wählen Sie einen anderen Namen:". Durch die erneute Eingabe des selben Namens wird die bereits existierende Bildschirmmaske innerhalb der Maskendatei überschrieben, bei Eingabe eines anderen Namens wird eine neue Maske erzeugt.

cc) Beschreibungs-Fehler

Beschreibungs-Fehler kennzeichnen die Verwechslung zweier ähnlicher Aktionen. Diese Fehler treten auf, wenn ähnliche Befehle für ähnliche Aktionen verwendet werden.
Ein Beispiel, das diese Art von Fehlern gut verdeutlicht, ist ein Fischer, der einen Fisch ausnimmt, den Fisch über Bord wirft und die Eingeweide behält.[130]
Bei der Bedienung eines Programmsystems kann diese Fehlerart sowohl bei der Verwechslung ähnlicher Befehle auftreten als auch durch das Drücken einer Taste neben der richtigen Taste verursacht werden.

Um diese Fehlerart zu vermeiden, sollte ein übersichtlicher funktionaler Aufbau der Mensch-Maschine-Schnittstelle eines Anwendungsprogramms angestrebt werden. Eine klar gegliederte, dem Benutzer transparente Mensch-Maschine-Schnittstelle und eine einheitliche Arbeitsweise innerhalb mehrerer Bildschirme unterstützen diese Anforderung. Die verwendeten Befehle sollten sich in Aufruf und Resultat klar unterscheiden. Die Forderung, daß sämtliche Tasten, die auf der Tastatur um eine zugelassene Taste herum liegen, nicht zugelassen werden, ist bei komplexen Anwendungen nicht realisierbar.

---

[130] Vgl. NORMAN, Donald A.: Design Rules ..., a.a.O., S. 255.

Im erweiterten Maskengenerator wird versucht, Beschreibungsfehler dadurch zu vermeiden, daß:

- die verschiedenen Funktionen im Rahmen der Maskenbearbeitung klar hierarchisch gegliedert sind,
- in allen Arbeitsumgebungen dieselben Befehlssätze zur Verfügung stehen,
- durch die hierarchische Struktur der Kommandogebung kaum unbeabsichtigte Kommandokombinationen erzeugt werden können.

dd) Status-Fehler

Als Status- oder auch Modus-Fehler bezeichnet man einen Fehler, den der Benutzer verursacht, weil er meint, das System sei in einem Zustand (Status), in dem es sich jedoch nicht befindet.[131] Ein typischer Status-Fehler liegt z.B. vor, wenn ein Teilnehmer eines Programmierkurses den Aufruf des Compilers bereits im Editor eingibt und damit in den Programmcode einbindet.

Weiterhin besteht die Möglichkeit, daß ein Kommando abgegeben wird, das auf Grund eines falschen Systemstatus eine falsche Aktion verursacht, während die richtige Aktion nicht durchgeführt wird. Wenn z.B. auf einem Personalcomputer der Befehl "FORMAT A:" zum Formatieren einer Diskette aufgerufen wird, ohne daß der Anwender sich im richtigen DOS-Verzeichnis befindet oder einen Zugriffspfad definiert hat, so erhält man die Fehlermeldung "Falscher Befehl oder Dateiname".

Auch in anderen Systemen erhält der Benutzer als Folge solcher Status-Fehler häufig eine Fehlermeldung wie "Falsches Kommando" oder ähnliches. Diese Meldungen sind falsch und können den Benutzer irritieren, da das verwendete Kommando an sich richtig ist, nur an der falschen Stelle im Programm benutzt wurde. Zur Vermeidung von Status-Fehlern bieten sich drei einander ergänzende Vorgehensweisen an:[132]

- Das System hat nur einen Status. Es können an jeder Stelle des Programms sämtliche Befehle mit derselben Wirkung benutzt werden.
- Jeder Status, den das Programm einnehmen kann, verfügt über einen eigenen Befehlssatz, so daß es keine Überschneidungen gibt.
- Der System-Status muß für den Anwender jederzeit klar erkennbar sein.

---

[131] Vgl. S. 106 f.
[132] Vgl. NORMAN, Donald A.: Design Rules ..., a.a.O., S. 255.

Die erste Möglichkeit zur Vermeidung von Status-Fehlern läßt sich in keinem Programm konsequent anwenden, da die bei der Bearbeitung einer Aufgabe durchzuführenden Aktionen grundsätzlich zum Teil Kommando- und zum Teil Editiercharakter aufweisen. Auch die zweite Möglichkeit, für jede unterschiedliche Aktion eine andere Bezeichnung zu finden, erscheint unzweckmäßig, da die Befehlsvielfalt verwirrend wirkt und der Lernaufwand für den Benutzer durch eine solche Vorgehensweise stark ansteigt. Die Anweisungen zum Löschen eines Satzes, bzw. zum Löschen einer Datei haben zwar eine unterschiedliche Wirkung, erfüllen jedoch dieselbe Funktion des Löschens. Dieses Beispiel zeigt deutlich, daß eine unterschiedliche Namensgebung in einem solchen Fall eher zur Verwirrung führen würde.

Damit bietet sich in erster Linie die, zur Orientierung im Programm ohnehin wünschenswerte Möglichkeit an, den System-Status in einer Statuszeile ständig klar anzuzeigen, so daß der Benutzer in der Lage ist, sich leicht zu orientieren.[133] Dadurch wird vermieden, daß er erst durch eine Eingabe und die Reaktion auf dem Bildschirm feststellen kann, in welchem Zustand sich sein Anwendungsprogramm gerade befindet.

Die Arbeit findet bis auf die Eingabe der Inhalte konstanter Felder einheitlich im Kommandomodus statt. Auch beim Positionieren des Cursors oder der Felder auf dem Bildschirm stehen dem Anwender die Alternativen der Steuerung über Richtungstasten und der Eingabe von Zeile und Spalte in der Kommandozeile zur Verfügung. In der Meldungszeile erscheinen außerdem der Name der bearbeiteten Bildschirm-Maske und eine Information zu den dem Anwender gerade zur Verfügung stehenden Funktionen. Durch diese einheitliche Arbeitsumgebung werden beim erweiterten Maskengenerator Status-Fehler minimiert.
Zum Zweck der Verringerung des kognitiven Aufwands beim Erlernen des Systems und zur Vermeidung von Status-Fehlern, verwendet der Anwender für die Bearbeitung eines Feldes und einer Maske dieselben Befehle (z.B. Maske bzw. Feld anlegen, Maske bzw. Feld löschen).

ee) Fehler durch uneinheitliche Gestaltung der Mensch-Maschine-Schnittstelle

Der Benutzer eines Anwendungsprogramms geht davon aus, daß es sich in allen Programmteilen ähnlich verhält. Da der Mensch in unsicheren Situationen durch Analogieschluß von einem bekannten, geübten Vorgang auf einen ähnlichen, weniger bekannten schließt, sollte ein Anwendungssystem in seinen Teilen konsistent

---

[133] Vgl. S. 106 f. und S. 126 f.

aufgebaut sein, so daß dieser Analogieschluß zu einem positiven Ergebnis führt und keinen Fehler verursacht.[134] Ein logisch aufgebautes Anwendungssystem ist für den Benutzer wesentlich leichter zu erlernen und zu behalten. Diese Anforderungen besagen, daß z.B. Parameter immer in der gleichen Reihenfolge eingegeben werden oder Zuweisungen immer in der gleichen Richtung stattfinden.

Ein Beispiel für eine uneinheitliche Systemgestaltung bietet das Hotelverwaltungs-Programm Hogadat[135]. Es erlaubt dem Anwender in seinen Funktionen, Befehle über die Anfangsbuchstaben oder durch Markierung des Befehls mit Hilfe der Richtungstasten zu geben. In den Hauptmenüs ist die Anwahl jedoch ausschließlich über die Cursortastatur möglich.

Wie bereits erwähnt, zeichnet sich der erweiterte Maskengenerator durch eine einheitliche Gestaltung der Mensch-Maschine-Schnittstelle in allen ihren Teilen und allen Arbeitsmodi aus. Das Programm unterstützt den Anwender in der Eingabe der erforderlichen Parameter (z.B. Position mit Zeile und Spalte sowie Feldlänge) und Zuweisungen (z.B. Feldinhalte für konstante Felder). Hierbei hält es grundsätzlich die gleiche Reihenfolge der Abfrage ein.

b) Fehlerbehandlung

Fehler können korrigiert werden, indem die Kommandoschritte, die zu dem Fehler geführt haben, rückgängig gemacht werden oder durch ein erneutes Durchführen der Verarbeitungsfolge. Diese Alternativen werden beschrieben durch

> *aa) die UNDO-Funktion und*
> *bb) die REDO-Funktion.*

aa) Die UNDO-Funktion

Im Rahmen der UNDO-Funktion hat der Benutzer nach der Ausführung einer Anweisung die Möglichkeit, diese Anweisung rückgängig zu machen und mit seiner Verarbeitung an dem Punkt vor der Eingabe dieser Funktion wieder aufzusetzen.

---

[134] Vgl. PAETAU, Michael: Arbeitswissenschaftliche Bewertung ..., a.a.O., S. 97.
[135] Hogadat ist ein Produkt der Meisterknecht GmbH, Freiburg.

Oft bemerkt der Anwender eine falsche Eingabe in dem Moment, in dem er die Anweisung über die Tastatur eingibt.[136] Der Anwender sieht spätestens in dem Moment, in dem das Ergebnis der Aktion auf dem Bildschirm angezeigt wird, daß ihm ein Fehler unterlaufen ist. Mit Hilfe der UNDO-Funktion kann nun zumindest die letzte Anweisung rückgängig gemacht werden, so daß diese häufigen Fehler ohne weitere Auswirkungen bleiben. UNDO-Funktionen sind dabei oft auf einen Dialogschritt begrenzt, da der Computer sich nur den Zustand vor der Ausführung der letzten Aktion im Hauptspeicher hält, der oft nur über eine sehr begrenzte Kapazität verfügt. Das Führen von LOG-Dateien, die sämtliche Arbeitsschritte des Anwenders protokollieren, würde einen ständigen Zugriff auf externe Speicher voraussetzen und somit viel Zeit in Anspruch nehmen.

Der Vorteil einer UNDO-Funktion besteht darin, daß auch der ungeübte Benutzer das System ausprobieren kann, ohne die Angst, mit einem falschen Befehl wichtige Daten zu zerstören. Durch zunehmende Fähigkeiten der Hardware und neue Programmiertechniken wird heute bereits im PC-Bereich ein mehrstufiges UNDO angestrebt. Mit Hilfe einer solchen Funktion kann der Benutzer einen Verarbeitungsvorgang jederzeit vollständig zurücknehmen und damit auch mehrere Anweisungen ungeschehen machen.
Die Grenzen der UNDO-Funktion sind dort gesetzt, wo die Rücknahme von Anweisungen so speicherintensiv ist, daß sie sich nur mit einem unvertretbar hohen Aufwand realisieren läßt. Ein Beispiel für einen solchen Befehl ist die Anweisung zum Formatieren einer Festplatte. In diesem Fall bleibt dem System nur die Möglichkeit, den Benutzer durch den Hinweis, daß diese Anweisung nicht rückgängig zu machen ist, vor der falschen Durchführung des Befehls zu warnen.

Im erweiterten Masken-Generator ist eine UNDO-Funktion zum Rückgängigmachen einzelner Anweisungen implementiert. Durch Drücken der ESC-Taste erreicht der Anwender bei der Bearbeitung eines Feldes jeweils die nächsthöhere Stufe der Kommandohierarchie. Nach Abschluß der Bearbeitung kann die letzte Befehlssequenz durch das Kommando "Rückgängig" zurückgenommen werden. Bei komplexeren Funktionen, wie dem Abspeichern einer Maske, ist keine UNDO-Funktion implementiert. Hier greift beispielsweise die Maßnahme einer individuellen Bestätigung der Anweisung.

---

[136] Sachbearbeiter bemerken Falscheingaben in bis zu 95 % aller Fälle unmittelbar nach der Eingabe.
Vgl. SAAR, Walter: Auswahl von Standardsoftware mit Schwerpunkt Endbenutzerfreundlichkeit. In: COMPAS '85 der Ausstellungs-Messe-Kongreß GmbH Berlin, Berlin 1985, S. 194.

bb) Die REDO-Funktion

Neben dem UNDO gibt es noch die Möglichkeit, den Systemzustand zu einem festgelegten Zeitpunkt zu sichern und von dort aus sämtliche Anweisungen durch das Anwendungsprogramm oder das Betriebssystem protokollieren zu lassen. Stellt der Benutzer nun nach einigen Anweisungen fest, daß er im Laufe des Dialogs Fehler gemacht hat, so kann er an dem definierten Startpunkt wieder beginnen und die durchgeführten Aktionen mit Hilfe einer REDO-Funktion schrittweise bis zu dem Status nachvollziehen, an dem der Fehler aufgetreten ist. An diesem Punkt kann der Anwender seinen Fehler korrigieren anschließend durch das Fortsetzen der REDO-Funktion zum aktuellen Status seiner Arbeit zurückkehren.

Der erweiterte Masken-Generator weist zwar keine REDO-Funktion in der beschriebenen Form auf, der Anwender hat jedoch die Möglichkeit, über die Funktion des Änderns von Feldern jederzeit Fehler zu korrigieren, ohne die gesamte Maske oder auch nur einzelne Felder neu erfassen zu müssen.

4.3 Aufbau des erweiterten Maskengenerators

Das Zusammenspiel der in Abschnitt 4.2 beschriebenen Gestaltungsmöglichkeiten einer Mensch-Maschine-Schnittstelle definiert den Aufbau und die Funktionsweise des erweiterten Maskengenerators. Dieser Abschnitt stellt daher zusammenfassend den Aufbau und den Funktionsumfang der Mensch-Maschine-Schnittstelle des erweiterten Maskengenerators dar.

Zunächst behandelt Abschnitt 4.3.1 die Integration der Mensch-Maschine-Schnittstelle in den Maskengenerator. Anschließend werden die Funktionen der Programm-Ablaufsteuerungs-Schnittstelle und der Programm-Verarbeitungs-Schnittstelle konkretisiert (Abschnitt 4.3.2 und 4.3.3). Anhand der Funktionshierarchien des Maskengenerators werden abschliessend die zur Verfügung stehenden Grundelemente für die Programmerstellung erläutert.

4.3.1 Integration der Mensch-Maschine-Schnittstelle in den erweiterten Maskengenerator und Entwurf des modularen Konzepts

Wie bereits erwähnt, ermöglicht die Mensch-Maschine-Schnittstelle dem Anwender, die Arbeit in drei verschiedenen Modi, dem Hilfe-, Menü- und Kommandomodus.

Diese drei Verarbeitungsmodi benutzen die zentralen Module

- der Felderfassung zur Steuerung der Eingabe und des Layouts der Maske,
- des Kommandointerpreters zur Identifizierung der Benutzereingaben sowie
- des Masken-Ein-/Ausgabemoduls zum Laden und Speichern der Programmbeschreibungen.

Die Module zur Meldungsanzeige und zum Einblenden eines Fensters dienen der Darstellung von Meldungs- und Hilfetexten auf dem Bildschirm (Abbildung 33).

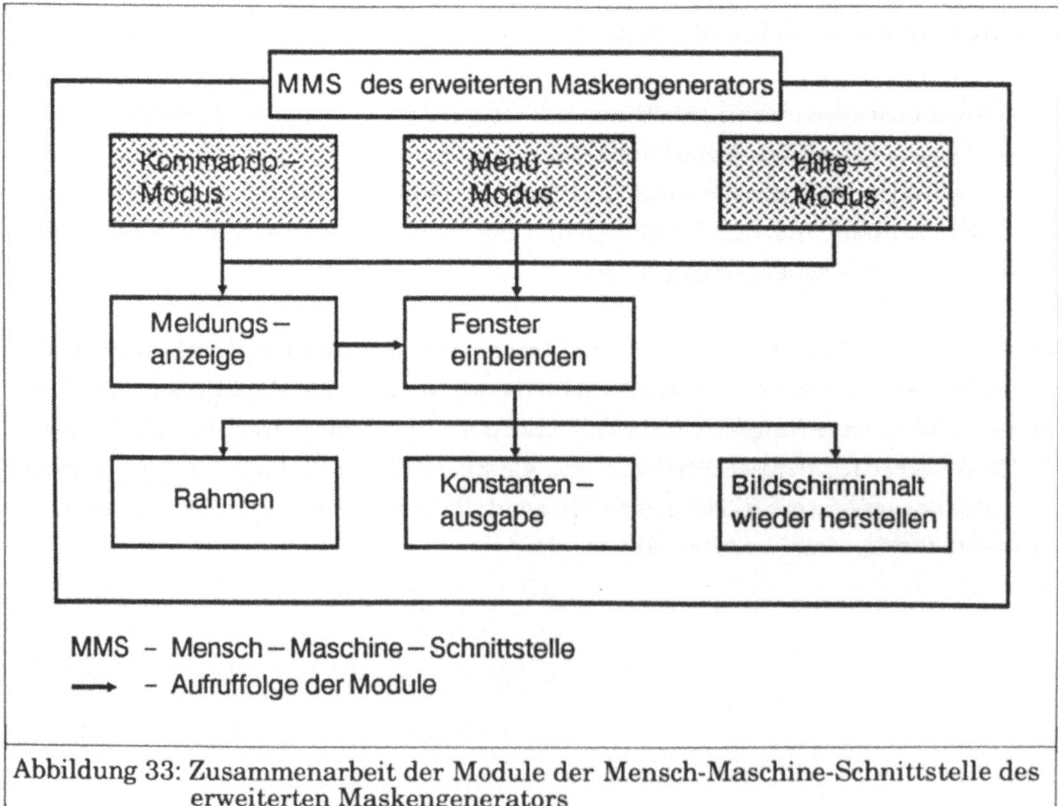

Abbildung 33: Zusammenarbeit der Module der Mensch-Maschine-Schnittstelle des erweiterten Maskengenerators

Der Hilfe-, Menü- und Kommandomodus rufen zur Unterstützung des Benutzers die Meldungsanzeige auf, mit deren Hilfe Fehlermeldungen ausgegeben werden. Weiterhin erhält der Benutzer Informationen über die im augenblicklichen Status des Systems erlaubten Operationen. Die Meldungsanzeige erfolgt in der Regel in der Meldungszeile am unteren Bildschirmrand; sie kann bei Fehlermeldungen, die ein korrektives Eingreifen des Anwender erfordern, jedoch auch ein Fenster zur Benutzerinformation auf dem Bildschirm eröffnen.

Der Modul zum Einblenden eines Fensters steht ebenfalls innerhalb der drei verschiedenen Arbeitsmodi zur Verfügung. Er ruft zunächst den Modul "RAHMEN" auf, der den Rahmen des Fensters generiert und den Bildschirminhalt innerhalb dieses Fensters löscht. Anschließend werden über den Modul der Konstanten-Ausgabe die konstanten Felder innerhalb dieses Fensters ausgegeben, die in der zentralen Konstanten-Datei des erweiterten Maskengenerators gespeichert sind. Dies können z.B. Meldungs- und Hilfetexte sein oder, falls der Aufruf aus dem Menü-Modus erfolgt, die Namen der verfügbaren Funktionen.

Die dargestellten Module bilden in ihrer Gesamtheit die Mensch-Maschine-Schnittstelle des erweiterten Maskengenerators. Sie repräsentieren seinen Funktionsumfang mit der Erfassung der konstanten Felder der Bildschirmmaske, der Programm-Ablaufsteuerungs-Schnittstelle und der Programm-Verarbeitungs-Schnittstelle des zu erzeugenden Anwendungsprogramms. Damit ermöglicht die Mensch-Maschine-Schnittstelle des erweiterten Maskengenerators eine ganzheitliche Erfassung der Anwendungsprogramme mit Feldern und Verarbeitungsvorschriften.[137]

Die Terminal-Schnittstelle stellt die Verbindung der Mensch-Maschine-Schnittstelle des erweiterten Maskengenerators zu den angeschlossenen Bildschirmen her (Abbildung 34). Mit Hilfe des Maskengenerators erzeugte Datensätze zur Beschreibung des Anwendungsprogramms werden über die Daten-Schnittstelle in Dateien abgespeichert.

---

[137] Vgl. ZOLLER, Peter: Die Kontextbildung ..., a.a.O., S. 203.
    Vgl. ebenso S. 116 ff.

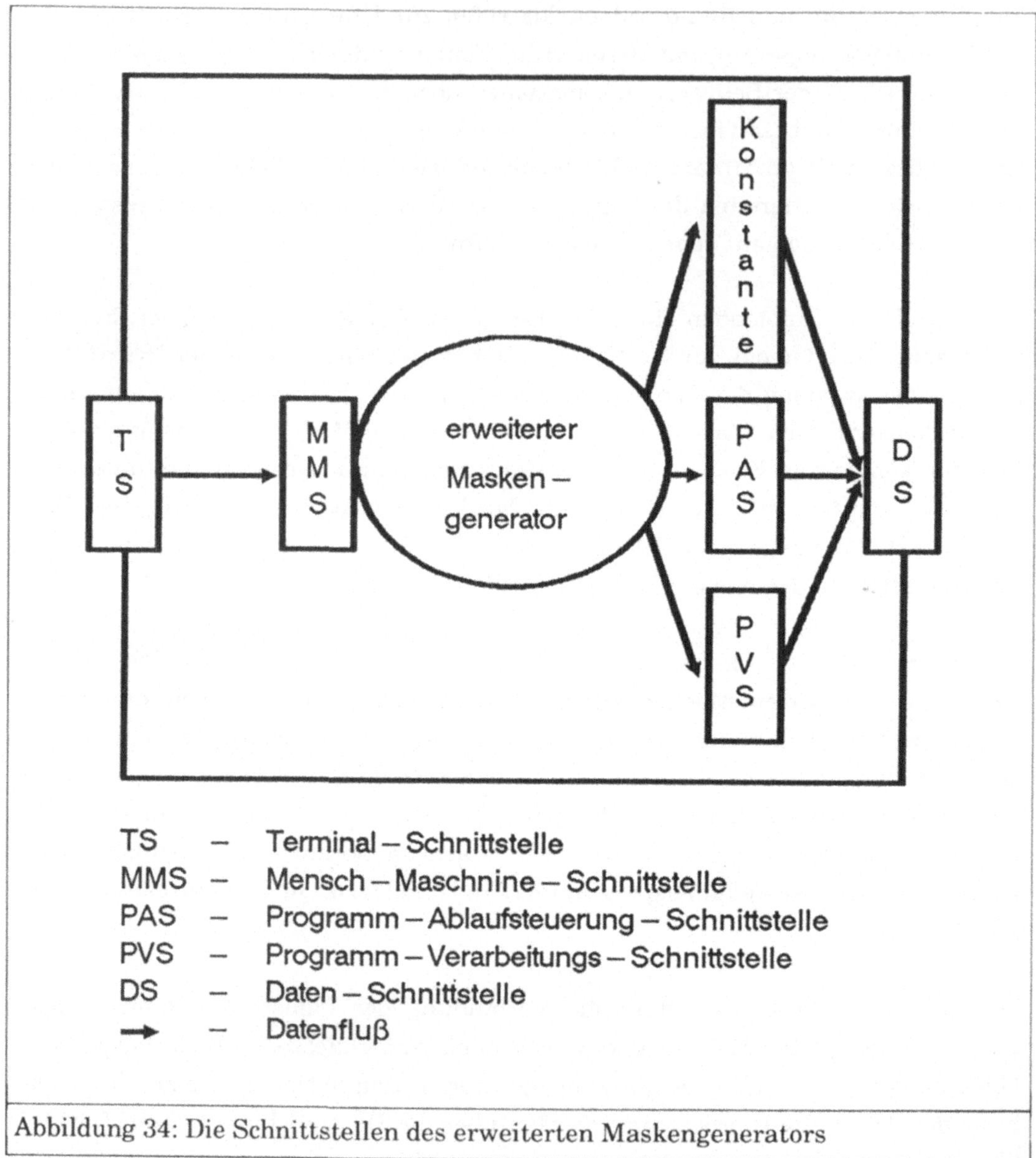

Abbildung 34: Die Schnittstellen des erweiterten Maskengenerators

Die Erfassung der konstanten Felder erfolgt im Rahmen der Definition der Programm-Ablaufsteuerungs-Schnittstelle. Diese Schnittstelle wird, ebenso wie die Programm-Verarbeitungs-Schnittstelle, in einem der drei dem Anwender zur Verfügung stehenden Interaktionsmodi des erweiterten Maskengenerators erstellt. Auf die Erfassung dieser beiden Schnittstellen wird in den folgenden beiden Abschnitten eingegangen.

4.3.2 Aufbau der Programm-Ablaufsteuerungs-Schnittstelle

Das Anlegen von Feldern mit Hilfe des Maskengenerators erfolgt nach dem Prinzip der direkten Manipulation[138], d.h. der Anwender gibt in einem der Verarbeitungs- modi seine Kommandos ein, ohne dabei eine Kommandosprache beherrschen zu müssen. Direkt nach der Eingabe sieht er das von ihm erzeugte Feld an der gewünschten Position auf dem Schirm.

Beim Anlegen des Feldes muß der Anwender die Feldart angeben. Er kann zwi- schen Eingabefeld, Ausgabefeld, Updatefeld, Verarbeitungsfeld und Konstante wählen.

Ein Eingabefeld dient ausschließlich der Datenerfassung, das heißt, es wird ohne Inhalt auf dem Bildschirm des Anwendungsprogrammes vorgesteuert. Der Benut- zer kann dann dieses Feld mit seinen Daten füllen.

Das Ausgabefeld hat den Zweck, Daten auf dem Schirm auszugeben. In dieses Feld sind folglich keine Dateneingaben erlaubt.

Mit dem Updatefeld kann der Benutzer im erzeugten Programm sowohl Daten ein- geben als auch ändern. Ist im bearbeiteten Datensatz ein Inhalt für dieses Feld vorhanden, so steuert ihn das Anwendungsprogramm auf dem Bildschirm vor. Anschließend wird der Cursor an der ersten Stelle des Feldes positioniert. Der Anwender des Programms kann den Inhalt des Feldes verändern und überschrie- ben, oder mit der Eingabe-Taste bestätigen.

Das Verarbeitungsfeld dient der Aufnahme eines Feldes, das für die internen Erfordernisse des Programms benötigt wird: Es kann z.B. die Summen anderer Felder aufnehmen. Soll ein Verarbeitungsfeld innerhalb des Anwendungs- programms auf dem Bildschirm angezeigt werden, so muß der Anwender es zusätzlich als Ausgabefeld definieren. Zu einem Verarbeitungsfeld existiert in der Regel eine Verarbeitungsvorschrift.

---

[138] Die Interaktionsform der direkten Manipulation wird definiert durch
- die Verwendung graphischer oder semantischer Metaphern,
- die Trennung von bearbeiteten Objekten und Funktionen zur Manipulation der Objekte,
- die Bearbeitung der Aufgaben mit Hilfe elementarer Aktionen und unmittel- bares Feedback,
- eine Informationsumgebung mit paralleler Darstellung mehrerer hierar- chisch strukturierter Informationsbereiche.
Vgl. FÄHNRICH, Klaus-Peter; ZIEGLER, Jürgen: Direkte Manipulation als Interaktionsform an Arbeitsplatzrechnern. In: Software-Ergonomie '85 - Mensch-Computer-Interaktion. Hrsg. von BULLINGER, Hans-Jörg; Stuttgart 1985, S. 77 f.
Vgl. ebenso HUTCHINS, Edwin L.; HOLLAN, James D.; NORMAN, Donald A.: Direct Manipulation Interfaces. In: User Centered System Design - New Perspectives on Human-Computer Interaction. Hrsg. von NORMAN, Donald A.; DRAPER, Stephen W.; Hillsdale, New Jersey 1986, S. 91 ff.

Alle bisher beschriebenen Feldarten sind Variablen, die den Programmablauf bestimmen. Erst im Programm werden sie durch den Benutzer oder Verarbeitungen mit Inhalt gefüllt. Die Konstante hingegen ist ein Feld mit einem festen Text, welches als Überschrift oder Erläuterung für den Benutzer des Anwendungsprogramms angezeigt wird.

Konstante sind grundsätzlich Textfelder; nach der Bestimmung der Position dieser Felder fragt der Maskengenerator ihren Inhalt ab.
Eingabe-, Ausgabe-, Update-Felder und Verarbeitungsfelder können alphanumerischer, numerischer oder boolscher Art sein.

Nachdem der Benutzer beim Anlegen eines Feldes die Feldart festgelegt hat, bestimmt er nun die Position des Feldes und die Feldlänge. Dazu gibt er den Feldanfang mit Zeile und Spalte, das Feldende jedoch nur mit der Spaltennummer sowie die Nachkommastellen bei numerischen Variablen ein. Der Anwender hat die Möglichkeit, die Positionen über die Zifferntastatur in der Kommandozeile zu erfassen bzw. mit dem Cursor auf dem Schirm an die korrekte Position zu gehen und die dabei in der Kommandozeile angezeigten Werte für Zeile und Spalte mit der Eingabe-Taste zu bestätigen.
Nach dieser Positionsbestimmung gibt der Benutzer bei Konstanten den Feldinhalt an. Für die anderen Feldarten wird über dem Kommandoblock ein Fenster eingeblendet, in dem er verschiedene Eingaben vornehmen muß.
Dabei gibt der Anwender zuerst den Variablennamen ein. Für Eingabe-, Ausgabe- und Update-Felder muß dieser Name in der Dateibeschreibung vorhanden sein.
Anschließend legt der Benutzer fest, ob das erfaßte Feld ein Tabellenfeld, also ein Feld innerhalb einer darzustellenden Tabelle, ist. Ist dies der Fall, muß der Benutzer das vorgesteuerte "N" für "Nein" durch ein "J" ersetzen. Durch die Funktion "Tabellenfeld" wird erreicht, daß die Felder einer Gruppe von Daten in Tabellenform auf dem Bildschirm angezeigt werden. Für das erste erfaßte Tabellenfeld muß der Benutzer nach der Eingabe der Daten in dieses Fenster die Anzahl der auf dem Schirm darzustellenden Zeilen der Tabelle angeben.
Ist das angelegte Feld ein Schlüsselfeld[139], so muß der Anwender in dem eingeblendeten Fenster, den Namen der Datei, für die dieses Feld Schlüsselfeld ist, eingeben. Für Schlüsselfelder ist zudem die Schlüsselstufe (0 für Primärschlüssel, 1 bis 9 für Sekundärschlüssel) zu erfassen.

---

[139] Ein Schlüsselfeld ist innerhalb einer Datei ein Ordnungsbegriff, über den auf einen Datensatz zugegriffen werden kann. Der Primärschlüssel ist ein identifizierender Ordnungsbegriff. Ein oder mehrere Sekundärschlüssel bieten zusätzliche Zugriffsmöglichkeiten auf den Datenbestand.

Falls man ein Feld aus einer anderen als der Primärdatei[140] bearbeiten will, so ist für diese Sekundärdatei noch der Name der Variablen einzugeben, mit welcher auf die Sekundärdatei zugegriffen werden soll.

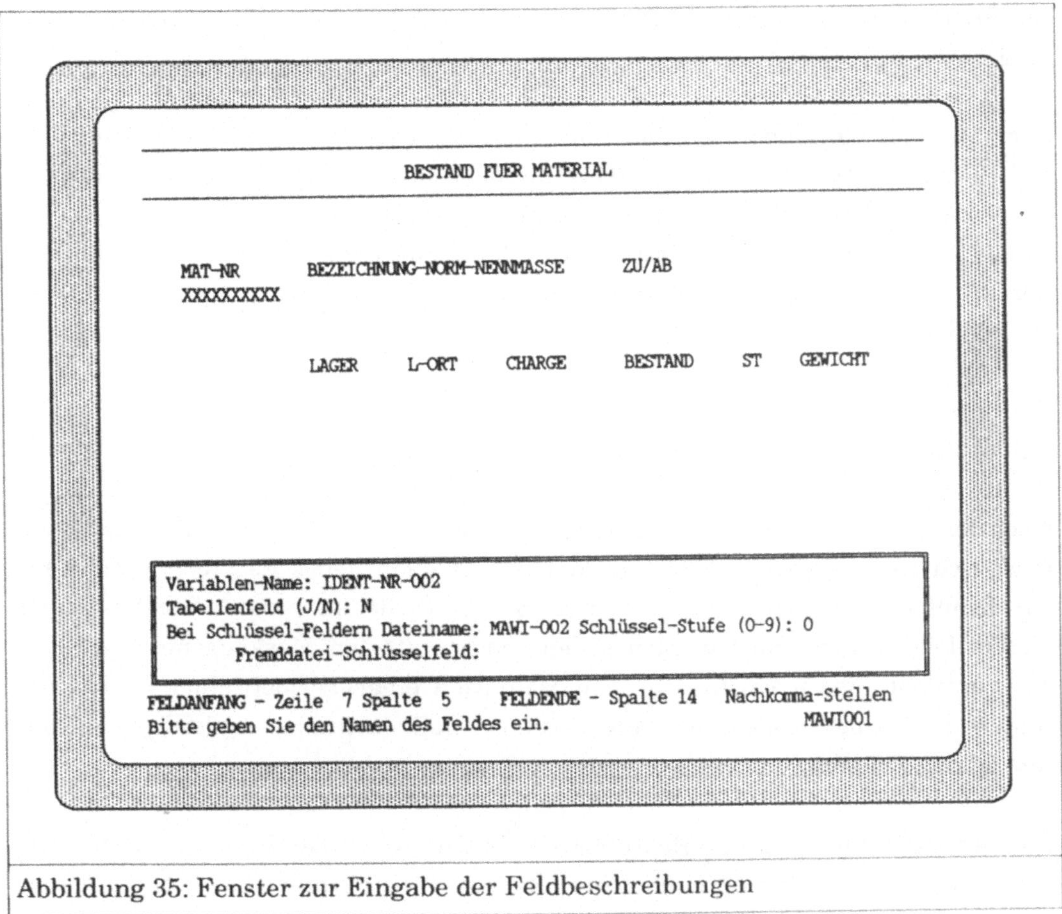

Abbildung 35: Fenster zur Eingabe der Feldbeschreibungen

Der Benutzer des Maskengenerators hat die Möglichkeit, die durch das Erfassen der Felder festgelegte Reihenfolge in der Bearbeitung der Felder jederzeit zu ändern.

Bei einer neu erfaßten Maske zeigt der Maskengenerator die Felder in der Reihenfolge ihrer Aufnahme auf dem Bildschirm an. Der Benutzer kann, innerhalb einer Übersicht der erfaßten Felder, Änderungen in der Reihenfolge des Programmablaufs vornehmen.

---

[140] Als Primärdatei wird eine Datei bezeichnet, die durch das Programm hauptsächlich bearbeitet wird. Alle Dateien, die Hilfsdaten zum Programmablauf liefern, werden Sekundärdateien genannt.

Bei bereits erfaßten Masken, die der Benutzer zur Änderung aufgerufen hat, wird die bisher eingegebene Ablaufsteuerung übernommen. Der Anwender fügt lediglich die durch Änderungen oder die Beseitigung logischer Fehler neu hinzugekommenen Felder in den Programmablauf ein. Der Benutzer kann also durch Festlegung der Reihenfolge, in der die Felder bearbeitet werden, die Ablaufsteuerung des Programms definieren.

Der Anwender kann über den Kommando-, Menü- oder Hilfe-Modus die Definition der Programm-Ablaufsteuerungs-Schnittstelle selbst aufrufen. Vor dem Abspeichern der Bildschirmbeschreibung verzweigt der Maskengenerator jedoch selbständig in die Definition der Programm-Ablaufsteuerungs-Schnittstelle, wenn der Benutzer neue Felder erfaßt und die Funktion Ablaufsteuerung nicht selbst aufgerufen hat.

4.3.3 Aufbau der Programm-Verarbeitungs-Schnittstelle

Nach dem Ausblenden des in Abbildung 35 dargestellten Fensters zur Eingabe der Feldbeschreibungen erzeugt der Maskengenerator ein neues Fenster, in welchem der Benutzer Verarbeitungsvorschriften definiert, die im Programmablauf nach diesem Feld durchgeführt werden sollen. Im erweiterten Maskengenerators sind die Verarbeitungsvorschriften für die Definition einer Formel, einer Anwendercopy[141] und eines Unterprogrammaufrufs[142] implementiert. Außerdem ist die interaktive Eingabe von Bedingungen zum Programmablauf konzipiert.

Mit der Definition von Verarbeitungsvorschriften kann der Benutzer ohne Programmierkenntnisse Programmbefehle erfassen. Eine Formel gibt er in mathematischer Notation ein, bei der jedoch das Gleichungszeichen als Wertübertragungsoperator verwendet wird. Der Anwender hat in diesem Fall lediglich darauf zu

---

[141] Eine Anwendercopy ist ein Programmteil, der von einem Programmierer geschrieben wurde, um Funktionen auszuführen, die nicht mit dem Maskengenerator definiert werden können (z.B. graphisch Ausgaben). Da der Programmgenerator diesen Programmteil bei Erstellung des Programms in das zu erstellende Programm hineinkopiert (Inline-Code), wird er hier als Copy-Strecke bezeichnet.

[142] Ein Unterprogramm ist ein Programmteil, mit einem festgelegten Anfangs- und Endpunkt, der bestimmte Funktionen innerhalb des zu generierenden Programms übernimmt und selbständig compiliert wird. Ein Unterprogramm kann z.B. innerhalb einer Schleife mehrfach aufgerufen werden. Es kann dieselben Funktionen übernehmen wie die Anwendercopy. In einer Unterprogramm-Bibliothek werden zu dem Software-Entwicklungssystem eine Anzahl von Standard-Unterprogrammen (z.B. zur Daten-Ein- und Ausgabe auf Dateien oder auf dem Bildschirm) erstellt.

achten, daß die Klammersetzung mathematisch korrekt ist und das Ergebnisfeld links vom Gleichheitszeichen steht. Bei mehrzeiligen mathematischen Ausdrücken kann der Benutzer mehrere Verarbeitungsvorschriften erfassen. Hierbei muß er die Formel aufteilen und die Zwischenergebnisse wieder zusammenführen. Er kann aber auch die Formel mit dem COBOL-Befehl "COMPUTE" durch ein Textverarbeitungsprogramm erfassen und als Programmteil auf seinem externen Speichermedium abspeichern. Im Maskengenerator deklariert er die so erfaßte Textdatei als Anwendercopy. Diese wird vom Programmgenerator in das zu erzeugende Programm eingebunden.

Für die Anwendercopy und den Unterprogrammaufruf muß der Anwender den Namen der Copy-Strecke bzw. des Unterprogramms eingeben, unter dem diese Programmteile auf dem Sekundärspeicher abgelegt sind. Bei der Definition des

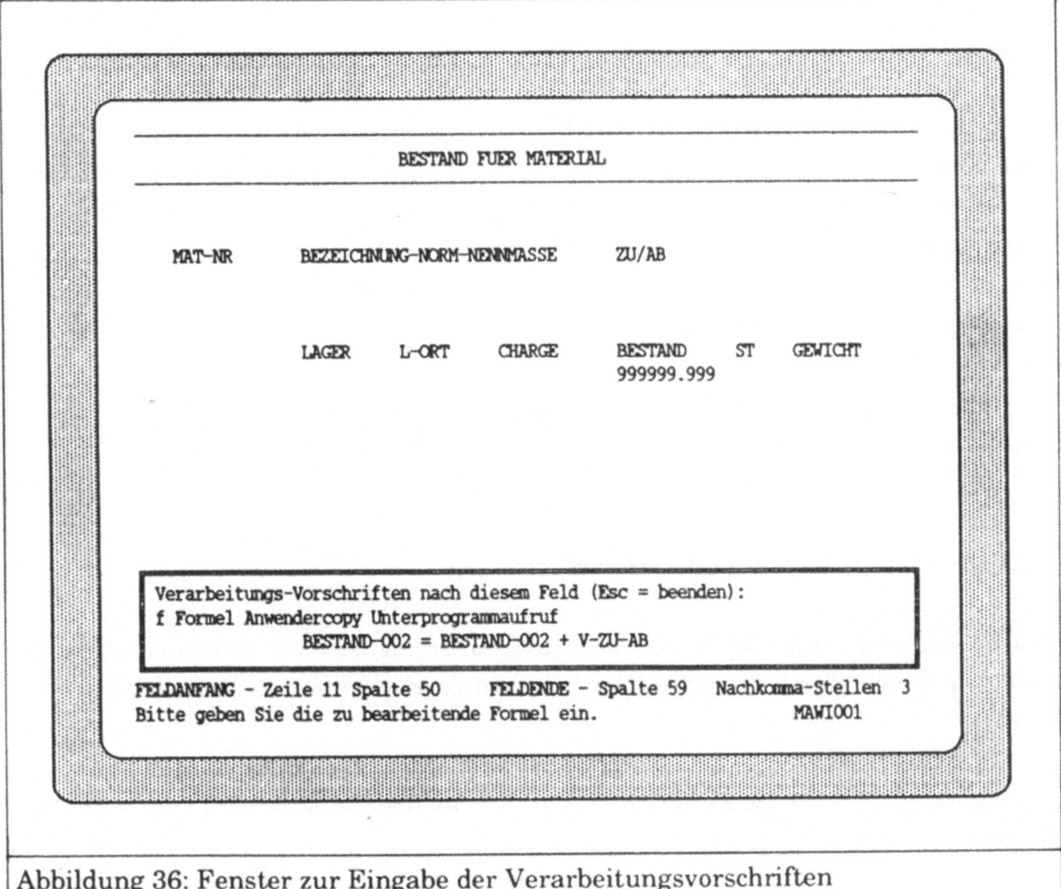

Abbildung 36: Fenster zur Eingabe der Verarbeitungsvorschriften

Unterprogrammaufrufs sind außerdem die Namen der Parameter anzugeben, die vom Anwendungsprogramm an das Unterprogramm übergeben werden.

Durch betätigen der ESC-Taste zeigt der Benutzer dem Rechner an, daß er keine weiteren Verarbeitungsvorschriften zu diesem Feld erfassen will. Damit ist die Definition eines Feldes und der zu ihm gehörenden Verarbeitungsvorschriften beendet.

Dieselben Möglichkeiten, die es beim Anlegen eines Feldes gibt, stehen dem Benutzer auch für Änderungen zur Verfügung.

Dem Anwender bieten sich nun die Alternativen, für das angelegte Feld Vordergrund- und Hintergrundfarben zu definieren, Attribute zu erfassen oder es zu ändern.
Das Feld kann auf eine andere Position des Schirms verschoben, kopiert oder gelöscht werden.

Der erweiterte Maskengenerator speichert in einer Feldbeschreibungsdatei sämtliche erfaßten Feldbeschreibungs-Attribute der variablen Felder mit Ausnahme der Verarbeitungsvorschriften ab. Für Update-Felder legt er zwei Feldbeschreibungssätze ab, den ersten für ein Eingabefeld, den zweiten für ein Ausgabefeld. Zu jedem in der Feldbeschreibungsdatei abgelegten Satz darf der Benutzer beliebig viele Verarbeitungsvorschriften erfassen, die in einer separaten Datei abgespeichert werden.
Die mit dem Maskengenerator definierten Konstanten werden ebenfalls in einer separaten Datei abgespeichert.

4.3.4 Grundelemente für die Programmerstellung

Die Zusammenfassung der Konkretisierung einer Mensch-Maschine-Schnittstelle erfolgt nunmehr durch die Darstellung der Funktionshierarchien für die Bearbeitung einer Maske und eines Feldes.

In Abbildung 37 wird die Funktionshierarchie für den Auswahlpunkt Bereich der Maskenbearbeitung gezeigt.

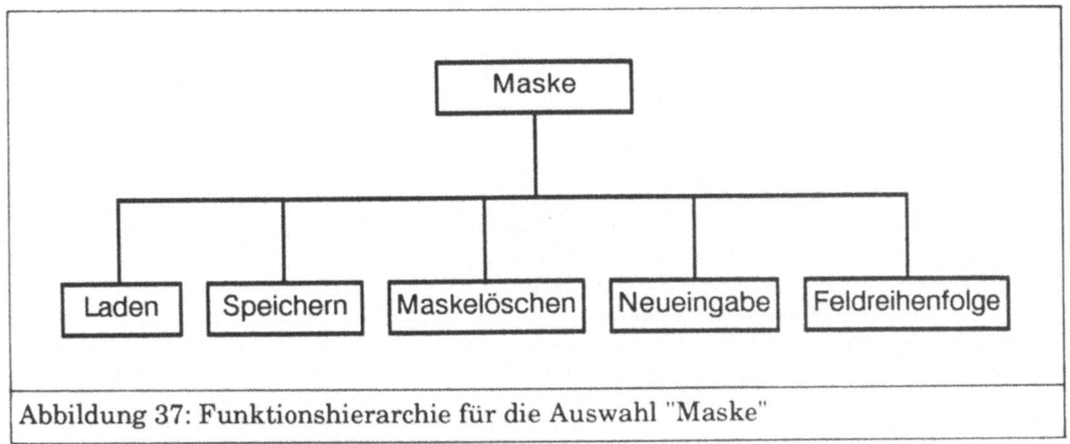

Abbildung 37: Funktionshierarchie für die Auswahl "Maske"

Die Anwahl der Funktionen erfolgt über eine Tiefe von zwei Stufen. Sie erlaubt das "Laden", "Speichern", "Löschen", "Neueingabe" und "Feldreihenfolge bestimmen" für eine Bildschirmmaske.[143]

Die Funktionshierarchie für die Definition eines Feldes weist eine Tiefe von vier Stufen auf (Abbildungen 38-40). Aus Gründen der Übersichtlichkeit wird die Übersicht der Funktionen im Bereich der Feldbearbeitung in mehrere Graphiken unterteilt. Die zweite Stufe der Hierarchie bietet die Möglichkeiten,

- die "Farben" zur Darstellung eines Feldes zu definieren (Abbildung 38),
- ein Feld "Anlegen" oder "Ändern" (Abbildung 39) und
- eine "Positionsverarbeitung" für ein Feld durchzuführen (Abbildung 40).

Dem Benutzer werden, wie aus den Abbildungen ersichtlich ist, durch den Maskengenerator die Editierfunktionen eines Textverarbeitungsprogramms vollständig zur Verfügung gestellt. Diese Maßnahme erleichtert ihm die Definition der Bildschirmmasken. Die Editiermöglichkeiten unterscheiden sich jedoch in einigen durch die Aufgabenstellung bedingten Punkten, auf die im folgenden bei der Erläuterung der Funktionen eingegangen wird.

---

[143] Die ausführliche Erläuterung dieser Funktionen wird in Kapitel 5 vorgenommen.
Vgl. S. 235 ff.

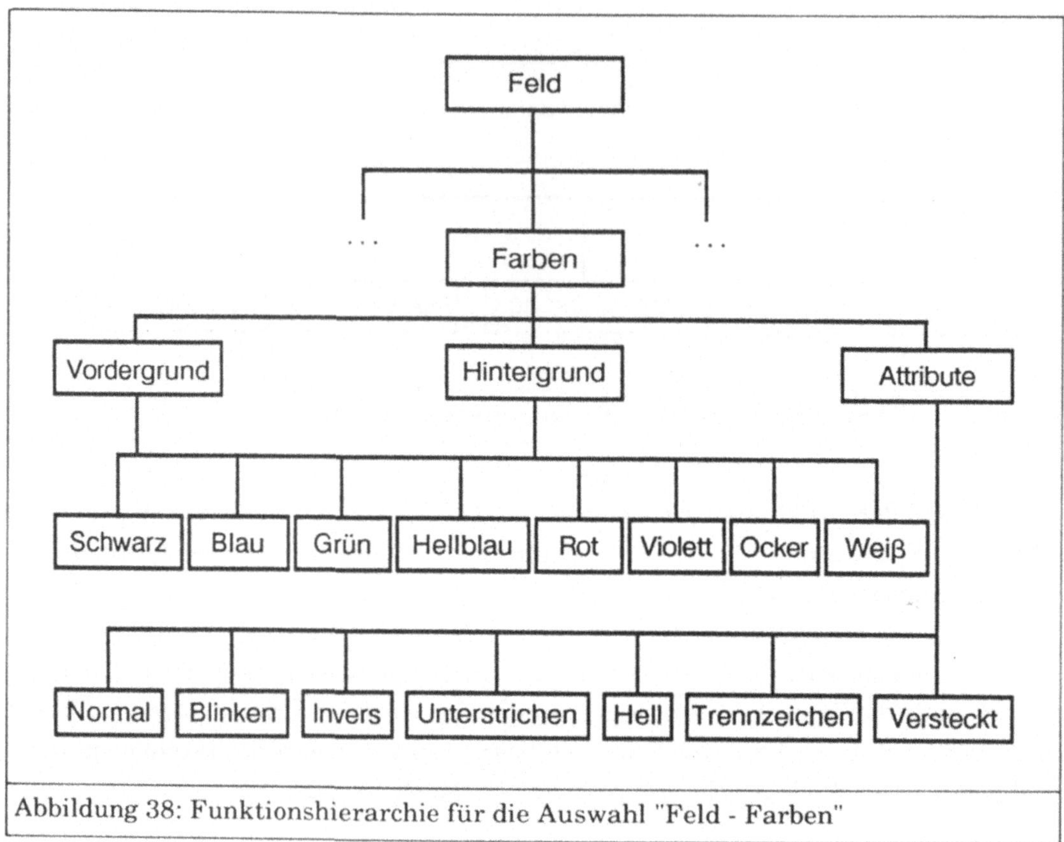

Abbildung 38: Funktionshierarchie für die Auswahl "Feld - Farben"

Voraussetzung für die Arbeit mit dem Maskengenerator ist, daß die Maskengenerierung auf einem Schirm erfolgt, der dieselbe Anzahl Zeilen und Spalten aufweist wie der Bildschirm, auf dem das fertige Anwendungsprogramm läuft. Daher ist es ausreichend, wenn der Benutzer über die Editierfunktionen für die Bearbeitung einer einzelnen Maske verfügt; eine Scroll-Funktion zwischen mehreren Masken-Erfassungsschirmen ist also nicht notwendig.

Ruft der Anwender eine Maske zur Änderung auf, so wird diese auf dem Bildschirm angezeigt. Der Cursor steht im durch die Ablaufsteuerung definierten ersten Feld. Indem der Benutzer die Eingabe-Taste drückt oder den Cursor mit Hilfe der Tastatur verschiebt, wählt er andere Felder aus. Nach der Anwahl des Feldes kann der Anwender die Angaben für dieses Feld ändern oder eine Positionsbearbeitung durchführen.

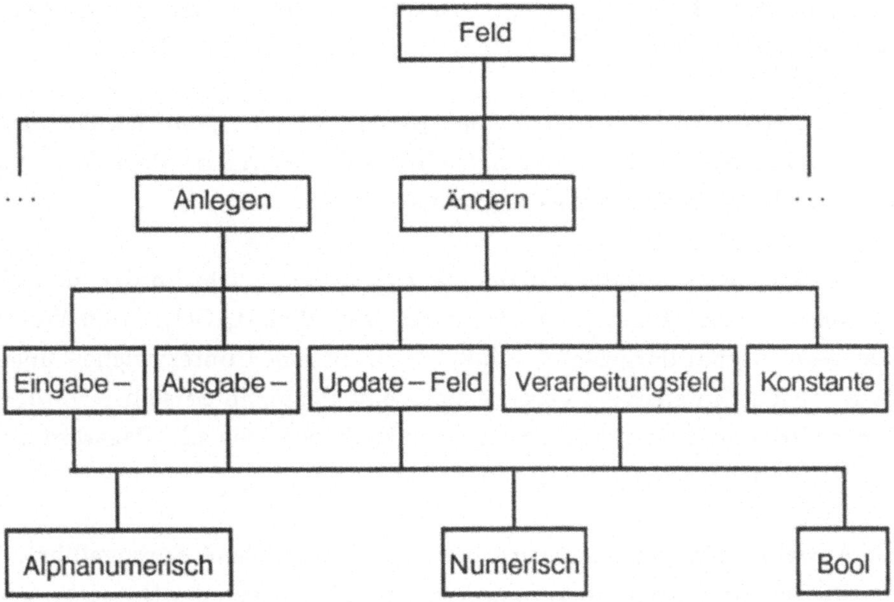

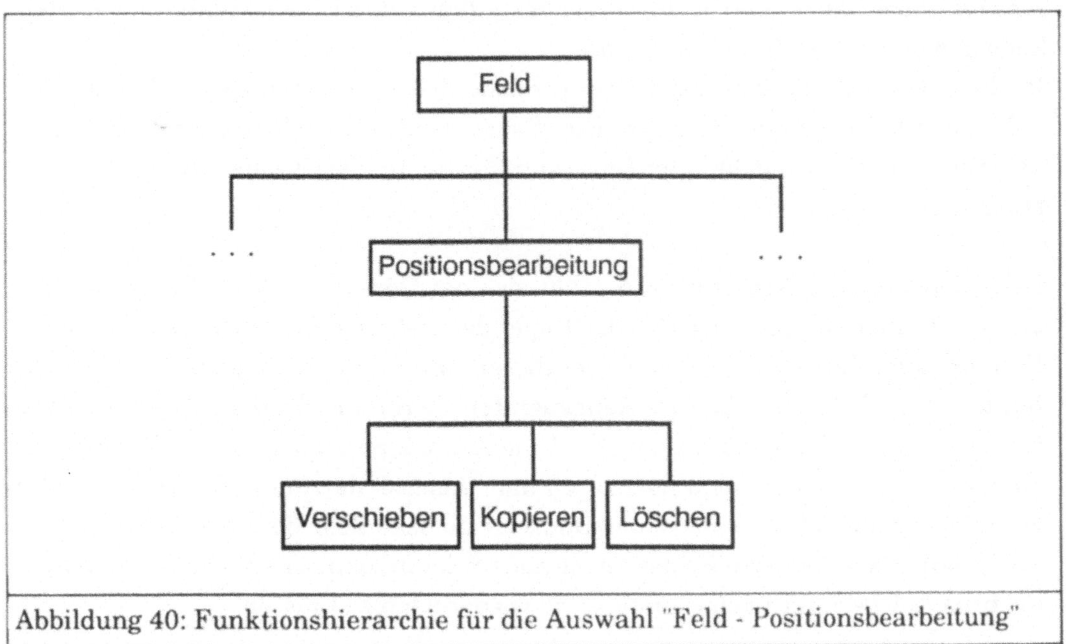

Abbildung 39: Funktionshierarchie für die Auswahl "Feld - Anlegen" und "Feld - Ändern"

Abbildung 40: Funktionshierarchie für die Auswahl "Feld - Positionsbearbeitung"

Nur bei der Bestimmung der Feld-Position und beim Verschieben und Kopieren ist der Cursor auf dem Bildschirm durch Drücken der Cursor-Tasten frei beweglich. Sonst kennzeichnet er das jeweils aktuelle Feld der bearbeiteten Maske.

Bei der Texteingabe in konstante Felder ist das Positionieren des Cursors, das Einfügen und Löschen von Zeichen innerhalb des Feldes in derselben Form möglich wie man sie in Textverarbeitungs-Programmen findet.

Für die Felder der Maske wählt der Benutzer zwischen je acht Vorder- und Hintergrundfarben (Schwarz, Blau, Grün, Hellblau, Rot, Violett, Ocker und Weiß). Die Felder können normal dargestellt, blinkend, invers oder unterstrichen angezeigt werden. Ein heller (intensiver) Vordergrund zeigt Felder in derselben Vorder- und Hintergrundfarbe lesbar an. Für unsichtbare Eingaben, wie z.B. Passwörter, kann das Attribut versteckt vergeben werden.

Wird die Anwahl "Feld - Positionsverarbeitung - Verschieben" durchgeführt, blinkt das aktuelle Feld und der Benutzer kann es durch Betätigen der Cursortasten über den Schirm bewegen. Er darf es dabei auch über andere Felder hinweg positionieren. Schiebt man das Feld über die erste Zeile des Bildschirms nach oben, so erscheint es wieder in der letzten Bildschirmzeile. Bewegt man das Feld über den rechten Bildschirmrand hinaus, wird es vollständig am linken Rand des Bildschirms wieder angezeigt. Entsprechendes gilt für das Überschreiten der letzten Zeile und des linken Bildschirmrandes.
Ist die gewünschte Position des Feldes erreicht, bestätigt man die neue Position des Feldes durch drücken der Eingabetaste. Es ist ebenfalls möglich, die neue Position des Feldes durch Eingabe von Zeile und Spalte in der Kommandozeile zu bestimmen.

Beim Kopieren des aktuellen Feldes läßt sich der Cursor frei über den Bildschirm an die Position bewegen, welche die Kopie des Feldes einnehmen soll. Die neue Position kann der Anwender auch bei dieser Aktion durch Eingabe über die Zifferntastatur bestimmen. Der Maskengenerator übernimmt für die Kopie des Feldes sämtliche Werte des Ursprungsfeldes. Eine Ausnahme stellen die zu diesem Feld eingegebenen Verarbeitungsvorschriften dar. Das Ziel der Funktion ist es, bei der Generierung ähnlicher Felder einer Bildschirmmaske dem Benutzer die Arbeit zu erleichtern, da er kopierte Felder leicht ändern kann, ohne sämtliche Definitionen, die beim Anlegen eines Feldes nötig sind, wiederholen zu müssen.

Mit der Funktion "Löschen" eines Feldes entfernt der Anwender das aktuelle Feld aus der Maskendatei. Der Maskengenerator löscht gleichzeitig alle zu diesem Feld erfaßten Verarbeitungsvorschriften.

4.3.5 Stellung des erweiterten Maskengenerators innerhalb eines Software-Entwicklungs-Systems

Die in Abschnitt 4.3.4 gezeigten Funktionen dienen zur Definition von Anwendungsprogrammen mit Hilfe des erweiterten Maskengenerators. Das Zusammenwirken der einzelnen Komponenten des Software-Entwicklungs-Systems bei der Programmerstellung und die Integration des erweiterten Maskengenerators in den Software-Entwicklungs-Prozeß werden in diesem Abschnitt dargestellt.

Die Zusammenarbeit der Terminal-Schnittstelle und der Mensch-Maschine-Schnittstelle innerhalb des erweiterten Maskengenerators zur Definition der konstanten Felder, der Programm-Ablaufsteuerungs-Schnittstelle und der Programm-Verarbeitungs-Schnittstelle wurde in Abschnitt 4.3.1 erläutert.[144] Sie sind mit ihren Verbindungen untereinander im linken Teil der Abbildung 41 dargestellt.

Anhand der Abbildung wird im folgenden die Vorgehensweise bei der Definition von Anwendungssoftware bzw. bei der Anpassung von Standardsoftware, die mit dem Software-Entwicklungs-System erstellt wurde, erläutert:

- Mit Hilfe des erweiterten Maskengenerators wird die Programmbeschreibung definiert bzw. angepaßt. Ihre Speicherung erfolgt über die Daten-Schnittstelle in den Programm-Beschreibungs-Dateien für die Speicherung der Konstanten-Felder, der Programm-Ablaufsteuerungs-Schnittstelle und der Programm-Verarbeitungs-Schnittstelle.
- Auf diese Dateien greift der Anwendungsprogramm-Generator zu. Er erzeugt anhand der einzelnen Feldbeschreibungs-Daten einen compilierbaren Programmcode, der wiederum über die Daten-Schnittstelle in der Programmcode-Datei abgespeichert wird.
- Der Programmcode wird automatisch compiliert und gebunden, sodaß ein lauffähiges Programm entsteht, das nach bestandenen Testläufen in den betrieblichen DV-Ablauf integriert werden kann.

---

[144] Vgl. S. 188 ff.

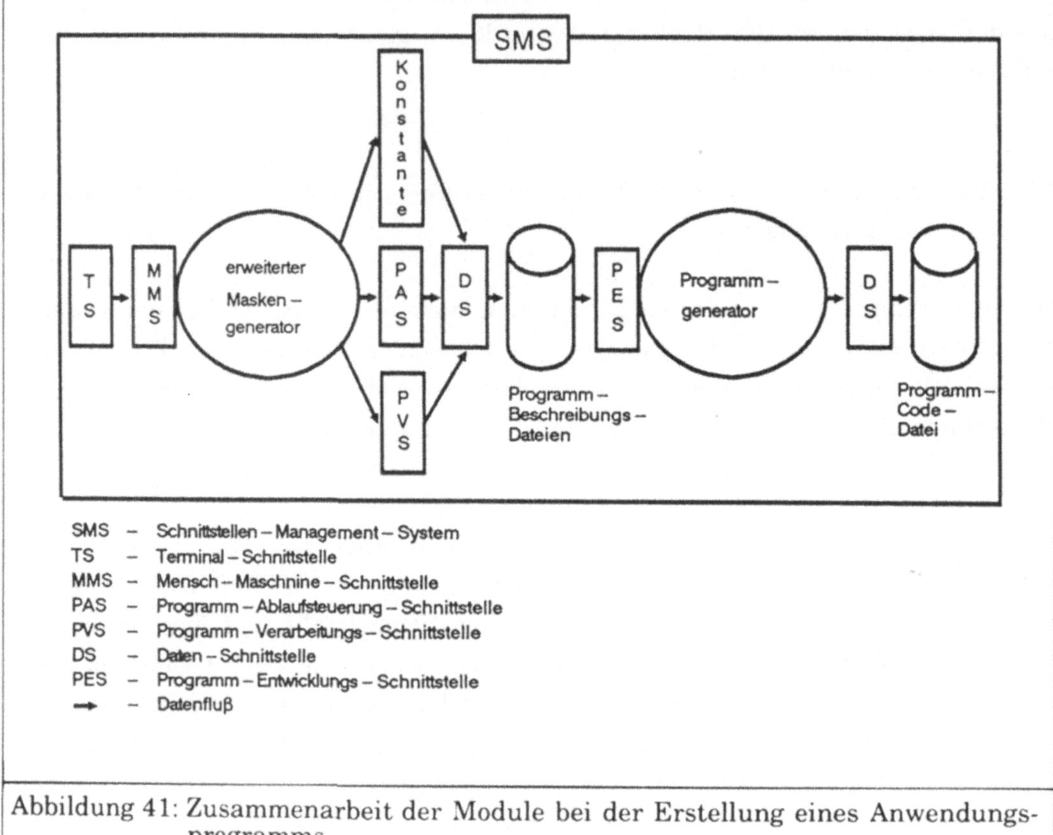

Abbildung 41: Zusammenarbeit der Module bei der Erstellung eines Anwendungsprogramms

Die Verbindung der einzelnen Module des Software-Entwicklungs-Systems wird durch die Modul-Modul-Schnittstelle gewährleistet.

Die Steuerung der Abfolge der verschiedenen Tools bei der Erstellung eines Anwendungsprogramms erfolgt über die Programm-Entwicklungs-Schnittstelle.[145] Hierüber lassen sich die einzelnen Tools, wie z.B. der erweiterte Maskengenerator und der Programmgenerator, bestimmten Entwicklungsphasen zuordnen. Auch die Drucker-Schnittstelle kann in Form eines Listen-Generators zum Ausdruck der Programmbeschreibungs-Dateien oder der Programmcode-Datei über die Programm-Entwicklungs-Schnittstelle in das Software-Entwicklungs-System integriert werden.

---

[145] Vgl. RUF, Walter: Ein Software-Entwicklungs-System ..., a.a.O., S. 215 ff.

4.4 Benutzerbeteiligung zur Förderung der Akzeptanz des generierten Anwendungssystems

Der Anwender der mit dem Software-Entwicklungs-System erzeugten Anwendungssoftware ist durch die Software-Entwicklung stark betroffen. Daher ist zu prüfen, ob er in den Prozeß der Software-Entwicklung einbezogen werden kann. Aus diesem Grund werden zunächst verschiedene Ansätze der Benutzerbeteiligung bei der Software-Entwicklung dargestellt. Die Berücksichtigung der Benutzerbeteiligung durch das Software-Entwicklungs-System konkretisiert anschließen die dargestellten theoretischen Ansätze.

Eine Einbeziehung der betroffenen Benutzer in den Software-Entwicklungsprozeß ist in allen Phasen der Entwicklung notwendig.[146] Insbesondere gilt dies für die Implementierungs- und Testphase, die von dem in dieser Arbeit vorgestellten Software-Entwicklungs-System hauptsächlich unterstützt wird.

An der Entwicklung eines Programmsystems sind hauptsächlich Software-Entwickler und Benutzer beteiligt.

Zur Gruppe der Entwickler gehören Organisatoren, Systemanalytiker und Programmierer aus der eigenen EDV-Fachabteilung bzw. aus anderen Unternehmen.[147]

Die Gruppe der Benutzer läßt sich in drei Klassen mit jeweils unterschiedlichen Merkmalen einteilen:

1. DV-Spezialisten verfügen über eine hohen Ausbildungsstand im eigenen Fachgebiet und haben ein weitgehendes EDV-Verständnis. Es handelt sich bei dieser Gruppe um die Entwickler selbst sowie andere Mitarbeiter des EDV-Bereichs.[148]

---

[146] Vgl. MUMFORD, Enid; WELTER, Günter: Benutzerbeteiligung bei der Entwicklung von Computersystemen. Verfahren zur Steigerung der Akzeptanz und Effizienz des EDV-Einsatzes. Berlin 1984, S. 66 f.
Vgl. ebenso S. 94.

[147] Vgl. GREINER, Tilmann; JACOBI, Hans Friedrich: Benutzerbeteiligung bei der Entwicklung computerunterstützter Informationssysteme. In: Beteiligung von Betroffenen bei der Entwicklung von Informationssystemen. Hrsg. von MAMBREY, Peter; OPPERMANN, Reinhard; Frankfurt am Main/New York 1983, S. 230 ff.

[148] Vgl. HEILMANN, Heidi: Modelle und Methoden der Benutzermitwirkung ..., a.a.O., S. 45 ff.

2. Zu den qualifizierten Benutzern gehören die Personen, die über einen hohen Ausbildungsstand im eigenen Fachgebiet verfügen und in der Lage sind, sich in kurzer Zeit hinreichende Datenverarbeitungs-Kenntnisse anzueignen.[149]

3. Typische Benutzer eines Anwendungssystems weisen eine durchschnittliche Qualifikation auf und haben kein besonderes EDV-Verständnis. Zu dieser Gruppe gehören beispielsweise Facharbeiter und Sachbearbeiter in den Unternehmen.[150]

Die Einführung eines Programmsystems bringt für alle Benutzer Veränderungen im Arbeitsablauf mit sich.[151] Aus einer erhöhten Spezialisierung können sich z.B. eine Einengung des Handlungsspielraumes, die Zunahme routinemäßiger Arbeiten, Transparenzverlust und verminderte Qualifikation ableiten. Angst um die Sicherheit des Arbeitsplatzes, vor Isolation sowie einer Fremdsteuerung und -kontrolle sind andere Aspekte, die im Zuge der Einführung eines EDV-Arbeitsplatzes berücksichtigt werden müssen.[152] Alle angesprochenen Veränderungen können die Arbeitszufriedenheit[153] der Mitarbeiter beeinträchtigen.[154]

Um die Vorbehalte der Benutzer gegen die Einführung eines Programmsystems abzubauen, muß ihnen die Möglichkeit eingeräumt werden, ihre Interessen früh-

---

[149] Vgl. HEILMANN, Heidi: Modelle und Methoden der Benutzermitwirkung ..., a.a.O., S. 45 ff.

[150] Vgl. FRIEDRICH, Jürgen; WICKE, Friedrich; WICKE, Walter: Computereinsatz: Auswirkungen auf die Arbeit. Hamburg 1982, S. 113 ff.
Vgl. ebenso BRIEFS, Ulrich: Arbeiten ohne Sinn und Perspektive? Gewerkschaften und neue Technologien. Köln 1980, S. 52 ff.

[151] Vgl. KUBICEK, Herbert: Interessenberücksichtigung beim Technikeinsatz im Büro- und Verwaltungsbereich: Grundgedanken und neuere skandinavische Entwicklungen. München/Wien 1980, S. 17.

[152] Vgl. HEILMANN, Heidi: Modelle und Methoden der Benutzermitwirkung ..., a.a.O., S. 77 ff.
Vgl. ebenso MAMBREY, Peter; OPPERMANN, Reinhard; TEPPER, August: Computer und Partizipation: Ergebnisse zu Gestaltungs- und Handlungspotentialen, Opladen 1986, S. 39 ff.
Vgl. ebenso FRIEDRICH, Jürgen; WICKE, Friedrich; WICKE, Walter: Computereinsatz ..., a.a.O., S. 100 ff., S. 116 ff., S. 161 ff., S. 223 ff.

[153] Arbeitszufriedenheit beinhaltet die Übereinstimmung der Erwartungen von Benutzern an ihre Arbeitsbedingungen mit den durch die Organisationsleitung erstellten Anforderungen der Arbeit.
Vgl. MUMFORD, Enid; WEIR, Mary: Computer Systems in Work Design. The ETHICS Method. London 1979, S. 11.

[154] Vgl. RÜHL, Günter: Untersuchungen zur Struktur der Arbeitszufriedenheit (AZ). "Zeitschrift für Arbeitswissenschaft", Nr. 3, 1978, S. 140.

zeitig in die Software-Entwicklung einbringen zu können.[155] Sie vertreten dabei drei Interessenkategorien:[156]

- Das Verwertungsinteresse zielt auf einen angemessenen Ertrag der Arbeitsleistung.
- Das Erhaltungsinteresse umfaßt die Absicherung gegen vorzeitigen Verbrauch der Arbeitskraft sowie Qualifikationserhaltung und -entwicklung.
- Das Gestaltungsinteresse resultiert aus dem Bestreben des Benutzers nach Autonomie.

Der Vertretung dieser Interessen steht das Bestreben der Systementwickler, ein perfektes System zu gestalten, entgegen.[157] Dabei werden menschliche Bedürfnisse, wie der Wunsch nach Arbeitszufriedenheit, nur unzureichend berücksichtigt.[158] Argumente der Systementwickler gegen eine Beteiligung der Benutzer am Software-Entwicklungsprozeß reichen vom Vorwurf der unzureichenden Kompetenz und Erfahrung[159] bis zu einer, aus der Benutzerbeteiligung resultierenden, längeren und komplizierteren Entwicklung[160].

Damit der Benutzer das eingeführte Software-System akzeptiert, "ergeben sich für die Software-Entwickler die Forderungen, Software so zu erstellen, daß beim Anwender zum einen der Wunsch und die Bereitschaft zu ihrem Einsatz besteht, und er sich zum anderen dieser Programme auch tatsächlich bedient."[161] Den Vorbehalten der Entwickler gegen eine Partizipation der Benutzer steht also der Zwang nach Gewinnung von Handlungswissen für eine Systemgestaltung, die von

---

[155] Vgl. KOSLOWSKI, Knut: Unterstützung partizipativer Systementwicklung ..., a.a.O., S. 24.
[156] Vgl. HEILMANN, Heidi: Modelle und Methoden der Benutzermitwirkung ..., a.a.O., S. 87.
Vgl. ebenso MÜLLER, Michael: Benutzerverhalten beim Einsatz automatisierter betrieblicher Informationssysteme. München/Wien 1986, S. 23 f.
[157] Vgl. OPPERMANN, Reinhard: Forschungsstand und Perspektiven partizipativer Systementwicklung. München/Wien 1983, S. 26 f.
[158] Vgl. PESCHKE, Helmut; WITTSTOCK, Marion: Benutzerbeteiligung im Softwareentwicklungsprozeß. In: Software-Ergonomie. Hrsg. von FÄHNRICH, Klaus-Peter; München/Wien 1987, S. 81.
[159] Vgl. KLUTMANN, Beate: Benutzer-Entwickler-Kommunikation im Software-Entwicklungsprozeß. In: Software-Ergonomie '87. Nützen Informationssysteme dem Benutzer? Hrsg. von SCHÖNPFLUG, Wolfgang; WITTSTOCK, Marion; Stuttgart 1987, S. 358.
[160] Vgl. OPPERMANN, Reinhard: Forschungsstand und Perspektiven ..., a.a.O., S. 29.
[161] OETINGER, Ralf: Benutzergerechte Software-Entwicklung, a.a.O., S. 29.

den Betroffenen angenommen wird und damit zu einer effektiven Nutzung führt, gegenüber.[162]

Auf die Akzeptanz, die ein Programmsystem beim Benutzer findet, wirken vor allem organisatorische, personale und technikbezogene Faktoren ein:[163]

- Organisatorische Faktoren umfassen zum einen die Aufgaben-, Kommunikations- und Leistungsstruktur im betrieblichen Umfeld des Benutzers. Zum anderen zählen das soziale Umfeld, sowie die räumliche und technische Ausstattung des Arbeitsplatzes zu den auf die Akzeptanz wirkenden Merkmalen.[164]
- Personale Merkmale umschließen alle Faktoren, die sich auf die Leistungsfähigkeit und -bereitschaft der Benutzer auswirken.[165] Leistungsfähigkeit bezieht sich auf angeborene oder erlernte Eigenschaften. Im Gegensatz hierzu kann die Leistungsbereitschaft durch äußere Faktoren, wie individuelle Vorerfahrung, Ergonomie oder Arbeitsinhalte beeinflußt werden.[166]
- Determinanten der Akzeptanz im Hinblick auf technikbezogene Merkmale sind die Benutzerfreundlichkeit und die Aufgabenbezogenheit.[167]

Neben der Phase der Anforderungsdefinition ist der Prozeß der Einführung eines Software-Systems ein wesentlicher Einflußfaktor auf die Akzeptanz. Wird dem Benutzer hierbei nicht die Möglichkeit zur aktiven Mitarbeit gegeben, so führt dies zu Passivität, Reaktanz und Überkonformität, die einem effizienten Umgang mit dem System entgegenstehen. "Das Ziel ist, im Rahmen der Umstellung die Befürchtungen zu minimieren und das Gefühl der Herausforderung zu vermitteln."[168]

---

[162] Vgl. OPPERMANN, Reinhard: Forschungsstand und Perspektiven ..., a.a.O., S. 29.

[163] OETINGER, Ralf: Benutzergerechte Software-Entwicklung, a.a.O., S. 31.

[164] Vgl. BANNON, Liam J.: Issues in Design: Some Notes. In: User Centered System Design - New Perspectives on Human-Computer Interaction. Hrsg. von NORMAN, Donald A.; DRAPER, Stephen W.; Hillsdale, New Jersey 1986, S. 26 ff.

[165] Vgl. SCHMIDTKE, Heinz: Belastung und Beanspruchung. Der Leistungsbegriff in der Ergonomie. In: Lehrbuch der Ergonomie. Hrsg. von SCHMIDTKE, Heinz; München/Wien 1981, S. 105 ff.

[166] Vgl. FRESE, Michael: Partizipation - Schlüssel zur Akzeptanz. "IBM Nachrichten", Nr. 288, 1987, S. 13 f.

[167] Vgl. CAKIR, Ahmet: Kausalbeziehungen zwischen Software-Ergonomie und Benutzerakzeptanz. In: Compas '85. Standard-Software. Berlin 1985, S. 326 ff. Vgl. ebenso OETINGER, Ralf: Benutzergerechte Software-Entwicklung, a.a.O., S. 31.

[168] FRESE, Michael: Partizipation ..., a.a.O., S. 14.

Ein Weg, den Benutzer an der Entwicklung und Einführung eines Software-Systems zu beteiligen, ist die Erstellung von Prototypen.[169] Durch sie gewinnt der Benutzer einen ersten Eindruck vom späteren System und kann an ihm die Auswirkungen geänderter Anforderungen untersuchen.[170] Weiterhin kann auch der Entwickler durch die Arbeit des Benutzers mit dem Prototyp Erkenntnisse gewinnen, die in die Entwicklung einfließen.[171] Genauer formuliert, verfolgt man mit dem Prototyping-Ansatz folgendes Zielgerüst:[172]

- Erforschung neuer Funktionen, Lösungen, Techniken usw.
- Sammlung von Erfahrungen, Erkennen von Grenzen, Vermeiden von Fehlentwicklungen.
- Anforderungs-Analyse und -Festlegung, Ermittlung des Informationsbedarfs.
- Studium und Bewertung bestimmter System-Eigenschaften, wie z.B. Benutzerfreundlichkeit.
- Erstellung von Vorgaben für die Weiterentwicklung des Systems.

Die Entwicklung von Prototypen kann in verschiedenen Situationen sinnvoll erscheinen. Drei Prototyping-Ansätze mit verschiedenen Zielrichtungen werden unterschieden:[173]

1. Exploratives Prototyping

   Das Ziel des explorativen oder erforschenden Prototypings ist die Erstellung einer möglichst vollständigen Systemspezifikation in Zusammenarbeit mit den

---

[169] Vgl. DREILING, Michael: Benutzerbeteiligung bei der Software-Entwicklung. Diplomarbeit an der Abteilung Wirtschaftsinformatik der Universität Göttingen, Göttingen 1989, S. 44.

[170] Vgl. MARWEDEL, Henning: Prototypen als Strategie der Anwendungsentwicklung. In: STRUNZ, Horst: Planung der Datenverarbeitung: Von der DV-Planung zum Informations-Management. Berlin/Heidelberg/New York 1985, S. 145.

[171] Vgl. PESCHKE, Helmut: Betroffenenorientierte Systementwicklung ..., a.a.O., S. 70.

[172] Vgl. HESSE, Wolfgang: Eine Prototyp-Entwicklung auf der Basis eines relationalen DBMS. In: Informatik-Fachberichte Nr. 143. Informationsbedarfsermittlung und -analyse für den Entwurf von Informationssystemen. Proceedings der Fachtagung EMISA, Linz 1987. Hrsg. von WAGNER, R.R.; TRAUNMÜLLER, R.; MAYR, H.C.; Berlin/Heidelberg 1987, S. 184.

[173] Vgl. FLOYD, Christiane: A Systematic Look at Prototyping. In: Approaches to Prototyping. Hrsg. von BUDDE, Reinhard; KUHLENKAMP, Karin; MATHIASSEN, Lars; ZÜLLIGHOVEN, Heinz; Berlin/Heidelberg/New York 1984, S. 6 ff.

Benutzern.[174] Damit kann man exploratives Prototyping als ein Werkzeug zur Unterstützung der System-Entwurfsphase bezeichnen.[175]

2. Experimentelles Prototyping

Das experimentelle Prototyping baut auf einer gesicherten Anforderungsbeschreibung auf, die durch exploratives Prototyping oder andere Werkzeuge erstellt wurde. Im Mittelpunkt des experimentellen Prototypings steht die Untersuchung der software-technischen Realisierung einer bereits bekannten Zielsetzung.[176] Es liefert Aussagen über die Machbarkeit und Angemessenheit eines DV-Systems.[177]

3. Evolutionäres Prototyping

Die Vorgehensweise des evolutionären Prototypings ist gekennzeichnet durch eine inkrementelle Entwicklung des Prototyps zum Zielsystem.[178] Es handelt sich bei diesem Ansatz um einen kontinuierlichen Entwicklungsprozeß, bei dem der Prototyp sukzessive verbessert wird, so daß am Ende des Prozesses die letzte Version des Prototyps gleichzeitig auch das Zielsystem darstellt.[179]

"Damit verliert Systementwicklung auch den Charakter eines abgeschlossenen Projektes und wird ein Prozeß, der die Anwendung ständig begleitet. Da kurze Entwicklungszyklen angestrebt werden, ist es sinnvoll, den Unterschied zwischen Prototyp und Zielsystem aufzuheben."[180]

Durch den zyklischen Charakter evolutionären Prototypings muß eine Anforderungsbeschreibung nicht mehr vollständig in den frühen Phasen der Systementwicklung erstellt werden. Bei dieser Vorgehensweise entwickeln Benutzer und Systemdesigner kooperativ das Software-System. Dies erfordert sowohl eine Umstellung der Arbeitsweisen des Entwicklers als auch die Verfügbarkeit leistungsfähiger Werkzeuge zur Software-Erstellung.[181]

---

[174] Vgl. POMBERGER, Gustav; REMMELE, Werner: Prototyping-orientierte Software-Entwicklung. "Information Management", Nr. 2, 1987, S. 31.

[175] Vgl. S. 45 f.

[176] Vgl. HESSE, Wolfgang: Eine Prototyp-Entwicklung ..., a.a.O., S. 185.

[177] Vgl. BUDDE, Reinhard; KUHLENKAMP, Karin; ZÜLLIGHOVEN, Heinz: Prototypenbau bei der Systemkonstruktion - Konzepte der Systementwicklung. "Angewandte Informatik", Nr. 5, 1986, S. 203.

[178] HOFSTETTER, Helmut: Software-Entwicklung ..., a.a.O., S. 46 ff.

[179] Vgl. POMBERGER, Gustav; REMMELE, Werner: Werkzeuge und Hilfsmittel für Rapid Prototyping. "Information Management", Nr. 4, 1987, S. 22.

[180] BUDDE, Reinhard; KUHLENKAMP, Karin; ZÜLLIGHOVEN, Heinz: Prototypenbau bei der Systemkonstruktion - Konzepte der Systementwicklung, a.a.O., S. 203.

[181] Vgl. FLOYD, Christiane: A Systematic Look at Prototyping, a.a.O., S. 10 ff.

Durch die Speicherung der Programmbeschreibungen in Dateien, die eine hohe Flexibilität der erstellten Software gewährleisten, eignet sich der erweiterte Maskengenerator in besonderem Maße zur Unterstützung evolutionären Prototypings.

Er bietet eine Umgebung an, in welcher der Entwickler in Zusammenarbeit mit dem Benutzer in kurzer Zeit Masken erstellen, den Verarbeitungsablauf und wesentliche Verarbeitungsvorschriften erfassen kann. Durch eine Prototypingumgebung, in welcher auch Eingaben in Felder möglich sind, gewinnt der Benutzer frühzeitig einen Eindruck von der Arbeitsumgebung, die ihm sein Programmsystem bietet.

Änderungen in den Anforderungen, die sich während des Software-Entwicklungsprozesses ergeben, können leicht realisiert werden. Gleichermaßen gilt dies auch für Anpassungen, die sich durch den Produktionsbetrieb des Programmsystems ergeben oder aufgrund veränderter betrieblicher Anforderungen entstehen.

Die Vorgehensweise beim Einsatz des erweiterten Maskengenerators zur Unterstützung evolutionären Prototypings wird Abschnitt 5.3 beschrieben.

5 Realisierung der Mensch-Maschine-Schnittstelle an einem erweiterten Maskengenerator

Auf den geschilderten Anforderungen aufbauend sind eine Terminal-Schnittstelle und eine Mensch-Maschine-Schnittstelle erstellt worden, deren Realisierung nunmehr anhand des Prototyps eines erweiterten Maskengenerators beschrieben werden.

5.1 Realisierung der Terminal-Schnittstelle

Das Prinzip der Erstellung einer Terminal-Schnittstelle wurde in Abschnitt 3.1 dargelegt.[1] Die wesentlichen Probleme, die zum Einsatz von Terminal-Treibern führen und die Anforderungen an einen solchen Treiber lassen sich wie folgt zusammenfassen:[2]

- Probleme bei der Terminal-E/A resultieren aus den unterschiedlichen Fähigkeiten der verschiedenen Terminals wie bspw. Bildschirmgröße, Cursor-Adressierung, Tabulatorzeichen.
- Intelligente Terminals benutzen Steuer-Sequenzen, die sich ebenfalls von Terminal zu Terminal unterscheiden. Daher ist es empfehlenswert, die hardware-spezifischen Teile des Programms in eindeutig identifizierten Unterprogrammen zu isolieren.
- Außerdem ist es sinnvoll, die Ein-/Ausgabemodule über Parameter zu steuern, d.h. einen tabellengesteuerten Terminal-Treiber zu konstruieren, der alle möglichen Terminals handhaben kann.

Die in dieser Arbeit dargestellte Terminal-Schnittstelle verfolgt den Ansatz einer Integration der von Sommerville beschriebenen Alternativen, hardwarespezifische Programmteile zu isolieren und einen tabellengesteuerten Terminal-Treiber zu verwenden. So ergibt sich eine umfassende Flexibilität gegenüber veränderten Hardwareumgebungen, Betriebssystemen und Compilern.

Aufbau und Funktionsumfang der zur Anpassung der umgebungsspezifischen Parameter dienenden Programme sind Inhalt des Abschnittes 5.1.1. In Abschnitt 5.1.2 wird die Realisierung der geräteunabhängigen Module der Terminal-Schnittstelle beschrieben. Sie benutzen für Ein- und Ausgaben auf angeschlosse-

---

[1] Vgl. S. 60 ff.
[2] Vgl. SOMMERVILLE, Ian: Software Engineering, a.a.O., S. 156

nen Bildschirmen die geräteabhängigen Module (Abschnitt 5.1.3). Die Erläuterung der Zusammenarbeit der Module bei der Bearbeitung einer Bildschirmmaske in Abschnitt 5.1.4 schließt die Ausführungen zur Realisierung der Terminal-Schnittstelle ab. Dabei werden zusammenfassend die Funktionen der einzelnen Module bei der Maskenerstellung sowie die Benutzersichten der Anwender und Programmierer auf die Terminal-Schnittstelle erläutert.

<u>5.1.1 Anpassung der gerätespezifischen Parameter</u>

Die Darstellung der Struktur der Parameter-Dateien für die Definition der verschiedenen angeschlossenen Bildschirme erfolgte in Abschnitt 3.1.3. Zur Erstellung der Programme für die Erfassung und Anpassung dieser gerätespezifischen Parameter benutzt man den erweiterten Maskengenerator. Zur Pflege der Parameter-Dateien stehen dem Anwender[3] folgende Programme zur Verfügung:[4]

> *a) Erfassung und Anpassung der arbeitsplatzindividuellen Parameter (PARAMETR)*
>
> *b) Erfassung und Anpassung der compilerspezifischen Parameter (PARACOMP)*
>
> *c) Erfassung und Anpassung der rechnerspezifischen Parameter (PARACODE)*

a) Erfassung und Anpassung der arbeitsplatzindividuellen Parameter (PARAMETR)

Die Erfassung und Anpassung der arbeitsplatzindividuellen Parameter erfolgt durch das Programm PARAMETR.[5] Abbildung 42 zeigt die Eingangsmaske dieses Programms mit den Angaben zur Charakterisierung des Bildschirms.[6]

---

[3] Für die Erfassung korrekter Beschreibungen eines Bildschirms, Compilers oder Rechners muß der Anwender gute EDV-Kenntnisse besitzen.

[4] Die Namen der Programme sind mit Großbuchstaben in Klammern angeführt.

[5] Die diesem Programm zugrundeliegenden Datenstrukturen für die Speicherung der arbeitsplatzindividuellen Parameter wurden auf S. 68 f. erläutert.

[6] In dieser und den folgenden Masken zur Parametererfassung werden Platzhalter verwendet. Ein "X" steht für ein alphanumerisches, eine "9" für ein numerisches Zeichen.

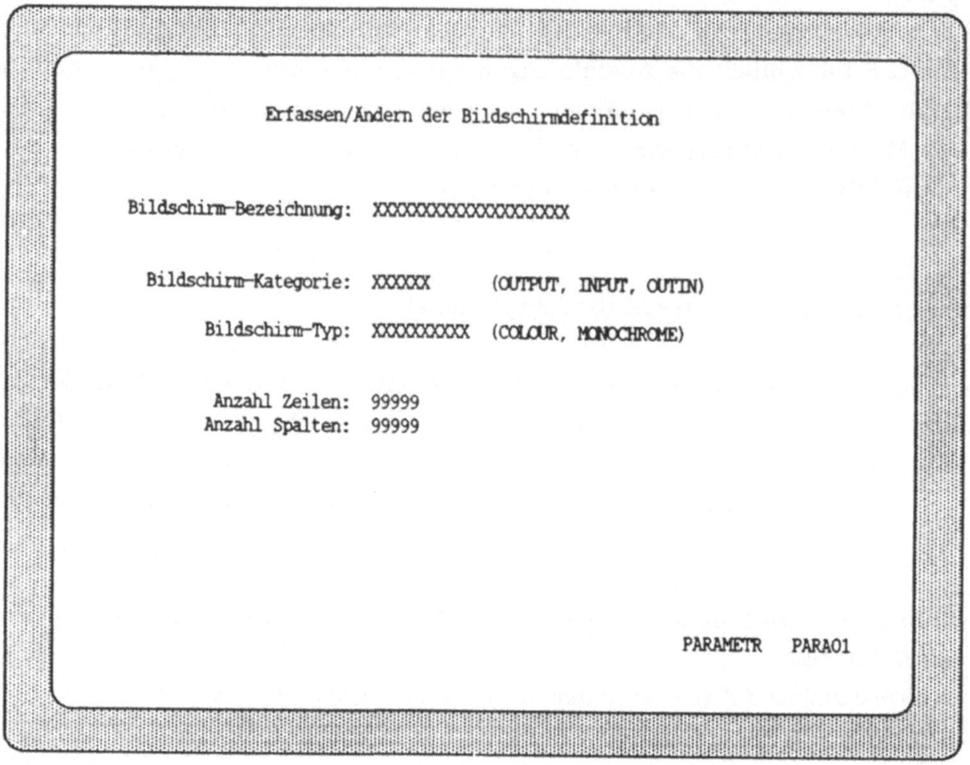

```
               Erfassen/Ändern der Bildschirmdefinition


   Bildschirm-Bezeichnung:  XXXXXXXXXXXXXXXXXXXX


     Bildschirm-Kategorie:  XXXXXX      (OUTPUT, INPUT, OUTIN)

        Bildschirm-Typ:  XXXXXXXXXX  (COLOUR, MONOCHROME)


        Anzahl Zeilen:  99999
        Anzahl Spalten: 99999




                                          PARAMETR   PARA01
```

Abbildung 42: Erfassen/Ändern der Bildschirmdefinition

Der Anwender erfaßt zuerst die zwanzigstellige Bildschirm-Bezeichnung[7]. Sie bildet den Primärschlüssel eines Datensatzes der Bildschirm-Parameterdatei PARA-S10.

Weiterhin erlaubt die Eingangsmaske Angaben über die Bildschirm-Kategorie (zulässige Werte für dieses Feld sind die Ausprägungen OUTPUT, INPUT, OUTIN) und den Bildschirm-Typ mit den erlaubten Eingaben COLOUR und MONOCHROME. Danach benötigt das Programm Informationen über die Anzahl der Zeilen und Spalten des Bildschirms.

Diese Angaben werden im Kopfbereich der weiteren Masken zum Erfassen/ Ändern der Bildschirmdefinition angezeigt, man kann sie in den Folgeschirmen jedoch nicht verändern.

---

[7] Die Eintragungen in alle alphanumerischen Felder müssen linksbündig erfolgen.

Mit den folgenden Erfassungsmasken definiert der Anwender Farben, Attribute und Cursorformen, die der Bildschirm zuläßt. Da die Masken zur Eingabe dieser Werte ähnlich aufgebaut sind, zeigt Abbildung 43 beispielhaft die Bildschirmmaske zur Definition der Farben des Bildschirms.

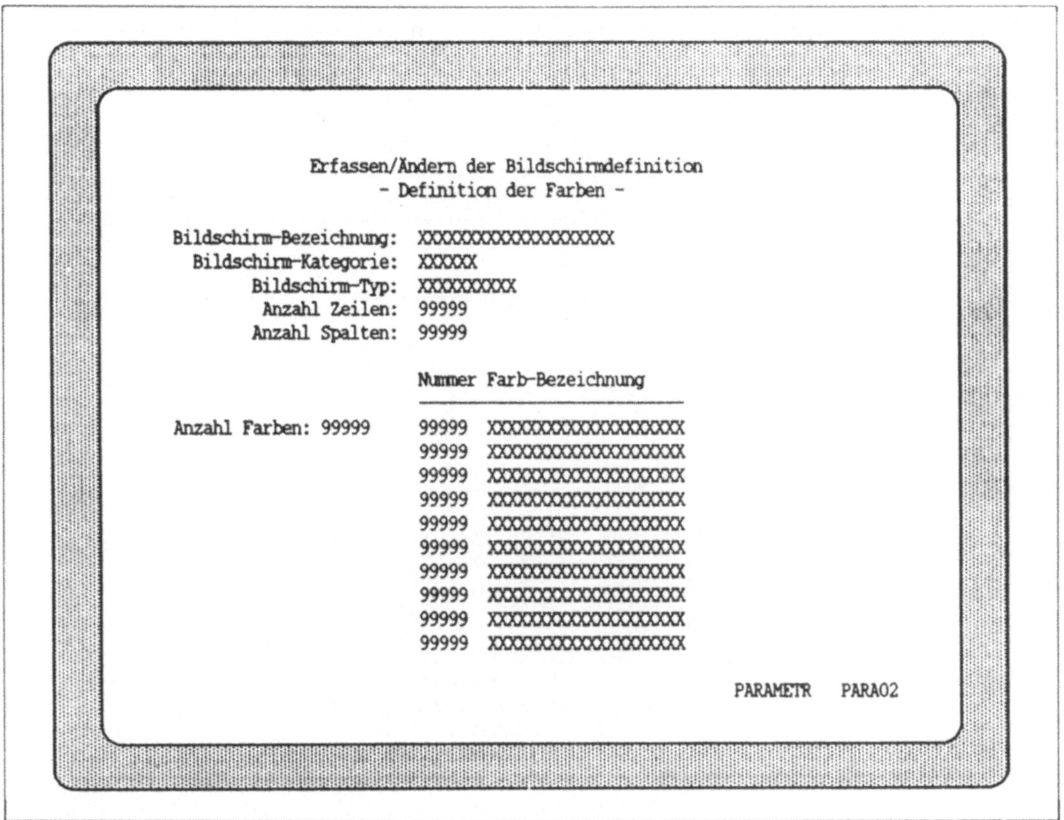

Abbildung 43: Definition der Farben des Bildschirms

Die erste Maske zur Farbdefinition verlangt die Eingabe der vom Bildschirm unterstützten Anzahl der Farben. In der zugehörigen Tabelle der Farbbezeichnungen erfaßt der Anwender die Namen der Farben für diesen Bildschirm. Die Spalte "Nummer" dieser Tabelle enthält die systeminterne Numerierung der Farbbezeichnungen, die der Anwender nicht verändern kann. Sind mehr als zehn Farben für den Bildschirm zu definieren, blättert man mit der Taste "Page Down" in die nächste Erfassungsmaske.

Die möglichen Darstellungsattribute und Cursorformen des Bildschirms erfaßt der Anwender auf dieselbe Art und Weise.

b) Erfassung und Anpassung der compilerspezifischen Parameter (PARACOMP)

Die Bildschirmdefinition wird ergänzt durch das Programm PARACOMP zum Erfassen und Ändern der Compilerdefinition.[8] Das Programm verlangt zunächst die Eingabe der Farben, Attribute und Cursorformen, die der Compiler unterstützt. Die in Abbildung 44 gezeigte erste Maske der Compilerdefinition dient zudem der Erfassung einer zwanzigstelligen Compilerbezeichnung, welche den Primärschlüssel der Compilerbeschreibung in der Datei PARA-S11 darstellt.

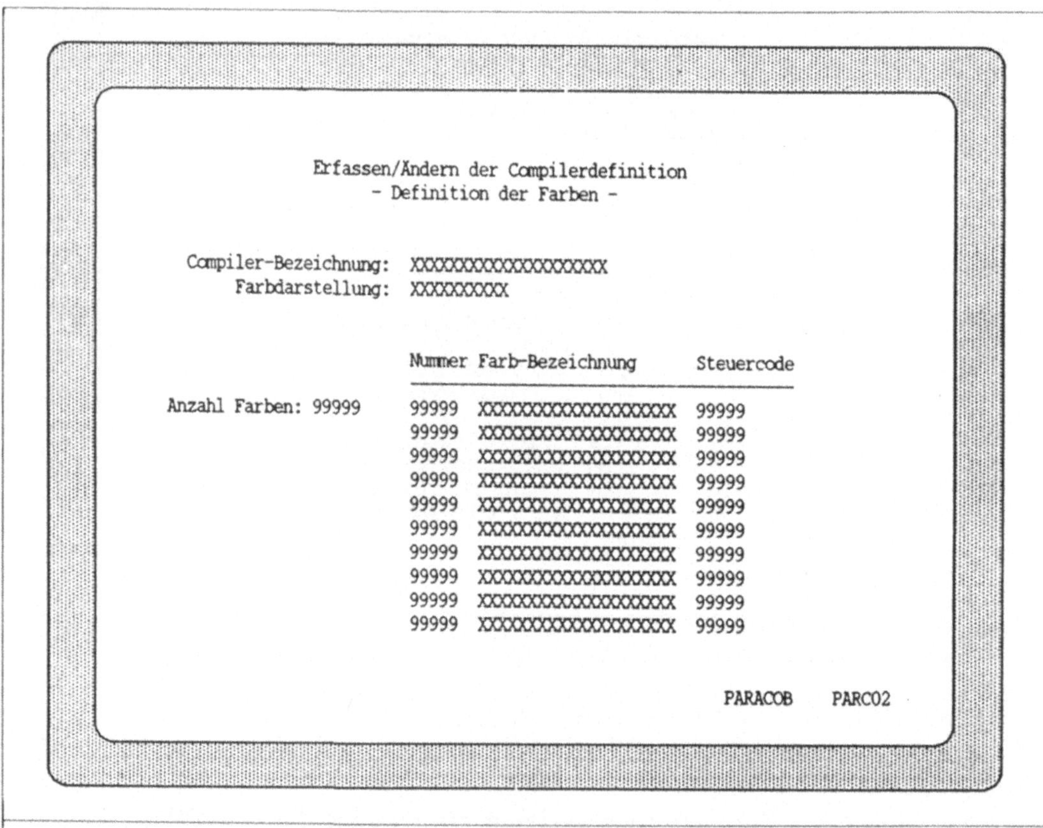

Abbildung 44: Definition der Farben des Compilers

Zusätzlich zur Definition der Farben für den Bildschirm muß der Anwender bei der Compilerdefinition zu jeder Farbbezeichnung einen Steuercode erfassen. Mit seiner Hilfe stellt die Terminal-Schnittstelle die Farbe auf dem Bildschirm dar. Bis auf die Eingabe der Steuercodes findet man in diesem Programm den beschriebenen Ablauf der Eingabe der Farben innerhalb der Bildschirmdefinition.

---

[8] Zu den von diesem Programm verwendeten Datenstrukturen vgl. S. 69 f.

Für die Darstellungsattribute und Cursorformen erfaßt der Anwender im Programm PARACOMP anschließend deren Anzahl, ihre Bezeichnung und ihren Steuercode für die innerhalb des Compilers vorhanden Möglichkeiten.

c) Erfassung und Anpassung der rechnerspezifischen Parameter (PARACODE)

Im Programm PARACODE, zum Erfassen und Ändern der codespezifischen Parameter, erfolgt zunächst die Definition der Umsetzungstabelle für die vom Compiler unterstützten Funktionstasten.[9] Die vom Programm benötigten Angaben zur Erfassung der Funktionstasten-Codes gibt der Benutzer mit Hilfe der in Abbildung 45 gezeigten Maske ein.

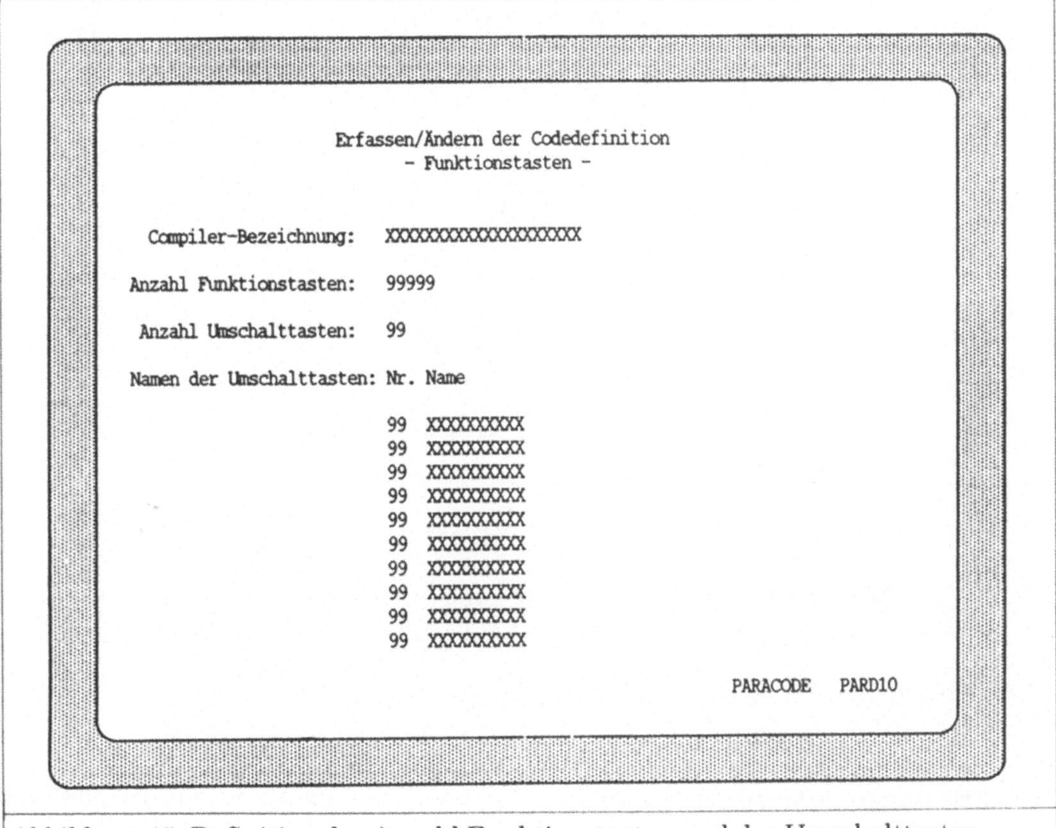

Abbildung 45: Definition der Anzahl Funktionstasten und der Umschalttasten

Der Benutzer erfaßt im Kopfbereich der Maske zunächst die Compilerbezeichnung. Anschließend gibt er die verfügbare Anzahl Funktionstasten und die Anzahl der

---

9 Zur Erläuterung der diesem Programm zugrundeliegenden Datenstrukturen vgl. S. 70 f.

Umschalttasten ein. Hinter der vom Programm vorgesteuerten fortlaufenden Numerierung erfaßt er schließlich die Namen der Umschalttasten (z.B. Alt, Ctrl, Shift etc.).

Die folgenden Masken dienen der Eingabe der Code-Tabellen für die Funktionstasten des Compilers. Abbildung 46 zeigt die Definition der Funktionstasten ohne Umschalttaste für den mbp-COBOL Compiler.

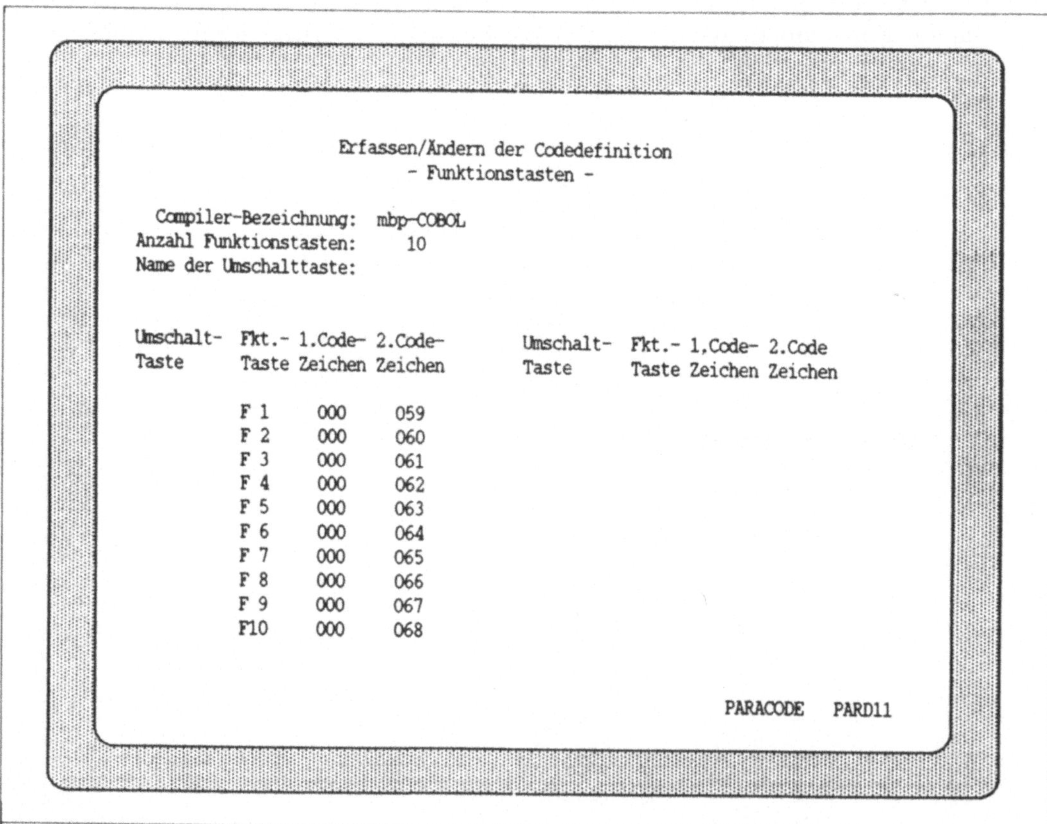

Abbildung 46: Definition der Funktionstasten für mbp-COBOL

Die Erfassungsmaske zur Definition der Funktionstasten enthält eine Tabelle der Bezeichnungen von Umschalt- und Funktionstasten. Die Länge der Tabelle wird durch die in der vorigen Maske definierte Anzahl der Funktionstasten bestimmt. Verfügt der Rechner über mehr als 24 Funktionstasten, so umfaßt die Tabelle mehrere Bildschirmmasken. Die Spalten "Umschalttaste" und "Funktionstaste" der Tabelle sind konstante Ausgabefelder. Die Definition der Funktionstasten erfolgt durch die Eingabe der beiden Codewerte in den Spalten 3 und 4 der Tabelle.

Den Abschluß der Code-Erfassung des Compilers bildet die Definition der Codes
für Cursor- und Befehlstasten, welche in Abbildung 47 dargestellt ist.

```
                    Erfassen/Ändern der Codedefinition
                       - Cursor- und Befehlstasten -

       Compiler-Bezeichnung:  mbp-COBOL



                         1.Code- 2.Code-                    1.Code- 2.Code-
       Taste             Zeichen Zeichen   Taste            Zeichen Zeichen

       Zeile auf           000     072      RETURN                    013
       Zeile ab            000     080      ESCAPE                    027
       Zeichen links       000     075      Einfüge-Modus     000     082
       Zeichen rechts      000     077      Zeichen löschen   000     083
       1. Zeichen Feld     000     071      Tabulator rechts          009
       Letztes Zeichen Feld 000    079      Tabulator links           015
       Blättern auf        000     073      BACKSPACE                 008
       Blättern ab         000     081


                                                 PARACODE    PARD15
```

Abbildung 47: Definition der Cursor- und Befehlstasten für mbp-COBOL

Der linke Teil der Tabelle enthält Angaben über die Cursortasten, der rechte Teil
Informationen zu den Befehlstasten. Zu den Bezeichnungen sind vom Anwender in
den Spalten 2 und 3 die Codewerte einzugeben, die durch das Drücken der jeweiligen Taste erzeugt werden.

Die vom Benutzer festgelegten Parameter für Rechner, Bildschirm und Compiler
werden von den geräteabhängigen Modulen der Terminal-Schnittstelle zur Steuerung der Bildschirmgeräte verwendet.

5.1.2 Geräteunabhängige Module

Die Anwendungsprogramme, welche Ein-/Ausgaben mit Hilfe der Terminal-Schnittstelle durchführen, rufen die geräteunabhängigen Module auf. Sie führen die logischen Operationen zur Ein- und Ausgabe von Feldern durch und rufen für die Durchführung der elementaren Bildschirmoperationen die in Abschnitt 3.1.3 beschriebenen geräteabhängigen Module auf. Durch das Einfügen dieser geräteunabhängigen Zwischenschicht innerhalb der Terminal-Schnittstelle erreicht das Software-Entwicklungs-System eine hohe Flexibilität gegenüber der verwendeten Hard- und Softwareumgebung.

Die drei geräteunabhängigen Module der Terminal-Schnittstelle umfassen:

a) Eingabe-Modul (FELDEIN)
b) Ausgabe-Modul (FELDAUS)
c) Maskenausgabe-Modul (MASKE)

a) Eingabe-Modul (FELDEIN)

Der Modul FELDEIN dient der Eingabe eines variablen Feldes über die Tastatur. Zur Ausgabe der Vorschlagswerte auf dem Bildschirm benutzt FELDEIN den Modul FELDAUS. Das aufrufende Anwendungsprogramm übergibt dem Modul FELDEIN die Übergabeparameter für die Eingabe eines Feldes (EIN.LIB).[10]

Die Variablen VOR-ALPHA und VOR-NUM der Datenbeschreibung EIN.LIB werden zur Ausgabe von Vorschlagswerten auf dem Bildschirm verwendet. Der Eingabe-Modul übergibt sie zur Ausgabe der Vorschlagswerte mit den Parametern der EIN-STEUERUNG und FARBEN an den Ausgabe-Modul.

Nach der Ausgabe der Vorschlagswerte setzt der Eingabe-Modul den Cursor auf die erste Stelle des Feldes und ruft den Modul TASTE (Lesen einer Tastatureingabe) auf. Dieser gibt das über die Tastatur eingegebene Zeichen bzw. den Code einer Sondertaste an den Eingabe-Modul zurück. Der Modul FELDEIN ruft bei Eingabe einer Sondertaste den geräteabhängigen Modul KONVERT zur Übertragung der Tastenidentifikation in den intern verwendeten Code auf.
Enthält das von TASTE retournierte Feld den Code einer Funktionstaste, so überprüft der Eingabe-Modul anhand der Eingabe-Parameter FTASTE, ob diese Funk-

---

[10] Die Datenbeschreibung der Übergabeparameter für die Eingabesteuerung befindet sich in Anhang A. Sie wird sowohl in die aufrufenden Anwendungsprogramme als auch in den Eingabe-Modul eingebunden.

tionstaste vom Anwendungsprogramm als erlaubt definiert ist. Wurde eine Cursor-
oder Befehlstaste gedrückt, so führt der Modul die zugehörende Verarbeitung
durch. Erfolgte hingegen die Eingabe eines numerischen oder alphanumerischen
Zeichens über die Tastatur, so setzt der Modul FELDEIN dieses Zeichen an die
entsprechende Stelle des Ergebnis-Strings.

Der Modul überträgt die Variable RETURN-Feld an das aufrufende Programm
zurück. Sie ist untergliedert in die Felder ALPHA-ERG, NUM-ERG und ERG-
TASTE. Das Feld ALPHA-ERG enthält die Eingabe in alphanumerischer Form.
Für numerische Werte überträgt die Variable NUM-ERG die Eingabe. Das Feld
ERG-TASTE enthält den Code der Taste, mit der die Eingabe abgeschlossen wurde.

b) Ausgabe-Modul (FELDAUS)

Der Ausgabe-Modul wird vom Anwendungsprogramm, vom Eingabe-Modul oder
vom Maskenausgabe-Modul aufgerufen. Er führt sämtliche Ausgaben der Terminal-Schnittstelle auf dem Bildschirm durch.[11]

Die vom aufrufenden Programm übergebenen Parameter enthalten für alpha-
numerische Ausgaben das Feld AUS-ALPHA. Für numerische Ausgaben steht der
anzuzeigende Wert in der Variablen AUS-NUM. Das Feld zur Ausgabesteuerung
(AUS-STEUERUNG) enthält die Angabe, ob der Bildschirm vor der Ausgabe des
Feldes gelöscht werden soll, sowie die Position der Ausgabeoperation mit Zeile und
Spalte, die Länge des auszugebenden Feldes, den Feldtyp und für die numerischen
Variablen die Anzahl der Nachkommastellen. Weiterhin übergibt das aufrufende
Programm dem Modul die Parameter für die Definition der Vorder- und Hinter-
grundfarben, der Attribute und der Cursorformen.

Der Modul überträgt das auszugebende Feld zeichenweise an den Modul AUSZEI
(Ausgabe eines Zeichens), der eine zeichenweise Ausgabe in den geforderten Farb-
und Attributkombinationen durchführt.

c) Maskenausgabe-Modul (MASKE)

Der Modul MASKE gibt die konstanten Felder einer Maske auf dem Bildschirm
aus.[12] Die vom aufrufenden Programm übergebenen Parameter umfassen den

---

[11] Die Übergabeparameter für die Steuerung dieses Moduls enthält der Anhang A.
[12] Die Parameter, welche vom aufrufenden Programm übergeben werden, sind in
Anhang A dargestellt.

Namen des Programms, das diese Bildschirmmaske enthält und den Namen der auszugebenden Maske.

Der Modul zur Maskenausgabe liest die entsprechende Maske aus der Konstanten-Datei und zeigt die vorgegebenen konstanten Felder mit Hilfe des Moduls FELD-AUS auf dem Bildschirm an. Treten bei der Maskenausgabe Fehler auf, so überträgt der Modul MASKE einen entsprechenden Code an das aufrufende Programm.

5.1.3 Geräteabhängige Module

Die geräteunabhängigen Module der Terminal-Schnittstelle benutzen die fünf geräteabhängigen Module des Systems, um die Ein- und Ausgaben auf einem angeschlossenen Bildschirm durchzuführen:

> *a) Lesen einer Tastatureingabe (TASTE)*
>
> *b) Ausgabe eines Zeichens (AUSZEI)*
>
> *c) Farben und Attribute setzen (FARBE)*
>
> *d) Zeichenprüfung (PRUEF)*
>
> *e) Konvertierung der Sondertasten (KONVERT)*

a) Lesen einer Tastatureingabe (TASTE)

Der Modul TASTE führt das Einlesen eines Zeichens von der Tastatur durch. Nach der Eingabe eines Zeichens über die Tastatur ruft er den Modul PRUEF zur Überprüfung des Zeichens auf. Ergibt diese Zeichenprüfung, daß eine Funktions-, Cursor- oder Befehlstaste gedrückt wurde, so liest der Modul TASTE, falls es sich um einen aus mehreren Zeichen bestehenden Code handelt, weitere Zeichen ein.

Anschließend übergibt der Modul dem aufrufenden Modul FELDEIN zwei Felder. Das einstellige alphanumerische Feld EINFELD enthält den Buchstaben oder die Ziffer, welche über die Tastatur eingegeben wurde. Das Feld FTASTE ist vom COBOL-Typ COMP-1 dreistellig numerisch und enthält im Falle des Drückens einer Funktionstaste deren Code.

b) Ausgabe eines Zeichens (AUSZEI)

Der geräteunabhängige Modul FELDAUS führt mit Hilfe des Moduls AUSZEI eine zeichenweise Ausgabe auf dem Bildschirm aus. Er überträgt ein einstelliges alphanumerisches Feld, welches das auszugebende Zeichen enthält sowie die gewünschte Farbe und Attributkombination für die Darstellung dieses Zeichens. AUSZEI ruft den Modul FARBE zum Setzen der Farb-/Attributkombination auf und gibt das vom aufrufenden Modul erhaltene Zeichen auf dem Bildschirm aus.

c) Farben und Attribute setzen (FARBE)

Die Aufgabe des Moduls FARBE umfaßt die Erzeugung der gewünschten Vorder- und Hintergrundfarben auf dem Bildschirm, die Anzeige der Attributwerte, z.B. blinkende, unterstrichene oder intensive Darstellung, sowie die Darstellung verschiedener Cursorformen auf dem Bildschirm. Er benötigt vom aufrufenden Programm zwei Felder:

Das erste Feld ist einstellig alphanumerisch und enthält die gewünschte Operation (V = Vordergrundfarbe setzen, H = Hintergrundfarbe setzen, A = Attribut setzen, C = Cursor setzen).

Das zweite Feld teilt dem Modul den Namen der gewünschten Farbe, Attributkombination oder Cursorform mit. Der Modul greift auf die Parameter-Datei zu und liest die bildschirmspezifischen Parameter sowie die Umsetzungstabellen der Farben, Attribute und Cursorformen.[13] Anhand dieser für den Compiler festgelegten Umsetzungstabellen der Funktionsnamen in Steuercodes ermittelt der Modul den compilerspezifischen Code der Funktion. Anschließend gibt er diesen Code auf dem Bildschirm aus.

d) Zeichenprüfung (PRUEF)

Der Modul TASTE ruft die Zeichenprüfung auf. Dieser Modul stellt anhand der Code-Definitionen aus der Parameter-Datei fest, ob der durch Drücken einer Taste erzeugte Code einen Buchstaben oder eine Sondertaste identifiziert. Weiterhin wird geprüft, ob der vollständige Tastencode eine Länge von ein oder zwei Stellen umfaßt.

Der Modul PRUEF stellt dem aufrufenden Modul zwei bool'sche Variablen zur Verfügung. Die Variable BFUNKT teilt ihm mit, ob das übergebene Zeichen eine Sondertaste identifiziert. Dem bool'schen Feld BZWEI wird der Wert 1 zugewiesen, wenn eine Sondertaste identifiziert wurde, die einen zwei Zeichen umfassenden Code sendet. Bei einstelligen Codes enthält die Variable BZWEI den Wert 0.

---

[13] Zur Darstellung der Datenstrukturen für die in den geräteabhängigen Modulen verwendeten Einträge aus der Parameter-Datei und zur Beschreibung der Erfassungsprogramme für die Parameter-Datei vgl. S. 68 f. sowie S. 211 ff.

e) Konvertierung der Sondertasten (KONVERT)

Nach dem Lesen einer Tastatureingabe ruft der geräteabhängige Modul TASTE
den Modul KONVERT auf. Er übergibt ein alphanumerisches Feld mit dem Code
der zu konvertierenden Funktions-, Cursor- oder Befehlstaste. KONVERT liest die
Code-Tabelle für die Sondertasten aus der Parameter-Datei und führt mit ihrer
Hilfe die Umsetzung der Tasten-Codes in den vom Software-Entwicklungs-System
verwendeten Code IBM-kompatibler Mikrocomputer durch.

<u>5.1.4 Zusammenarbeit der Module bei der Bearbeitung einer Bildschirmmaske</u>

Neben der Interaktion der Module der Terminal-Schnittstelle beschreibt dieser
Abschnitt der Arbeit eine Darstellung der Benutzersichten auf die Terminal-
Schnittstelle.

Abbildung 48 zeigt die Interaktion der geräteunabhängigen und geräteabhängigen
Module der Terminal-Schnittstelle bei der Bearbeitung einer Bildschirmein- bzw.
-ausgabe.

Das die Terminal-Schnittstelle benutzende Anwendungsprogramm ruft für jede
Ein- bzw. Ausgabe den Modul EINAUS auf. Dieser Modul verzweigt nach Art der
Ein-/Ausgabeanforderung zu den geräteunabhängigen Modulen FELDEIN,
FELDAUS oder MASKE.
Die geräteunabhängigen Module FELDEIN (Feldeingabe) und MASKE (Maskenausgabe) verwenden zur Vorsteuerung bzw. Ausgabe von Feldinhalten den Ausgabe-Modul FELDAUS. Daraus folgt, daß innerhalb der Terminal-Schnittstelle und
damit des gesamten Software-Entwicklungs-Systems nur ein Modul existiert, in
dem eine Bildschirmausgabe vorgenommen wird. Dies ist der geräteabhängige
Modul AUSZEI, durch den eine zeichenorientierte Ausgabe auf dem Bildschirm
erfolgt.

Der Modul EIN verwendet den geräteabhängigen Modul TASTE zum Einlesen
einer Information von der Tastatur, der als einziger Modul innerhalb der Terminal-
Schnittstelle und damit des Software-Entwicklungs-Systems eine Einlese-
anweisung enthält.

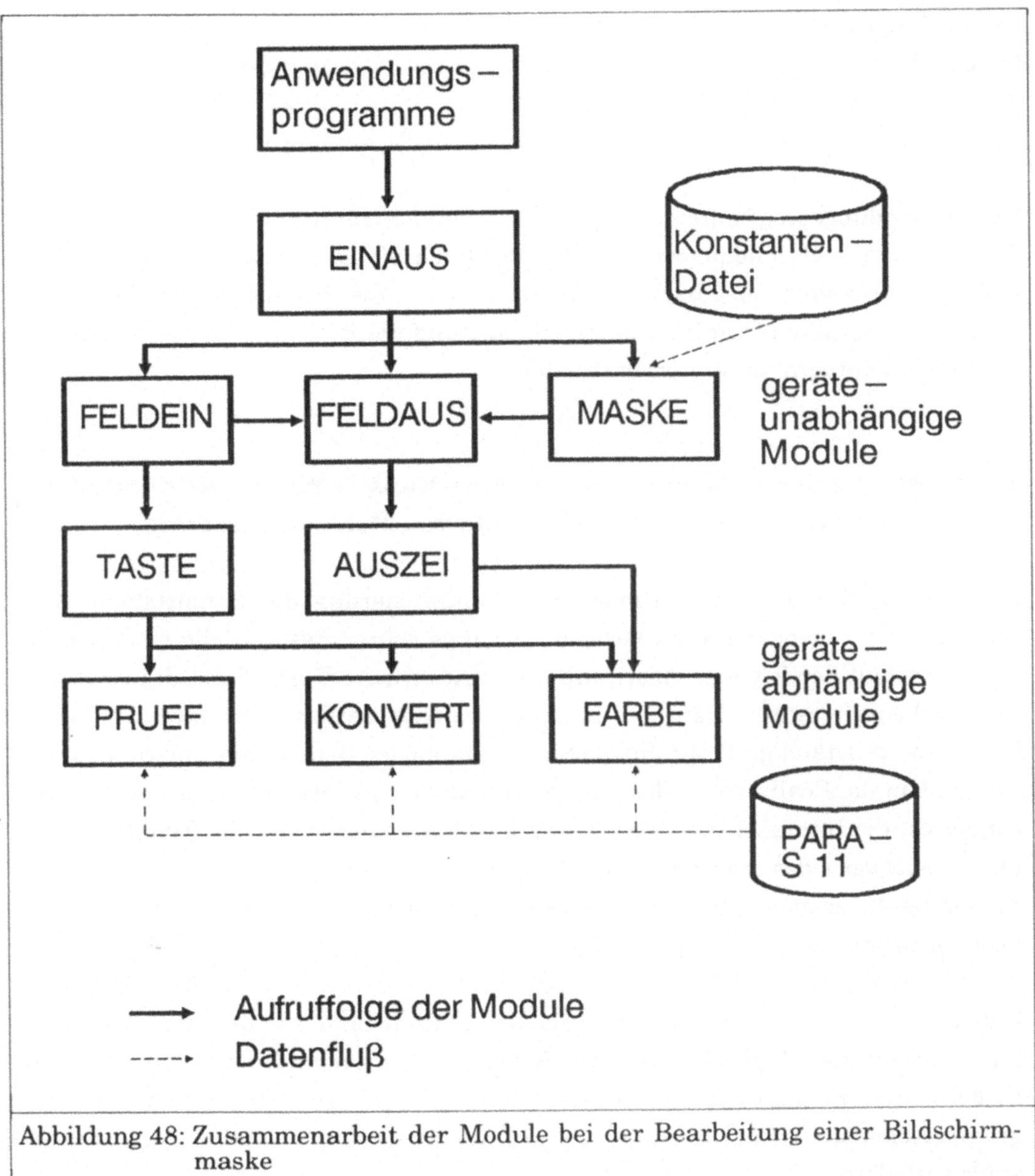

Abbildung 48: Zusammenarbeit der Module bei der Bearbeitung einer Bildschirmmaske

Ebenso wie die Module TASTE und AUSZEI dienen auch die Unterprogramme
FARBE und KONVERT einer Isolierung der geräteabhängigen Funktionen. Diese
Zentralisation geräteabhängiger Funktionen in jeweils nur einem Modul ist erfor-
derlich, da COBOL, wie viele andere Programmiersprachen, im Bereich der Ein-
und Ausgabe wenig normiert ist und die verschiedenen Hersteller individuelle
Erweiterungen eingebracht haben.

Die Module der Terminal-Schnittstelle bindet das Software-Entwicklungs-System bei der Programmgenerierung automatisch in die Anwendungsprogramme ein, so daß der Anwender bei der Definition seiner Programme mit Hilfe des Maskengenerators keine Kenntnisse der modular aufgebauten Terminal-Schnittstelle benötigt.

Der Anwendungsprogrammierer, der die Terminal-Schnittstelle in seine Individualprogramme einbinden will, benötigt lediglich die in Anhang A dargestellten Übergabeparameter der einzelnen Module. Er muß die Parameter vor Aufruf der Module der Terminal-Schnittstelle bestimmen und die Return-Felder anschließend im Individualprogramm weiterverarbeiten.

5.2 Umsetzung der Anforderungen an eine Mensch-Maschine-Schnittstelle in den Funktionseinheiten des erweiterten Maskengenerators

Nachdem in Kapitel 4 im Rahmen der Konkretisierung der Schnittstellen des erweiterten Maskengenerators bereits auf einige seiner Bestandteile eingegangen wurde, enthält der folgende Abschnitt eine ausführliche Darstellung des erweiterten Maskengenerators. Dabei wird jedoch bewußt darauf verzichtet, an dieser Stelle eine vollständige Programmdokumentation oder Bedienungsanleitung zu erstellen. Um die Realisierung des erweiterten Maskengenerators zu demonstrieren, genügt es, die Interaktionsmöglichkeiten des Anwenders sowie die Funktionalität und Arbeitsweise des erweiterten Maskengenerators aufzuzeigen.
Abbildung 49 zeigt als Grundlage dieses Abschnitts eine Übersicht der wesentlichen Aufgaben des Maskengenerators.

Neben den Funktionen zur Ein-/Ausgabe der Bildschirmmaske muß der erweiterte Maskengenerator Möglichkeiten zum Erfassen, Ändern und Editieren einzelner Felder bieten. Er muß weiterhin Module zum Erfassen der Parameter für die Programm-Ablaufsteuerungs-Schnittstelle und die Programm-Verarbeitungs-Schnittstelle enthalten.
Die Ausgestaltung dieser Funktionen wird anhand der Erstellung von Bildschirmmasken mit Hilfe der Kommandozeile, des Menüschirms und des Hilfesystems dargestellt.

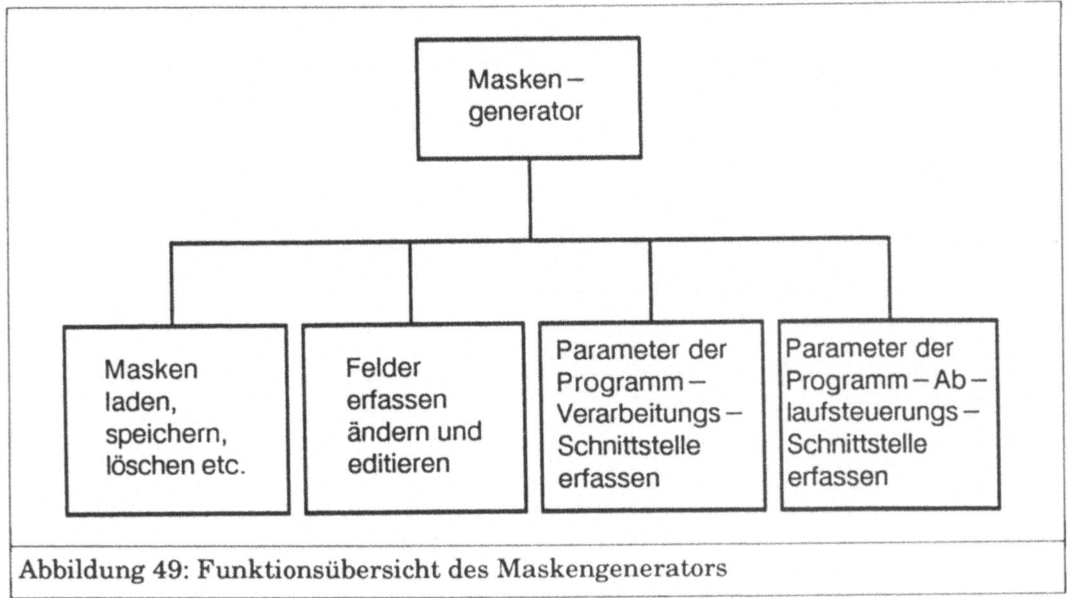

Abbildung 49: Funktionsübersicht des Maskengenerators

5.2.1 Bearbeiten von Maskenfeldern über die Kommandozeile

In allen drei Arbeitsmodi des erweiterten Maskengenerators, Kommando-, Menü- und Hilfemodus, kann der Anwender die Funktionalität des erweiterten Maskengenerators nutzen, d.h. er hat die Möglichkeit, Masken-Ein-/Ausgabeoperationen durchzuführen und die Felder der Masken zu bearbeiten. Die Funktionen des erweiterten Maskengenerators werden zunächst am Beispiel des Kommandomodus vollständig dargestellt. Anschließend wird an ausgewählten Beispielen die Interaktion des Anwenders mit dem erweiterten Maskengenerator im Menü- und Hilfemodus geschildert.

5.2.1.1 Wechsel aus dem Bildschirm- in den Kommando-Modus

In der Ausgangssituation wird der Cursor beim Erstellen oder Ändern einer Maske auf ein Feld der bearbeiteten Maske positioniert. Dieses Feld wird das "aktuelle Feld" genannt. Es kann mit der Kommandozeile, dem Menü oder dem Hilfesystem bearbeitet und verändert werden.
Mit der ESC-Taste hat der Benutzer die Möglichkeit, zur Änderung oder Editierung des aktuellen Feldes die Kommandozeile anzuwählen. Mit der F1-Taste verzweigt er in das Hilfesystem, mit F2 in das Kommandomenü. Die zur Verfügung

stehenden Kommandos werden, wie Abbildung 50 zeigt, in der vorletzten Zeile des Bildschirms angezeigt. Die in der letzten Zeile stehende Handlungsanweisung für den Benutzer gibt Auskunft über die im augenblicklichen Status möglichen Aktionen.

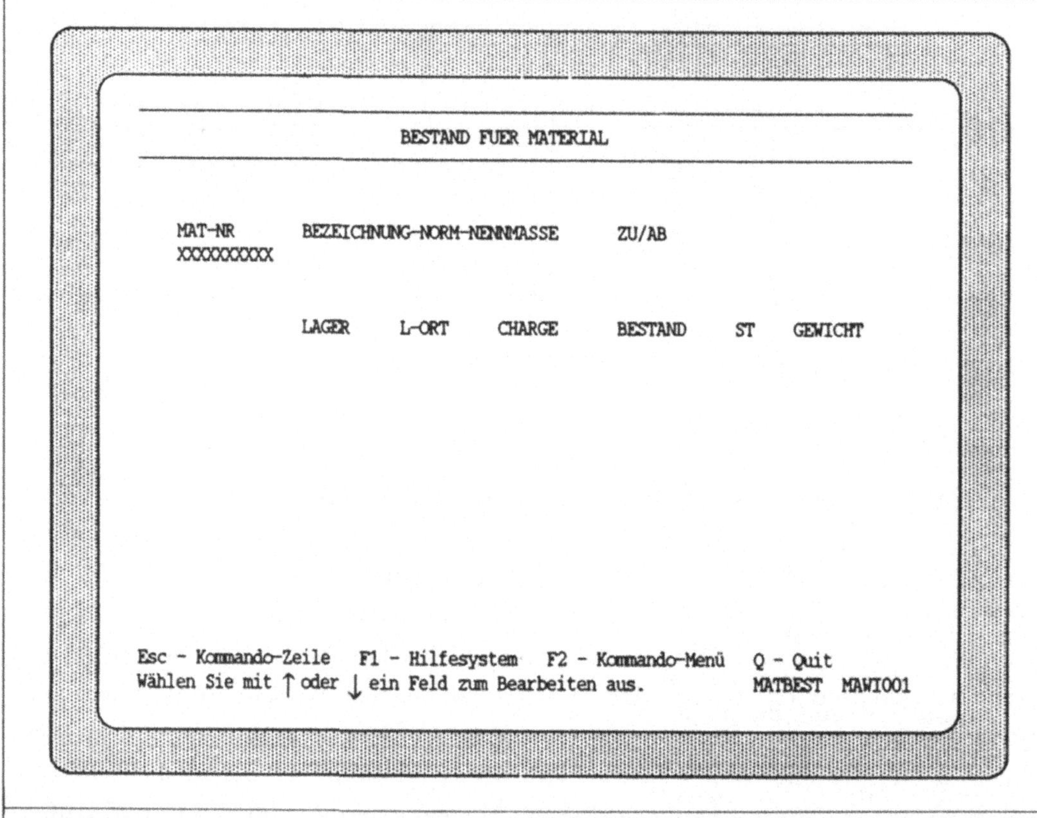

Abbildung 50: Anzeige einer zu ändernden Maske mit Kommandoblock bei Feldauswahl

Will der Benutzer das aktuelle Feld (z.B. das Eingabefeld für die Materialnummer in Abbildung 50) mit Hilfe der Kommandozeile bearbeiten, betätigt er die ESC-Taste. In der ersten Befehlsstufe der Kommandozeile hat man die Auswahlmöglichkeiten, eine Feldbearbeitung anzuwählen, Masken-Ein-/Ausgabe-Operationen durchzuführen, das Programm mit Quit zu beenden oder durch die ESC-Taste in die Feldauswahl zurückzukehren (Abbildung 51).

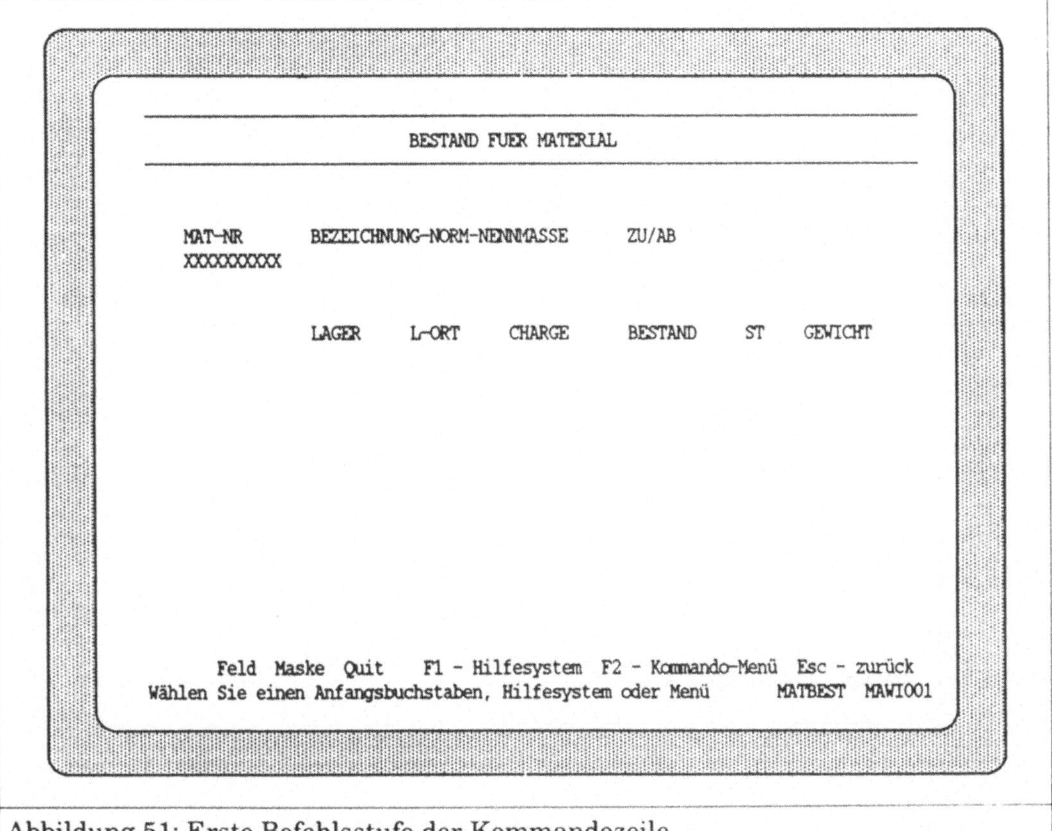

Abbildung 51: Erste Befehlsstufe der Kommandozeile

5.2.1.2 Vorder- und Hintergrundfarben für ein Feld bestimmen

Wählt der Anwender "F" für Feldbearbeitung, gelangt er in die zweite Stufe der Kommandohierarchie. Hier stehen ihm, wie Abbildung 52 dokumentiert, die Alternativen Farbdefinitionen eingeben, ein Feld anlegen, ändern oder eine Positionsbearbeitung durchführen zur Verfügung. Die Funktion "F - Feldbearbeitung" bleibt als Kommandospur zur Gedächtnisunterstützung des Benutzers auf dem Bildschirm stehen. Durch betätigen der ESC-Taste gelangt der Anwender jeweils auf die nächst höhere Ebene der Kommandohierarchie zurück.

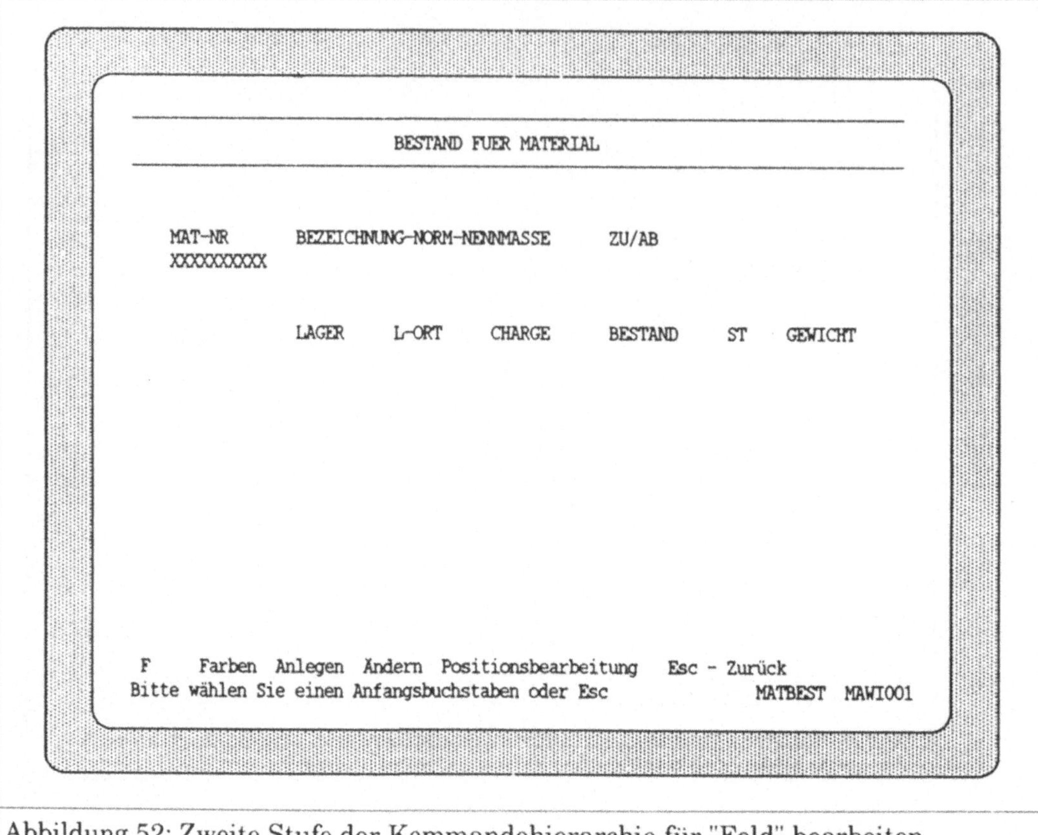

Abbildung 52: Zweite Stufe der Kommandohierarchie für "Feld" bearbeiten

Zur Veränderung der Farben eines Feldes, gibt der Anwender in der zweiten
Hierarchiestufe ein "F" ein und bekommt in der dritten Stufe der Kommando-
hierarchie die Auswahlmöglichkeiten der Farbdefinition für den Vordergrund und
Hintergrund sowie der Definition der Attribute angezeigt (Abbildung 53).

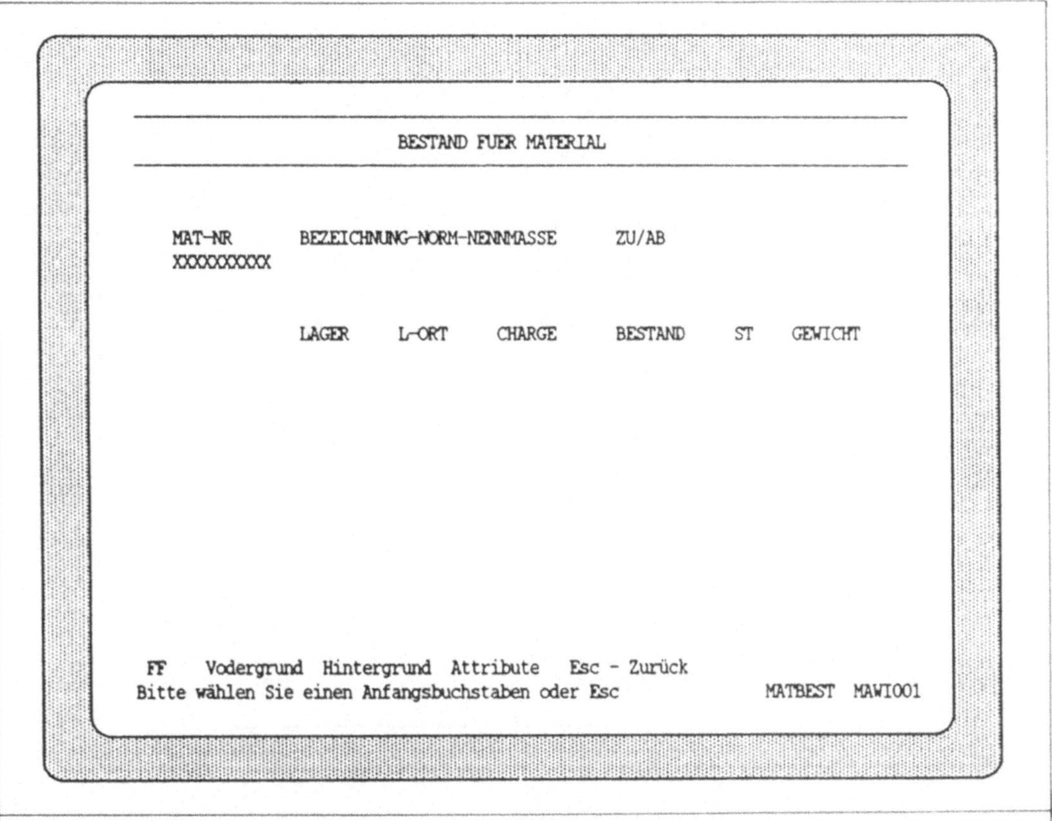

Abbildung 53: Dritte Stufe der Kommandohierarchie: Kommandozeile für "Feld - Farben"

Gibt der Benutzer auf dieser Hierarchiestufe ein "V" für Vordergrund oder ein "H" für Hintergrund ein, erhält er in der Kommandozeile eine Auswahl der zur Verfügung stehenden Farben. Zur Verfügung stehen, wie man aus Abbildung 54 entnehmen kann, die Farben schwarz, blau, grün, hellblau, rot, violett, ocker und weiß.

Der Anwender kann in der vierten Stufe der Kommandohierarchie wiederum durch Eingabe des Anfangsbuchstabens der gewählten Farbe eine Vordergrund- oder Hintergrundfarbe für das Feld setzen.

Nach Eingabe der Farbdefinition für Vorder- oder Hintergrund wird das Feld in der jeweils gewählten Farbkombination angezeigt. Der Benutzer kann daher sofort entscheiden, ob die gewählte Farbzusammenstellung seinen Vorstellungen entspricht oder geändert werden muß. Ein Feld, für das keine Farbwahl eingegeben wurde, wird grün auf schwarzem Hintergrund angezeigt.

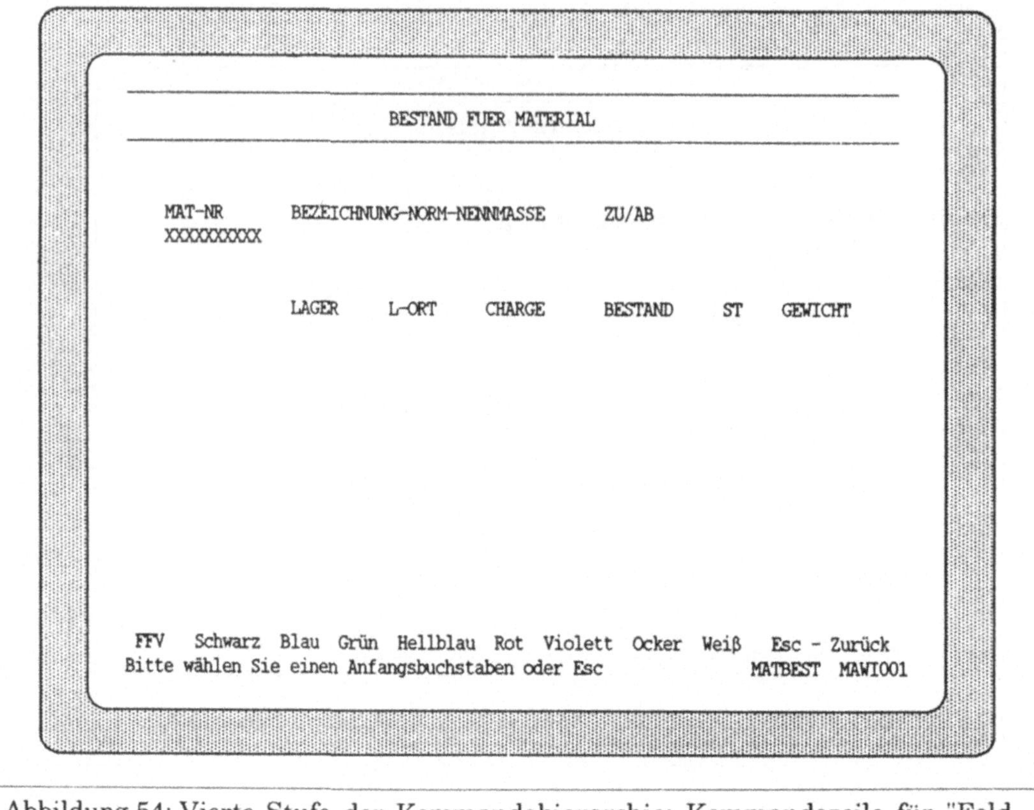

Abbildung 54: Vierte Stufe der Kommandohierarchie: Kommandozeile für "Feld - Farben - Vordergrund"

Nach Eingabe einer Befehlssequenz verzweigt der Maskengenerator wieder in den Bildschirmmodus zurück. Hier kann der Anwender ein anderes Feld zur Bearbeitung auswählen oder die Arbeit am aktuellen Feld fortsetzen.

5.2.1.3 Attributwerte für die Darstellung eines Feldes erfassen

Nachdem die Anwahl zur Änderung der Farben eines Feldes mit Hilfe der Kommandozeile ausführlich erläutert wurde, werden im folgenden die Möglichkeiten der Steuerung des Maskengenerators über die Kommandozeile in einer kürzeren Form anhand der einzugebenden Befehlsfolgen erläutert. Die Bedienereingaben werden dabei hinter der ausführlichen Notation der Kommandosequenzen in Klammern aufgeführt.

Ein Feld kann die Attribute Normal-Darstellung, Blinken, inverse Darstellung, Unterstrichen, Hell (Intensiv), mit Trennzeichen und Versteckt erhalten. Die Kommandosequenz für "Feld - Farben - Attribute" (F - F - A) ist in Abbildung 55 dargestellt.

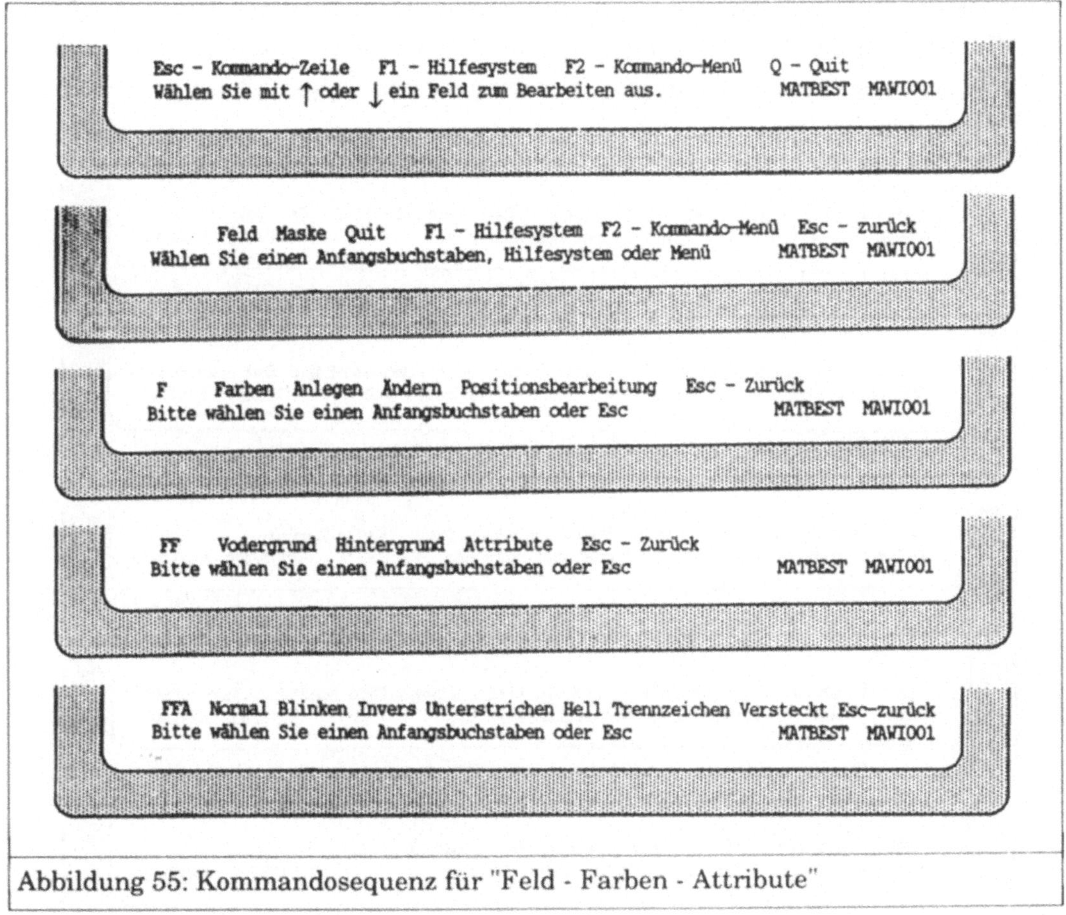

Abbildung 55: Kommandosequenz für "Feld - Farben - Attribute"

Das Attribut "Invers" (I) vertauscht die Farbattribute für Vorder- und Hintergrund. Versteckte Felder erlauben Eingaben, die auf dem Bildschirm nicht sichtbar sind; eine Anwendung für versteckte Felder ist z.B. die Erfassung von Passwörtern. Durch mehrmaliges Setzen von Attributen kann der Anwender einem Feld mehrere Attributwerte (z.B. blinken und invers) zuweisen. Die Anwahl von "Feld - Farben - Attribute - Normal" (F - F - A - N) löscht alle anderen Attributwerte, die für dieses Feld vergeben wurden.

5.2.1.4 Ein Feld anlegen oder ändern

Die Kommandosequenzen für "Feld - Anlegen" (F - A) und "Feld - Ändern" (F - Ä)
sind identisch für Eingabe-, Ausgabe- und Update-Felder. Als Beispiel zeigt die
Abbildung 56 die Kommandosequenz für "Feld - Anlegen - Eingabefeld - Numerisch" (F - A - E - N). Nach dieser Anwahl erscheint links oben auf dem Bildschirm
ein Cursor, den der Benutzer mit Hilfe der Cursortastatur auf die gewünschte
Feldposition verschieben bzw. durch Zifferneingabe positionieren kann.

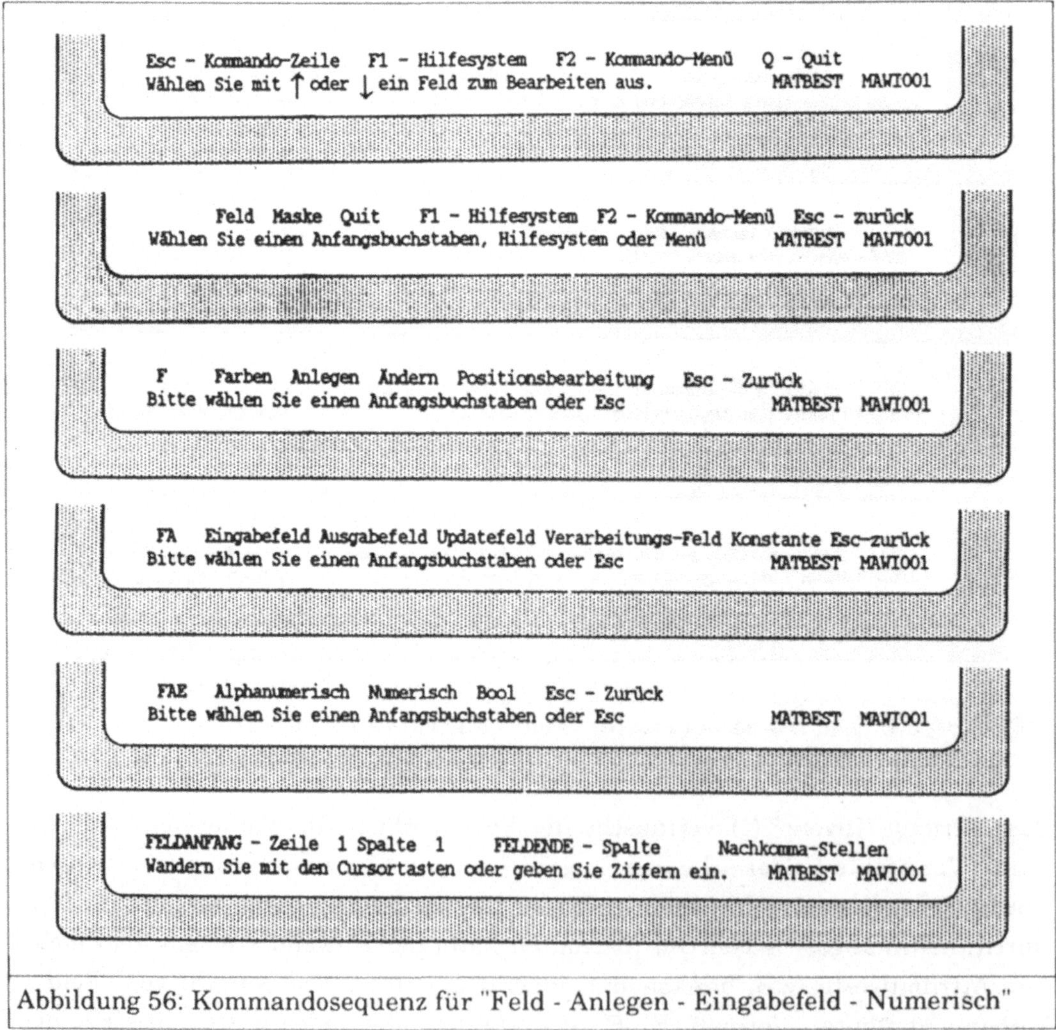

Abbildung 56: Kommandosequenz für "Feld - Anlegen - Eingabefeld - Numerisch"

Für Verarbeitungsfelder werden nach der Definition der Feldart und Position
lediglich Verarbeitungsvorschriften erfaßt. Soll ein Verarbeitungsfeld auf dem

Bildschirm angezeigt werden, so ist es zusätzlich als Ausgabefeld zu definieren. Für Konstante wird nach der Bestimmung der Position innerhalb der Maske der Inhalt dieses Textfeldes eingegeben.[14]

Nach Eingabe der Position und der Feldlänge eines anzulegenden oder zu ändernden Feldes werden als zusätzliche Attribute zur vollständigen Beschreibung der Programm-Ablaufsteuerungs-Schnittstelle folgende Parameter eingegeben:

- der Variablen-Name des Feldes,
- der Datei-Name bei Schlüssel-Feldern,
- die Schlüsselstufe und
- bei Fremddatei-Feldern der Name des Schlüsselfeldes der Fremddatei.

Außerdem wird in dem Fenster zur Eingabe der Feldbeschreibungen abgefragt, ob es sich bei dem bearbeiteten Feld um ein Tabellenfeld handelt. Beim ersten erfaßten Tabellenfeld muß die Anzahl Zeilen, welche die Tabelle umfassen soll, eingegeben werden.[15]

Nach der Erfassung der Feldbeschreibungs-Attribute wird im Maskengenerator ein Fenster zur Eingabe von Verarbeitungsvorschriften, die nach der Bearbeitung dieses Feldes im Anwendungsprogramm durchzuführen sind, eingeblendet.[16]

Die Datenstrukturen zur Speicherung der Beschreibungen der Programm-Ablaufsteuerungs-Schnittstelle, der Programm-Verarbeitungs-Schnittstelle sowie der konstanten Felder des definierten Anwendungsprogramms sind in Anhang B aufgeführt.

---

[14] Vgl. S. 192.

[15] Die im Fenster zur Eingabe der Feldbeschreibungen zu erfassenden Daten werden Abbildung 35 sowie in der Erläuterung dieser Abbildung in Abschnitt 4.3.2 dargestellt.
Vgl. S. 191 ff.

[16] Die Erfassung der Verarbeitungsvorschriften zu einem Feld ist in Abbildung 36 des Abschnitts 4.3.3 dargestellt.
Vgl. S. 194 ff.

5.2.1.5 Ein Feld verschieben, kopieren oder löschen

Nach Eingabe der Kommandosequenz "Feld - Positionsbearbeitung - Verschieben"
(F - P - V) beginnt das aktuelle Feld zu blinken. Der Anwender kann es mit Hilfe
der Cursortastatur bewegen oder über Zifferneingabe positionieren.
Nach der Kommandosequenz "Feld - Positionsbearbeitung - Kopieren" (F - P - K)
erscheint links oben auf dem Bildschirm ein Cursor, mit dem die Zielposition des
Feldes auf die bereits beschriebene Weise, durch Bewegen des Cursors oder
Zifferneingabe, definiert werden kann. In Abbildung 57 ist die Kommandofolge für
"Feld - Positionsverarbeitung - Kopieren" (F - P - K) dargestellt, wobei in der
letzten Stufe der Cursor noch auf der Ausgangsposition in Zeile 1, Spalte 1 steht.

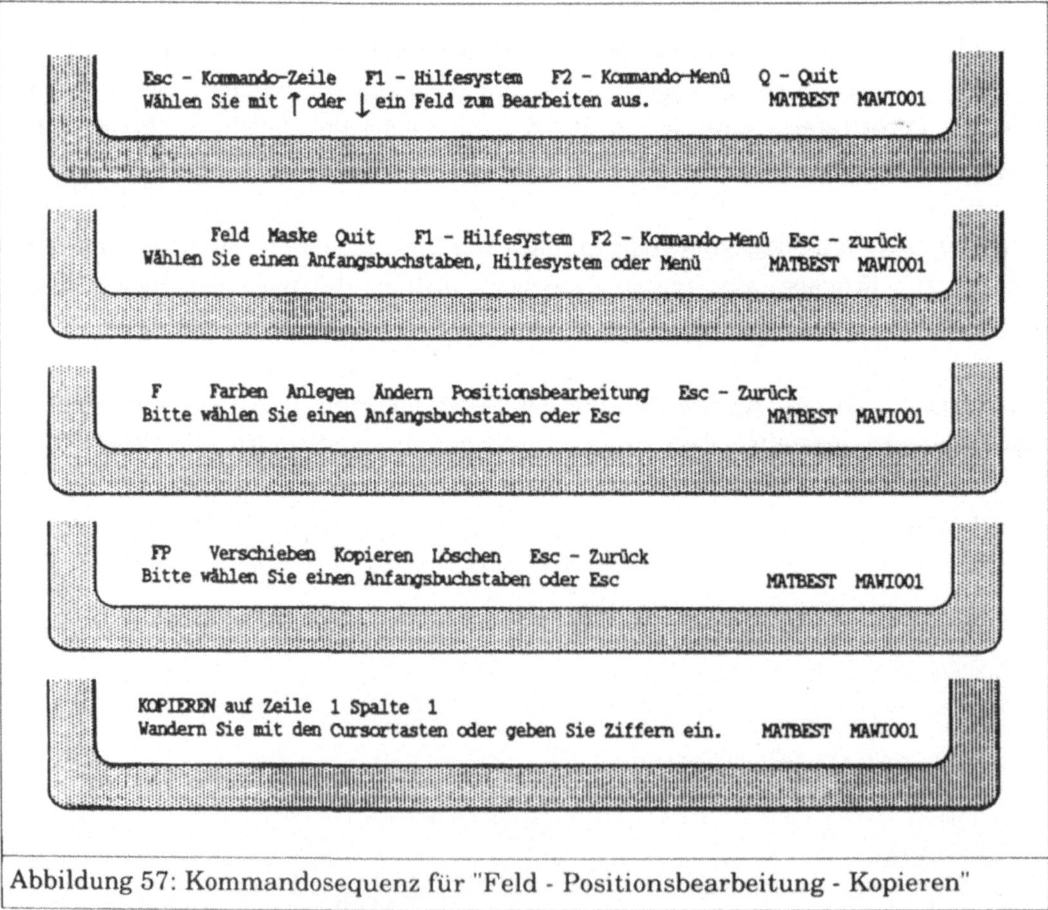

Abbildung 57: Kommandosequenz für "Feld - Positionsbearbeitung - Kopieren"

Die Anwahl der Kommandosequenz "Feld - Positionsbearbeitung - Löschen"
(F - P - L) erfolgt auf dieselbe Weise. Das Löschen bezieht sich dabei auf das im

Bildschirm-Modus selektierte aktuelle Feld. Das Feld blinkt nach Eingabe der Kommandosequenz. In der ersten Zeile des Kommandoblocks des Maskengenerators erschient die Abfrage "Soll das aktuelle Feld gelöscht werden? (J/N) N". Das "N" für "Nein" wird vom Maskengenerator vorgesteuert, um ein unbeabsichtigtes Löschen zu verhindern. Das Löschen kann durch Drücken der Eingabe-Taste oder durch Eingabe eines "N" zu vermeiden bzw. durch Eingabe eines "J" zu bestätigen.

5.2.1.6 Eine Maske laden, speichern, löschen oder neu erfassen

Wählt der Benutzer in der ersten Stufe der Kommando-Hierarchie den Funktionsbereich "Maske" (M) aus, so hat er in der zweiten Stufe dieses Bereiches die in Abbildung 58 aufgeführten Auswahlmöglichkeiten eine Maske zu laden, zu speichern, zu löschen, eine neue Maske auf dem Bildschirm einzugeben oder die Feldreihenfolge für die aktuelle Bildschirmmaske zu bestimmen.

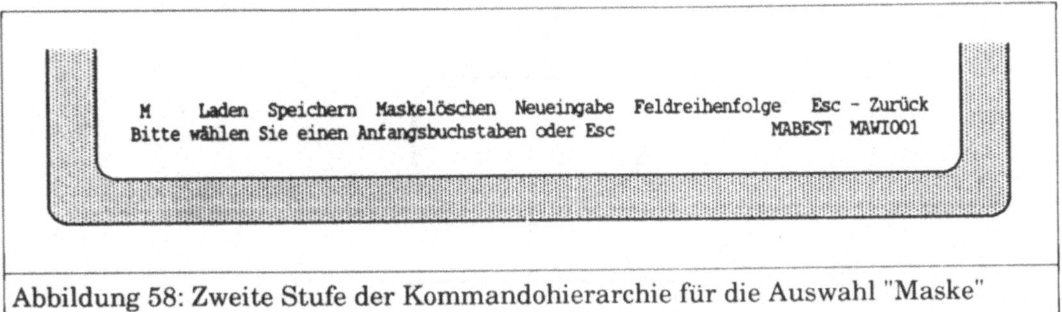

Abbildung 58: Zweite Stufe der Kommandohierarchie für die Auswahl "Maske"

Mit der Funktion "Maske - Laden" (M - L) lädt der Anwender eine bestehende Bildschirmmaske in den Hauptspeicher. Sie wird vom Maskengenerator vollständig auf dem Bildschirm angezeigt. Wenn eine Bildschirmmaske während der Funktion "Laden" aktiv ist und der Benutzer Änderungen in ihr vorgenommen hat, wird vom Maskengenerator nachgefragt, ob die aktuelle Bildschirmmaske vor dem Laden der neuen Maske abgespeichert werden soll. Beantwortet der Anwender die Abfrage mit "J" für "Ja", speichert das System die aktuelle Maske, und lädt anschließend die neue Maskendatei.

Bei Anwahl der Funktion "Maske - Speichern" (M - S) steuert der Maskengenerator, wenn eine vorher geladene Bildschirmmaske geändert wurde, den Namen dieser Maske vor. Der Benutzer kann den Namen jedoch überschreiben und den Maskeninhalt dadurch unter einem anderen Maskennamen abspeichern. Mit Hilfe der Funktion "Maske - Speichern" ist es somit möglich, durch Änderung bestehender

Bildschirmmasken neue Masken zu erzeugen. Wenn der Benutzer den Auswahlpunkt "Feldreihenfolge" (F) nicht vor dem Speichern gewählt hat und neue Felder hinzugefügt oder Felder verschoben wurden, verzweigt der Maskengenerator im Modul Speichern zur Definition der Feldreihenfolge.

Die Anwahl "Maske - Maskelöschen" (M - L) löscht eine Bildschirmmaske aus der Maskendatei. Nach Anwahl der Funktion informiert das System den Benutzer darüber, daß durch dieses Modul eine erzeugte Maske gelöscht wird und er auf die Maskendaten nicht mehr zugreifen kann. Er muß das Löschen mit "J" bestätigen bzw. mit "N" verhindern.

Die Funktion "Maske - Neueingabe" (M - N) löscht den bestehenden Bildschirminhalt. Der Maskengenerator steuert einen leeren Schirm vor, in dem der Benutzer neue Maskendefinitionen erfassen kann. Ist die aktuelle Maske nach Änderungen nicht abgespeichert, verzweigt die Funktion automatisch in "Maske - Speichern" und ggf. in das Modul zur Definition der Feldreihenfolge.

Die mit dem erweiterten Maskengenerator definierte Programmbeschreibung wird in drei Dateien gespeichert, die in Abbildung 59 dargestellt sind.

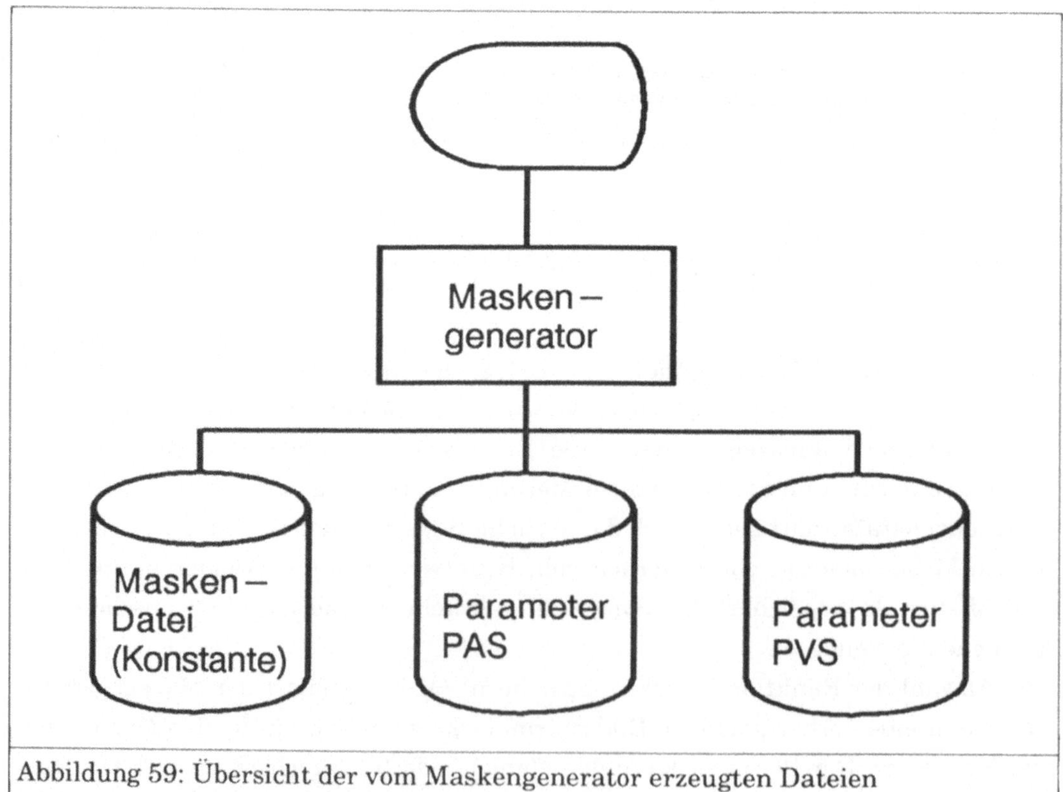

Abbildung 59: Übersicht der vom Maskengenerator erzeugten Dateien

In der Maskendatei werden die konstanten Felder der erzeugten Bildschirmmaske abgespeichert. Die zu einem Feld erfaßten Attribute werden bis auf die Verarbeitungsvorschriften in einer Datei ('Parameter PAS' in Abbildung 59) gehalten. Die Verarbeitungsvorschriften zu einem Feld sind in der Datei 'Parameter PVS' gespeichert. Die Datenstrukturen zur Abspeicherung der Feldbeschreibungs-Parameter enthält der Anhang B.

5.2.1.7 Die Feldreihenfolge eines erfaßten Bildschirms bestimmen

Nach Auswahl der Funktion "Maske - Feldreihenfolge" (M - F) zeigt der Modul Feldreihenfolge dem Benutzer die erfaßten Felder in der Reihenfolge des Programmablaufs auf einem separaten Bildschirm an, wobei beim ersten Aufruf der Funktion "Feldreihenfolge" für jede Maske die Feldfolge angenommen wird, in wel-

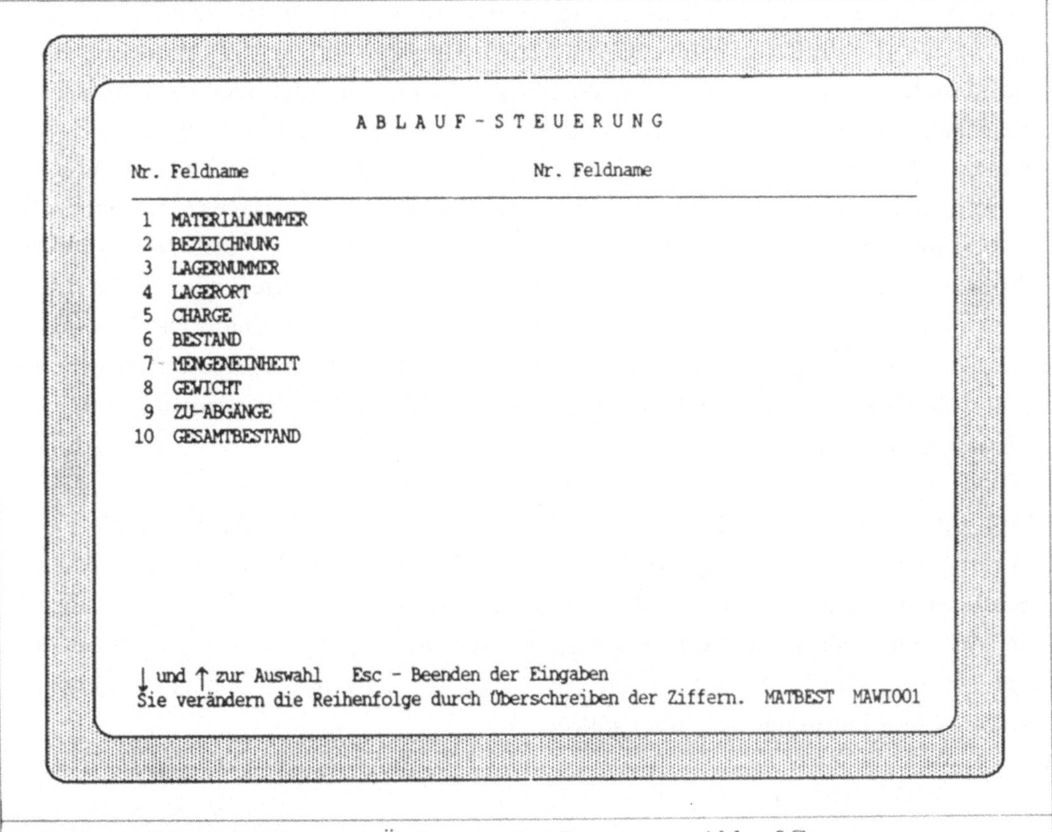

Abbildung 60: Bildschirm zur Änderung der Programm-Ablauf-Steuerung

cher der Anwender die Felder erfaßt hat. Der Benutzer kann durch überschreiben der Reihenfolgeziffern die Programm-Ablaufsteuerung neu definieren.

Ein neu erfaßtes Feld, das in der Reihenfolge des Programmablaufs zunächst am Schluß aufgeführt wird, fügt der Anwender in den Programmablauf ein, indem er die neuen Reihenfolgeziffern für dieses Feld mit Hilfe des Bildschirms der Ablauf-Steuerung eingibt. Bei den Feldern, die Reihenfolgeziffern größer oder gleich der eingegebenen Ziffer haben, werden diese korrigiert und das Feld wird in die gewünschte Position innerhalb der Programm-Ablaufsteuerung eingefügt. Entsprechend werden Felder innerhalb der Ablaufsteuerung nach hinten verschoben.

Abbildung 60 zeigt den Bildschirm zur Änderung der Ablauf-Steuerung eines Programms für das Beispiel einer Lagerbestands-Statistik.

5.2.2 Bearbeiten von Maskenfeldern über den Menüschirm

Aus einer zu ändernden Maske gelangt der Benutzer des Maskengenerators, wie im vorigen Abschnitt erläutert wurde, durch Drücken der ESC-Taste in die Kommandozeile. Betätigt er statt dessen die F2-Taste, wird der aktuelle Bildschirm ausgeblendet und auf dem Schirm erscheint die Darstellung eines Menüs mit allen Funktionen, die auch durch die Kommandozeile zugänglich sind. In der Menüebene kann man wie in der Kommandozeile die Befehle durch Eingabe der Anfangsbuchstaben anwählen, man hat jedoch zusätzlich die Möglichkeit, sich mit Hilfe der Cursortastatur innerhalb des Menüs zu bewegen und bekommt für jeden Befehl die in den höheren Kommandoebenen möglichen Funktionen angezeigt. Die Grundstellung bei Aufruf des Menüs zeigt die möglichen Befehle der Kommandosequenz "Feld - Farben - Vordergrund" (F - F - V) (also die erste Zeile der Anwahl). Sie ist in Abbildung 61 dargestellt.

Wählt der Anwender im Menüschirm für "Feld - Farben - Vordergrund" (F - F - V) in der vierten Auswahlstufe eine andere Farbe, zeigt das Menüfenster für diese Stufe sofort die geänderte Farbkombination. Entsprechendes gilt für die Auswahl der Attributkombinationen. Der Benutzer kann auf diese Weise sofort entscheiden, ob eine gewählte Farbkombination gut lesbar ist, oder ob er sich besser für eine andere Kombination entscheiden sollte.

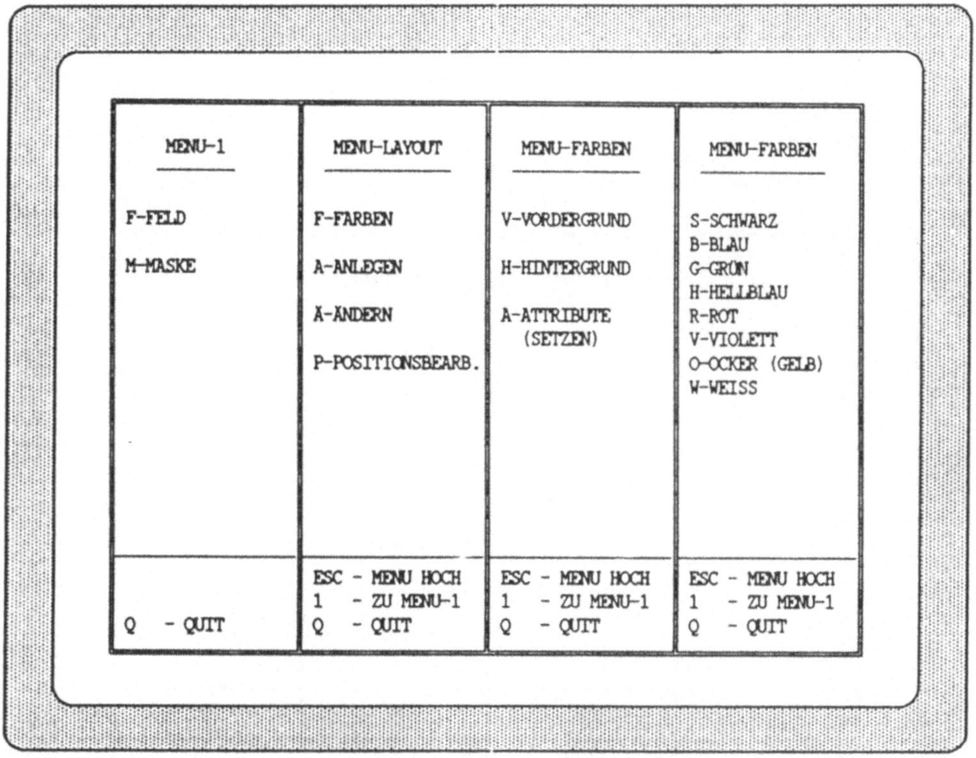

Abbildung 61: Menüschirm für "Feld - Farben - Vordergrund"

Beim Anlegen eines Feldes, geht man in der zweiten Ebene der Menühierarchie mit der Cursortastatur ein Feld nach unten oder gibt ein "A" für Anlegen ein. In der dritten und vierten Stufe der Menühierarchie wechselt daraufhin das Bild und die Auswahlmöglichkeiten für "Feld - Anlegen" (F - A) werden angezeigt (Abbildung 62).

Zum Anlegen eines alphanumerischen Ausgabefeldes in der bearbeiteten Bildschirmmaske gibt der Benutzer in der zweiten Stufe der Menühierarchie entweder ein "A" für Anlegen ein oder wählt den Punkt "A - Anlegen" mit der Cursortastatur und drückt die Eingabe-Taste. In der dritten Stufe wählt er "A" für Ausgabefeld und in der vierten Stufe "A" für Alphanumerisch. Durch Drücken der Eingabe-Taste wird die Anwahl im Menü bestätigt, das Menü wird ausgeblendet und die aktuell bearbeitete Maske erscheint wieder auf dem Bildschirm. In der Kommandozeile fragt der Maskengenerator nach Feldanfang und Feldende, die man, wie in

Abschnitt 5.2.1.4[17] erläutert, durch Zifferneingabe oder Bewegen des Cursors über den Bildschirm festlegt.

MENU-1	MENU-LAYOUT	MENU-ANLEGEN/ÄND	MENU-FELDER
F-FELD	F-FARBEN	E-EINGABEFELD	A-ALPHANUMERISCH
M-MASKE	A-ANLEGEN	A-AUSGABEFELD	N-NUMERISCH
	Ä-ÄNDERN	U-UPDATEFELD	B-BOOL
	P-POSITIONSBEARB.	V-VERARBEITUNGSF.	
		K-KONSTANTE	
	ESC - MENU HOCH	ESC - MENU HOCH	ESC - MENU HOCH
	1 - ZU MENU-1	1 - ZU MENU-1	1 - ZU MENU-1
Q - QUIT	Q - QUIT	Q - QUIT	Q - QUIT

Abbildung 62: Menüschirm für "Feld - Anlegen"

Die anderen Funktionen für die Feldbearbeitung selektiert der Benutzer über das Menü auf dieselbe Weise.

Wechselt er bspw. in der ersten Stufe von der Funktion Feldbearbeitung auf den Bereich Maskenbearbeitung, verändert sich in der zweiten Stufe die Anzeige auf die Funktionen für Maskenbearbeitung, die in Abbildung 63 aufgezeigt werden. Der Benutzer kann sie in der bereits dargestellten Weise anwählen.

---

[17] Vgl. S. 232.

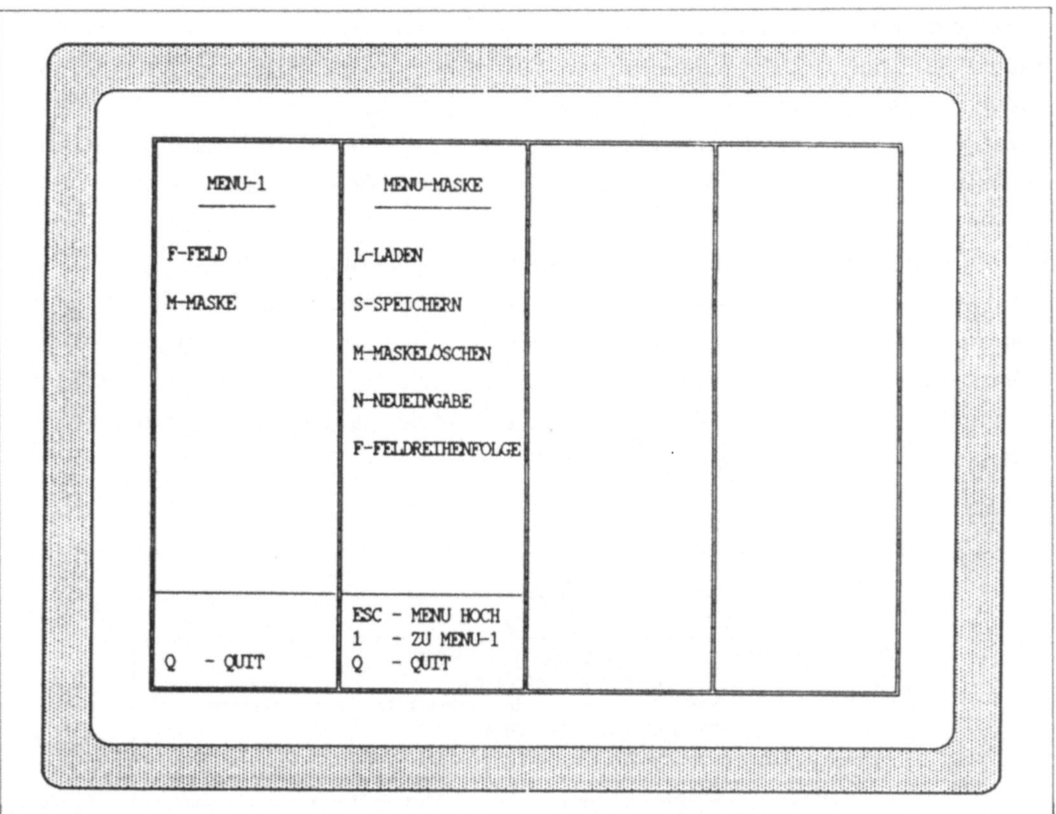

Abbildung 63: Menüschirm für den Bereich "Maskenbearbeitung"

5.2.3 Bearbeiten von Maskenfeldern über das Hilfesystem

Wie bereits in Abschnitt 4.2.2.2[18] ausgeführt, enthält der erweiterte Maskengenerator ein zweistufiges Hilfesystem. Der Benutzer kann die Hilfefunktion von jedem Punkt des Programmes durch die F1-Taste aufrufen.

Nach Aufruf der Benutzerhilfe wird ein Fenster eingeblendet, welches in seinem oberen Teil die wichtigsten Statusinformationen enthält. Außerdem beinhaltet das Hilfe-Fenster Erläuterungen zu der ausgewählten Funktion und zur Bedeutung der in der nächsten Hierarchiestufe zur Verfügung stehenden Befehle. Diese Folgebefehle können mit der Cursortastatur oder über den Anfangsbuchstaben ausgewählt werden.

---

[18] Vgl. S. 168.

Durch ein zweites Drücken der F1-Taste blendet der Maskengenerator ein zweites Fenster ein, das zu dem ausgewählten Befehl eine ausführliche Erläuterung mit einem Beispiel enthält.
Betätigt der Benutzer die Eingabe-Taste, wird der angewählte Befehl ausgeführt, als hätte er ihn in der Kommandozeile oder im Auswahlmenü eingegeben.

Die im Hilfebildschirm ebenfalls angezeigte, aktuell ausgewählte Funktion kann der Anwender über die Cursortastatur ebenfalls ansprechen. Auch zu dieser Funktion kann er mit der F1-Taste zusätzliche Hilfe anfordern (zweite Hilfestufe), jedoch kann er sie nicht durch Betätigen der Eingabe-Taste ausführen lassen, da sie bereits selektiert ist. Als Beispiel zeigt Abbildung 64 die erste und zweite Hilfestufe für den Befehl "Feld - Anlegen".

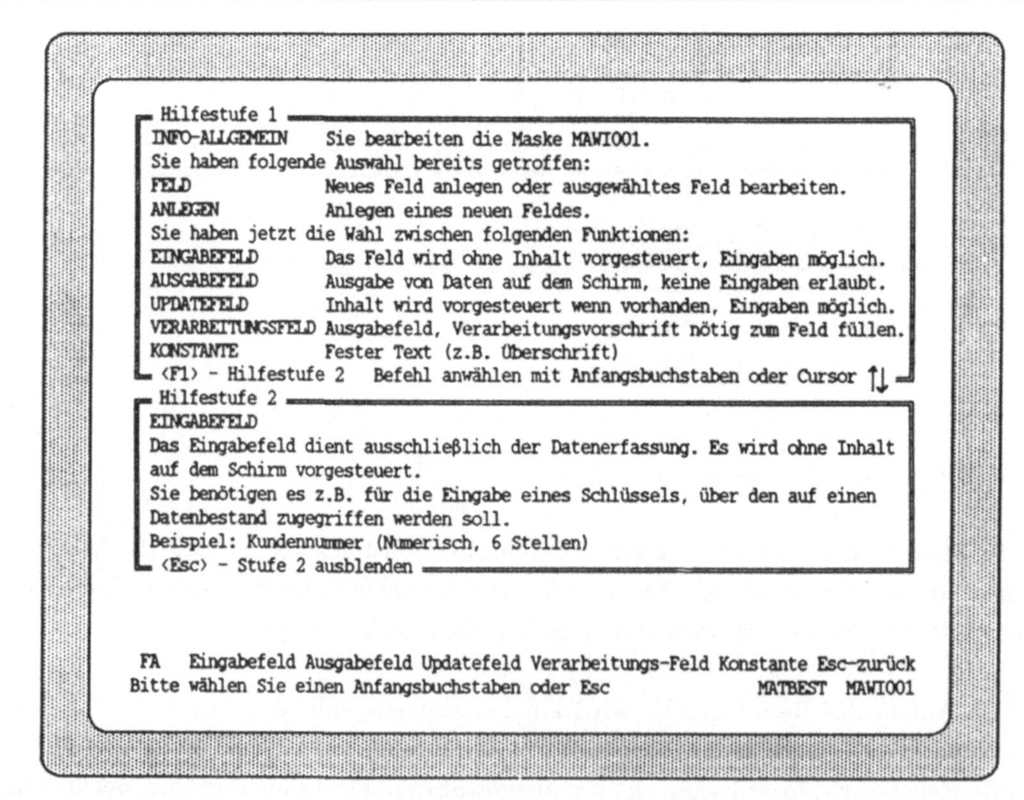

Abbildung 64: Hilfefenster für die Funktion "Feld - Anlegen"

Auch bei eingeblendeter zweiter Hilfestufe kann der Benutzer mit der Cursortastatur oder durch Eingabe des Anfangsbuchstabens den Befehl wechseln. Dabei geht

der Inhalt des eingeblendeten Fensters der zweiten Hilfestufe ebenfalls auf die
Erläuterungen zu dem neuen Befehl über.
Um die ausführlichen Information der zweiten Hilfestufe auszublenden, betätigt
der Anwender die ESC-Taste.

Über den Auswahlpunkt INFO-ALLGEMEIN kann sich der Anwender eine Erläuterung der Eintragungen der Statuszeile, wie System-, Programm- und Maskennamen, anzeigen lassen und erhält zusätzlich allgemeine Informationen über das
Einsatzgebiet des Programms.

<u>5.2.4 Aufbau und Inhalt der Statuszeile</u>

Mit den Interaktionsmöglichkeiten des Anwenders in Kommando-, Menü- und Hilfemodus ist die Mensch-Maschine-Schnittstelle des erweiterten Maskengenerators
in ihren wesentlichen Teilen beschrieben worden. Die Erläuterung der Inhalte der
Statuszeile und der Fehlerbehandlung vervollständigen die Darstellung der
Mensch-Maschine-Schnittstelle.

Zum Erstellen oder Ändern einer Maskenbeschreibung stehen dem Anwender der
erweiterten Maskengenerators zwei Systemzustände zur Verfügung:

- Im ersten Status erscheint ein Cursor im Bereich der editierten Maske. Der
  Benutzer kann mit den Richtungstasten ein Feld zur Änderung auswählen oder
  zum Anlegen eines Feldes direkt in den Befehlsstatus verzweigen.
- Der zweite Status ermöglicht dem Anwender die Bearbeitung einzelner Felder der
  Bildschirmmaske mit Hilfe der drei Arbeitsmodi. Aus dem ersten Status gelangt
  der Benutzer durch Betätigen der Esc-Taste in den Kommando-Modus, durch
  "F2" in den Menü- und mit "F1" in den Hilfe-Modus.

Die im jeweiligen Status erlaubten Tasten werden in der Kommandozeile aufgeführt. Die Statuszeile enthält die Handlungsanweisungen für den Anwender, den
Programm- und Maskennamen.

Beispielhaft zeigt die Abbildung 65 die Kommando- und Statuszeile im Status zur
Feldauswahl. Abbildung 66 stellt die Statuszeile beim Positionieren eines Feldes
auf dem Bildschirm dar. Die Abbildungen zeigen, daß der Anwender aufgrund der
in Kommando- und Statuszeile angezeigten Informationen jederzeit eindeutig
erkennen kann, in welchem Status sich das System befindet.

```
Esc - Kommando-Zeile   F1 - Hilfesystem   F2 - Kommando-Menü   Q - Quit
Wählen Sie mit ↑ oder ↓ ein Feld zum Bearbeiten aus.           MATBEST MAWI001
```

Abbildung 65: Statuszeile zur Feldauswahl

```
FELDANFANG - Zeile 1 Spalte 1    FELDENDE - Spalte      Nachkomma-Stellen
Wandern Sie mit den Cursortasten oder geben Sie Ziffern ein.   MATBEST MAWI001
```

Abbildung 66: Statuszeile beim Positionieren eines Feldes

Die Kommando- und Statuszeile werden im erweiterten Maskengenerator in der
Standardeinstellung gelb auf rotem Hintergrund dargestellt. Diese auffällige
Darstellung dient zum einen der Hervorhebung dieses für die Maskenbearbeitung
wichtigen Bereichs, zum anderen wird der Kommando- und Statusblock auf diese
Art von der bearbeiteten Bildschirmmaske abgehoben. Anhand des Kommandoblocks kann der Anwender erkennen, daß er sich im Maskengenerator befindet und
nicht im generierten Anwendungsprogramm.

5.2.5 Fehlerbehandlung

Die Programmsteuerung durch die Eingabe von Short Mnemonics in Form der Anfangsbuchstaben der Kommandos trägt in hohem Maße zur Fehlervermeidung bei.
Dem Anwender werden hierbei alle in dem jeweiligen Status möglichen Befehle auf
dem Bildschirm angezeigt, so daß die Gefahr der Anwahl eines falschen Kommandos sehr gering ist. Durch den baumstrukturierten Befehlsaufbau ist zudem die
Gefahr der Auswahl einer falschen Aktion durch Vertippen minimiert. Ein Anwender, der bspw. die Funktion "Feld - Ändern - Ausgabefeld - Alphanumerisch" (F - Ä
- A - A) anwählen will, statt des "Ä" jedoch ein "P" eingibt, erzeugt in der dritten

Stufe der Befehlshierarchie einen Fehler, da für den Bereich "Positionsverarbeitung" auf dieser Stufe die Eingabe eines "P" nicht erlaubt ist.

Wird im Rahmen der Kommandoanwahl über die Tastatur ein falscher Buchstabe eingegeben, so ertönt ein akustisches Signal und in der Meldungszeile erscheint der Hinweis auf die fehlerhafte Aktion sowie eine Information über die erlaubten Handlungen (Abbildung 67). Der Anwender muß die Meldung nicht bestätigen, sondern kann mit der Eingabe eines zulässigen Kommandos fortfahren.

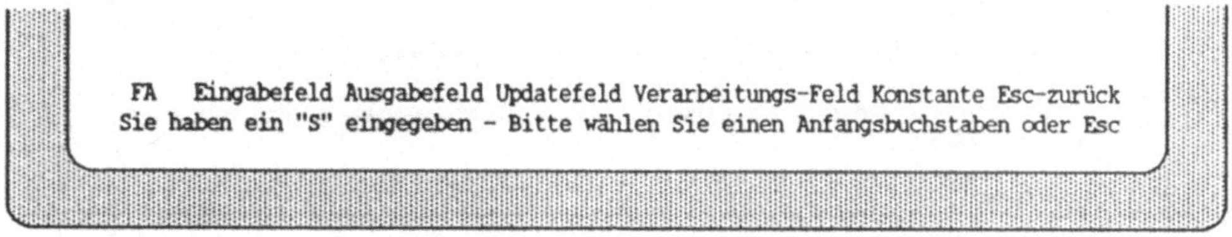

Abbildung 67: Meldung bei Eingabe eines falschen Buchstabens

Bei der Behandlung von Systemzuständen, die vor einem Weiterarbeiten eine Reaktion des Benutzers erfordern, wird ein Fenster mit der Fehlermeldung auf dem Bildschirm eingeblendet. Abbildung 68 zeigt eine Meldung, die bei der Abspeicherung einer Maske mit ungültiger Laufwerksangabe erscheint.

Der Anwender führt die Korrektur durch, indem er das Laufwerk neu spezifiziert, oder er kehrt ohne abzuspeichern mit der Esc-Taste in der Status zur Feldauswahl zurück. Zu allen Fehlermeldungen kann er sich mit Hilfe der F1-Taste zusätzliche Informationen anzeigen lassen.

Die Fehlerbehandlung mittels einer UNDO-Funktion ist im erweiterten Maskengenerator im Status der Befehlseingabe auf zwei Arten implementiert:[19]

- Ein einzelner Kommandoschritt kann durch Betätigen der Esc-Taste rückgängig gemacht werden.
- Innerhalb einer Funktionsanwahl eingegebene Kommandofolgen werden durch Eingabe einer "1" auf die erste Menüstufe zurückgesetzt.[20]

---

[19] Vgl. S. 185 ff.
[20] Das Zurücksetzen auf die erste Menüstufe ist auf jeder Ebene der Funktionshierarchie möglich.

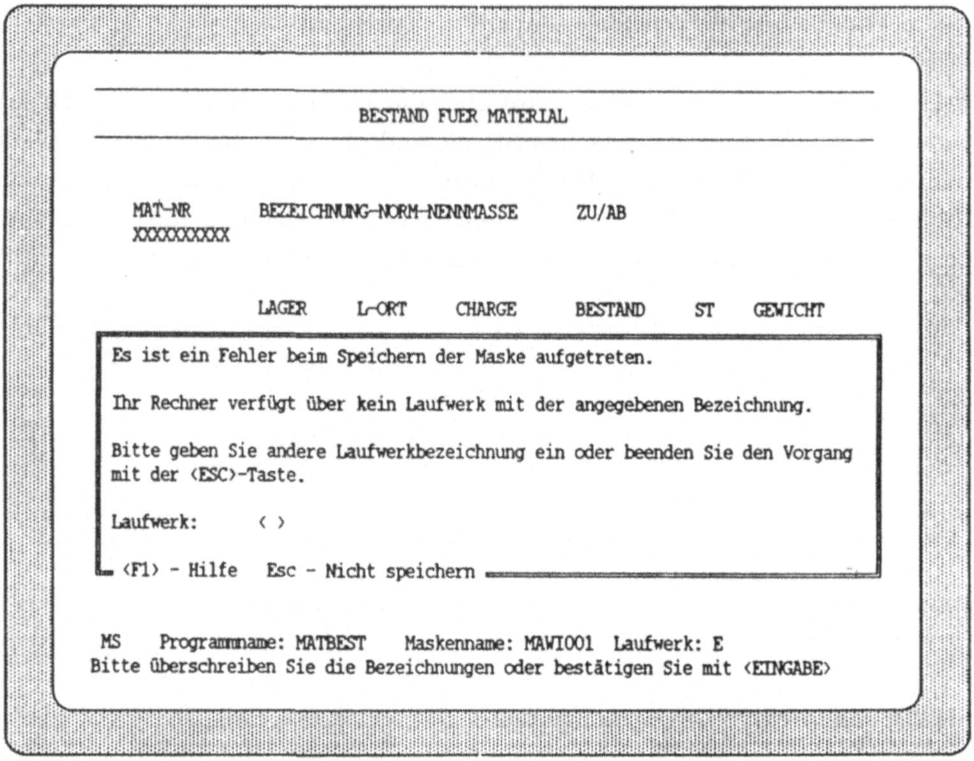

```
                         BESTAND FUER MATERIAL
         ──────────────────────────────────────────────────────

         MAT-NR      BEZEICHNUNG-NORM-NENNMASSE      ZU/AB
         XXXXXXXXXX


                     LAGER    L-ORT    CHARGE    BESTAND    ST   GEWICHT

         Es ist ein Fehler beim Speichern der Maske aufgetreten.

         Ihr Rechner verfügt über kein Laufwerk mit der angegebenen Bezeichnung.

         Bitte geben Sie andere Laufwerkbezeichnung ein oder beenden Sie den Vorgang
         mit der <ESC>-Taste.

         Laufwerk:      < >

         <F1> - Hilfe   Esc - Nicht speichern


         MS    Programmname: MATBEST    Maskenname: MAWI001 Laufwerk: E
         Bitte überschreiben Sie die Bezeichnungen oder bestätigen Sie mit <EINGABE>
```

Abbildung 68: Fehlermeldung beim Abspeichern einer Maske

Eine REDO-Funktion ist im Prototyp des erweiterten Maskengenerators nicht realisiert. Zu ihrer Realisierung sind Module erforderlich, die ein Zurücksetzen der Verarbeitungsstatus sowie das automatische Wiederholen der Befehlssequenzen von einem vom Anwender zu bestimmenden Punkt aus ermöglichen. Dadurch, daß die Programmerstellung mit diesem Werkzeug ein hohes Maß an Flexibilität aufweist und ein beschriebenes Feld jederzeit geändert werden kann, ist eine REDO-Funktion im erweiterten Maskengenerator auch nicht erforderlich.[21]

---

[21] Vgl. S. 187.

5.3 Benutzerbeteiligung beim Generieren der Anwendungsprogramme durch die Erstellung von Prototyen

In dieser Arbeit wurden drei Arten des Prototyping unterschieden:[22]

- Exploratives Prototyping zur Unterstützung der Phase des Systementwurfs.
- Experimentelles Prototyping wird angewendet, um Aussagen über die technische Realisierbarkeit eines Programmsystems zu erhalten.
- Evolutionäres Prototyping baut auf einem ersten Systementwurf auf. In Zusammenarbeit zwischen Systementwickler und Benutzer werden immer vollständigere Prototypen erstellt, deren letzter das Zielsystem darstellt.

Die Phase der Istanalyse wird durch das hier vorgestellte Software-Entwicklungs-System nicht unterstützt.

Dagegen können mit Hilfe des Systems experimentelle Prototypen erstellt werden, die in der Phase Durchführbarkeitsstudie Aussagen über die software-technische Realisierung des Programmsystems bereitstellen.

Im Rahmen des Systementwurfs werden mit Hilfe des Datei-Editors die verwendeten Datenstrukturen erstellt. Der erweiterte Maskengenerator dient in dieser Phase zur Definition der verwendeten Bildschirmmasken durch den Benutzer selbst oder in Zusammenarbeit zwischen Entwickler und Anwender.

Der wesentliche Vorteil der Verwendung des erweiterten Maskengenerators gegenüber herkömmlicher Software-Entwicklung liegt in der hohen Flexibilität der Programmbeschreibungen während der Phase der Systemimplementierung. Hierdurch ist ein exploratives Prototyping möglich, bei dem Software-Entwickler und Benutzer in Zusammenarbeit Prototypen erstellen und weiterentwickeln. Der letzte der erstellten Prototypen geht unverändert in den Systembetrieb ein.

Anwender, die sich Kenntnisse in der Bedienung des erweiterten Maskengenerators erworben haben, können selbständig Programme entwickeln bzw. an veränderte Anforderungen anpassen.

Zum Test der Bildschirmmasken bietet der erweiterte Maskengenerator eine Ablaufumgebung, in welcher der Anwender im Prototyp der Bildschirmmaske Daten erfassen und so beispielsweise die Anpassung an vorhandene Formulare überprüfen kann.

---

[22] Vgl. S. 207 f.

6 Integration des erweiterten Maskengenerators in ein Software-Entwicklungs-System

Der erweiterte Maskengenerator wird über die Funktionen der Programm-Entwicklungs-Schnittstelle in das Software-Entwicklungs-System eingebunden.

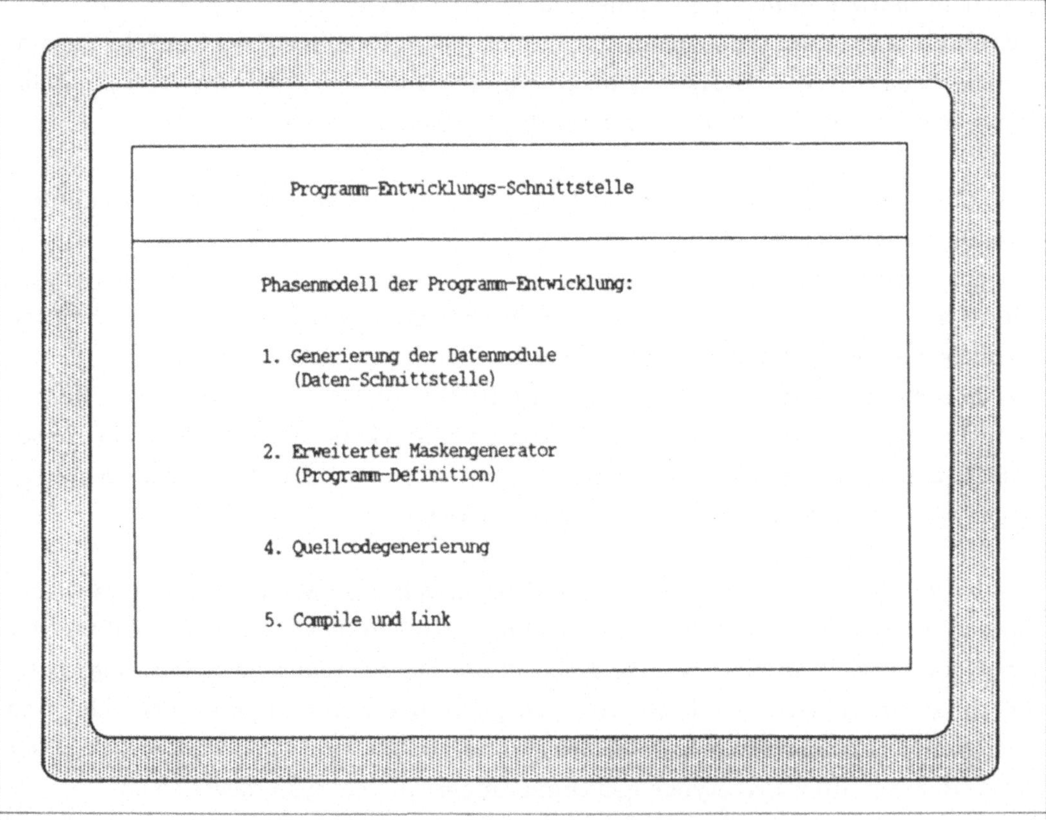

Abbildung 69: Menü der Programm-Entwicklungs-Schnittstelle

Grundlage der Programmentwicklung mit Hilfe des Software-Entwicklungs-Systems ist die Definition und Generierung der Daten-Module für neu definierte Datenbestände mit Hilfe des Datei-Editors (Menüpunkt 1 in Abbildung 69).
Auf diesen Dateibeschreibungen aufbauend definiert der Benutzer oder der Systementwickler mit dem erweiterten Maskengenerator die Anwendungsprogramme. Dabei werden die Programm-Ablaufsteuerungs-Schnittstelle und die Programm-Verarbeitungs-Schnittstelle in Dateien gespeichert.

Diese Schnittstellen-Dateien verwendet der durch Menüpunkt 4 anwählbare Programmgenerator zur Erzeugung compile-fähigen Programm-Codes. Er entwickelt aus den Beschreibungen der Felder des Anwendungsprogramms COBOL-Statements und bindet Module aus der Modulbibliothek sowie selbsterstellte Programmteile in den Code ein.

Schließlich erfolgt durch Anwahl des Punktes 5 das Übersetzen des Quellcodes sowie das Binden zu einem ausführbaren Programm.

Das Software-Entwicklungs-Systems ermöglicht die Erstellung flexibler Anwendungsprogramme. Einem Betrieb können daher Software-Standards zur Verfügung gestellt werden, die mit dem Software-Entwicklungs-System generiert worden sind und die mit Hilfe des erweiterten Maskengenerators leicht auf betriebsspezifische Anforderungen maßgeschneidert werden können. Zusätzlich versetzt diese neue Art der Programmentwicklung die für die Programmpflege zuständigen Mitarbeiter des Betriebs in die Lage, schnell und flexibel auf geänderte Anforderungen an die verwendete Software reagieren zu können.

Durch die benutzerfreundliche Gestaltung der Mensch-Maschine-Schnittstelle des erweiterten Maskengenerators ist es nicht mehr erforderlich, daß für jede Programmerstellung und -änderung ein Programmierer bemüht werden muß. Auch Nichtprogrammierer können mit dem erweiterten Maskengenerator einfache Programme erstellen und nach entsprechender Einarbeitung auch komplexere Problemstellungen lösen bzw. Anpassungen der Software-Standards des Betriebs durchführen.

7 Zusammenfassung und Ausblick

Die Forderung nach der Berücksichtigung interdisziplinärer Forschungsansätze in der Gestaltung einer Mensch-Maschine-Schnittstelle hat sich bisher in den Veröffentlichungen zum Thema Software-Ergonomie kaum niedergeschlagen.[1] Viele Aufsätze und Monographien zu diesem Themenbereich und zu den Anforderungen an eine Mensch-Maschine-Schnittstelle beziehen sich auf die DIN 66234, Teil 8,[2] oder nennen allgemeine Anforderungen an eine benutzerfreundliche Gestaltung von Programmoberflächen, ohne sich auf konkrete Richtlinien zu stützen[3].

In dieser Arbeit werden nun erstmalig die von Balzert anläßlich der Software-Ergonomie Tagung 1987 vorgestellten interdisziplinären Zielformulierungen[4] anhand psychologischer und arbeitswissenschaftlicher Forschung begründet.
Die aufgestellten Kriterien werden zudem mit den Anforderungen nach DIN 66234, Teil 8, verglichen. Als ein Ergebnis dieses Vergleichs ist festzuhalten, daß die dargestellten Kriterien die Forderung der DIN nach Fehlerrobustheit nicht vollständig abbilden; daher ist der Gestaltungsrahmen für die Mensch-Maschine-Schnittstelle um diese Anforderungen ergänzt worden. Andererseits gehen die Ziele aufgrund psychologischer und arbeitswissenschaftlicher Forschungsergebnisse in vielen Punkten über die Anforderungen der DIN hinaus bzw. präzisieren sie.

Weiterhin erfolgt erstmals eine Verknüpfung der bisher von Balzert nur abstrakt formulierten Ziele mit konkreten Anforderungen an die software-technische Ausgestaltung einer Mensch-Maschine-Schnittstelle sowie die Realisierung der Anforderungen in der Mensch-Maschine-Schnittstelle eines erweiterten Maskengenerators. Anhand von Beispielen aus bereits verfügbaren Programmsystemen, in denen eine benutzerfreundliche Programmoberfläche zum Teil realisiert wurde, wird ein Gestaltungsrahmen für die Mensch-Maschine-Schnittstelle erstellt. In der Beschrei-

---

[1] Vgl. FRESE, Michael: Mensch-Computer Interaktion als arbeitspsychologisches Problem, a.a.O., S. 532.

[2] Vgl. u.a. LAUTER, Barbara: Software-Ergonomie in der Praxis ..., a.a.O., S. 13 ff. Vgl. ebenso MIELKE, M.: Korrektive Gestaltung von transaktionsorientierter Standardsoftware. Prinzipien, Probleme, Ergebnisse. In: Software-Ergonomie '85 - Mensch-Computer-Interaktion. Hrsg. von BULLINGER, Hans-Jörg; Stuttgart 1985, S. 211 f.

[3] Vgl. u.a. BISCHOFF, Rainer: Software-Ergonomie. Einführung, Überblick, Akzentuierungen. "HMD - Handbuch der modernen Datenverarbeitung", Heft 126, November 1985, S. 7. Vgl. ebenso IBM Deutschland GmbH: (Hrsg.): Empfehlungen zum Dialog- und Bildschirmdesign, a.a.O., S. 7 ff.

[4] Vgl. BALZERT, Helmut: Gestaltungsziele der Software-Ergonomie ..., a.a.O., S. 479 ff.

bung der Arbeitsweise des erweiterten Maskengenerators bei der Erstellung von Anwendungsprogrammen erfährt die Mensch-Maschine-Schnittstelle eine weitere Konkretisierung.

Die software-technische Realisierung der Mensch-Maschine-Schnittstelle im Prototyp des erweiterten Maskengenerators beweist das Erreichen der Ziele der Arbeit,

- ein portables Software-Entwicklungs-System und portable Software zu erstellen,
- die über eine einheitliche, benutzerfreundliche Mensch-Maschine-Schnittstelle verfügen und
- mit deren Hilfe der Endanwender eine sich durch Flexibilität auszeichnende Standard-Software auf individuelle Anforderungen anpassen kann[5].

Die Konkretisierung und Realisierung der Mensch-Maschine-Schnittstelle des erweiterten Maskengenerators zeigen, daß sich dieser und damit das Software-Entwicklungs-System in ausgezeichneter Weise für eine inkrementelle Systementwicklung im Rahmen des evolutionären Prototypingansatzes eignet.[6]

Der erweiterte Maskengenerator stellt bisher nur einen Prototypen dar, der bis zur kommerziellen Einsatzreife noch einer Weiterentwicklung bedarf. Weiterhin ist durch die Erstellung eines Standards, z.B. für eine Branchenanwendung, zu evaluieren, zu welchem Grad die Erstellung kommerzieller Anwendungssoftware durch seine Funktionalität unterstützt wird bzw. wie viele Funktionen zusätzlich individuell programmiert werden müssen. Eine solche Untersuchung wird ergeben, ob sich eine Erweiterung der Funktionalität des erweiterten Maskengenerators als notwendig erweist.

Der wesentliche Einsatzbereich des Software-Entwicklungs-Systems liegt in der Phase der Systemimplementierung. Dagegen ist sein Einsatz in den frühen Phasen des Software-Entwicklungszylus' auf die Erstellung experimenteller Prototypen und die Definition der verwendeten Datenstrukturen beschränkt. Es bedarf daher zur Ergänzung des vorgestellten Systems eines Werkzeugs zur Unterstützung der Istanalyse, der Durchführbarkeitsstudie und des Systementwurfs. In diesen Berei-

---

[5] Vgl. HEGENBART, Rainer: Entwurf einer zukünftigen SW-Entwicklung. Die Anwender sollen ihre Programme selbst erstellen können. "Computerwoche", Nr. 11 vom 10.3.1989, S. 16 ff.

[6] Eine Untersuchung von Dreiling ergab, daß nach dem heutigen Erkenntnisstand noch keine Software-Entwicklungssysteme realisiert worden sind, die eine Verfolgung des evolutionären Prototypingansatzes bei der Entwicklung von Programmsystemen erlauben.
Vgl. DREILING, Michael: Benutzerbeteiligung bei der Software-Entwicklung, a.a.O., S. 91.

chen sind die Einsatzmöglichkeiten wissensbasierter Systeme zu untersuchen, von denen man wesentliche Entscheidungshilfen in der Systemkonzeption erwarten darf.

An der Abteilung Wirtschaftsinformatik der Universität Göttingen werden Projekte verfolgt, die sowohl die Evaluierung des Software-Entwicklungs-Systems als auch den Einsatz wissensbasierter Systeme in der Systemanalyse beinhalten.

Einheitliche Mensch-Maschine-Schnittstellen von verschiedenen Software-Anbietern werden in nächster Zukunft nicht zu erwarten sein. Diese Einschätzung begründet sich darin, daß Personalcomputer wesentlich mehr Möglichkeiten der Gestaltung benutzerfreundlicher Programme bieten als mittlere oder große DV-Anlagen, bei denen die Datenbe- und -verarbeitung im Vordergrund stehen. Weit gefaßte Richtlinien, wie die DIN 66234 oder das SAA-Konzept der Firma IBM[7] enthalten zwar wichtige Aspekte der Gestaltung einer Mensch-Maschine-Schnittstelle, können jedoch nicht gewährleisten, daß der Benutzer in allen Programmsystemen auf allen DV-Anlagen gleiche Programmoberflächen vorfindet.

Die Erstellung von konkreten Richtlinien für die Gestaltung von Mensch-Maschine-Schnittstellen schränkt zwar die Gruppe der Software-Entwickler in ihrer Kreativität ein, stellt aber für die Anwender eine große Erleichterung dar, da sie bspw. in allen verwendeten Programmen die gleiche Belegung der Funktionstasten vorfinden.[8] Die Aufstellung solcher Richtlinien ist möglich und notwendig, wie die Existenz von Programmierrichtlinien beweist, die sehr viele Software-Anbieter ihren Systementwicklern bereits vorgegeben haben.

---

[7] Vgl. o.V.: IBM System Anwendungs-Architektur. "Input", Nr. 41 vom 28.3.1987, S. 1.

[8] In dem von der Projektgruppe EVADIS der Gesellschaft für Mathematik und Datenverarbeitung, St. Augustin, entwickelten Leitfaden zur Bewertung der software-ergonomischen Qualität von Mensch-Maschine-Schnittstellen werden die DIN-Kriterien operationalisiert. Dadurch stellt dieser Leitfaden einen Schritt in Richtung der Entwicklung anwendungsnaher Normen dar, kann jedoch durch den definierten Rahmen des Projekts diesen Anspruch nicht erfüllen.
Vgl. PAETAU, Michael: Die Gestaltung der Mensch-Maschine-Beziehung. Das EVADIS-Verfahren zur praktischen Überprüfung software-ergonomischer Anforderungen. "Office Management", Nr. 12, 1987, S. 22 ff.
Vgl. ebenso OPPERMANN, Reinhard; MURCHNER, Bernd; PAETAU, Michael; PIEPER, Michael; SIMM, Helmut; STELLMACHER, Imant: Evaluation von Dialogsystemen. Der software-ergonomische Leitfaden EVADIS. Berlin/New York 1988, S. 15 ff.

Anhang A

```
*
* Übergabeparameter für Eingabe Feld                   EIN.LIB
********************

  01  EINGABE-STEUERUNG.
      02 EINGABE-PARAMETER.
         03 F-TASTEN.
            05  FUNKTION     PIC 9        OCCURS 24 TIMES.
*               Für F1 - F24 wird an der entsprechenden Stelle
*               eine 1 gesetzt, sofern diese als Benutzereingabe
*               erlaubt sind.
*               Für Shift F1 - Shift F24 eine 2 usw.

         03 VOR-ALPHA        PIC X(80).
         03 VOR-NUM          PIC S9(12)V9(6).
*            Vorschlagswerte
         03 MINIMUM-MAXIMUM.
            05 MIN           PIC S9(12)V9(6).
            05 MAX           PIC S9(12)V9(6).

*  Die Parameter für Bildschirm löschen, Zeile, Spalte,
*  Feldlänge, Feldtyp, Nachkommastellen und Farben/Attribute
*  setzen werden durch AUS.LIB übertragen

         03 FILLER           PIC XXX.

      02 RETURN-FELDER       REDEFINES EINGABE-PARAMETER.
         03 FILLER           PIC X(24).
         03 ALPHA-ERG        PIC X(80).
         03 NUM-ERG          PIC S9(12)V9(6).
         03 NERG             REDEFINES NUM-ERG.
            05 NSTELLE        PIC X OCCURS 18.
         03 FILLER           PIC X(36).
         03 ERG-TASTE        PIC 999.
*            ASCII-Code der Abschlußtaste (z.B. für Funktionstasten)
*            0 wenn ALPHA-ERG oder NUM-ERG gefüllt sind.
```

```
*
* Übergabeparameter für Ausgabe Feld                AUS.LIB
*******************

 01   AUSGABE-STEUERUNG.
      03 AUS-ALPHA          PIC X(80).
      03 AUS-NUM            PIC S9(12)V9(6).
      03 AUS-STEUERUNG.
         05 AUS-CLS         PIC 9.
*            1 = Bildschirm löschen
         05 AUS-ZEILE       PIC 99.
         05 AUS-SPALTE      PIC 99.
         05 AUS-FELDLANG    PIC 99.
*            bei numerischen Daten Anzahl Stellen ohne Vorzeichen
*            und ohne Dezimalpunkt
         05 AUS-FELDTYP     PIC 9.
*            0 = alpha;
*            1 = numerisch mit Vorzeichen und Nullenunterdrückung
*            2 = numerisch ohne Vorzeichen mit Nullenunterdrück.
*            3 = numerisch mit Vorzeichen ohne Nullenunterdrück.
*            4 = numerisch ohne Vorzeichen und Nullenunterdrück.
         05 AUS-NACHKOMMA PIC 9.

* Parameter für Definition Farben/Attribute/Cursorform
      03 FARBEN.
         05 VORDER            PIC X(20).
*            Bezeichnung der Vordergrundfarbe.
         05 HINTER            PIC X(20).
*            Bezeichnung der Hintergrundfarbe.
         05 ATTRI             PIC X(20).
*            Bezeichnung des Attributes.
         05 CURSOR            PIC X(20).
*            Bezeichnung der Cursorform.




*
* Übergabeparameter für Maskenausgabe               MASKE.LIB
******************

 01   MASKEN-PARAMETER.
      10   MASKEN-PROG        PIC X(8).
      10   MASKEN-NAME        PIC X(8).
      10   RET-CODE-MSK       PIC 9.
```

Datenstrukturen zur Speicherung der Progarmm-Ablaufsteuerungs-Schnittstelle

```
*       Programm-Ablaufsteuerungs-Datei   ABLA-S12.LIB
*
*       Sämtliche vom Programm verwendeten Felder werden hier
*       beschrieben.
*       Pro Eingabe- und Ausgabe-Feld existiert jeweils ein Satz.
*       Für Update-Felder werden jeweils ein Eingabe- und Ausgabesatz
*       gespeichert.
*
  01    ABLA-S12-RC.
        10   KEY0-S12.
             15   BENUTZERNAME-S12             PIC X(8).
             15   PROG-NAME-S12                PIC X(8).
             15   LFD-FELD-NR-S12              PIC 9999.
*            Schlüsselbegriff
        10   FELDSPEZIFISCHE-ANGABEN-S12.
             15   FELDNAME-S12                 PIC X(82).
             15   FELDART-S12                  PIC X.
*            "A" = Anzeigefeld "E" = Einlesefeld "V" = verdecktes Feld
             15   KOORD-S12.
                  20 X-KOORD-S12               PIC 99.
                  20 Y-KOORD-S12               PIC 99.
*            Bildschirmkoordinaten des Feldes
             15   ATTRIBUT-S12                 PIC 99999.
*            Definition Farben und Attribute:
*            1. Stelle Modus
*            0-Standard 1-alles 2-Vorder 3-Hinter 4-Attr.setzen
*            5-Attr.änd. 6-VuH 7-HuA 8-VuA setzen 9-abfragen
*            2.-3. Stelle Vorder- und Hintergrundfarbe
*            0-schwarz 1-blau 2-grün 3-hellblau 4-rot 5-lila 6-gelb
*            7-weiß
*            4.-5. Stelle Attribute (mehrfachbelegung möglich)
*            0-normal 1-blinken 2-reverse 4-unterstrichen 8-intensiv
*            32-unsichtbar
             15   FELDTYP-S12                  PIC X(30).
*                 Feldtyp wird in Cobol-Notation gefüllt z.B. 9(6)V9(3)
             15   KEY-FELD-NR-S12              PIC X.
*                 0 = Primary 1-9 = Sekundary " " = kein Key
             15   TAB-DARSTELLUNG-S12          PIC 9.
*                 0 = keine Tabellendarstellung 1 = Tabellendarstellung
        10   PARAMETER-SYSTEM-S1-S12
                  REDEFINES FELDSPEZIFISCHE-ANGABEN-S12.
             15   MIN-TAB-ZEILE-S1-S12         PIC 99.
*            Anfangszeile bei BS-Tabellen
             15   MAX-TAB-ZEILE-S1-S12         PIC 99.
*            Endezeile bei BS-Tabellen
             15   STELLEN-KEY-VERGL-S1-S12     PIC 99.
*            Länge des zu verwendenden Teilschlüssels für Tabellen
             15   FILLER                       PIC X(118).
        10   FREMDDATEI-FELDER-S12.
             15   DATEI-S12                    PIC X(8).
*                 Dateiname od. "VIRT" für virtuelle Felder
             15   KEY-FREMDDATEI-S12           PIC X(40).
*                 Key mit dem in der Fremddatei gelesen werden soll
```

Datenstrukturen zur Speicherung der Progarmm-Verarbeitungs-Schnittstelle

```
*      Programm-Verarbeitungs-Datei    PROG-S13.LIB
*
 01   PROG-S13-RC.
      10   KEY0-S13.
           15    BENUTZERNAME-S13              PIC X(8).
           15    PROG-NAME-S13                 PIC X(8).
           15    LFD-FELD-NR-S13               PIC 99.
*               laufende Feld-Nr. bezieht sich auf ABLA-S12
           15    LFD-VERARB-VORSCHR-S13        PIC 99.
*               laufende Verarbeitungsvorschrift für dieses Feld
           15    LFD-VERARB-PARA-S13           PIC 99.
*               laufender Verarbeitungsparameter zur Übergabe ans
*               Modul
      10   MODULANGABEN-S13.
           15    MODUL-NAME-S13                PIC X(8).
*               Name des Bearbeitungsmoduls
           15    FORMEL-LITERAL-KZ-S13         PIC 9.
*               Formelkennz. (0 = keine Formel, 1 = Formel 2 = COPY)
           15    ERGEBNIS-NAME-S13             PIC X(30).
*               Ergebnisfeld fuer erfolgreichen Modulaufruf
      10   TEIL-2-S13.
           15   FORMEL-LITERAL-S13             PIC X(80).
*               Formel (in COBOL-Notation) bzw. Copy-Namen
```

Datenstrukturen zur Speicherung der konstanten Felder

```
*      FELDBESCHREIBUNGSDATEI  KONS-S81.LIB
*      Dateibeschreibung für globale Konstanten der Masken
*
*      Sämtliche vom Programm verwendeten Konstanten werden hier
*      beschrieben. Pro Feld existiert ein Satz.
*
 01   KONS-S81-RC.
      10   KEY0-S81.
           15    PROG-NAME-S81                 PIC X(8).
           15    MASKEN-NAME-S81               PIC X(8).
           15    LFD-FELD-NR-S81               PIC 9999.
      10   FELDSPEZIFISCHE-ANGABEN-S81.
           15    KONST-S81.
                 20 ERSTESTELLE-S81            PIC X.
                 20 INHALT-S81                 PIC X(80).
                 20 LETZTESTELLE-S81           PIC X.
*               Inhalt der Konstante
           15    KOORD-S81.
                 20 X-KOORD-S81                PIC 99.
                 20 Y-KOORD-S81                PIC 99.
           15    ATTRIBUT-S81                  PIC 99999.
*               Koordinaten und Farben/Attribute
      10   FELDLANG-S81                        PIC 99.
```

Literaturverzeichnis

ABEL, Elfriede; HARRASS, Eckart; SCHOENEN, Holger J.; SCHWALD, Andreas:
Untersuchung über Maßnahmen zur Verbesserung der Software-Produktion.
Teil 2. Einsatz von Methoden der Software-Produktion in der Bundesrepublik
Deutschland. München/Wien 1980.

ACKERMANN, David: A Pilot Study on the Effects of Individualization in Man-
Computer-Interaction. In: Analysis, Design and Evaluation of Man-Machine
Systems. Proceedings of the 2nd IFAC/IFIP/IFORS/IEA Conference, Varese,
September 1985. Hrsg. von MANCINI, G.; JOHANNSEN, G.; MARTENNSON,
L.; London 1985, S. 293-297.

ACKERMANN, David: Untersuchungen zum individualisierten Computerdialog:
Einfluß des operativen Abbildsystems auf Handlungs- und Gestal-
tungsspielraum und die Arbeitseffizienz. In: Informatik-Fachberichte Nr. 120.
Kognitive Aspekte der Mensch-Computer-Interaktion. Hrsg. von DIRLICH,
Gerhard; FREKSA, Christian; SCHWATLO, Uta; WIMMER, Klaus;
Berlin/Heidelberg/New York 1986, S. 95-110.

ACKERMANN, David; GREUTMANN, Thomas: Interaktionsgrammatik und
kognitiver Aufwand. Eine Pilotstudie am Beispiel des XS-2 Systems. In:
Software-Ergonomie '87. Nützen Informationssysteme dem Benutzer? Hrsg.
von SCHÖNPFLUG, Wolfgang; WITTSTOCK, Marion; Stuttgart 1987,
S. 262-270.

ADELSBERGER, Heimo H.: Konzepte für und Erfahrungen mit DPF, einem
maskenorientierten einheitlichen Bildschirm- und Drucker- Ein-Ausgabe
System. In: Software-Ergonomie '83. Hrsg. von BALZERT, Helmut; Stuttgart
1983, S. 369-379.

ALBERS, Willi ua. (Hrsg.): Handwörterbuch der Wirtschafts-Wissenschaft
(HdWW). Band 2. Stuttgart/Tübingen/Göttingen 1980.

AMELANG, Manfred (Hrsg.): Bericht über den 35. Kongreß der Gesellschaft für
Psychologie in Heidelberg 1986. Band 1, Kurzfassungen. Göttingen/Toronto/
Zürich 1986.

BADRE, Albert N.: Designing Transitionality into the User-Computer Interface. In:
Human-Computer Interaction. Hrsg. von SALVENDY, Gavriel; Amster-
dam/Oxford/New York 1984, S. 27-34.

BALZERT, Helmut: Einführung. In: Software-Ergonomie '83. Hrsg. von BALZERT,
Helmut; Stuttgart 1983, S. 13-19.

BALZERT, Helmut: Die Entwicklung von Software-Systemen - Prinzipien,
Methoden, Sprachen, Werkzeuge. Mannheim/Wien/Zürich 1982.

BALZERT, Helmut: Gestaltungsziele der Software-Ergonomie - Versuch eines
neuen, umfassenden Ansatzes. In: Software-Ergonomie '87. Hrsg. von
SCHÖNPFLUG, Wolfgang; WITTSTOCK, Marion; Stuttgart 1987, S. 477-488.

BALZERT, Helmut: Phasenspezifische Prinzipien des Software Engineering.
"Angewandte Informatik", Nr. 3, 1985, S. 101-110.

BALZERT, Helmut (Hrsg.): Software-Ergonomie '83. Stuttgart 1983.

BALZERT, Helmut: Software-Ergonomie und Software Engineering, Berlin/New
York 1989.

BALZERT, Helmut: Vom singulären Werkzeug zur integrierten Software-
Entwicklungsumgebung. "Angewandte Informatik", Nr. 5, 1987, S. 175-184.

BALZERT, Helmut; HOPPE, Heinz Ulrich; ZIEGLER, Jürgen: Fenstersysteme im Vergleich - Architektur, Leistungsfähigkeit und Eignung für die Anwendungsentwicklung. In: Software-Ergonomie '85. Mensch-Computer-Interaktion. Hrsg. von BULLINGER, Hans-Jörg; Stuttgart 1985, S. 42-52.

BANNON, Liam J.: Issues in Design: Some Notes. In: User Centered System Design - New Perspectives on Human-Computer Interaction. Hrsg. von NORMAN, Donald A.; DRAPER, Stephen W.; Hillsdale, New Jersey 1986, S. 25-29.

BANNON, Liam J.: Helping Users Help Each Other. In: User Centered System Design - New Perspectives on Human-Computer Interaction. Hrsg. von NORMAN, Donald A.; DRAPER, Stephen W.; Hillsdale, New Jersey 1986, S. 399-410.

BANNON, Liam; CYPHER, Allen; GREENSPAN, Steven; MONTY, Melissa L.: Evaluation and Analysis of Users'Activity Organization. In: Human Factors in Computing Systems. Proceedings of the CHI '83 Conference Held Boston, Mass., U.S.A., 12-15 December 1983. Hrsg. von JANDA, Ann; Amsterdam/ New York/Oxford 1984, S. 54-57.

BAUER, Joachim: Konzepte und Prototypen interaktiver Hilfesysteme. Dissertation an der Fakultät Mathematik und Informatik der Universität Stuttgart. Stuttgart 1988.

BAUER, Joachim; HERBERG, Harald von der; SCHWAB, Thomas: Hilfesysteme. In: Software-Ergonomie. Hrsg. von FÄHNRICH, Klaus-Peter; München/Wien 1987, S. 118-128.

BAUER, Joachim; HERCZEG, Michael: Software-Ergonomie durch wissensbasierte Systeme. In: Software-Ergonomie '85. Mensch-Computer-Interaktion. Hrsg. von BULLINGER, Hans-Jörg; Stuttgart 1985, S. 108-118.

BAUER, Joachim; SCHWAB, Thomas: Propositions on Help-Systems. "Angewandte Informatik", Nr. 1, 1987, S. 23-29.

BAUER, Michael: Einsatzspektrum von Endbenutzersystemen. "ÖVD/Online", Nr. 6, 1987, S. 36-38.

BECHLARS, Jörg; BUHTZ, Rainer: GKS in der Praxis. Berlin/Heidelberg 1986.

BENDA, Heike von: Aspekte der Dialoggestaltung für Bildschirmarbeitsplätze in der Verwaltung. In: Software-Ergonomie '85. Mensch-Computer-Interaktion. Hrsg. von BULLINGER, Hans-Jörg; Stuttgart 1985, S. 198-205.

BENDER, Helmut: Die Lösung des Akzeptanzproblems. In: Effizientes Software Management, Proceedings zum Software Forum '83. Hrsg. von CW-CSE; München 1983, S. 415-476.

BENZ, Claus; HAUBNER, Peter: Codierungswirksamkeit bei Informationsdarstellungen in Bildschirmmasken. In: Software-Ergonomie '83. Hrsg. von BALZERT, Helmut; Stuttgart 1983, S. 124-134.

BENZ, Claus; HAUBNER, Peter: Gestaltung von Bildschirmmasken. "Office Management", Sonderheft 1983, S. 36-39.

BIETHAHN, Jörg: Bewältigung der Qualitätsansprüche im Bereich der EDV. In: Der Betrieb im Qualitätswettbewerb. Hrsg. von BIETHAHN, Jörg; STAUDT, Erich; Berlin 1982, S. 101-114.

BIETHAHN, Jörg: Datenverarbeitung. II: Programmierung und Programmiersprachen. In: Handwörterbuch der Wirtschafts-Wissenschaft (HdWW). Band 2. Hrsg. von ALBERS, Willi u.a.; Stuttgart/Tübingen/Göttingen 1980, S. 102-113.

BIETHAHN, Jörg: Datenverarbeitung für kleine und mittlere Unternehmen. Vortrag, Göttingen 1985. (Unveröffentlichtes Manuskript).

BIETHAHN, Jörg: Einführung in die EDV für Wirtschaftswissenschaftler. 6. Aufl., München/Wien 1989.

BIETHAHN, Jörg: Entwicklung der Datenverarbeitung - Perspektiven der Datenverarbeitung. In: Datenverarbeitung in praktischer Bewährung. Hrsg. von BIETHAHN, Jörg; STAUDT, Erich; München/Wien 1984, S. 1-17.

BIETHAHN, Jörg: Gestaltung einer Innovationsverarbeitung als Basis für eine systematische Innovationspolitik. In: Technischer Fortschritt, Beschäftigung und wirtschaftliches Gleichgewicht. Hrsg. von GABISCH, Günter; Berlin 1988, S. 318-357.

BIETHAHN, Jörg: Die Verwendbarkeit von Datenbanken für kleine und mittlere Unternehmen; Vortrag im Rahmen der Göttinger Universitätswoche 1987.

BIETHAHN, Jörg; ROSENTHAL, Wolfgang: Der Maskengenerator als Bestandteil eines modular aufgebauten Software-Entwicklungssystems. Forschungsbericht der Abteilung Wirtschaftsinformatik der Georg-August-Universität Göttingen. Hrsg. von BIETHAHN, Jörg; Göttingen 1987.

BIETHAHN, Jörg; RUF, Walter: Grundlagen eines Softwareentwicklungssystems für Klein- und Mittelbetriebe auf der Basis des Schnittstellen-Managements. Forschungsbericht der Abteilung Wirtschaftsinformatik der Georg-August-Universität Göttingen. Hrsg. von BIETHAHN, Jörg; Göttingen 1986.

BIETHAHN, Jörg; STAUDT, Erich (Hrsg.): Der Betrieb im Qualitätswettbewerb. Berlin 1982.

BIETHAHN, Jörg; STAUDT, Erich (Hrsg.): Datenverarbeitung in praktischer Bewährung. München/Wien 1984.

BIRKLE, Christian: Möglichkeiten der Benutzerführung im Anwendungsprogramm unter besonderer Berücksichtigung kleiner und mittlerer Unternehmen. Diplomarbeit an der Abteilung Wirtschaftsinformatik der Universität Göttingen, Göttingen 1986.

BISCHOFF, Rainer: Software-Ergonomie. Einführung, Überblick, Akzentuierungen. "HMD - Handbuch der modernen Datenverarbeitung", Heft 126, November 1985, S. 3-20.

BJÖRN-ANDERSEN, Nils; RASMUSSEN, Leif Bloch: Sociological Implications of Computersystems. In: Human Interaction with Computers. Hrsg. von SMITH, Hugh T.; GREEN, Thomas R.G.; London/New York/Toronto 1980, S. 97-123.

BLASER, Albrecht; ZOEPPRITZ, Magdalena (Hrsg.): Enduser Systems and Their Human Factors. Proceedings of the Sientific Symposium Conducted on the Occasion of the 15th Anniversary of the Science Center Heidelberg of IBM Germany. Heidelberg, March 18, 1983. Berlin/Heidelberg/New York 1983.

BÖSSER, Tom: Learning in Man-Computer Interaction - A Review of the Literature. Research Reports ESPRIT, Projekt 385, HUFIT, Vol. 1, Berlin 1987.

BÖSSER, Tom: Lernanforderungen als Gestaltungsgrundlage für die Mensch-Maschine Schnittstelle von Rechnern. In: Informatik-Fachberichte Nr. 120. Kognitive Aspekte der Mensch-Computer-Interaktion. Hrsg. von DIRLICH, Gerhard; FREKSA, Christian; SCHWATLO, Uta; WIMMER, Klaus; Berlin/ Heidelberg 1986, S. 69-84.

BONITZ, D.; NACHREINER. F.; BENZ, C.; WÄGER, M.: Zur Analyse und Bewertung rechnerunterstützter Tätigkeiten im Bürobereich. Methoden der Arbeitsanalyse und Konsequenzen für die Arbeitsgestaltung. In: Software-Ergonomie '87. Nützen Informationssysteme dem Benutzer? Hrsg. von SCHÖNPFLUG, Wolfgang; WITTSTOCK, Marion; Stuttgart 1987, S. 297-306.

BORENSTEIN, Nathaniel S.: The Evaluation of Text Editors: A Critical Review of the Roberts and Moran Methodology Based on New Experiments. In: Human Factors in Computing Systems - II. Proceedings of the CHI '85 Conference held San Francisco, CA, U.S.A., 14-18 April 1985. Hrsg. von BORMAN, Lorraine; CURTIS, Bill; Amsterdam/New York/Oxford 1985, S. 99-106.

BORMAN, Lorraine; CURTIS, Bill (Hrsg.): Human Factors in Computing Systems - II. Proceedings of the CHI '85 Conference held San Francisco, CA, U.S.A., 14-18 April 1985. Amsterdam/New York/Oxford 1985.

BOUCSEIN, Wolfram; GREIF, Siegfried; WITTEKAMP, Johanna: System-responsezeiten als Belastungsfaktor bei Bildschirm-Dialogtätigkeiten. Wuppertaler Psychologische Berichte, Nr. 1, Wuppertal 1984.

BRANSCOMB, Lewis L.; THOMAS, John C.:Ease of Use: A System Design Challenge. "IBM Systems Journal", Nr. 3, 1984, S. 224-235.

BRIEFS, Ulrich: Arbeiten ohne Sinn und Perspektive? Gewerkschaften und neue Technologien. Köln 1980.

BRODBECK, Felix; KUBOWITSCH, Karl; PFEIFFER, Till; PETERS, Helmut; MANNHAUPT, Hans-Rainer; HELMREICH, Reinhard: Software-Ergonomie - Schnittstelle Mensch-Computer: Software macht Technik für den Menschen nutzbar. "CHIP", Nr. 2, 1988, S. 36-39.

BROWN, Michael J.: The Complete Information-Management System. "BYTE", Nr. 12, 1983, S. 199-207.

BROWN, P. J.: Error Messages: The Neglected Area of the Man/Machine Interface? "Communications of the ACM", Nr. 4, 1983, S. 246-249.

BUDDE, Reinhard; KUHLENKAMP, Karin; MATHIASSEN, Lars; ZÜLLIG-HOVEN, Heinz (Hrsg.): Approaches to Prototyping. Berlin/Heidelberg/New York 1984.

BUDDE, Reinhard; KUHLENKAMP, Karin; ZÜLLIGHOVEN, Heinz: Proto-typenbau bei der Systemkonstruktion - Konzepte der Systementwicklung. "Angewandte Informatik", Nr. 5, 1986, S. 198-204.

BUDDE, Reinhard; SCHNUPP, Peter; SCHWALD, Andreas: Untersuchung über Maßnahmen zur Verbesserung der Software-Produktion, Teil 1, Theoretische Ansätze auf dem Gebiet der Software-Technologie. Berichte der Gesellschaft für Mathematik und Datenverarbeitung Nr. 130, München/Wien 1980.

BULLINGER, Hans-Jörg (Hrsg.): Software-Ergonomie '85. Mensch-Computer-Interaktion. Stuttgart 1985.

BULLINGER, Hans-Jörg; FÄHNRICH, Klaus-Peter; ZIEGLER, Jürgen: Software-Ergonomics: History, State-of-the-Art and Important trends. In: Cognitive Engineering in the Design of Human-Computer Interaction and Expert Systems. Proceedings of the Second International Conference on Human-Computer Interaction, Honolulu, Hawaii, August 10-14, 1987, Volume II. Hrsg. von SALVENDY, Gavriel; Amsterdam/Oxford/New York 1987, S. 307-316.

BULLINGER, Hans-Jörg; FÄHNRICH, Klaus-Peter; ZIEGLER, Jürgen: Software-Ergonomie: Stand und Entwicklungstendenzen. In: Software-Ergonomie '87. Hrsg. von SCHÖNPFLUG, Wolfgang; WITTSTOCK, Marion; Stuttgart 1987, S. 17-30.

BURNS, A.; ROBINSON, J.: ADDS - A Dialogue Development System for the ADA Programming Language. "International Journal on Man-Machine Studies", Nr. 24, 1986, S. 153-170.

BUSSE VON COLBE, Walther: Die Planung der Betriebsgröße, Wiesbaden 1964.

BUTLER, Thomas W.: Computer Response Time and User Performance. In:
Human Factors in Computing Systems. Proceedings of the CHI '83 Conference
Held Boston, Mass., U.S.A., 12-15 December 1983. Hrsg. von JANDA, Ann;
Amsterdam/New York/Oxford 1984, S. 58-62.

CAKIR, Ahmet: Kausalbeziehungen zwischen Software-Ergonomie und Benutzerakzeptanz. In: Compas '85. Standard-Software. Berlin 1985, S. 321-345.

CARD, Stuart K.; MORAN, Thomas P.; NEWELL, Allen: The Psychology of
Human-Computer Interaction. Hillsdale, New Jersey 1983.

CLANTON, Chuck: The Future of Metaphor in Man-Computer Systems. "BYTE",
Nr. 12, 1983, S. 263-280.

CLARKE, A. A.: A Three-Level Human-Computer Interface Model. "International
Journal on Man-Machine Studies", Nr. 24, 1986, S. 503-517.

CORDROCH, Clarissa: Wissen ist Macht. "ÖVD/Online", Heft 4, 1987, S. 54-55.

CW-CSE (Hrsg.): Effizientes Software Management, Proceedings zum Software
Forum '83. München 1983.

DAHMEN, Horst: Tu', was ich meine, nicht, was ich sage. "ÖVD/Online", Nr. 6,
1983, S. 28-30.

DAHMEN, Horst: Programmieren: Den Dialekt bestimmt die 3. Generation.
"ÖVD/Online", Nr. 4, 1984, S. 50-53.

DANZER-KAHAN, U.; SCHWATLO, U.; DIRLICH, G.: Die Gestaltung der Mensch-
Computer-Interaktion - Einführung in ein interdisziplinäres Forschungsgebiet.
In: Kognitive Aspekte der Mensch-Computer-Interaktion. Hrsg. von DIRLICH,
G.; FREKSA, C.; SCHWATLO, U.; WIMMER, K.; Berlin/Heidelberg 1986,
S. 1-11.

DAVID, H.: Prescription, Description and Evolution: Design of User-Computer
Interfaces for Changing Systems. In: Contemporary Ergonomics 1987. Hrsg.
von MEGAW, E.D.; London/New York/Philadelphia 1987, S. 227-232.

DAVIDOFF, Jules: The Role of Colour in Visual Displays. In: International
Reviews of Ergonomics. Current Trends in Human Factors Research and
Practice. Hrsg. von OSBORNE, David J.; London/New York/Philadelphia 1987,
S. 21-42.

DEAN, Martin: How Computers Should Talk to People. "IBM Systems Journal",
1982, S. 424-453.

DEHNING, Waltraud; ESSIG, Heidrun; MAASS, Susanne: Zur Anpassung virtueller Mensch-Rechner-Schnittstellen an Benutzererfordernisse im Dialog -
Dargestellt am Beispiel von Datenbanksystemen. Bericht Nr. 50 des Fachbereichs Informatik der Universität Hamburg. Hamburg, Juli 1978.

DEUTSCHES INSTITUT FÜR NORMUNG e.V., DIN 66028. COBOL 85. Berlin
1986.

DEUTSCHES INSTITUT FÜR NORMUNG e.V.: DIN 66234, Teil 3. Bildschirmarbeitsplätze - Gruppierung und Formatierung von Daten. Berlin 1981.

DEUTSCHES INSTITUT FÜR NORMUNG e.V.: DIN 66234, Teil 5. Bildschirmarbeitsplätze - Codierung von Information. Berlin 1981.

DEUTSCHES INSTITUT FÜR NORMUNG e.V.: DIN 66234, Teil 8. Bildschirmarbeitsplätze - Grundsätze der Dialoggestaltung. Berlin 1984.

DEUTSCHES INSTITUT FÜR NORMUNG e.V.: Entwurf DIN 66252. Grafisches
Kernsystem (GKS) - Funktionale Beschreibung. Berlin 1983.

DEUTSCHES INSTITUT FÜR NORMUNG e.V.: Entwurf DIN 66290, Teil 1. Gestaltung von maskenorientierten Dialogsystemen - Gestaltung von Masken. Berlin 1986.

DIEBOLD-STATISTIK der installierten elektronischen Informationssysteme in der Bundesrepublik Deutschland nach dem Stand vom 1.1.1988. In: Diebold Management Report. Nr. 3, 1988, S. 10-25.

DIRLICH, Gerhard; FREKSA, Christian; SCHWATLO, Uta; WIMMER, Klaus (Hrsg.): Kognitive Aspekte der Mensch-Computer-Interaktion. Informatik-Fachberichte Nr. 120. Berlin/Heidelberg 1986.

DÖBELE-BERGER, Claudia; MARTIN, Hans; MARTIN, Peter: Inhaltliche und graphische Gestaltung beim Maskenaufbau. Checklisten für Bildschirm-masken. "ÖVD/ONLINE", Nr. 10, 1985, S. 66-72.

DRAPER, Stephen W.; NORMAN, Donald A.: Introduction. In: User Centered System Design - New Perspectives on Human-Computer Interaction. Hrsg. von NORMAN, Donald A.; DRAPER, Stephen W.; Hillsdale, New Jersey 1986, S. 1-5.

DREILING, Michael: Benutzerbeteiligung bei der Software-Entwicklung. Diplomarbeit an der Abteilung Wirtschaftsinformatik der Universität Göttingen, Göttingen 1989.

DUNN, Greg: Mainframe to Micro: Adapting a Financial-Modeling Language. "BYTE", Nr. 12, 1983, S. 400-414.

DZIDA, Wolfgang: Der 'Arbeitskontext' als Komponente der Benutzerschnittstelle. In: Software-Ergonomie '87. Nützen Informationssysteme dem Benutzer? Hrsg. von SCHÖNPFLUG, Wolfgang; WITTSTOCK, Marion; Stuttgart 1987, S. 87-97.

DZIDA, Wolfgang: Ergonomische Normen für die Dialoggestaltung - Wem nützen die Gestaltungsgrundsätze im Entwurf DIN 66234, Teil 8? In: Software-Ergonomie '85 - Mensch-Computer-Interaktion. Hrsg. von BULLINGER, Hans-Jörg; Stuttgart 1985, S. 430-444.

DZIDA, Wolfgang: Dialogfähige Werkzeuge und arbeitsgerechte Dialogformen. In: Informatik und Psychologie. Hrsg. von SCHAUER, Helmut; TAUBER, Michael J.; Wien/München 1982, S. 54-86.

DZIDA, Wolfgang; HOFFMANN, Claus; VALDER, Wilhelm: Wissensbasierte Dialogunterstützung. In: Psychologie der Computerbenutzung. Hrsg. von SCHAUER, Helmut; TAUBER, Michael J.; Wien/München 1984, S. 164-210.

EBERLEH, Edmund; KORFFMACHER, Wilfrid; STREITZ, Norbert A.: Denken oder Handeln: Zur Wirkung von Dialogkomplexität und Handlungsspielraum auf die mentale Belastung. In: Software-Ergonomie '87. Nützen Informationssysteme dem Benutzer? Hrsg. von SCHÖNPFLUG, Wolfgang; WITTSTOCK, Marion; Stuttgart 1987, S. 317-326.

EDV STUDIO PLOENZKE: Tool-Studie - Eine detaillierte Untersuchung für die rechnergestützte Software-Entwicklung, Band 1. Hamburg etc. 1984.

ENCARNACAO, Jose: Interfaces and Data Tranfer Formats in Computer Graphics Systems. In: Product Data Interfaces in CAD/CAM Applications. Hrsg. von ENCARNACAO, Jose; SCHUSTER, Richard; VÖGE, Ernst; Berlin/Heidelberg/New York 1986, S. 13-33.

ENCARNACAO, Jose L.; ENCARNACAO, L. Miguel; HERZNER, Wolfgang R.: Grafische Datenverarbeitung mit GKS - Normung, Programmierung und Weiterentwicklung. München/Wien 1987.

ENCARNACAO, Jose; SCHUSTER, Richard; VÖGE, Ernst (Hrsg.): Product Data Interfaces in CAD/CAM Applications. Berlin/Heidelberg/New York 1986.

ENDERLE, Günter: Graphical Standards. In: Product Data Interfaces in
CAD/CAM Applications. Hrsg. von ENCARNACAO, Jose; SCHUSTER,
Richard; VÖGE, Ernst; Berlin/Heidelberg/New York 1986, S. 74-82.

ENDERLE, Günter; KANSY, Klaus; PFAFF, Günter: Computer Graphics
Programming: GKS - the Graphics Standard. Berlin/Heidelberg 1984.

ENDRES, Albert: Software-Wiederverwendung: Ziele, Wege und Erfahrungen.
"Informatik-Spektrum", Nr. 2, 11. Jg., 1988, S. 85-95.

ENGELMANN, Uwe; MEINZER, Hans-Peter: Bessere Mensch/Maschine-
Schnittstellen durch Beachtung von Benutzerfehlern. "Angewandte
Informatik", Nr. 5, 1985, S. 191-196.

ESSIG, Heidrun: Benutzerfreundlichkeit/Benutzerakzeptanz: Zur Situation eines
interdisziplinären Forschungsgebietes. Hamburg 1979.

FABIAN, Franz; RATHKE, Christian: Menüs: Einsatzmöglichkeiten eines
Fenstersystems zur Unterstützung der Mensch-Maschine-Kommunikation.
"Office Management", Sonderheft, 1983, S. 42-44.

FABRO, Alberto del: Reine Installationszahlen machen noch keinen Standard.
"Computerwoche", Nr. 6 vom 5.2.1988, S. 32

FÄHNRICH, Klaus-Peter (Hrsg.): Software-Ergonomie. München/Wien 1987.

FÄHNRICH, Klaus-Peter; KÄRCHER, Michael: Software Architekturen für
Mensch-Computer-Schnittstellen - dargestellt am Beispiel eines multilingualen
Textsystems. In: Software-Ergonomie '85 - Mensch-Computer-Interaktion.
Hrsg. von BULLINGER, Hans-Jörg; Stuttgart 1985, S. 445-454.

FÄHNRICH, Klaus-Peter; RAETHER, Christian: Programmierschnittstellen an
computergestützten Werkzeugmaschinen. In: Software-Ergonomie. Hrsg. von
FÄHNRICH, Klaus-Peter; München/Wien 1987, S. 144-158.

FÄHNRICH, Klaus-Peter; ZIEGLER, Jürgen: HUFIT - Human Factors in Information Technology. In: Software-Ergonomie '87. Hrsg. von SCHÖNPFLUG,
Wolfgang; WITTSTOCK, Marion; Stuttgart 1987, S. 219-227.

FÄHNRICH, Klaus-Peter; ZIEGLER, Jürgen: Direkte Manipulation als Inter-
aktionsform an Arbeitsplatzrechnern. In: Software-Ergonomie '85 - Mensch-
Computer-Interaktion. Hrsg. von BULLINGER, Hans-Jörg; Stuttgart 1985,
S. 75-85.

FÄHNRICH, Klaus-Peter; ZIEGLER, Jürgen: Mensch-Computer-Interaktion - Die
Software-Ergonomie hat sich weltweit etabliert. In: Jahrbuch der Bürokommunikation. Baden-Baden 1985, S. 82-86.

FÄHNRICH, Klaus-Peter; ZIEGLER, Jürgen: Software-Ergonomie: Stand und
Entwicklung. In: Software-Ergonomie. Hrsg. von FÄHNRICH, Klaus-Peter;
München/Wien 1987, S. 9-28.

FISCHER, Gerhard: Entwurfsrichtlinien für die Software-Ergonomie aus der Sicht
der Mensch-Maschine Kommunikation (MMK). In: Software-Ergonomie '83.
Hrsg. von BALZERT, Helmut; Stuttgart 1983, S. 30-48.

FISCHER, Gerhard; GUNZENHÄUSER, Rul (Hrsg.): Methoden und Werkzeuge
zur Gestaltung benutzergerechter Computersysteme. Berlin/New York 1986.

FISCHER, Gerhard; LEMKE, Andreas; SCHWAB, Thomas: Knowledge-Based Help
Systems. In: Human Factors in Computing Systems - II. Proceedings of the CHI
'85 Conference held San Francisco, CA, U.S.A., 14-18 April 1985. Hrsg. von
BORMAN, Lorraine; CURTIS, Bill; Amsterdam/New York/Oxford 1985,
S. 161-167.

FLOYD, Christiane: A Systematic Look at Prototyping. In: Approaches to Prototyping. Hrsg. von BUDDE, Reinhard; KÜHLENKAMP, Karin; MATHIASSEN, Lars; ZÜLLIGHOVEN, Heinz; Berlin/Heidelberg/New York 1984, S. 1-18.

FLYNN, Mary Kathleen: Cray Unleashes Its Most Powerfull Supercomputer. "Datamation", Vol. 34, Nr. 6, 1988, S. 91-94.

FOIDL, Horst; HILLEBRAND, Kurt; TAVOLATO, Paul: Prototyping: die Methode - das Werkzeug - die Erfahrungen. "Angewandte Informatik", Nr. 3, 1986, S. 95-100.

FONTANA, Günter; KIESMÜLLER, Thomas: Software-Ergonomie aus der Sicht des Anwenders. In: Jahrbuch der Bürokommunikation, Baden-Baden 1985, S. 93-95.

FRESE, Michael: Mensch-Computer Interaktion als arbeitspsychologisches Problem. In: Bericht über den 35. Kongreß der Gesellschaft für Psychologie in Heidelberg 1986. Band 1, Kurzfassungen. Hrsg. von Amelang, Manfred; Göttingen/Toronto/Zürich 1986, S. 532.

FRESE, Michael: Partizipation - Schlüssel zur Akzeptanz. "IBM Nachrichten", Nr. 288, 1987, S. 13-17.

FRESE, Michael: A Theory of Control and Complexity: Implications for Software Design and Integration of Computer Systems into the Work Place. In: Psycholgical Issues of Human-Computer Interaction in the Work-Place. Hrsg. von FRESE, Michael; UHLIG, Eberhard; DZIDA, Wolfgang; Amsterdam 1987, S. 313-337.

FRESE, Michael; SCHULTE-GÖCKING, Heike; ALTMANN, Alexandra: Lernprozesse in Abhängigkeit von der Trainingsmethode, von Personenmerkmalen und von der Benutzeroberfläche (direkte Manipulation vs. konventionelle Interaktion). In: Software-Ergonomie '87. Hrsg. von SCHÖNPFLUG, Wolfgang; WITTSTOCK, Marion; Stuttgart 1987, S. 377-386.

FRESE, Michael; UHLIG, Eberhard; DZIDA, Wolfgang (Hrsg.): Psycholgical Issues of Human-Computer Interaction in the Work-Place. Amsterdam 1987.

FRIEDRICH, Jürgen; WICKE, Friedrich; WICKE, Walter: Computereinsatz: Auswirkungen auf die Arbeit. Hamburg 1982.

FRÖHLICH, Rainer: Entwicklungsmethoden bei Großprojekten. "Computer Magazin", Nr. 11, 1987.

FUTH, Horst: Rationalisierung der Datenverarbeitung, Band X, EDV für Klein- und Mittelbetriebe - Einsatz von Computern der mittleren Datentechnik. München/Wien 1981.

FUTH, Horst; KATZSCH, Rolf; TIEMEYER, Ernst; ZEEB, Gerhard (Hrsg.): Der Computer im Klein- und Mittelbetrieb - Die richtige Auswahl und der erfolgreiche Einsatz von Hard- und Software. München 1984.

GABISCH, Günter (Hrsg.): Technischer Fortschritt, Beschäftigung und wirtschaftliches Gleichgewicht. Festvorträge im Fachbereich Wirtschaftswissenschaften zum 250jährigen Jubiläum der Georgia Augusta und zum 25. Jahrestag der Gründung der Wirtschafts- und Sozialwissenschaftlichen Fakultät in Göttingen. Berlin 1988.

GAINES, Brian R.; SHAW, Mildred L. G.: From Timesharing to the Sixth Generation: The Developement of Human-Computer Interaction. Part I. "International Journal of Man-Machine Studies", Vol. 24, No. 1, 1986, S. 1-27.

GAINES, Brian R.; SHAW, Mildred L. G.: Foundations of Dialogue Engineering: The Development of Human-Computer Interaction. Part II. "International Journal of Man-Machine Studies", Vol. 24, No. 2, 1986, S. 101-123.

GALITZ, Wilbert O.: Handbook of Screen Format Design. Überarbeitete Auflage, Wellesley 1985.

GERTZEN, Heiner; SCHMALHOFER, Franz: Auswirkungen von gleichzeitiger oder sequentieller Darbietung am Bildschirm auf Entscheidungen. In: Software-Ergonomie '87. Nützen Informationssysteme dem Benutzer? Hrsg. von SCHÖNPFLUG, Wolfgang; WITTSTOCK, Marion; Stuttgart 1987, S. 187-196.

GLOY, Klaus: Verständigung in Interaktionen. Zur handlungstheoretischen Explikation des Bedeutungskonzepts. In: Sprachnormen II. Theoretische Begründungen - Außerschulische Sprachnormenpraxis. Hrsg. von PRESCH, Gunter; GLOY, Klaus; Stuttgart 1976, S. 140-165.

GORNY, Peter; VIERECK, Axel: Eine Vorgehensweise zur Entwicklung interaktiver Programme. In: Software-Ergonomie. Hrsg. von FÄHNRICH, Klaus-Peter; München/Wien 1987, S. 93-105.

GOULD, John D.; LEWIS, Clayton; BARNES, Vincent: Effects of Cursor Speed on Text-Editing. In: Human Factors in Computing Systems-II. Proceedings of the CHI '85 Conference Held San Fransisco, CA, U.S.A., 14-18 April 1985. Hrsg. von BORMAN, Lorraine; CURTIS, Bill; Amsterdam/New York/Oxford 1985, S. 7-10.

GREIF, Siegfried; GEDIGA, Günther: A Critique and Empirical Investigation of the "One-Best-Way-Models" in Human-Computer Interaction. In: Psycholgical Issues of Human-Computer Interaction in the Work-Place. Hrsg. von FRESE, Michael; UHLIG, Eberhard; DZIDA, Wolfgang; Amsterdam 1987, S. 357-377.

GREINER, Tilmann; JACOBI, Hans Friedrich: Benutzerbeteiligung bei der Entwicklung computerunterstützter Informationssysteme. In: Beteiligung von Betroffenen bei der Entwicklung von Informationssystemen. Hrsg. von MAMBREY, Peter; OPPERMANN, Reinhard; Frankfurt am Main/New York 1983, S. 230-252.

GROSSE, Antje: Anforderungen an Hilferoutinen in selbsterklärenden Softwaresystemen und Lösungsmöglichkeiten in der Praxis. Diplomarbeit an der Abteilung Wirtschaftsinformatik der Universität Göttingen, Göttingen 1988.

GRUHLER, Wolfram: Wirtschaftsfaktor Mittelstand: Zu Wesen und Bedeutung kleiner und mittlerer Unternehmen in der Bundesrepublik Deutschland. Köln 1984.

GUNZENHÄUSER, Rul: Lernen als Dimension der Mensch-Maschine-Kommunikation. In: Psychologie der Computerbenutzung. Hrsg. von SCHAUER, Helmut; TAUBER, Michael. Wien/München 1984, S. 226-252.

HACKER, Winfried: Arbeitspsychologie - Psychische Regulation von Arbeitstätigkeiten. Neufassung von "Allgemeiner Arbeits- und Ingenieurpsychologie". Bern/Stuttgart/Toronto 1986.

HACKER, Winfried: Software-Ergonomie; Gestalten rechnergestützter geistiger Arbeit?! In: Software-Ergonomie '87. Nützen Informationssysteme dem Benutzer? Hrsg. von SCHÖNPFLUG, Wolfgang; WITTSTOCK, Marion; Stuttgart 1987, S. 31-54.

HAMMWÖHNER, Rainer; THIEL, Ulrich: Graphisch-interaktive Manipulation komplexer Wissensstrukturen mit dem Framenetz-Editor TOPOGRAPHIC I. In: Software-Ergonomie '85 - Mensch-Computer-Interaktion. Hrsg. von BULLINGER, Hans-Jörg; Stuttgart 1985, S. 119-128.

HANDELSGESETZBUCH, § 267, Absatz 1-3.

HANSEN, Hans Robert: Wirtschaftsinformatik I - Einführung in die betriebliche Datenverarbeitung. 5. Aufl., Stuttgart 1986.

HARRIS, Martin L.: Introduction to Data Processing - Mainframes, Minis, and Microcomputers. Dritte Auflage, New York/Chichester/Brisbane/Toronto/ Singapore 1986.

HEGENBART, Rainer: Entwurf einer zukünftigen SW-Entwicklung. Die Anwender sollen ihre Programme selber erstellen können. "Computerwoche", Nr. 11 vom 10.3.1989, S. 16-20.

HEILMANN, Heidi: Modelle und Methoden der Benutzermitwirkung in Mensch-Computer-Systemen. Stuttgart 1981.

HEINECKE, Andreas M.: Optimierung der Benutzerschnittstelle durch den Benutzer. In: Software-Ergonomie '87. Nützen Informationssysteme dem Benutzer? Hrsg. von SCHÖNPFLUG, Wolfgang; WITTSTOCK, Marion; Stuttgart 1987, S. 367-376.

HERCZEG, Michael: Modulare anwendungsneutrale Benutzerschnittstellen. In: Methoden und Werkzeuge zur Gestaltung benutzergerechter Computer-systeme. Hrsg. von FISCHER, Gerhard; GUNZENHÄUSER, Rul; Berlin/ New York 1986, S. 73.

HESSE, Wolfgang: Methoden und Werkzeuge zur Software-Entwicklung - ein Marsch durch die Technologie-Landschaft. "Informatik-Spektrum", Nr. 4, 1981, S. 229-245.

HESSE, Wolfgang: Eine Prototyp-Entwicklung auf der Basis eines relationalen DBMS. In: Informatik-Fachberichte Nr. 143. Informatiosbedarfsermittlung und -analyse für den Entwurf von Informationssystemen. Proceedings der Fachtagung EMISA, Linz 1987. Hrsg. von WAGNER, R.R.; TRAUNMÜLLER, R.; MAYR, H.C.; Berlin/Heidelberg 1987, S. 181-200.

HOFF, Harald: Personal Computer für Kleinbetriebe. Gesamtlösungen mit Checklisten für Auswahl, Einführung und Betrieb. Köln 1985.

HOFFMANN, Claus; VALDER, Wilhelm: Dialogunterstützung durch Experten-systeme. In: Software-Ergonomie '83. Hrsg. von BALZERT, Helmut; Stuttgart 1983, S. 343-356.

HOFFMANN, Joachim: Experimente und Hypothesen zur Codierung und Spei-cherung verbaler Items im menschlichen Gedächtnis. In: Zur Psychologie des Gedächtnisses. Hrsg. von KLIX, Friedhart; SYDOW, Hubert; Bern/ Stuttgart/Wien 1977, S. 81-98.

HOFMANN, Josef: "Freundliche" Schnittstelle zum Benutzer. "ÖVD/Online", Nr. 8, 1983, S. 144-147.

HOFSTETTER, Helmut: Software-Entwicklung und Human Factor. Erfolgreiche psychologische Methoden, Instrumente und Verfahren. Köln 1987.

HOUGHTON, Raymond C. jr.: Online Help Systems: A Conspectus. "Communi-cations of the ACM", Nr. 2, 1984, S. 126-133.

HUTCHINS, Edwin L.; HOLLAN, James D.; NORMAN, Donald A.: Direct Manipulation Interfaces. In: User Centered System Design - New Perspectives on Human-Computer Interaction. Hrsg. von NORMAN, Donald A.; DRAPER, Stephen W.; Hillsdale, New Jersey 1986, S. 87-124.

IBM Deutschlang GmbH (Hrsg.): Using Disc Operating System, Version 4.00. Kopenhagen 1988.

IBM Deutschland GmbH (Hrsg.): Empfehlungen zum Dialog- und Bildschirm-design. 1983.

IBM Deutschland GmbH (Hrsg.): IBM System Anwendungs-Architektur. "Input", Nr. 41 vom 28.3.1987, S. 1-2.

INTELLICORP Inc. (Hrsg.): KEE: The Knowledge Engineering Environment. Mountain View 1987.

ISIS Software Report. Ausgabe 1-1988, 1.3 System-Programme. München 1988.

ISIS Software Report. Ausgabe 1-1988, 1.1 Kommerzielle Programme. München 1988.

JANDA, Ann (Hrsg.): Human Factors in Computing Systems. Proceedings of the CHI '83 Conference Held Boston, Mass., U.S.A., 12-15 December 1983. Amsterdam/New York/Oxford 1984.

KELLERWESSEL, Paul: Führungsinformationen in Klein- und Mittelbetrieben - Arten und Möglichkeiten ihrer Beschaffung. Frankfurt am Main 1984.

KEUNE, Paul; BENTELE, Alois: Kompromiß zwischen Standardsoftware und Eigenentwicklung. "ÖVD/Online", Nr. 8, 1978, S. 24-27.

KLEIN, Ulrich: Ein intelligenter Dialogmanager. Arbeitspapiere der GMD Nr. 171. Hrsg. von der Gesellschaft für Mathematik und Datenverarbeitung; St. Augustin 1985.

KLIX, Friedhart: Strukturelle und funktionelle Komponenten des Gedächtnisses. In: Zur Psychologie des Gedächtnisses. Hrsg. von KLIX, Friedhart; SYDOW, Hubert; Bern/Stuttgart/Wien 1977, S. 59-80.

KLIX, Friedhart; SYDOW, Hubert (Hrsg.): Zur Psychologie des Gedächtnisses. Bern/Stuttgart/Wien 1977.

KLOCKE, Heiner; RAU, Günter: Mensch-Computer-Kommunikation in der Intensivmedizin. In: Software-Ergonomie. Hrsg. von FÄHNRICH, Klaus-Peter; München/Wien 1987, S. 159-169.

KLUTMANN, Beate: Benutzer-Entwickler-Kommunikation im Software-Ent-wicklungsprozeß. In: Software-Ergonomie '87. Nützen Informationssysteme dem Benutzer? Hrsg. von SCHÖNPFLUG, Wolfgang; WITTSTOCK, Marion; Stuttgart 1987, S. 357-366.

KOBSA, Alfred: Benutzermodellierung in Dialogsystemen. Informatik-Fach-berichte Nr. 115. Berlin/Heidelberg/New York 1985.

KOSLOWSKI, Knut: Unterstützung partizipativer Systementwicklung durch Methoden des Software Engineering. Sankt Augustin 1987.

KREIFELTS, Thomas: Anwenderanforderungen an ein Bürokommunikations-system. Berichte der Gesellschaft für Mathematik und Datenverarbeitung Nr. 137, München/Wien 1982.

KREPLIN, Klaus-Dieter; SCHMIDT, Arno; WIRTZ, Klaus Werner: Erfahrungen beim Entwurf der Benutzerschnittstelle des mbp-tool-system unter Verwen-dung von Simulation und Prototyping. In: Software-Ergonomie '83. Hrsg. von BALZERT, Helmut; Stuttgart 1983, S. 240-253.

KUBICEK, Herbert: Interessenberücksichtigung beim Technikeinsatz im Büro- und Verwaltungsbereich: Grundgedanken und neuere skandinavische Ent-wicklungen. München/Wien 1980.

KUPKA, Ingbert; MAASS, Susanne; OBERQUELLE, Horst: Kommunikation - ein Grundbegriff für die Informatik. Mitteilung Nr. 91 des Fachbereichs Informatik der Universität Hamburg. August 1981.

KURBEL, Karl: Programmentwicklung. 3., überarbeitete Aufl. Wiesbaden 1985.

LASS, Uta; LÜER, Gerd; ULRICH, Michael: Lernen und Gedächtnis: Codierung und Organisation im Gedächtnis. In: Allgemeine experimentelle Psychologie. Eine Einführung in die methodischen Grundlagen mit praktischen Übungen für das experimentelle Praktikum. Hrsg. von LÜER, Gerd; Stuttgart 1987, S. 309-370.

LAUTER, Barbara: Menschen, Maschinen und ihre Grenzen. "Computerwoche", Nr. 29 vom 15.7.1983, S. 6-7, Nr. 30 vom 22.7.1983, S. 6-7, Nr. 31 vom 29.7.1983, S. 6, Nr. 32 vom 5.8.1983, S. 6-7, Nr. 33 vom 12.8.1983, S. 6, Nr. 34 vom 19.8.1983, S. 6-7.

LAUTER, Barbara: Software-Ergonomie in der Praxis. Software anwenderfreundlich schreiben. München/Wien 1987.

LEMKE, Andreas: PASSIVIST: Ein passives, natürlichsprachliches Hilfesystem für den bildschirmorientierten Editor BISY. Diplomarbeit Nr. 293 am Institut für Informatik der Universität Stuttgart, Stuttgart 1984.

LIESER, Alfons; STREITZ, Norbert A.; WOLTERS, Antonius: Dialogformen und Metaphernwelten als Determinanten der Erlernbarkeit interaktiver Computersysteme. Arbeitsbericht Nr. I-42 der Arbeitsgruppe ACCEPT, Institut für Psychologie, RWTH Aachen, April 1987.

LIFFICK, Blaise W.: The Software Developer's Sourcebook. From Concept to Completion: The Essential Reference. Reading, Massachusetts, 1985.

LILIENSTERN, Hans Rühle von: EDV-Informationssysteme für kleine und mittlere Unternehmen - Erfahrungen, Möglichkeiten, Modelle. In: EDV-Systeme in Finanz- und Rechnungswesen. Hrsg. von STAHLKNECHT, Peter; Berlin/Heidelberg/New York, 1982, S. 1-14.

LÜER, Gerd (Hrsg.): Allgemeine experimentelle Psychologie. Eine Einführung in die methodischen Grundlagen mit praktischen Übungen für das experimentelle Praktikum. Stuttgart 1987.

MAASS, Susanne: Mensch-Rechner-Kommunikation - Herkunft und Chancen eines neuen Paradigmas. Bericht Nr. 104 des Fachbereichs Informatik der Universität Hamburg. Juli 1984.

MAASS, Susanne; ROSSEN, Mary Beth; KELLOGG, Wendy A.: Benutzerfreundlichkeit, Systemkonsistenz und andere schwer definierbare Prinzipien: Interviews mit Systementwicklern. In: Software-Ergonomie '87, Hrsg. von SCHÖNPFLUG, Wolfgang; WITTSTOCK, Marion; Stuttgart 1987, S. 417-427.

MAMBREY, Peter; OPPERMANN, Reinhard (Hrsg.): Beteiligung von Betroffenen bei der Entwicklung von Informationssystemen. Frankfurt am Main/ New York 1983.

MAMBREY, Peter; OPPERMANN, Reinhard; TEPPER, August: Computer und Partizipation: Ergebnisse zu Gestaltungs- und Handlungspotentialen, Opladen 1986.

MAMBREY, Peter; OPPERMANN, Reinhard; TEPPER, August: Praxisprobleme der partizipativen Systementwicklung. In: Beteiligung von Betroffenen bei der Entwicklung von Informationssystemen. Hrsg. von MAMBREY, Peter; OPPERMANN, Reinhard. Frankfurt am Main/New York 1983, S. 266-297.

MANCINI, G.; JOHANNSEN, G.; MARTENNSON, L. (Hrsg.): Analysis, Design and Evaluation of Man-Machine Systems. Proceedings of the 2nd IFAC/IFIP/IFORS/IEA Conference, Varese, September 1985. London 1985.

MARTIN, James: Design of Man-Computer Dialogues. Englewood Cliffs, New Jersey 1973.

MARWEDEL, Henning: Prototypen als Strategie der Anwendungsentwicklung. In: STRUNZ, Horst: Planung der Datenverarbeitung: Von der DV-Planung zum Informations-Management. Berlin/Heidelberg/New York 1985, S. 144-149.

MAUCHLY, J. W.: Preparation of Problems for EDVAC-Type Machines. In: The Origins of Digital Computers: Selected Papers. Hrsg. von RANDELL, B.; Berlin 1973, S. 365-369.

MAYER, Renate; HOEPELMANN, Jaap: Final Version of the Glossar. ESPRIT Project 385 - HUFIT. HUFIT Deliverable C 6.8. Stuttgart 1987.

MBP COBOL 85. Benutzerhandbuch (MS-DOS), 1. Auflage, Revision E.1, Dortmund 1987.

MEGAW, E.D. (Hrsg.): Contemporary Ergonomics 1987. Proceedings of the Ergonomics Society's 1987 Annual Conference Swansea, Wales, 6-10 April 1987. London/New York/Philadelphia 1987.

MEINHARDT, Angelika; LORENZ, Volkhard: Unterstützung des Benutzers durch Hilfesysteme. "Angewandte Informatik", Nr. 11, 1986, S. 475-479.

MICROFOCUS VS COBOL Workbench. Operating Guide. Version 1.3. Palo Alto 1986.

MIELKE, M.: Korrektive Gestaltung von transaktionsorientierter Standardsoftware. Prinzipien, Probleme, Ergebnisse. In: In: Software-Ergonomie '85 - Mensch-Computer-Interaktion. Hrsg. von BULLINGER, Hans-Jörg; Stuttgart 1985, S. 206-217.

MILLER, G. A.; GALANTER, E.; PRIBRAM, K.-H.: Plans and the Structure of Behavior. New York 1960.

MÖLLER, Holger; ROSENOW, Elke: Benutzermodellierung für wissensbasierte Mensch-Computer-Schnittstellen. In: Software-Ergonomie '87 - Nützen Informationssysteme dem Benutzer? Hrsg. von SCHÖNPFLUG, Wolfgang; WITTSTOCK, Marion; Stuttgart 1987, S. 111-120.

MOLL, Thomas: Über Methoden zur Analyse und Evaluation interaktiver Computersysteme. In: Software-Ergonomie. Hrsg. von FÄHNRICH, Klaus-Peter; München/Wien 1987, S. 179-190.

MORAN, Thomas P.: Getting into a System: External-Internal Task Mapping Analysis. In: Human Factors in Computing Systems. Proceedings of the CHI '83 Conference Held Boston, Mass., U.S.A., 12-15 December 1983. Hrsg. von JANDA, Ann; Amsterdam/New York/Oxford 1984, S. 45-49.

MORITZ, Hans: Umsetzung wahrnehmungspsychologischer Erkenntnisse für die Informationsgestaltung am Bildschirm (Maskengestaltung). In: Software-Ergonomie. Hrsg. von BALZERT, Helmut; Stuttgart 1983, S. 98-113.

MUCKSCH, Harry: Datenschutz und Datensicherung in Klein- und Mittelbetrieben. Wiesbaden 1988.

MÜLLER, Michael: Benutzerverhalten bein Einsatz automatisierter betrieblicher Informationssysteme. München/Wien 1986.

MUMFORD, Enid; WEIR, Mary: Computer Systems in Work Design. The ETHICS Method. London 1979.

MUMFORD, Enid; WELTER, Günter: Benutzerbeteiligung bei der Entwicklung von Computersystemen. Verfahren zur Steigerung der Akzeptanz und Effizienz des EDV-Einsatzes. Berlin 1984.

MURCHNER, Bernd; OPPERMANN, Reinhard; PAETAU, Michael; PIEPER, Michael; SIMM, Helmut; STELLMACHER, Imant: EVADIS - Ein Leitfaden zur softwareergonomischen Evaluation von Dialogschnittstellen. In: Software-Ergonomie '87. Hrsg. von SCHÖNPFLUG, Wolfgang; WITTSTOCK, Marion; Stuttgart 1987, S. 307-316.

NAGLER, Rupert: Entwurf benutzerfreundlicher Dialogsysteme aus der Sicht menschlicher Informationsverarbeitung. In: Informatik und Psychologie. Hrsg. von SCHAUER, Helmut; TAUBER, Michael J.; Wien/München 1982, S. 24-38.

NEWELL, Allen; CARD, Stuart K.: The Prospects of Psychological Science in Human-Computer Interaction. "Human-Computer Interaction", Nr. 1, 1985, S. 209-242.

NORMAN, Donald A.: Design Rules Based on Analyses of Human Error. "Communications of the ACM", Nr. 4, 1983, S. 254-258.

NORMAN, Donald A.: Cognitive engineering. In: User Centered System Design - New Perspectives on Human-Computer Interaction. Hrsg. von: Norman, Donald A.; DRaper, Stephen W.; Hillsdale, New Jersey 1986, S. 31-61.

NORMAN, Donald A.; DRAPER, Stephen W. (Hrsg.): User Centered System Design - New Perspectives on Human-Computer Interaction. Hillsdale, New Jersey 1986.

NULLMEIER, Erhard; RÖDIGER, Karl-Heinz: Psychologische Kriterien für die Gestaltung von Dialogschnittstellen. "Office Management", Sonderheft 1983, S. 32-33.

o.V.: Informatiker sind bundesweit Mangelware. "Computerwoche", Nr. 8 vom 19.2.1988, S. 47-49.

o.V.: PC für Rechner. Computer für Einsteiger. "CHIP", Nr. 11, 1988, S. 153-158.

OBERQUELLE, Horst: On Models and Modelling in Human-Computer Co-Ope-ration. In: Readings on Cognitive Ergonomics - Mind and Computers. Hrsg. von VEER, G. C. van der; TAUBER, M. J.; GREEN, T. R. G.; GORNY, P.; Berlin/Heidelberg 1984, S. 26-43.

OBERQUELLE, Horst; MAASS, Susanne; KUPKA, Ingbert: Schnittstellen als Kommunikationsbarrieren? "Office Management", Sonderheft 1983, S. 10-12.

OERTER, Rolf; MONTADA, Leo: Entwicklungspsychologie. München/Wien/ Baltimore 1982.

OETINGER, Ralf: Benutzergerechte Software-Entwicklung. Berlin/Heidelberg/New York 1988.

OLSEN, Daniel R.; BUXTON, William; EHRICH, Roger; KASIK, David; RHYNE, James; SIBERT, John: A Context for User Interface Management. "IEEE Computer Graphics and Applications", Vol. 4, No. 12, 1984, S. 33-42.

OPPERMANN, Reinhard: Forschungsstand und Perspektiven partizipativer Systementwicklung. München/Wien 1983.

OPPERMANN, Reinhard; MURCHNER, Bernd; PAETAU, Michael; PIEPER, Michael; SIMM, Helmut; STELLMACHER, Imant: Evaluation von Dialog-systemen. Der software-ergonomische Leitfaden EVADIS. Berlin/New York 1988.

OSBORNE, David J. (Hrsg.): International Reviews of Ergonomics. Current Trends in Human Factors Research and Practice. London/New York/ Philadelphia 1987.

PAETAU, Michael: Arbeitswissenschaftliche Bewertung der Mensch-Maschine-Kommunikation. In: Jahrbuch der Bürokommunikation. Baden-Baden 1985, S. 96-99.

PAETAU, Michael: Evaluation der Mensch-Maschine Kommunikation mit Hilfe des EVADIS-Verfahrens. In: Software-Ergonomie. Hrsg. von FÄHNRICH, Klaus-Peter; München/Wien 1987, S. 191-203.

PAETAU, Michael: Die Gestaltung der Mensch-Maschine-Beziehung. Das EVADIS-Verfahren zur praktischen Überprüfung software-ergonomischer Anforderungen. "Office Management", Nr. 12, 1987, S. 22-26.

PAETAU, Michael: Kommunikationsbarriere zwischen Mensch und Maschine - Adaptive Benutzer-Schnittstellen aus software-ergonomischer und soziologischer Sicht. "Office Management", Nr. 12, 1987, S. 28-31.

PAXTON, Anne Lee; TURNER; Edward J.: The Application of Human Factors to the Needs of the Novice Computer User. "International Journal on Man-Machine Studies", Nr. 20, 1984, S. 137-155.

PESCHKE, Helmut: Betroffenenorientierte Systementwicklung: Prozess und Methoden der Entwicklung menschengerechter Informationssysteme. Frankfurt am Main/Bern/New York 1986.

PESCHKE, Helmut; WITTSTOCK, Marion: Benutzerbeteiligung im Softwareentwicklungsprozeß. In: Software-Ergonomie. Hrsg. von FÄHNRICH, Klaus-Peter; München/Wien 1987, S. 81-92.

PETZOLD, Peter: Mathematische Gedächtnismodelle. In: Zur Psychologie des Gedächtnisses. Hrsg. von KLIX, Friedhart; SYDOW, Hubert; Bern/Stuttgart/Wien 1977, S. 42-58.

PFOHL, Hans-Christian (Hrsg.): Betreibswirtschaftslehre der Mittel- und Kleinbetriebe. Berlin 1982.

PFOHL, Hans-Christian; KELLERWESSEL, Paul: Abgrenzung der Klein- und Mittelbetriebe von Großbetrieben. In: Betriebswirtschaftslehre der Mittel- und Kleinbetriebe. Hrsg. von PFOHL, Hans-Christian; Berlin 1982, S. 9-34.

POMBERGER, Gustav; REMMELE, Werner: Prototyping-orientierte Software-Entwicklung. "Information Management", Nr. 2, 1987, S. 28-35.

POMBERGER, Gustav; REMMELE, Werner: Werkzeuge und Hilfsmittel für Rapid Prototyping. "Information Management", Nr. 4, 1987, S. 20-25.

PRESCH, Gunter; GLOY, Klaus (Hrsg.): Sprachnormen II. Theoretische Begründungen - Außerschulische Sprachnormenpraxis. Stuttgart 1976.

QUILLIAN, M. R.: The Teachable Language Comprehender: A Simulation Program and Theory of Language. "Communications of the ACM", Nr. 12, 1969, S. 459-476.

RANDELL, B. (Hrsg.): The Origins of Digital Computers: Selected Papers. Berlin 1973.

RASMUSSEN, Jens: The Human as a Systems Component. In: Human Interaction with Computers. Hrsg. von SMITH, Hugh T.; GREEN, Thomas R.G.; London 1980, S. 67-96.

RISAK, Veith: Mensch-Maschine-Schnittstelle in Echtzeitsystemen. Wien/New York 1986.

RÖLKE, Michael: Cobol behauptet weiter unangefochten seine Führungsrolle. "Computerwoche", Nr. 28 vom 18.7.1986, S. 21.

RÖSSLE Karl: Allgemeine Betriebswirtschaftslehre. München 1956.

272

ROHR, Gabriele; TAUBER, Michael J.: Representational Frameworks and Models for Human-Computer Interfaces. In: Readings on Cognitive Ergonomics - Mind and Computers. Hrsg. von VEER, G. C. van der; TAUBER, M. J.; GREEN, T. R. G.; GORNY, P.; Berlin/Heidelberg 1984, S. 8-25.

ROMPEL, Helmut: Software engineering für PCs: Planung und Realisierung eines praktischen Beispiels in dBase III plus. Vaterstetten 1988.

ROSEMANN, Hermann: Einige wahrnehmungs- und erkenntnispsychologische Prinzipien zur Gestaltung von Hilfsmenüs. "Angewandte Informatik", Nr. 2, 1987, S. 65-74.

RÜHL, Günter: Untersuchungen zur Struktur der Arbeitszufriedenheit (AZ). "Zeitschrift für Arbeitswissenschaft", Nr. 3, 1978, S. 140-160.

RUF, Walter: Ein Software-Entwicklungs-System auf der Basis des Schnittstellen-Management-Ansatzes. Für Klein- und Mittelbetriebe. Berlin/Heidelberg/New York 1988.

RUPIETTA, Walter: Benutzerdokumentation für Softwareprodukte. Mannheim/ Wien/Zürich 1987.

SAAR, Walter: Auswahl von Standardsoftware mit Schwerpunkt Endbenutzer-freundlichkeit. In: COMPAS '85 der Ausstellungs-Messe-Kongreß GmbH Berlin, Berlin 1985, S. 187-197.

SACKMAN, Harold: Man-Computer Problem Solving. Princeton, Auerbach 1970.

SALVENDY, Gavriel (Hrsg.): Cognitive Engineering in the Design of Human-Computer Interaction and Expert Systems. Proceedings of the Second International Conference on Human-Computer Interaction, Honolulu, Hawaii, August 10-14, 1987, Volume II. Amsterdam/Oxford/New York 1987.

SALVENDY, Gavriel (Hrsg.): Human-Computer Interaction. Amsterdam 1984.

SAVORY, Stuart E.: Dimensionen der technischen Intelligenz. In: Wird das Denken überflüssig? Hrsg. von der Stiftung für Kommunikationsforschung; Bonn 1985, S. 9-31.

SCHAUER, Helmut; TAUBER, Michael J. (Hrsg.): Informatik und Psychologie. Wien/München 1982.

SCHAUER, Helmut; TAUBER, Michael J. (Hrsg.): Psychologie der Computer-benutzung. Wien/München 1984.

SCHEER, August-Wilhelm: EDV-orientierte Betriebswirtschaftslehre. 3. Auflage. Berlin/Heidelberg/New York 1987.

SCHEIBL, Hans-Jürgen: Kommerzielle Software-Entwicklung: Systems-Engineering, Software-Engineering im Überblick und in praktischen Anwendungen. Ehningen bei Böblingen 1989.

SCHMIDTKE, Heinz: Belastung und Beanspruchung. Der Leistungsbegriff in der Ergonomie. In: Lehrbuch der Ergonomie. Hrsg. von SCHMIDTKE, Heinz; München/Wien 1981, S. 105-111.

SCHMIDTKE, Heinz (Hrsg.): Lehrbuch der Ergonomie. München/Wien 1981.

SCHMITT, Alfred A.: Dialogsysteme. Kommunikative Schnittstellen, Software-Ergonomie und Systemgestaltung. Mannheim/Wien/Zürich 1983.

SCHÖNPFLUG, Wolfgang; WITTSTOCK, Marion (Hrsg.): Software-Ergonomie '87. Nützen Informationssysteme dem Benutzer? Stuttgart 1987.

SCHÖNPFLUG, Wolfgang; WITTSTOCK, Marion: Vorwort. In: Software-Ergonomie '87 - Nützen Informationssysteme dem Benutzer? Hrsg. von SCHÖNPFLUG, Wolfgang; WITTSTOCK, Marion; Stuttgart 1987, S. 7-8.

SCHUMANN, Jörg; GERISCH, Manfred: Software-Entwurf: Prinzipien, Methoden, Arbeitsschritte, Rechnerunterstützung. Köln 1986.

SCHULZ, Arno: Ein Klassifizierungs- und Bewertungsschema für Software-Engineering-Werkzeuge, insbesondere für CAS-Systeme. "Angewandte Informatik", Nr. 5, 1986, S. 191-197.

SCHULZE, Hans H.: Datenverarbeitung in kleinen und mittleren Unternehmen. Planung, Einführung und Einsatz von DV-Systemen. München/ Wien 1983.

SCHWAB, Thomas: AKTIVIST: Ein aktives Hilfesystem für den bildschirm-orientierten Editor BISY. Diplomarbeit Nr. 232 am Institut für Informatik der Universität Stuttgart, Stuttgart 1984.

SHNEIDERMAN, Ben: Human Factors of Interactive Software. In: Enduser Systems and Their Human Factors. Hrsg. von BLASER, Albrecht; ZOEPPRITZ, Magdalena; Berlin/Heidelberg/New York 1983, S. 9-29.

SHNEIDERMAN, Ben: Software Psychology. Human Factors in Computer and Information Systems. Cambridge, Massachusetts 1980.

SHNEIDERMAN, Ben: Designing the User Interface: Strategies for Effective Human-Computer Interaction. Reading, Massachusetts u.a. 1987.

SIEMENS AG (Hrsg.): Kommunikations-Ergonomie. Benutzerfreundliche Anwenderprogramme in Maskentechnik. München 1983.

SMITH, David Canfield; IRBY, Charles; KIMBALL, Ralph; VERPLANK, Bill: Designing the Star User Interface. "Byte", No. 4, 1982, S. 242-282.

SMITH, Hugh: Human-Computer Communication. In: Human Interaction with Computers. Hrsg. von SMITH, Hugh T.; GREEN, Thomas R.G.; London 1980, S. 5-38.

SMITH, Hugh T.; GREEN, Thomas R.G. (Hrsg.): Human Interaction with Computers. London/New York/Toronto 1980.

SNEED, Harry M.: Software Engineering Service. Ausbildung - Beratung - Pro-jekte - Werkzeuge nach dem SOFTORG Lebenszyklusmodell. Neubiberg o.J.

SOMMERVILLE, Ian: Software Engineering. Bonn/Reading, Mass. u.a. 1987.

SPINAS, Philipp: Zur Benutzerfreundlichkeit von Bildschirmsystemen. In: Software-Ergonomie '87. Nützen Informationssysteme dem Benutzer? Hrsg. von SCHÖNPFLUG, Wolfgang; WITTSTOCK, Marion; Stuttgart 1987, S. 241-250.

STAHLKNECHT, Peter (Hrsg.): EDV-Systeme in Finanz- und Rechnungswesen. Berlin/Heidelberg/New York, 1982.

STAHLKNECHT, Peter: Einführung in die Wirtschaftsinformatik. 3. neu bearb. u. erw. Aufl., Berlin/Heidelberg 1987.

STAHLKNECHT, Peter; WARNER, Andrè: Stand der Entwicklung und des Einsatzes von Softwareentwicklungswerkzeugen - Ergebnisse einer empiri-schen Untersuchung. Beiträge des Fachbereichs Wirtschaftswissenschaften der Universität Osnabrück. Beitrag Nr. 8602. Osnabrück 1986.

STEINER, Joachim: Die personelle Führungsstruktur in mittelständischen Betrieben. Schriften zur Mittelstandsforschung Nr. 82. Hrsg. vom Institut für Mittelstandsforschung, Forschungsgruppe Köln; Göttingen 1980.

STELLMACHER, Imant: Entwurfskriterien für Mensch-Maschine-Schnittstellen. Ein Leitfaden für die softwareergonomische Gestaltung der Mensch-Maschine-Kommunikation. Arbeitspapiere der GMD Nr. 140. Hrsg. von der Gesellschaft für Mathematik und Datenverarbeitung; St. Augustin 1985.

STELOVSKY, Jan; CONTI, Paolo: Towards Portability of Dialog Systems. In:
Cognitive Engineering in the Design of Human-Computer Interaction and
Expert Systems. Proceedings of the Second International Conference on
Human-Computer Interaction, Honolulu, Hawaii, August 10-14, 1987, Volume
II. Hrsg. von SALVENDY, Gavriel; Amsterdam/Oxford/New York 1987,
S. 83-88.

STELOVSKY, Jan; SUGAYA, H.: Command Language vs. Menus or Both? In:
Software-Ergonomie '85 - Mensch-Computer-Interaktion. Hrsg. von
BULLINGER, Hans-Jörg; Stuttgart 1985, S. 129-141.

STIEGER, Fred; RICHTER, Horst; SCHWAN, Hubert: Benutzer ist das Maß der
Dinge - Mensch-Maschine-Interaktion auf dem Prüfstand. "FOCUS 1", Beilage
zur "Computerwoche", Nr. 17 vom 22.4.1988, S. 28-29.

STREITZ, Norbert A.: Die Rolle von mentalen und konzeptuellen Modellen in der
Mensch-Computer-Interaktion: Konsequenzen für die Software-Ergonomie? In:
Software-Ergonomie '85 - Mensch-Computer-Interaktion. Hrsg. von
BULLINGER, Hans-Jörg; Stuttgart 1985, S. 280-292.

STREITZ, Norbert A.: Die Rolle der Psychologie. In: Software-Ergonomie. Hrsg.
von FÄHNRICH, Klaus-Peter; München/Wien 1987, S. 43-53.

THIMBLEBY, Harold: "What You See is What You Have Got" - A User Engineering
Principle for Manipulative Display? In: Software-Ergonomie. Hrsg. von
BALZERT, Helmut; Stuttgart 1983, S. 70-84.

THÜRBACH Ralf-Peter; MENZENWERTH, Heinz-Hermann: Die Entwicklung der
Unternehmensgrößen in der Bundesrepublik Deutschland von 1962-1972.
Mittelstandsstatistik. Beiträge zur Mittelstandsforschung Nr. 4. Göttingen
1975.

TIEMEYER, Ernst: Softwareauswahl in Klein- und Mittelbetrieben - Vorgehensweise, Auswahlkriterien und Auswahlverfahren. In: Der Computer im
Klein- und Mittelbetrieb - Die richtige Auswahl und der erfolgreiche Einsatz
von Hard- und Software. Hrsg. von FUTH, Horst; KATZSCH, Rolf;
TIEMEYER, Ernst; ZEEB, Gerhard; München 1984, S. 86-118.

ULICH, E.: Differentielle Arbeitsgestaltung - ein Diskussionsbeitrag. "Zeitschrift
für Arbeitswissenschaft", Nr. 1, 1983.

VEER, G. C. van der; TAUBER, M. J.; GREEN, T. R. G.; GORNY, P. (Hrsg.):
Readings on Cognitive Ergonomics - Mind and Computers. Berlin/Heidelberg
1984.

VOLLMER, Raimund: Der ewige Kampf für die Faulheit. "ÖVD/Online", Nr. 10,
1987, S. 2-7.

VOLLMER, Raimund: Fischen im Silverlake, "ÖVD/Online", Nr. 3, 1988, S. 10.

VOSS, Klaus: Schnittstellen. In: Jahresbericht der Gesellschaft für Mathematik
und Datenverarbeitung (GMD), St. Augustin 1982.

WAGNER, R.R.; TRAUNMÜLLER, R.; MAYR, H.C. (Hrsg.): Informatiosbedarfs-
ermittlung und -analyse für den Entwurf von Informationssystemen.
Proceedings der Fachtagung EMISA, Linz 1987. Informatik-Fachberichte
Nr. 143. Berlin/Heidelberg 1987.

WEDEKIND, Hartmut: Systemanalyse - Die Entwicklung von Anwendungssystemen für Datenverarbeitungsanlagen. 2., durchges. Aufl., München/ Wien
1976.

WEINBERG, Gerald M.: The Psychology of Computer Programming. New York
1971.

WELFORD, A. T.; BIRREN, J. E.: Behavior, Aging and the Nervous System. Springfield 1965.

WESSELER, Horst: Grossrechnersoftware auf dem PC. "ÖVD/Online", Nr. 8, 1987, S. 28-30.

WILLIAMS, Greg: The Lisa Computer System. "Byte", No. 2, 1983, S. 33-50.

WILLMER, Heidemarie; BALZERT, Helmut: Fallstudie einer industriellen Softwareentwicklung: Definition, Entwurf, Implementierung, Abnahme, Qualitätssicherung. Mannheim/Wien/Zürich 1984.

ZOLLER, Peter: Die Kontextbildung - ein wichtiger Aspekt zukünftiger Benutzerschnittstellen. "Angewandte Informatik", Nr. 2, 1989, S. 57-62.

ZUSE, Konrad: Beschreibung des Plankalküls. Berichte der Gesellschaft für Mathematik und Datenverarbeitung Nr. 112. München/Wien 1977.

ZUSE, Konrad: Der Plankalkül. Berichte der Gesellschaft für Mathematik und Datenverarbeitung Nr. 63. St. Augustin 1972.

ZWAHLEN, Helmut T.; HARTMANN, Andrea L.; RANGARAJULU, Sudhakar L.: Effects of Rest Breaks in Continuous VDT Work on Visual and Musculoskeletal Comfort/Discomfort and on Performance. In: Human-Computer Interaction. Hrsg. von SALVENDY, Gavriel; Amsterdam/Oxford/New York 1984, S. 315-320.

ZWERINA, Harald; HAUBNER, Peter: Gestaltung von Information auf Bildschirmen. In: Software-Ergonomie. Hrsg. von FÄHNRICH, Klaus-Peter; München/Wien 1987, S. 129-143.